일러두기

CELSYS, ComicStudio, IllustStudio, CLIP, CLIP STUDIO PAINT, CLIP STUDIO ACTION, CLIP STUDIO COORDINATE, RETAS STUDIO, RETAS!PRO, Stylos, TraceMan, PaintMan, CoreRETAS, QUMARION, Tab-Mate Controller, 육각대왕(六角大王)은 물론 그 외 셀시스 제품은 주식회사 셀시스의 상표 또는 등록상표입니다.
Windows는 미국 Microsoft Corporation의 미국을 포함한 다른 나라의 상표 또는 등록상표입니다. Apple, Apple 로고, Mac, Mac os, os x, Macintosh는 Apple Inc.의 미국을 포함한 다른 나라의 상표 또는 등록상표입니다. Amazon, Kindle, Kinde DirectPublishing, Kindle Direct Publishing 로고는 Amazon.com,Inc. 혹은 그와 관련된 회사의 상표입니다.
그 외 회사명과 상품명은 각각의 상표 또는 등록상표임을 알려드리며, 본문에서는 표기를 생략하였습니다.
이 책에 게재한 설명과 사용된 샘플로 인해 얻게 되는 결과에 대해 저자는 물론 주식회사 소텍은 책임지지 않습니다. 개인의 책임 범위 내에서 이용해주세요.
책을 제작하면서 최대한 정확한 정보를 전달하기 위해 노력하였으나 내용의 오류나 부정확한 기술이 있을 수 있으며 이에 대해 주식회사 소텍은 책임지지 않습니다.
본문 내용은 집필 시점의 정보이며, 예고 없이 변경될 수 있습니다. 시스템 사양, 하드웨어 환경에 따라 본문의 내용대로 동작 및 조작되지 않을 수 있으니 양해 바랍니다.

1 이 책의 이미지는 한글판 최신 버전인 1.5.4를 기준으로 새롭게 제작한 것으로 원서와 차이가 있을 수 있습니다.
2 한글판에는 CLIP STUDIO라는 별도의 프로그램을 제공하지 않아, 일본판처럼 원고를 관리하거나 인쇄소로 완성된 원고 전송 등의 작업을 할 수 없습니다(주로 PART 8의 일부 기능들이 해당됩니다).
3 각종 참고 자료와 공식 홈페이지에서 제공하는 동영상들은 대부분 일본판을 기준으로 제작되어 있습니다. 이 책에서는 언어 문제로 세부적인 사항을 파악하는 데 어려움을 겪지 않도록 일본어를 병기했습니다.
4 소재 역시 일본판과 다소 차이가 있을 수 있습니다. 아래의 설명을 참고로 추가 소재와 매주 추가되는 새로운 소재를 받을 수 있습니다.

※소재 추가하는 방법
①한글판 공식 홈페이지의 다운로드 메뉴에서 추가 자료를 받습니다.
②다운로드된 zip 파일의 압축을 풀고 CLIP STUDIO PAINT를 시작합니다.
③[파일] 메뉴에서 [소재 인스톨]을 선택하고 소재 설치 관리자의 활성화 여부를 확인하는 메시지가 나타나면 [예]를 클릭합니다.
④[Install Material] 대화 상자가 표시되면, [Select Material]을 클릭합니다.
⑤소재를 선택하는 대화 상자가 표시되면, 원하는 소재의 폴더를 선택하고 [확인] 또는 [열기]를 클릭합니다.
⑥[Install Material] 대화 상자가 다시 표시되면, [Install]을 클릭합니다.
⑦설치를 시작하라는 메시지가 나타났을 때 [예]를 클릭하면 소재 설치가 시작됩니다.
⑧소재 설치가 완료된 후에는 확인 메시지가 표시됩니다. [확인]을 클릭합니다.
⑨[Install Material] 대화 상자에서 [Finish]를 클릭하여 소재 설치를 마칩니다.

INTRODUCTION

이 책은 'CLIP STUDIO PAINT PRO/EX'로 디지털 만화 그리기에 도전하려는 분, 'ComicStudio PRO/EX'에서 'CLIP STUDIO PAINT PRO/EX'로 제작 환경을 변경하려는 분들을 대상으로 하는 책입니다.

지금까지 많은 아티스트들이 '만화 용지에 손으로 그려오던' 만화 표현이 지금은 '컴퓨터로 효율적으로, 손그림처럼 높은 퀄리티'로 표현할 수 있게 되었습니다.

디지털 만화는 손그림에서 느껴지는 작품성 혹은 예술성의 많은 부분을 기술적인 요소로 재분류했습니다. 이 책을 읽는다면 집중선이나 컷선, 투시도 등 많은 부분이 디지털 도구로 지원되는 만큼 작업 시간을 단축하고, 그림의 완성도를 높일 수 있다는 점을 이해하게 될 것입니다. 예술적인 요소와 달리 기술적인 요소로 접근하면 어떤 점이 달라질까요? 그렇다고 손으로만 그리던 시대의 작가성과 표현력을 잃어버릴 염려는 없습니다.

물론 개인의 역량으로 수작업으로 그리는 방법에 비해 디지털 기술의 수혜를 최대한 활용하려면 기술적으로 처리하는 데 적절한 도구를 선택하고, 수치를 설정하며, 정해진 순서로 작업을 해야 하는 일련의 단계를 밟아야 합니다.

이 책은 디지털 환경에서 작업하는 많은 아티스트들이 자신의 작품성이나 표현력을 제약 없이 효율적으로 표현하면서 디지털 특유의 새로운 표현에도 도전해볼 수 있도록 구성했습니다.

컴퓨터로 만화를 그려보고 싶지만, 진입 장벽이 높을 것이라고 생각하는 분들이 아주 많습니다. 그런 분들도 알기 쉽도록 가능한 하나하나 순서에 따라 설명했습니다. 부디 책의 구석구석까지 읽어보고 'CLIP STUDIO PAINT PRO/EX'의 기본 사용법을 마스터했으면 좋겠습니다.

이 책을 통해 아티스트 여러분들이 작품을 표현하는 데 많은 도움이 되기를 바랍니다.

오다카 미치루

CLIP STUDIO PAINT PRO/EX

이 책은 CLIP STUDIO PAINT PRO/EX를 대상으로 하나 PRO에서는 만화 작품 등 여러 페이지를 작품 단위로 관리·출력할 수 있는 페이지 관리 기능, 작품 정보 관리, 여러 페이지 출력·인쇄, Kindle이나 EPUB, PDF 출력 기능, 3D·LT 기능은 지원하지 않습니다. PRO에서는 만화 작품을 단면 페이지 단위로 관리·편집할 수 있습니다.

그러나 2D/3D·LT 기능, 여러 페이지 관리, 데이터 저장을 제외한 만화 제작 기술은 사용할 수 있습니다.

※CLIP STUDIO PAINT PRO/EX 기능의 세부적인 일람은 www.clipstudio.net/paint/functional_list를 참고하세요.
※CLIP STUDIO PAINT에 대한 기타 정보는 개발·판매처인 주식회사 셀시스에서 운영하는 '창작 활동 응원 사이트 www.clip-studio.com'에서 확인하세요.
※CLIP STUDIO PAINT 한글판 공식 홈페이지는 www.clipstudio.net/kr입니다.

CONTENTS

INTRODUCTION 3
이 책의 구성 6
Appendix: ComicStudio 소재 변환하기 346
INDEX 347

PART1　CLIP STUDIO PAINT 조작과 사용자 설정 7

SECTION 1.1　CLIP STUDIO PAINT 인터페이스 8
SECTION 1.2　창 조작&정리 마스터하기 12
SECTION 1.3　커맨드 바 사용자 설정 18

PART2　만화 제작 과정 23

SECTION 2.1　원고용지 만들기/콘티/밑그림/펜선 넣기/컷선 자르기 24
SECTION 2.2　말풍선·대사·문자 그려 넣기/밑바탕 칠하기 27
SECTION 2.3　효과선 그리기/톤 붙이기 30
SECTION 2.4　배경 그리기/3D 데이터·LT 변환 37
SECTION 2.5　인쇄하기/저장하기/입고하기 40

PART3　만화를 그려보자 41

SECTION 3.1　작품 시작하기 42
SECTION 3.2　그리기(콘티/밑그림/펜선 넣기) 52
SECTION 3.3　컷선 자르기 71
SECTION 3.4　말풍선 그리기 83
SECTION 3.5　대사 쓰기 92

PART4　그림에 효과 넣기 99

SECTION 4.1　밑바탕 칠하기 100
SECTION 4.2　문자 그려 넣기 109
SECTION 4.3　효과선 그리기 121

PART5 톤 작업의 기본 — 147

SECTION 5.1	기본 톤 붙이기	148
SECTION 5.2	그라데이션 톤 붙이기	165
SECTION 5.3	무늬/효과 톤 붙이기	181
SECTION 5.4	외부 무늬 소재 톤으로 바꾸기	191
SECTION 5.5	'데코레이션'으로 화면 화려하게 꾸미기	202

PART6 배경 그리기 — 223

SECTION 6.1	사진 트레이싱	224
SECTION 6.2	'퍼스자'를 이용해 그리기	238
SECTION 6.3	손으로 그린 배경 스캔하기	245
SECTION 6.4	배경 데이터 사용하기	254

PART7 3D·LT 변환 — 259

SECTION 7.1	3D 데이터 이용하기	260
SECTION 7.2	3D 오브젝트 기본 조작법 익히기	268
SECTION 7.3	사진 데이터를 LT 변환하기	277
SECTION 7.4	3D 데이터를 LT 변환하기	292

PART8 인쇄, 저장(출력) — 297

SECTION 8.1	작품 인쇄하기	298
SECTION 8.2	인쇄용 데이터로 내보내기	300
SECTION 8.3	동인지용 데이터로 내보내기	306
SECTION 8.4	ebook용 데이터로 저장하기	310

PART9 컬러 일러스트의 기본 — 313

SECTION 9.1	선화 그리기	314
SECTION 9.2	밑바탕 칠하기	319
SECTION 9.3	색 조절·색 변경	324
SECTION 9.4	그림자 채색·명암 표현	329
SECTION 9.5	반사광·하이라이트 넣기	338
SECTION 9.6	선화의 색 조절하기	343

이 책의 구성

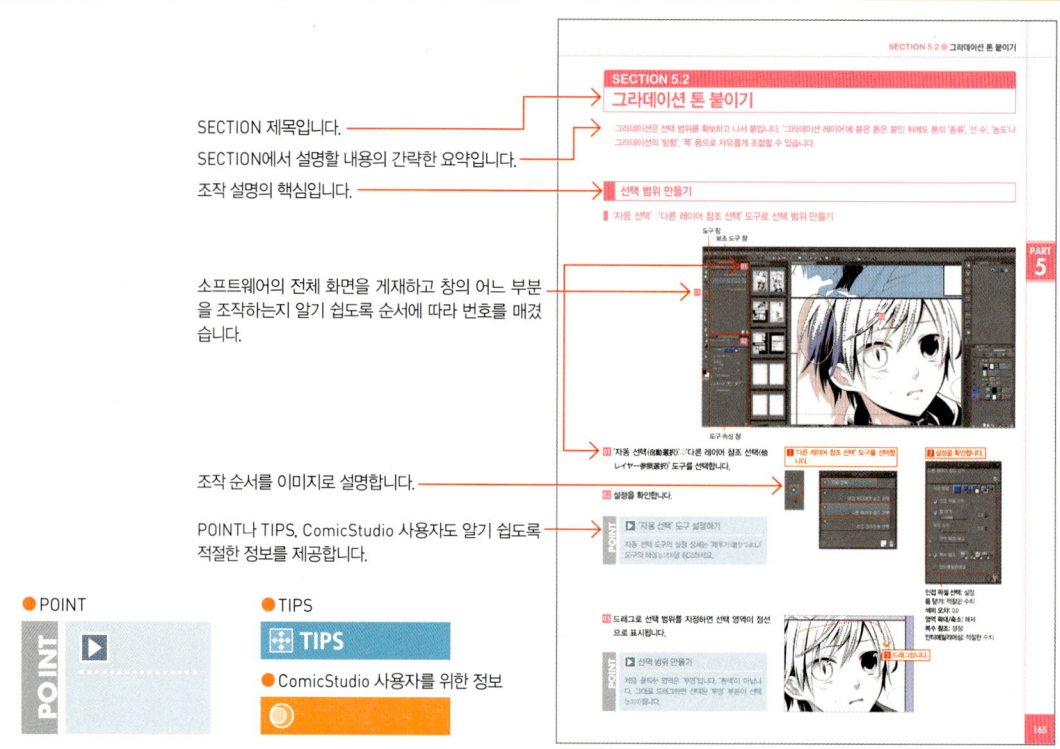

- SECTION 제목입니다.
- SECTION에서 설명할 내용의 간략한 요약입니다.
- 조작 설명의 핵심입니다.
- 소프트웨어의 전체 화면을 게재하고 창의 어느 부분을 조작하는지 알기 쉽도록 순서에 따라 번호를 매겼습니다.
- 조작 순서를 이미지로 설명합니다.
- POINT나 TIPS, ComicStudio 사용자도 알기 쉽도록 적절한 정보를 제공합니다.

● POINT

● TIPS

● ComicStudio 사용자를 위한 정보

POINT/TIPS 설명

중요한 부분은 POINT, 알아두면 편리한 테크닉은 TIPS 마크를 붙였습니다. ComicStudio 사용자를 위해 CLIP STUDIO PAINT와 동일한 기능, 차이점 등에 대한 해설을 더했습니다. 이런 점을 참고해 읽어보면 깊이 이해할 수 있습니다.

게재 화면(창·팔레트)

'배색 테마'는 '진한 색'을 선택한 상태입니다. 배색 테마 변경에 대해서는 21페이지를 참고하세요.

※지면에 게재한 샘플과 스크린샷은 일정 부분 차이가 있습니다. 현재 한글판 버전은 1.5.4입니다.

책 속의 표기

서브 메뉴나 도구 선택은 아래와 같이 표기합니다.

'편집(編集)' 메뉴의 '변형(変形)'의 '자유 변형(自由変形)'

→ '**편집(編集)**' 메뉴의 '**변형(変形)**' ➡ '**자유 변형(自由変形)**'

'펜(ペン)' 도구 중에 'G펜(Gペン)'

→ '**펜(ペン)**' ➡ '**G펜(Gペン)**'

책 속에서 사용한 소재

이 책의 '외부 소재', '데코레이션 브러시'는 소텍에서 간행한 《3D·배경·톤 수록 즉석 만화 소재집》, 《만화&동인지 즉석 톤 소재집》(이상 오다카 미치루 지음), 《디지털 코믹 브러시&톤 소재 반짝이는 컬러·그레이·그물망·점묘》, 《디지털 코믹 브러시&톤 소재 부드러운 컬러·그레이·그물망·점묘》(이상 오다카 미치루 지음, 코레사와 시게유키 감수)의 소재를 사용했습니다.

Mac 환경의 단축 키

이 책의 단축 키는 Windows 환경의 단축 키를 기준으로 설명했습니다. Mac(OS X) 사용자는 Ctrl 키와 ⌘ 키, Alt 키와 option 키로 생각하고 읽어주세요.

CLIP STUDIO PAINT digital comic lecture

PART 1
CLIP STUDIO PAINT 조작과 사용자 설정

PART 1 ● CLIP STUDIO PAINT 조작과 사용자 설정

SECTION 1.1
CLIP STUDIO PAINT 인터페이스

CLIP STUDIO PAINT에는 창이 아주 많아 진입 장벽이 높다는 느낌을 받을 수 있습니다. 그러나 하나씩 살펴보면 이해하기 쉽게 구성해놓았습니다. 먼저 어떤 창이 있는지 확인해보겠습니다.

CLIP STUDIO PAINT 화면 구성

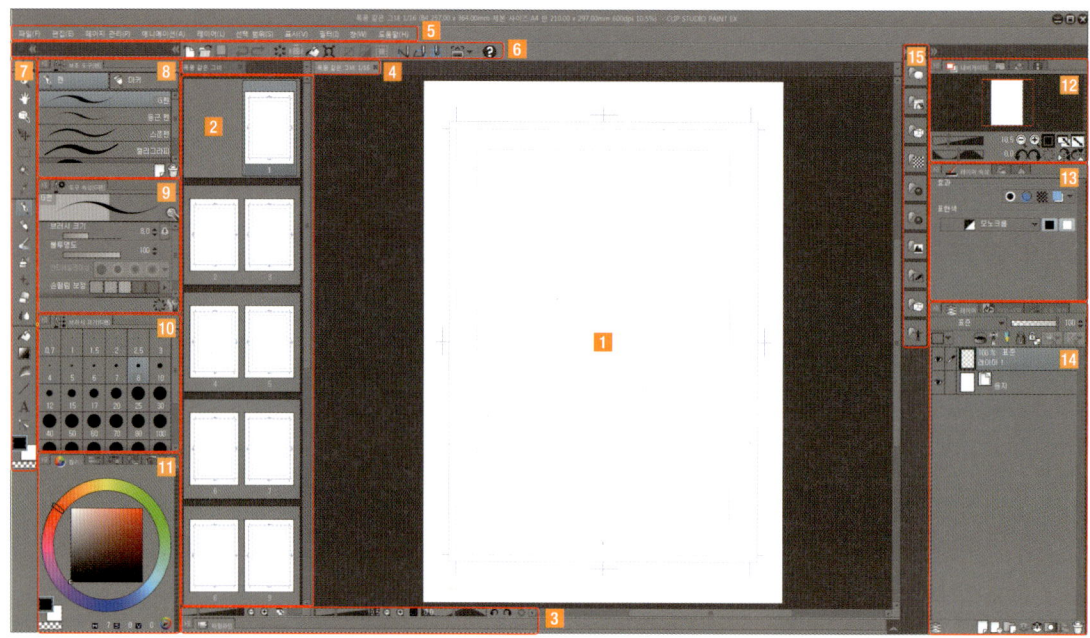

CLIP STUDIO PAINT를 기동시키고 캔버스를 여러 페이지 만들면 위의 그림처럼 표시됩니다. 이 책의 인터페이스 배색 테마는 '진한 색(濃色)'으로 설정(p.21)한 상태입니다.

1 캔버스
그림을 그리거나 톤을 붙이는 등의 작업을 하는 공간입니다.

2 페이지 관리 창
여러 페이지의 작품을 그릴 때 모든 페이지의 섬네일이 표시되고 작품 진행 상황을 확인할 수 있습니다. 페이지 추가·삭제나 모든 페이지를 단번에 인쇄하거나 저장할 때도 이곳을 이용합니다.

3 표시의 확대/축소/회전
페이지 관리 창과 캔버스를 확대/축소하거나 회전시킬 수 있습니다.

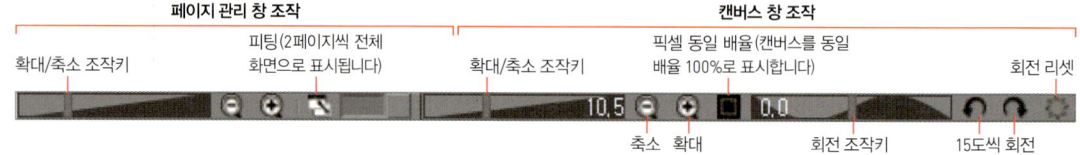

SECTION 1.1 ● CLIP STUDIO PAINT 인터페이스

4 캔버스 전환 탭
여러 데이터를 열었을 때 탭을 클릭해 편집할 데이터를 선택합니다.

페이지 관리 창에 불러온 데이터는 캔버스 창에 표시되고, 탭을 드래그해 위치를 변경할 수 있습니다.

5 메뉴 바
메뉴 항목이 나열됩니다. 자주 쓰는 기능을 커맨드 바에 추가하거나 단축 키를 설정해두면 작업하는 시간이 단축됩니다.

6 커맨드 바
각종 기능 아이콘을 모아둔 곳입니다. 사용자 설정으로 사용 빈도가 낮은 기능을 지우거나 자주 쓰는 기능을 추가(p.18)할 수 있습니다.

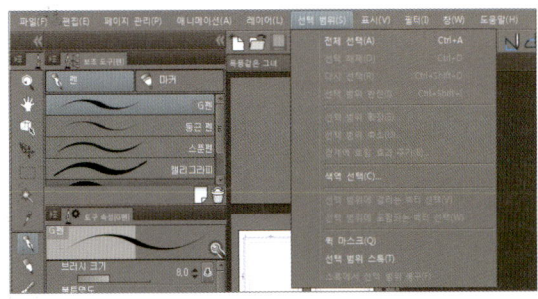

7 도구 창
그림을 그리거나 지울 때, 톤을 붙일 때 필요한 도구가 나열되어 있습니다.

보조 도구 창에 있는 것을 '도구' 창(p.17)으로 가져올 수도 있습니다.

8 보조 도구 창
설정이 다른 도구를 모아둔 곳으로 작업 형태에 알맞게 구분해 사용합니다.

자신만의 설정을 적용한 보조 도구를 만들 수도 있습니다.

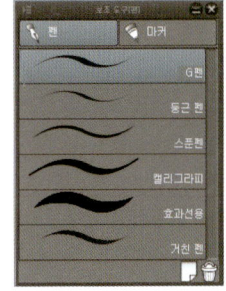

9 도구 속성 창
작업하는 데 알맞은 설정으로 변경합니다. 여기에 표시된 항목뿐 아니라 보조 도구 상세 창에서 더욱 세부적으로 설정할 수 있습니다.

사용자 설정으로 도구 속성 창의 표시 항목은 사용하기 편리하도록 변경할 수 있습니다.

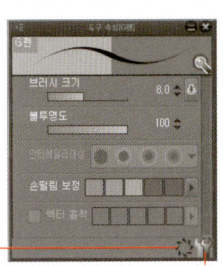

초기 설정으로 되돌립니다.
보조 도구 상세 창을 불러옵니다.

● 보조 도구 상세 창

10 브러시 크기 창
여러 가지 크기 중에 선택해 사용합니다.

도구 속성에서도 브러시 크기(ブラシサイズ)를 자유롭게 조절할 수 있습니다.

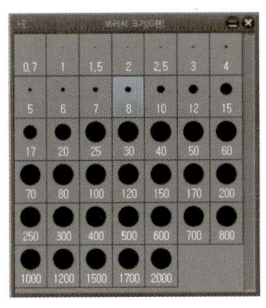

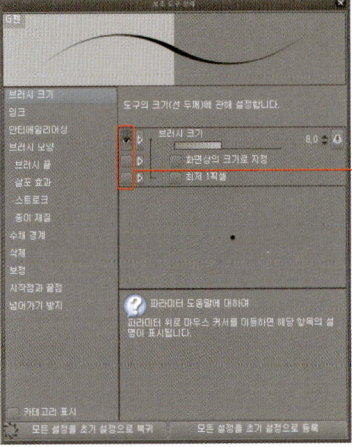

도구 속성 창은 보조 도구 상세 창에 나열한 항목 중에 선택한 것(그림에서는 '브러시 크기')을 표시합니다.

11 컬러써클 창

컬러 일러스트를 작업할 때 가장 많이 사용합니다. 모노크롬(흑백) 작품에서는 거의 쓰지 않습니다.

이 부분에 탭으로 6개의 창이 나열되어 있습니다. 왼쪽부터 컬러써클(カラーサークル)/컬러 슬라이더(カラースライダー)/컬러 세트(カラーセット)/중간색(中間色)/유사색(近似色)/컬러 히스토리(カラーヒストリー)입니다.

12 내비게이터 창/서브 뷰 창/정보 창

'내비게이터(ナビゲーター) 창'은 확대/축소나 표시 지점을 움직일 수 있습니다.

'서브 뷰(サブビュー) 창'은 주로 컬러 작업을 하는 데 사용합니다. 이곳에 그림 데이터가 표시되고 색을 가져올 수도 있습니다.

'정보(情報) 창'에는 시스템 메모리 점유율이나 위치 정보가 표시됩니다. 각각 100%에 가까워지면 동작이 무거워집니다.

그럴 때는 열려 있는 다른 애플리케이션을 닫거나 재가동합니다.

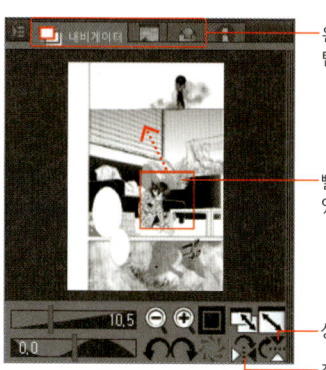

왼쪽부터 내비게이터 창/서브 뷰 창/정보 창 탭입니다. 클릭해서 창을 바꿀 수 있습니다.

빨간 네모를 드래그해 표시 위치를 움직일 수 있습니다.

상하 반전

좌우 반전

POINT ▶ 시스템/애플리케이션 점유율

각각의 점유율은 아래와 같습니다.

$$\text{시스템 메모리 점유율} = \frac{\text{모든 애플리케이션의 메모리 사용량}}{\text{컴퓨터의 실제 메모리 용량}}$$

$$\text{애플리케이션 메모리 점유율} = \frac{\text{현재 애플리케이션이 사용 중인 메모리 용량}}{\text{사용 중인 메모리 크기}}$$

사용 중인 메모리 크기는 '환경 설정(環境設定)'의 '퍼포먼스(パフォーマンス)'에서 설정할 수 있습니다.

● 서브 뷰 창

● 정보 창

13 레이어 속성 창/레이어 검색 창

'레이어 속성(レイヤープロパティ) 창'은 선택 중인 레이어에 따라서 표시 항목에 차이가 있습니다. 오른쪽 이미지는 래스터 레이어(ラスターレイヤー)로 레이어 속성 창의 '효과(効果)'⇨'톤(トーン)'을 선택한 상태입니다.

'레이어 검색(レイヤー検索) 창'은 레이어가 많이 늘어났을 때 해당 레이어를 찾는 일이 편리합니다.

● 레이어 속성 창

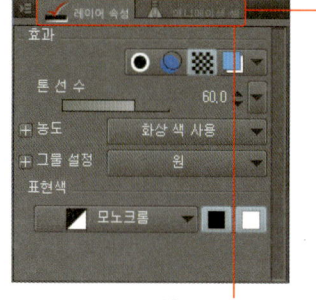

탭을 클릭하면 창을 바꿀 수 있습니다.

● 레이어 검색 창

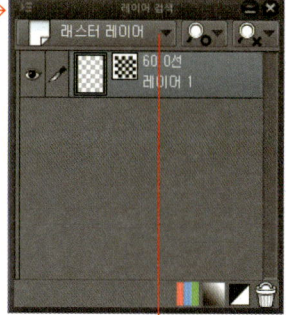

검색 대상을 지정하면 해당하는 레이어가 나열됩니다.

SECTION 1.1 ● CLIP STUDIO PAINT 인터페이스

14 레이어 창/작업 내역 창/오토 액션 창

'레이어(レイヤー) 창'은 컷선을 자르거나 말풍선 또는 그림을 그리는 등의 작업에 따라 레이어를 구별해서 사용할 때 유용합니다.

왼쪽부터 레이어 창/작업 내역 창/오토 액션 창 탭입니다. 클릭으로 표시를 변경할 수 있습니다.

'작업 내역(ヒストリー) 창'은 작업 내용을 기록합니다. 임의의 작업을 클릭하면 그 시점으로 되돌아갑니다.

'오토 액션(オートアクション) 창'은 여러 개의 조작을 기록하고 자동으로 재생(작업)합니다.

● 작업 내역 창

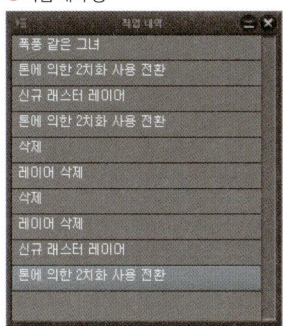

● 오토 액션 창

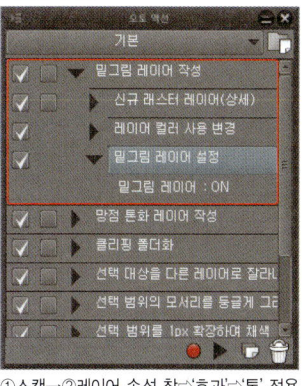

①스캔→②레이어 속성 창⇒'효과'⇒'톤' 적용→③레이어의 래스터화 과정을 '오토 액션'으로 작업할 수 있습니다.

15 소재 창

무늬 톤 소재, 말풍선 소재, 3D 소재, 브러시 소재가 나열되어 있습니다. 소재는 ComicStudio, IllustStudio에서 가져올(p.346) 수 있습니다.

자신만의 오리지널 소재를 만들어 등록할 수도 있습니다.

● Pattern(柄) 소재

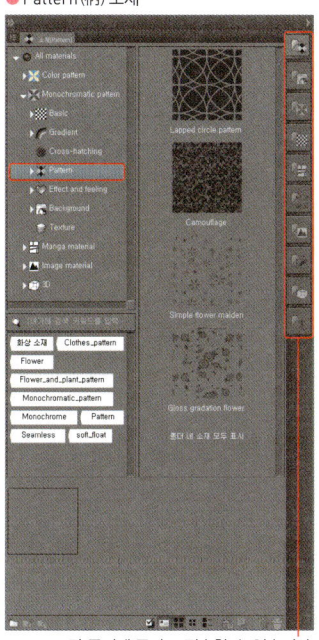

각 폴더에 곧바로 접속할 수 있습니다.

● Balloon(フキダシ) 소재

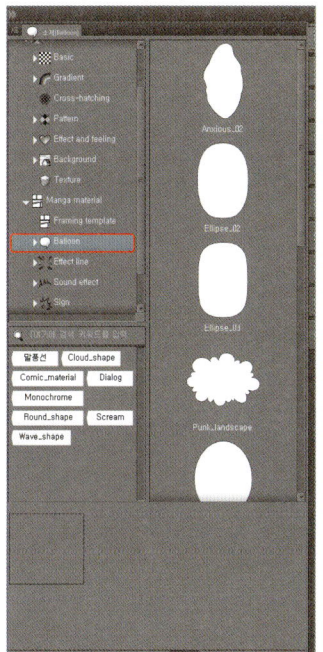

● 3D 소재

SECTION 1.2
창 조작&정리 마스터하기

사용자 설정으로 개인의 취향에 맞게 창의 위치를 바꾸거나 표시 상태를 변경할 수 있습니다. 또 창 내부 항목의 위치를 바꾸거나 설정을 변경하면서 가장 쉽게 사용할 수 있는 설정을 찾아보세요.

창 정리하기

이 책의 PART3 이후부터 설명할 만화를 제작하는 데 도움이 되는 창 배치는 아래와 같습니다.
사용 빈도가 낮은 창은 닫아둡니다.

사용하지 않는 창 닫기

01 빨간 네모칸을 '팔레트 독'이라고 합니다. 초기 설정에서는 각 창이 2열로 팔레트 독에 정리되어 있습니다. 팔레트 독의 열을 늘이거나 줄일 수도 있습니다(p.15).

> **POINT** ▶ 창과 팔레트 독
> 창은 탭 형식으로 여러 개의 창이 그룹으로 묶여 있습니다. 탭을 클릭해 창을 변경할 수 있습니다. 이 창들을 수직으로 쌓아 올린 상태를 '팔레트 독'이라고 합니다.

SECTION 1.2 ● 창 조작&정리 마스터하기

02 창의 탭을 클릭해 드래그&드롭으로 팔레트 독 밖으로 꺼낼 수 있습니다. 그대로 '닫기' 버튼 ✕을 클릭하면 창이 닫힙니다.

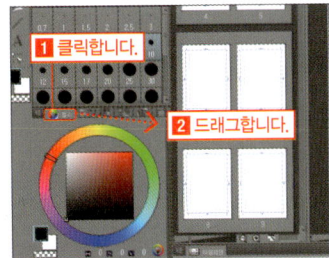
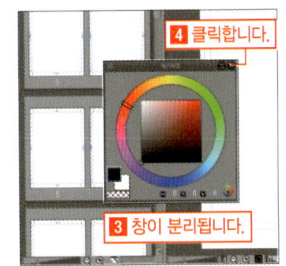

▌ 닫아두어도 괜찮은 창

브러시 크기(ブラシサイズ) 창, 컬러 관련 각종 창, 내비게이터(ナビゲーター) 창/서브 뷰(サブビュー) 창/정보(情報) 창(p.9~10)은 닫아도 괜찮습니다.

● 브러시 크기 창

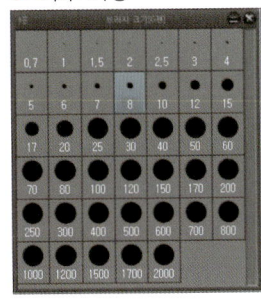

● 컬러써클 창

● 컬러 슬라이더 창

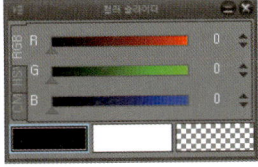

● 컬러 세트 창

● 중간색 창

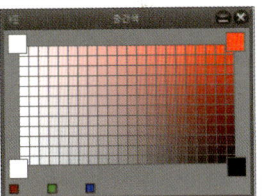

● 유사색 창

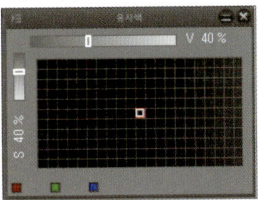

● 컬러 히스토리 창

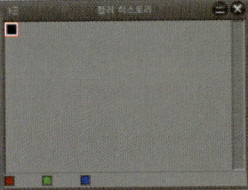

▶ 브러시 크기 창

브러시 크기를 바꾸는 단축 키는 'Ctrl + Alt +캔버스 위에서 드래그'입니다. 도구 속성 창이 없어도 크기를 조절할 수 있습니다.

▶ 컬러 선택

에를 들어 밑그림을 컬러로 작업할 때 컬러 관련 창이 없어도 '그리기 색(描画色)'을 더블 클릭하면 간단히 컬러를 선택할 수 있으므로 모노크롬(흑백) 작업에서는 거의 쓸 일이 없습니다.

PART 1 ● CLIP STUDIO PAINT 조작과 사용자 설정

> **POINT** ▶ 내비게이터 창
>
> 내비게이터(ナビゲーター) 창의 기능은 대부분 단축키(p.46)로 조작할 수 있습니다.

● 내비게이터 창

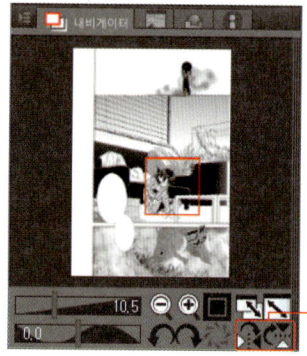

상하 반전 표시, 좌우 반전 표시는 커맨드 바에 넣어두면(p.19) 편리합니다.

> **POINT** ▶ 서브 뷰 창·정보 창
>
> 서브 뷰(サブビュー) 창은 모노크롬(흑백) 작품에서는 거의 필요 없습니다. 정보(情報) 창 역시 닫아두어도 괜찮습니다.

● 서브 뷰 창

● 정보 창

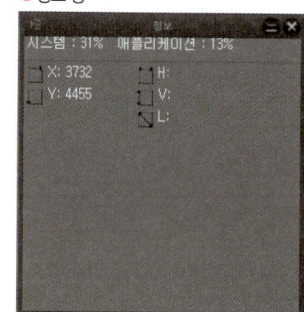

그 외에 '레이어 검색(レイヤー検索)', '작업 내역(ヒストリー)', '오토 액션(オートアクション)'은 없어도 작업할 수 있는데, '이거까지'라고 생각할지도 모르겠습니다.

클릭만으로도 각 탭을 표시할 수 있으므로 그대로 두겠습니다.

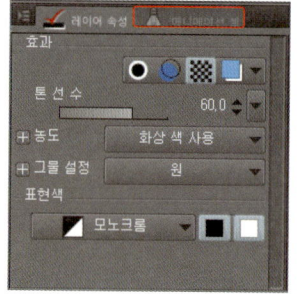

▍창 크기 조절하기

설정 항목을 보기 쉽도록 창의 크기를 조절할 수 있습니다.

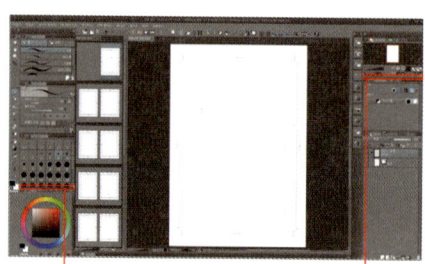

설정 항목을 보기 쉽게 움직일 수 있습니다.

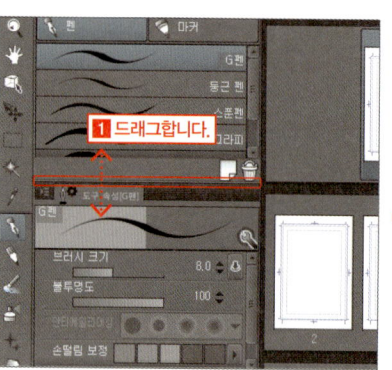

1 드래그합니다.

➡

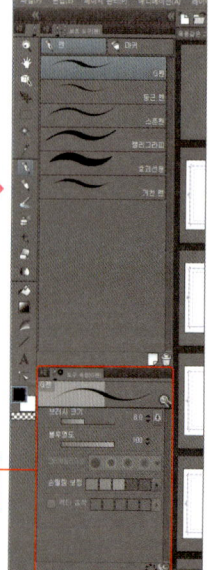

2 설정 항목이 잘 보이도록 움직일 수 있습니다.

SECTION 1.2 ● 창 조작&정리 마스터하기

팔레트 독에 창 정리하기

구분선을 움직일 때 탭을 살짝 건드리면 생각지도 않았던 위치에 창이 자리 잡기도 합니다.

오른쪽 예시는 도구 속성 창이 보조 도구 창 옆에 가서 붙어버렸습니다.

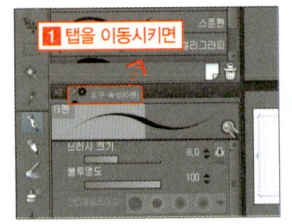
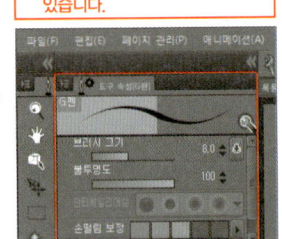

창을 원래 위치로 되돌리려면 탭을 드래그하세요. '보조 도구' 창 하단의 구분선으로 가져가면 빨간색으로 표시됩니다.

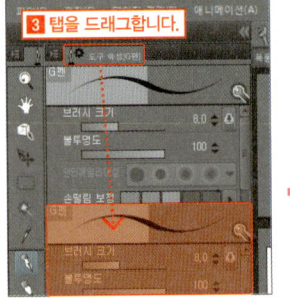
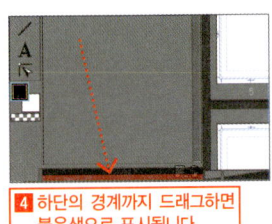

빨간 선으로 창을 드롭하면 의도한 위치로 옮길 수 있습니다.

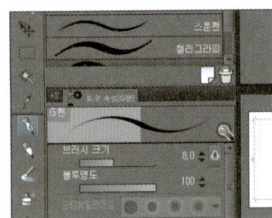

수직 구분선으로 가져가면 팔레트 독을 3열로 늘릴 수도 있습니다.

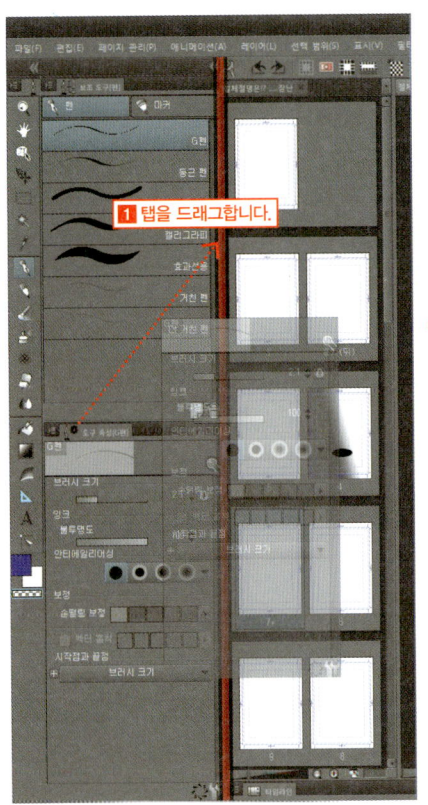
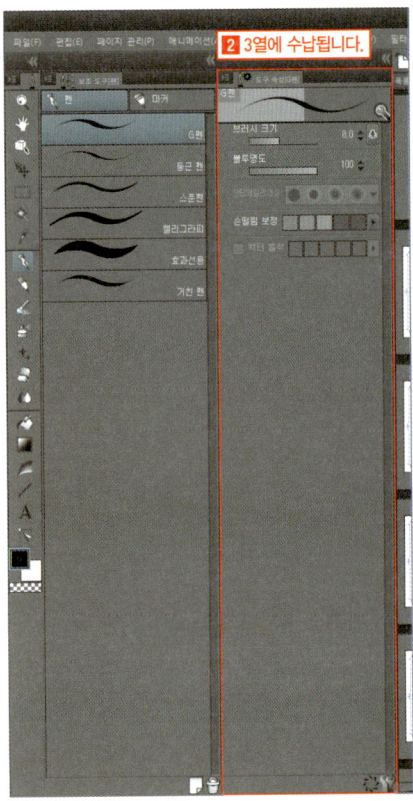

창 최소화하기

소재 창은 클릭만으로 폴더를 여닫을 수 있습니다.

알아두어야 할 창 조작

보조 도구 표시 순서 바꾸기

보조 도구 표시 순서를 '드래그'만으로 변경할 수 있습니다.

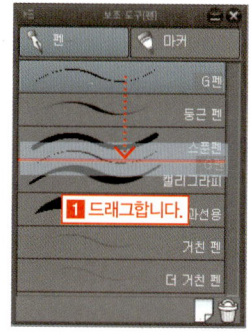 

그룹 만들기

'G펜(Gペン)'만의 그룹을 만들고 싶거나 새로운 도구 그룹을 만들 때는 보조 도구를 탭 영역으로 드래그합니다.

예시로 'G펜' 그룹을 만들었습니다.

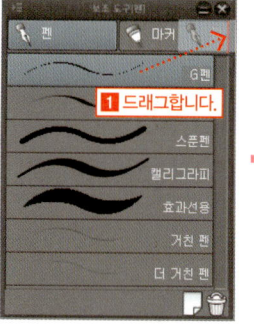 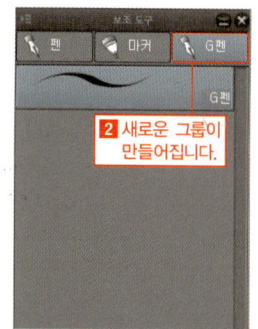

그룹 변경하기

보조 도구를 변경하고 싶은 그룹의 탭으로 드래그합니다.

예시로 'G펜'을 'G펜' 그룹에서 '펜(ペン)' 그룹으로 다시 보냅니다.

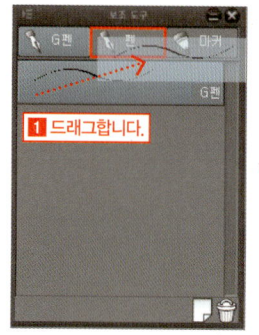 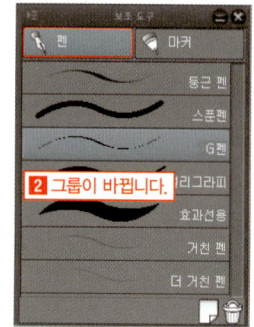

보조 도구 내보내기/가져오기

사용자 설정으로 만든 보조 도구의 설정을 저장하고 내보내거나 저장한 설정을 불러올 수 있습니다.

> **POINT** ▶ 설정 내보내기/가져오기
>
> 설정은 그룹별이 아니라, 각각의 보조 도구를 내보내거나 불러올 수 있습니다.

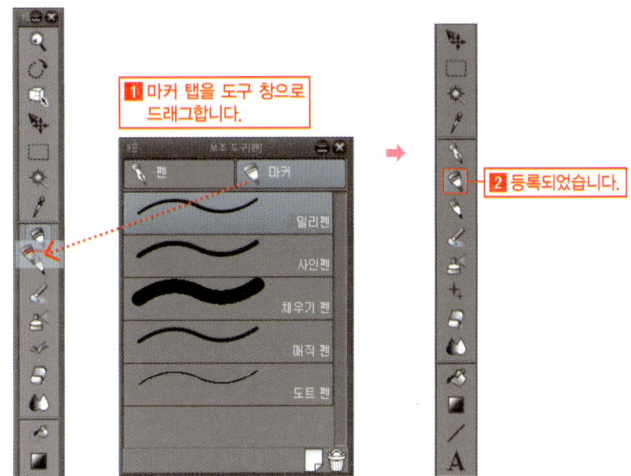

보조 도구를 도구 창에 등록하기

자주 쓰는 보조 도구는 도구 창에 넣어두면 편리합니다.

그룹 단위로도 각각의 보조 도구로도 정렬할 수 있습니다. 오른쪽 예시에서는 '마커(マーカー)' 도구를 도구 창에 등록했습니다.

도구 창의 순서 바꾸기

도구 창도 보조 도구와 동일하게 드래그로 정렬 순서를 변경할 수 있습니다.

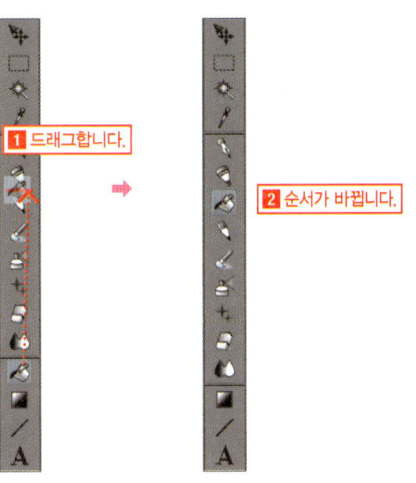

자신만의 보조 도구 만들기

자신만의 설정을 적용한 보조 도구(p.56/p.68)를 만들 수 있습니다.

보조 도구 상세 설정하기

도구 상세 창에 정렬된 항목을 보조 도구 상세 창에서 설정(p.56)할 수 있습니다.

PART 1 ● CLIP STUDIO PAINT 조작과 사용자 설정

SECTION 1.3
커맨드 바 사용자 설정

사용자 설정으로 변경한 커맨드 바로 작업 효율을 높여보세요. SECTION 1.3에서는 추천하고 싶은 설정을 설명하겠습니다. '저장(保存)'이나 '다시 실행(やり直し)' 등 빈번하게 사용하는 커맨드는 단축 키 조작을 기준으로 설명합니다. 단축 키는 초기 설정 상태입니다.

중·상급자에게 추천하는 커맨드 바 설정

커맨드 바 구성은 아래 설정을 추천합니다.

1 커맨드 바 설정(コマンドバー設定)

CLIP STUDIO PAINT를 처음 사용하면 작업 도중에 커맨드 바를 편집하고 싶어지니 미리 설정하면 편리합니다. 커맨드 바 설정이 완전히 정착되면 필요 없어집니다.

2 다음 페이지(次のページへ)/ 3 이전 페이지(前のページへ)

단축 키가 없으므로 커맨드 바에 넣어둡니다.

> ● **다음 페이지/이전 페이지**
> ComicStudio에서의 단축 키는 '◁/▷'로 지정되어 있습니다.

4 선택 범위 경계선 표시(選択範囲の境界線を表示)

선택 범위의 점선을 숨깁니다.

5 퀵 마스크 실행/해제(クイックマスクの実行·解除)

단축 키가 없으므로 커맨드 바에 넣어둡니다.

6 레이어에서 선택 범위 지정(レイヤーから選択範囲を作成)

'채우기(塗りつぶし)' 레이어의 '톤(トーン)'을 선택한 상태('톤 레이어')에서 단축 키로 선택 범위를 지정하면, '레이어에서 선택 범위(レイヤーから選択範囲)'로 선택 범위를 지정하는 것과는 결과가 다르므로 커맨드 바에 넣어둡니다.

> **POINT** ▶ **레이어에서 선택 범위 지정(단축 키)**
> `Ctrl`+레이어 섬네일을 클릭합니다. 단축 키로 선택 범위를 지정했을 때는 톤이 붙어 있는 영역을 선택합니다. '레이어에서 선택 범위 지정'으로 선택 범위를 지정했을 때(영역이 아니라)는 톤의 점을 선택합니다.

7 선택 범위 런처 표시(選択範囲ランチャーを表示)

ComicStudio에서 선택 범위 런처를 사용하는 사람에게는 필수입니다. '선택 범위 런처'에 있는 여러 기능을 전부 단축 키로 조작한다면 필요가 없어집니다.

8 신규 톤(新規トーン)(p.148)

필수입니다.

9 가우시안 흐리기(ガウスぼかし)(p.222)

톤 작업을 할 때 사용합니다.

10 모든 톤 영역 표시(すべてのトーン領域を表示)(p.158)

영역을 벗어난 부분이나 누락된 부분 등을 확인할 때 사용합니다. '컬러 세트(パレットカラー)'와 함께 사용하면 편리합니다.

11 밑그림 레이어로 설정(下描きレイヤーに設定)(p.66)

밑그림 레이어로 설정한 레이어는 인쇄, 저장 대상에서 제외됩니다.

12 레이어의 래스터화(レイヤーをラスタライズ)(p.76)

주로 '컷 테두리 폴더(コマ枠フィルダー)', '말풍선(フキダシ) 레이어', '화상 소재(画像素材) 레이어'를 래스터화할 때 사용하기를 추천합니다.

SECTION 1.3 ● 커맨드 바 사용자 설정

13 퍼스자 작성(パース定規の作成)
자주 사용한다면 커맨드 바에 넣어둡니다(p.239).

14 좌우 반전 표시(左右反転表示)(p.14)
'내비게이터(ナビゲーター)' 창에도 동일한 아이콘이 있습니다.

15 용지 표시(用紙を表示)
'용지 레이어'의 활성화/비활성화를 선택합니다. 투명 부분을 확인할 때 사용합니다.

16 그리드 표시(グリッドを表示)(p.225)
사진을 트레이싱할 때 수평, 수직으로 균일한 간격을 측정하기 편리합니다.

17 그리드/눈금자 설정(グリッド・ルーラーの設定)(p.225)

18 자에 스냅(定規にスナップ)(p.116)

19 특수 자에 스냅(特殊定規にスナップ)
효과선이나 배경을 그릴 때 사용합니다.

20 그리드에 스냅(グリッドスナップ)

21 오토 액션 재생(オートアクション再生)
오토 액션에 등록한 것을 버튼으로 커맨드 바에 등록합니다. 액션을 이용할 때만입니다.

● 좌우 반전 표시
ComicStudio는 '좌우 반전 표시'와 '상하 반전 표시'가 커맨드 바에 있습니다.

● 용지 표시
ComicStudio의 '투명 부분 표시' 메뉴와 동일한 기능입니다.

● 그리드 표시
ComicStudio에서는 '그리드 레이어'라는 이름으로 레이어로 저장됩니다.

22 타이틀 바와 메뉴 바를 표시/감추기(タイトルバーとメニューバーを表示・隠す)
창을 최대한 넓게 사용하고 싶다면 이 설정을 추천합니다.

초급자에게 추천하는 커맨드 바 설정

단축 키를 사용하지 않는다면 아래 설정을 추천합니다.

1 열기(開く)(Ctrl +O)
CLIP STUDIO PAINT의 데이터나 다른 화상 데이터를 가져올 때 사용합니다.

2 저장(保存)(Ctrl +S)/ 3 실행 취소(取り消し)(Ctrl +Z)/ 4 다시 실행(やり直し)(Ctrl +Y)

5 채우기(塗りつぶし)(Alt + BackSpace)
선택 범위를 지정하면 선택 범위 안을 채웁니다. 선택 범위가 없을 때는 레이어 전체를 채웁니다.

6 삭제(削除)(Delete)
선택 범위가 지정되어 있으면 선택 범위 안을 지웁니다. 선택 범위가 없을 때는 레이어 전체를 지웁니다.

7 확대/축소/회전(拡大/縮小/回転)(Ctrl +T)
선택 범위가 지정되어 있으면 선택 범위 안의 화상을 변형합니다. 선택 범위가 없을 때는 레이어 위의 화상 전체를 변형합니다.

8 하위 레이어와 결합(Ctrl +E)

> **POINT** ▶ **초기 설정 커맨드 바**
>
> 초기 설정의 커맨드 바는 아래와 같습니다.
>
>
>
> 선택 범위 이외 지우기   선택 해제 선택 범위 반전
>
> 위의 3가지 기능은 '선택 범위 런처'로 조작할 수 있으므로 '초급자용' 설정에는 넣지 않았습니다.

커맨드 바 사용자 설정하기

커맨드 바의 버튼을 설정하는 방법은 다음과 같습니다.

01 '파일(ファイル)' 메뉴에서 '커맨드 바 설정(コマンドバー)'을 선택합니다.

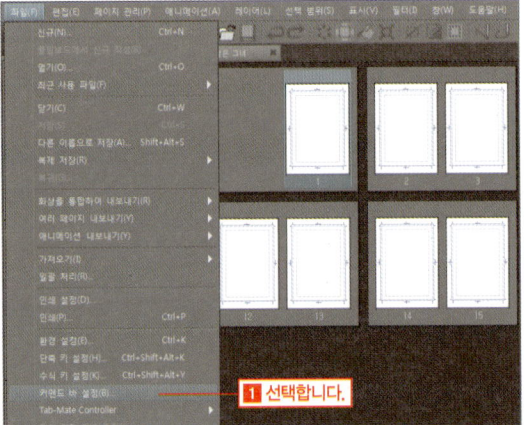

02 커맨드 바 설정 창이 표시됩니다. 불필요한 아이콘을 삭제합니다.

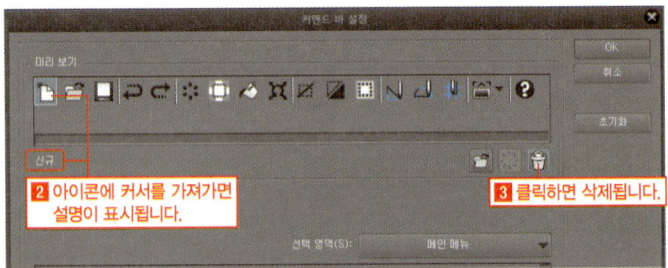

03 필요한 아이콘을 등록합니다.

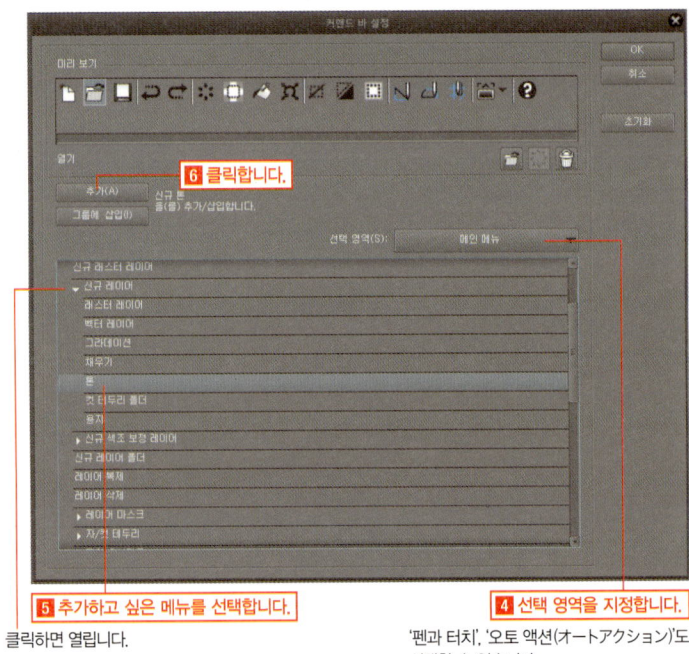

04 등록한 아이콘을 나열합니다.

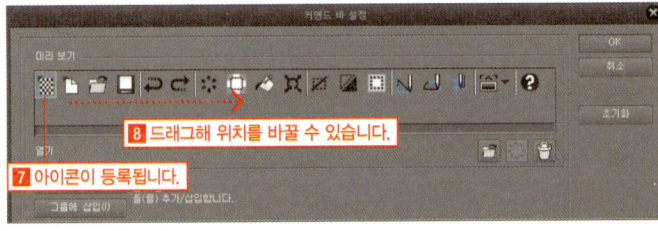

SECTION 1.3 ● 커맨드 바 사용자 설정

■ 사용자 설정을 마친 커맨드 바 등록하기

사용자 설정으로 모노크롬 작업용으로 변경한 커맨드 바를 워크스페이스에 등록하고 저장해두세요.

01 '창(ウィンドウ)' 메뉴의 '워크스페이스(ワークスペース)'⇨'워크스페이스 등록(ワークスペースを登録)'을 선택합니다.

02 이름을 정하고 저장합니다. '모노크롬 상급자용'이라고 하겠습니다.

03 워크스페이스에 등록한 설정이 나열됩니다.

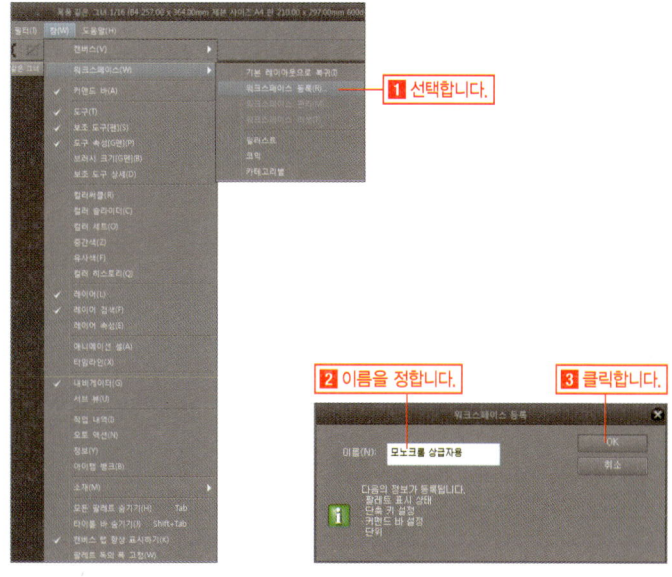

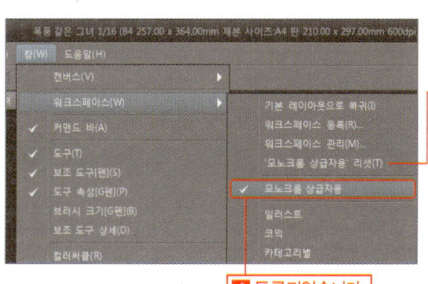

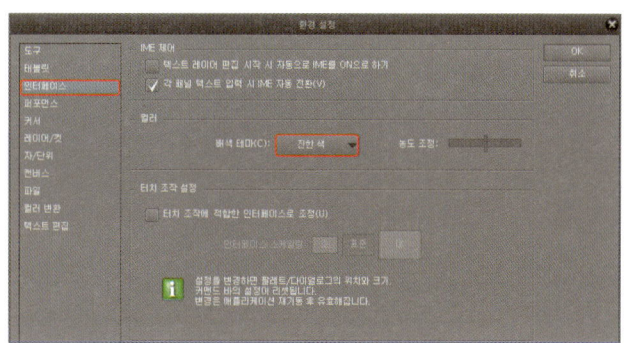

'**모노크롬 상급자용**'을 리셋
'모노크롬 상급자용' 메뉴가 표시되고 있음에도 창의 정렬이 설정과 다를 때, 이곳을 클릭하면 등록한 형태로 정렬됩니다.

■ 추천하는 환경 설정

설정하면 편리한 환경 설정 항목을 살펴보겠습니다.

■ 인터페이스

'컬러'의 '배색 테마(配色のテーマ)' 설정으로 CLIP STUDIO PAINT의 색을 연한 색(淡色)/진한 색(濃色)으로 변경할 수 있고 농도 조정도 할 수 있습니다.

이 책에서는 장시간 작업을 하는데 눈이 피로하지 않도록 '진한 색'으로 설정합니다. 사용하기 편한 배색과 농도를 정하고 설정하면 됩니다.

● 배색 테마: 진한 색

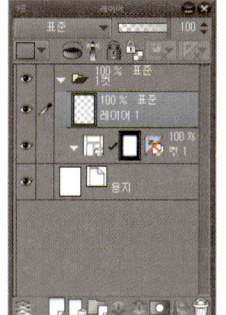

● 배색 테마: 연한 색

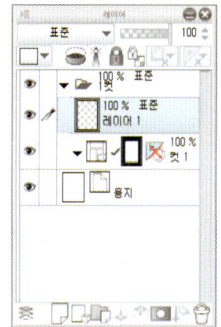

퍼포먼스(パフォーマンス)

'가상 메모리 작성위치(仮想メモリ作成先)' 설정은 데이터 드라이브가 있다면 데이터 드라이브를 지정합니다.

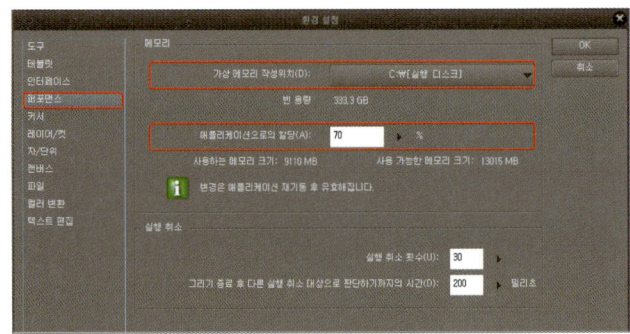

자(定規)/단위(単位)

자/그리드의 표시 색은 펜선 작업을 할 때 방해되지 않을 색으로 지정합니다. 길이 단위는 'mm'로 설정합니다.

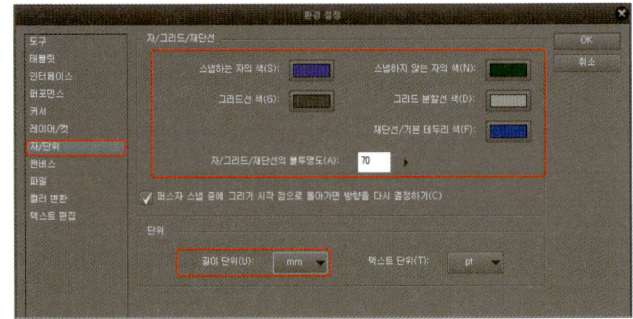

레이어(レイヤー)/컷(コマ)

'레이어 폴더 작성 시 합성 모드를 [통과]로 하기(レイヤーフォルダー作成時の合成モードを[通過]にする)' 설정은 사용자의 취향에 따라 달라집니다.

어떤 설정을 선택할지 258페이지를 참고하세요.

초기 설정에서 컷 테두리 단위는 'px(픽셀)'로 지정되어 있습니다. '자/단위' 항목에서 길이를 'mm'로 설정하고 취향에 따라 간격을 조절합니다.

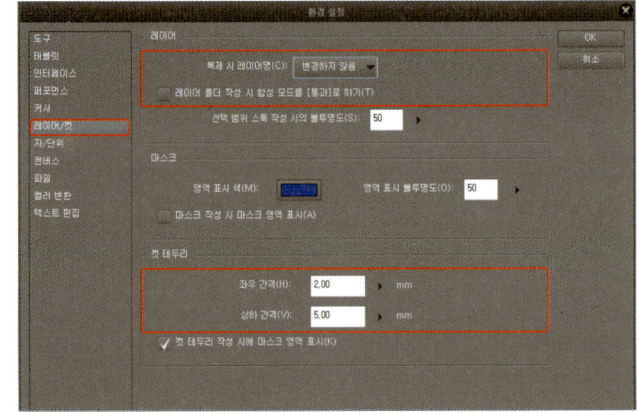

파일(ファウル)

초기 설정에서는 페이지를 열 때마다 다른 탭에서 열립니다.

'페이지 전환 시 자동으로 저장(ページ切り替え時に自動で保存する)'을 선택하면 다른 페이지를 열 때 작업 중인 페이지를 자동으로 저장한 다음 탭이 전환됩니다.

두 항목 모두 설정하지 않으면 다른 페이지를 열 때 '저장하시겠습니까?'라는 경고창이 나타나고 작업 중인 페이지를 닫은 다음 다른 페이지가 열립니다.

CLIP STUDIO PAINT digital comic lecture

PART 2
만화 제작 과정

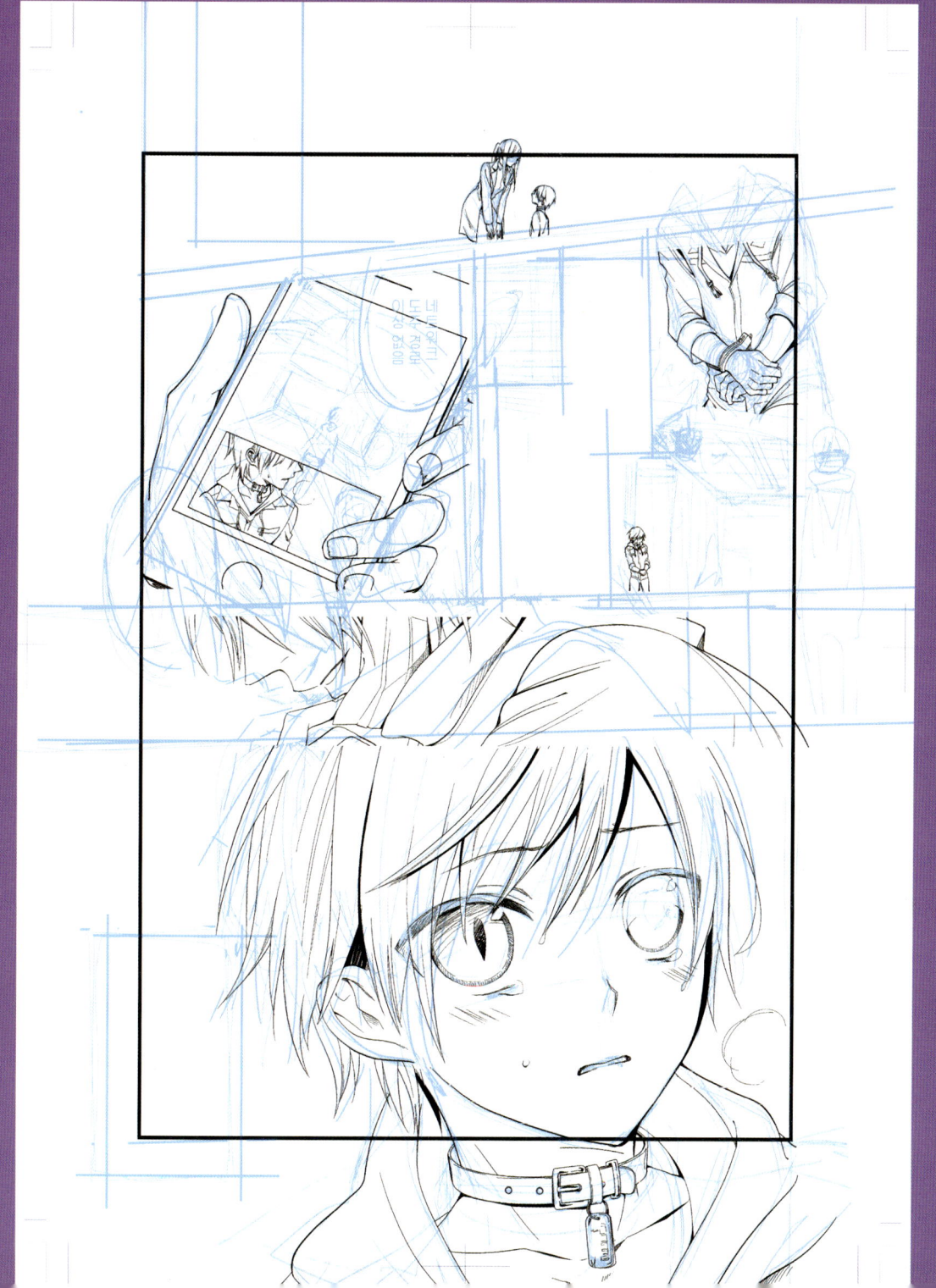

PART 2 ● 만화 제작 과정

SECTION 2.1
원고용지 만들기/콘티·밑그림·펜선 넣기/컷선 자르기

SECTION 2에서는 만화 작품을 완성하는 과정을 대략 설명하겠습니다. 처음에 원고용지를 만듭니다. 어떤 작품을 만들지 구상한 다음 필요한 매수를 준비합니다. 먼저 그리고 싶은 것을 과감하고 자유롭게 그려보세요.

원고용지 만들기

▌신규 파일 만들기

여러 페이지로 구성된 만화 작품을 그릴 때 가장 먼저 필요한 매수의 원고용지를 만듭니다. 원고용지의 크기를 프리셋에서 선택할 수 있습니다.

컷선이나 톤 등 자주 사용하는 설정을 템플릿으로 등록해둘 수 있습니다.

기본 표현색은 모노크롬(흑백) 작품/컬러 작품에 따라 달라집니다. 가장 많이 쓰는 표현색을 설정합니다.

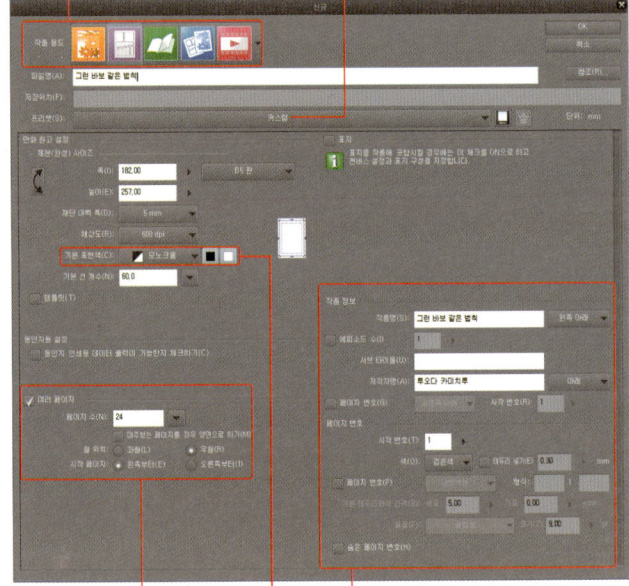

일러스트나 만화 등 작품의 형태에 알맞게 지정합니다.

자주 사용하는 크기를 프리셋에서 선택할 수 있습니다.

필요한 페이지 수를 입력합니다.

작품에 적합한 표현색을 설정합니다.

작품 정보를 설정해두면 인쇄 시 작품 정보가 게재됩니다. 페이지 번호도 이곳에서 설정합니다.

▌페이지 관리 메뉴(EX에서만 가능)

원고용지를 만들면 페이지 관리창이 열립니다.

페이지 섬네일을 더블 클릭하면 원고를 열고 그리거나 지우는 등의 작업을 할 수 있습니다. 작품 전체의 진행 상황은 여기에서 확인합니다.

페이지 추가나 삭제, 교체, 양면 페이지 작성 등을 설정합니다. 인쇄용 데이터 출력도 여기서 할 수 있습니다.

Kindle 형식이나 ePub 형식으로 출력할 수도 있습니다.

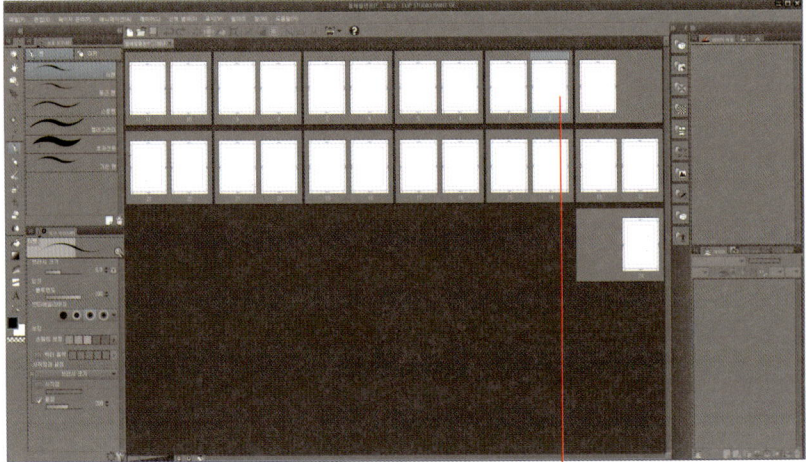

더블 클릭으로 페이지를 열어 작업합니다.

> **POINT** ▶ CLIP STUDIO PAINT는 단면 페이지로 작업
> 작품 전체 관리는 'EX'에서만 할 수 있습니다. 'PRO'에서는 1페이지씩 열어 작업해야 합니다.

SECTION 2.1 ● 원고용지 만들기/콘티·밑그림·펜션 넣기/컷선 자르기

콘티 자르기·밑그림 그리기

페이지를 열어 콘티를 자르고 밑그림 작업을 합니다. 콘티나 밑그림 작업을 할 때 레이어 설정은 '밑그림(下描き)'으로 변경합니다.

캔버스를 회전시키거나 확대/축소할 수 있습니다.

> **POINT**
> ▶ **콘티**
> 칸 나누기, 컷의 구도, 대사, 캐릭터 배치 등을 하는 작업을 말합니다.

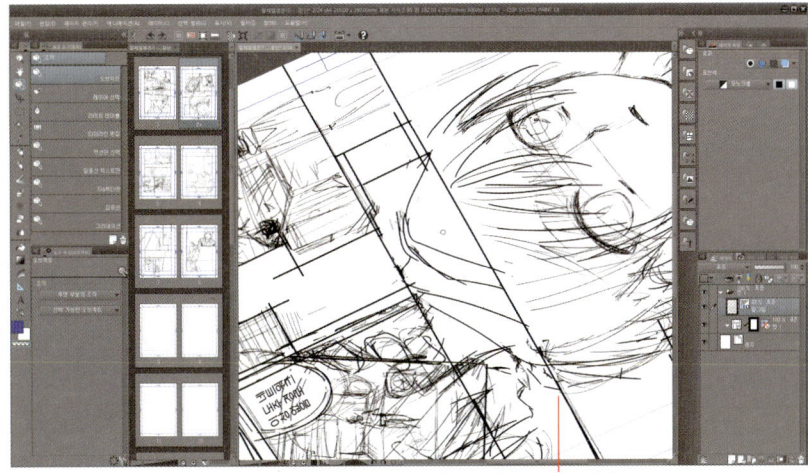

캔버스를 회전시키면서 그림을 그립니다.

펜션 넣기

밑그림을 완성했다면 밑그림의 선을 연하게 하거나 레이어 색상을 지정해서 펜션을 넣기 쉽게 만듭니다.

밑그림 위에 새로운 레이어를 만들고 나서 펜션 작업을 합니다.

펜(ペン)이나 지우개(消しゴム) 등의 도구를 자신의 취향에 맞게 설정하고 그것을 보조 도구로 등록할 수 있습니다.

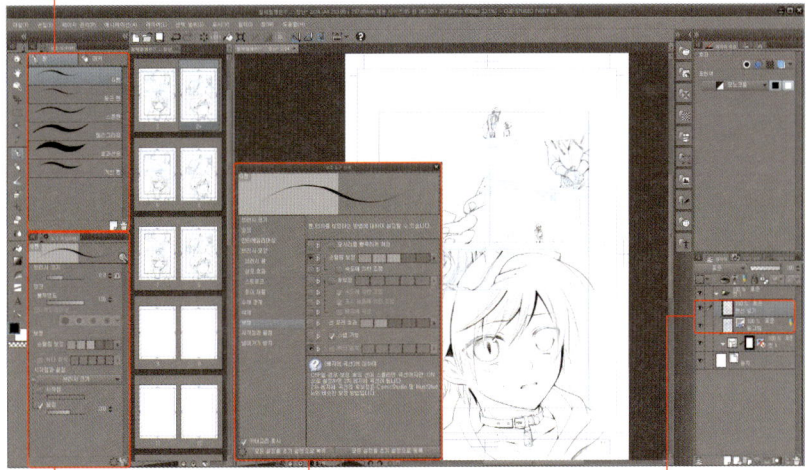

다양한 도구를 사용해 그릴 수 있습니다.

도구 설정은 도구 설정 창에서 자유롭게 사용자 설정을 할 수 있습니다.

'보조 도구 상세'에서 세부적인 도구 설정을 할 수 있습니다.

'밑그림 레이어' 위에 펜션 넣기 전용 레이어를 만들고 펜션 작업을 합니다.

⊞ TIPS 도구 속성 창과 보조 도구 상세 창

도구는 도구 속성(ツールプロパティ) 창에서 설정을 변경할 수 있습니다. 오른쪽 아래의 🔧 를 클릭하면 세부 설정을 할 수 있는 보조 도구 상세(サブツール詳細) 창이 열립니다.

도구 설정 창에 표시되는 항목은 보조 도구 상세 창에서 자신의 취향에 맞게 바꿀 수 있습니다.

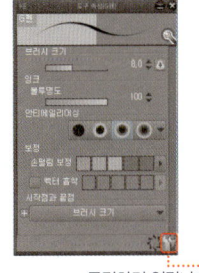
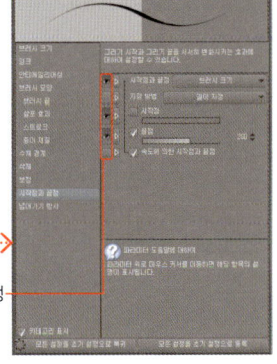

클릭하면 열립니다.

선택한 항목이 도구 설정 창에 표시됩니다.

컷선 자르기

컷선 작업을 할 때는 '컷 테두리 폴더(コマ枠フォルダー)'를 사용합니다.

하나의 컷 테두리 폴더로 전체의 테두리 작업을 할 수 있고, 컷마다 컷 테두리 폴더를 만들어서 각각 작업할 수도 있습니다.

컷선 작업은 '컷선 분할(枠線分割)' 도구를 사용합니다.

분할한 컷선의 위치는 자유롭게 움직일 수 있습니다.

컷선 분할 도구로 컷을 설정합니다.

컷 테두리 폴더

컷 테두리에 적용한 마스크는 벗어난 선을 자동으로 숨기는 역할을 합니다.

> **POINT** ▶ 마스크
>
> 파란색 부분이 '마스크(マスク)'입니다. 인쇄나 출력할 때 드러나지 않는 데이터입니다. '컷 테두리 폴더'에는 '마스크'가 설정되어 있어, 이 마스크에 가려진 부분은 드러나지 않습니다.

컷선 작업 테크닉

컷선 위에 컷선을 만들 수 있습니다.

물론 다양한 형태(둥근 사각형, 원, 다각형)의 컷을 만들 수도 있습니다.

인물이 컷선 밖으로 벗어났을 때는 래스터화한 다음 작업합니다. 래스터화하지 않는 방법도 있지만, 이 책에서는 래스터화한 다음 작업합니다.

인물이 컷선을 덮은 상태로 그릴 수도 있습니다.

SECTION 2.2
말풍선·대사·문자 그려 넣기/밑바탕 칠하기

대사를 넣고 완성했을 때의 이미지를 떠올리면서 작업합니다. 그려 넣은 문자는 전체의 균형을 보면서 위치, 형태, 크기를 조절합니다. 대사나 그려 넣은 문자는 다른 작업을 하는 데 방해가 되므로 완성한 다음 일단 숨깁니다.

말풍선 그리기

말풍선은 전용 도구를 사용하면 말풍선 내부가 자동으로 흰색으로 채워집니다.

깨끗한 타원을 그리는 도구나 자유로운 형태로 그릴 수 있는 '말풍선 펜(フキダシペン)' 도구 등이 있습니다.

'말풍선 꼬리(フキダシしっぽ)' 도구로 꼬리를 만들 수도 있습니다. '플래시(フラッシュ)' 도구로 플래시 말풍선이 간단히 만들어집니다.

말풍선 도구로 말풍선을 그립니다.

말풍선 도구로 말풍선을 그리면 자동으로 말풍선 레이어가 만들어집니다.

대사 쓰기

텍스트 도구는 캔버스 위를 클릭하고 문자를 입력합니다.

말풍선 위를 클릭하면 말풍선 레이어 위에 텍스트가 만들어집니다.

이외의 다른 것을 클릭하면 별도의 텍스트 레이어가 만들어집니다.

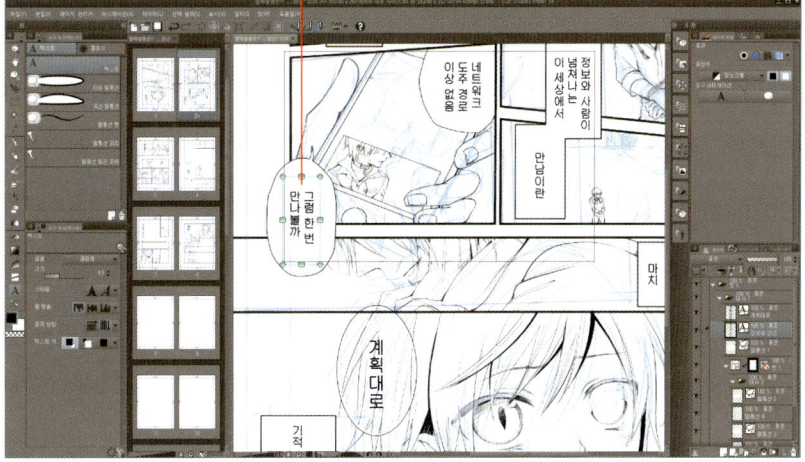

말풍선 위를 클릭하면 말풍선 레이어에 대사가 입력됩니다.

> **POINT ▶ 글꼴·윗주나 말풍선 설정**
>
> '조작(操作)'⇨'오브젝트(オブジェクト)' 도구로 문자를 그린 다음 글꼴(フォント)이나 글꼴 크기, 세로쓰기, 가로쓰기, 윗주(ルビ) 등의 설정을 변경할 수 있습니다. '오브젝트' 도구에서는 말풍선과 문자를 함께 옮기거나 띠고 옮길(p.24) 수 있습니다.

TIPS CLIP STUDIO PAINT 글꼴

CLIP STUDIO PAINT에는 'I-OTF안티크Std' 글꼴이 포함되어 있습니다.

이 글꼴은 히라가나=명조, 한자=고딕이라는 조합으로 만화 작품에 적합한 폰트입니다.

※이 글꼴은 CLIP STUDIO PAINT 일본판에만 적용되는 내용입니다.

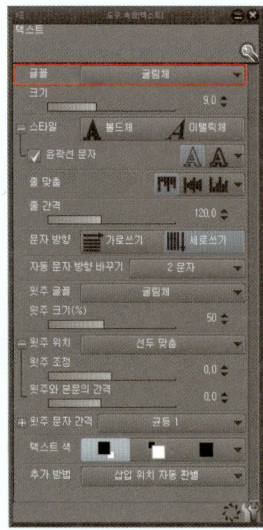

밑바탕 칠하기

밑바탕(검은색으로 채우기)은 밑바탕용 레이어를 만들고 나서 작업합니다.

'펜(ペン)' ➡ '마커(マーカー)' 도구나 '채우기' 도구 등을 사용합니다.

'채우기(塗りつぶし)' 도구는 주로 '다른 레이어 참조'를 사용합니다. 밑바탕을 칠할 구역을 클릭하면 채워집니다.

레이어의 불투명도를 낮추거나 레이어 컬러를 설정하면 선화와 구별할 수 있어 작업하기 쉬워집니다.

'덜 칠한 부분에 칠하기' 도구는 미세한 빈틈을 채우는 데 적합합니다.

밑바탕용 레이어를 만들고 작업합니다.

'에워싸고 칠하기'

'에워싸고 칠하기' 도구는 Comic Studio의 '닫힌 영역 채우기(閉領域フィル)'에 해당합니다.

POINT ▶ '채우기' 도구

'채우기' 도구에는 '편집 레이어만 참조(編集レイヤーのみ参照)', '다른 레이어 참조(他レイヤー参照)', '에워싸고 칠하기(囲って塗る)', '덜 칠한 부분에 칠하기(塗り残し部分に塗る)'라는 4종류의 기능이 제공됩니다. 각각의 특징을 이해하는 것이 중요합니다. 채우기 도구 설정은 'SECTION 4.1 '채우기' 도구 차이 이해하기(p.103)'에서 자세히 설명하겠습니다.

광택 칠하기

광택은 광택용으로, 사용자 설정으로 만든 '펜' 도구를 사용합니다.

도구 속성 창의 '시작점(入り)'과 '끝점(抜き)'을 설정하면 붓펜처럼 쓸 수 있습니다.

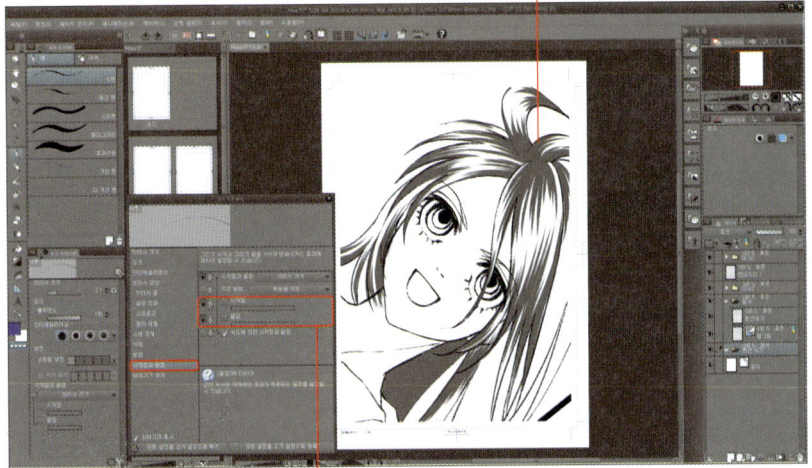

광택은 사용자 설정을 한 '펜' 도구를 사용해 채워나갑니다.

펜의 '시작점'과 '끝점'을 설정합니다.

문자 그려 넣기

문자를 그리는 방법은 다양합니다. '마커' 도구로 자유롭게 그리기, 직선 도구로 그리기, 자를 사용해서 그리기, 손으로 그린 문자를 스캔하기 등의 방법이 있습니다.

레이어 속성 창의 '효과(効果)' ⇨ 경계 효과(境界線効果)'를 선택하면 간단하게 흰색 테두리를 적용할 수 있습니다.

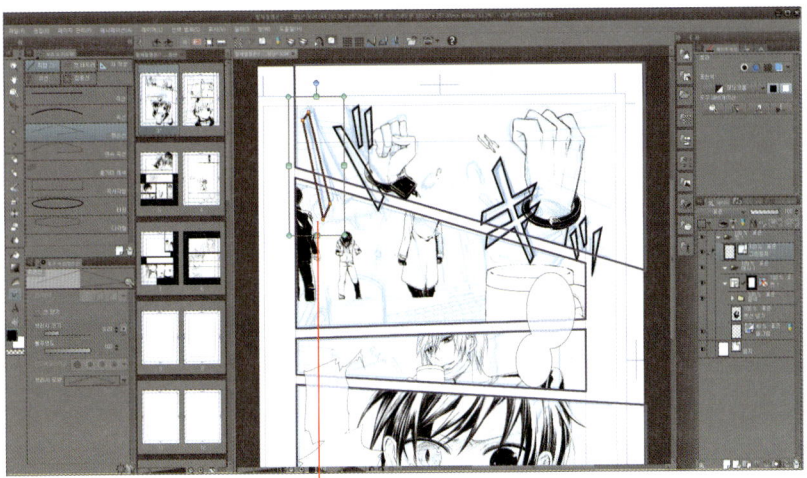

문자를 그려 넣습니다. 흰색 테두리를 적용할 수 있습니다.

POINT ▶ '벡터 레이어'에 그리기

'벡터 레이어(ベクターレイヤー)'에 그리면 완성한 뒤에 선을 움직여 형태를 다듬거나 선의 두께를 조절(p.110)할 수 있습니다.

SECTION 2.3
효과선 그리기/톤 붙이기

집중선이나 유선은 만화 특유의 표현입니다. CLIP STUDIO PAINT의 기능으로 멋진 효과선을 넣어보겠습니다. 톤 작업은 만화 작품 제작의 조미료입니다. 톤을 붙이면 단숨에 만화다운 작품이 됩니다.

효과선 그리기

집중선 그리기

집중선은 '특수 자(特殊定規)' 도구나 '집중선(集中線)' 도구를 사용해 그릴 수 있습니다.

'특수 자' 도구의 '방사선(放射線)'으로 캔버스 위에 방사선자를 만든 다음 '펜(ペン)' 도구를 사용해 집중선을 그립니다.

자에 스냅(定規にスナップ) 기능으로 방사선자를 따라 집중선을 그릴 수 있습니다.

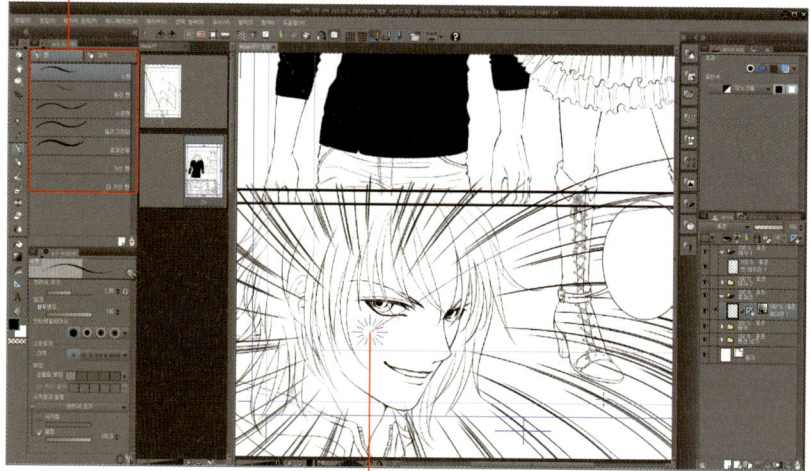

자를 설정한 뒤에 '펜' 도구로 그립니다.

캔버스 위에 자를 만듭니다.

> **POINT** ▶ 집중선의 길이·두께·간격 조절
> 집중선을 그린 다음에 '조작(操作)'⇒'오브젝트(オブジェクト)' 도구의 도구 속성에서 선의 길이, 두께, 간격 등을 조절(p.132)합니다.

'집중선' 도구를 선택하고 캔버스 위를 드래그하면 집중선이 그려집니다. 이때 '집중선' 레이어가 만들어집니다.

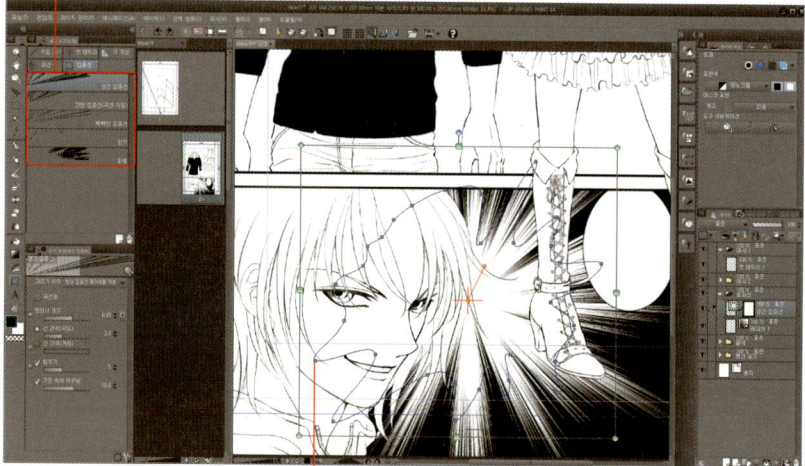

'집중선' 도구로 그립니다.

제어점을 조작해 형태를 변경할 수 있습니다.

> **POINT** ▶ 제어점 추가·삭제
> '선 수정(線修正)'⇒'제어점(制御点)' 도구로 제어점을 추가하거나 삭제(p.112)할 수 있습니다.

SECTION 2.3 ● 효과선 그리기/톤 붙이기

유선 그리기

유선(流線)도 집중선과 마찬가지로 '특수 자' 도구를 사용하는 방법과 '집중선' 도구를 사용하는 방법이 있습니다.

'특수 자'⇨'평행선(平行線)' 도구로 캔버스 위에서 드래그로 평행선 자를 만들고 '펜' 도구를 사용해 유선을 그립니다.

자에 스냅 기능으로 평행선자를 따라 유선을 그릴 수도 있습니다.

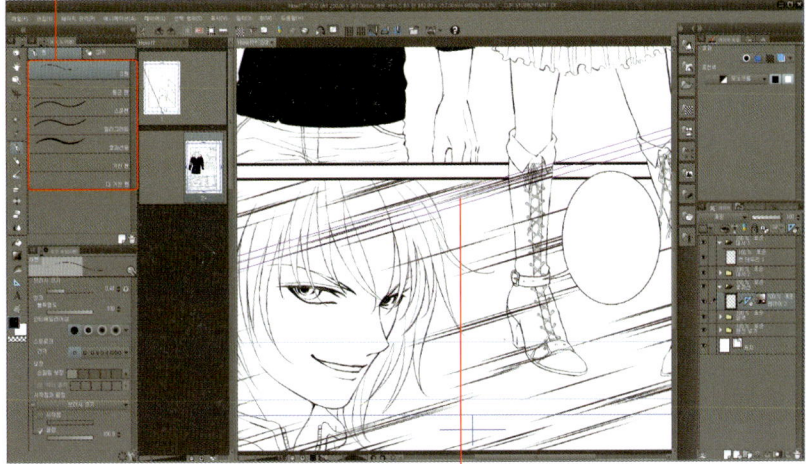

자를 설정한 뒤에 '펜' 도구로 그립니다.

캔버스 위에 자를 만듭니다.

> **POINT** ▶ 유선의 길이·두께·간격 조절
> 유선을 그린 다음에 '조작'⇨'오브젝트' 도구의 도구 속성에서 선의 길이, 두께, 간격 등을 조절(p.132)합니다.

'유선' 도구를 선택하고 캔버스 위를 드래그하면 유선이 그려집니다. 이때 '유선' 레이어가 만들어집니다.

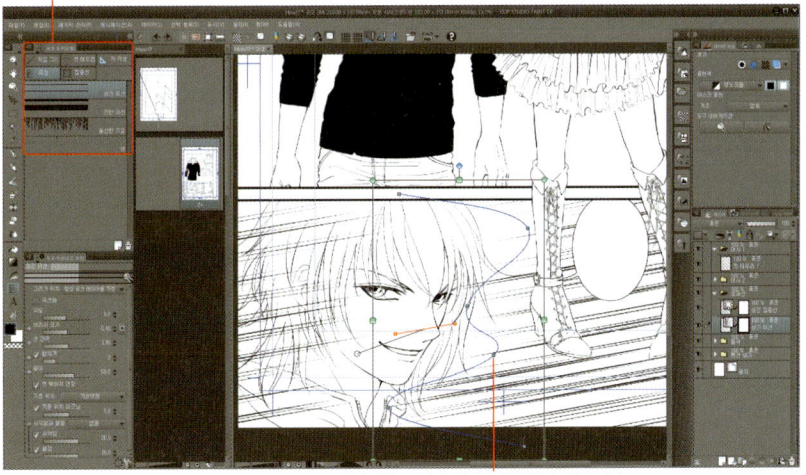

'유선' 도구로 그립니다.

제어점을 조작해 형태를 변경할 수 있습니다.

기본 톤 붙이기·지우기

톤 붙이기

기본 톤은 '톤(トーン)' 레이어에 붙입니다.

'레이어(レイヤー)' 메뉴의 '신규 레이어(新規レイヤー)'⇨'톤'을 선택하면 '간이 톤 설정(簡易トーン設定)' 창이 나타나므로, 톤 선수·농도·그물 종류 등을 설정하고 톤 레이어를 만듭니다.

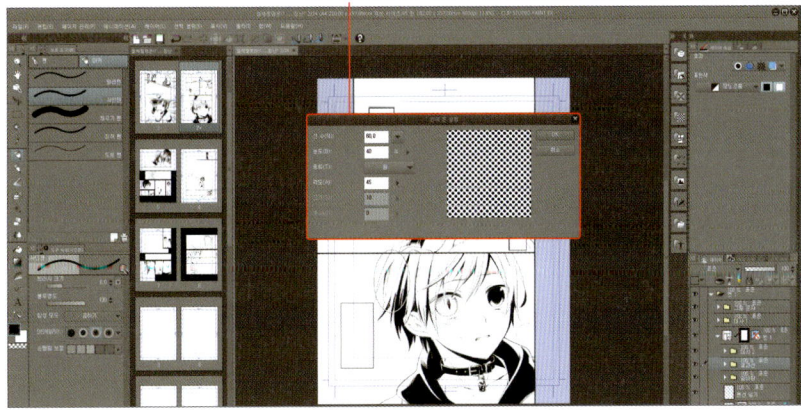

'간이 톤 설정'으로 각종 수치를 설정하고 톤 레이어를 만듭니다.

톤 레이어상에서 그리기색을 검은색으로 선택하고 칠하면 톤이 적용됩니다.

투명으로 칠하거나 지우개 도구로 톤을 지울 수 있습니다.

레이어 속성 창에서 '톤 선 수', '농도', '그물 설정' 등을 변경할 수 있습니다.

톤 영역 표시 색과 레이어 컬러를 동일하게 설정하면 실수를 예방할 수 있습니다.

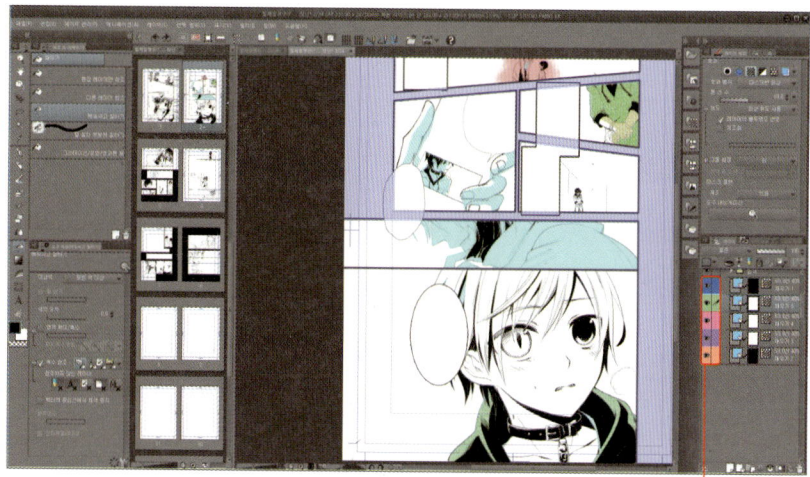

레이어 컬러 설정을 하면 구별하기 쉬워 작업하기 편해집니다.

POINT ▶ 기본 톤

기본 톤을 붙일 때 선택 범위는 필요 없습니다. '마커(マーカー)' 도구와 '채우기(塗りつぶし)' 도구가 있다면 기본 톤을 붙일 수 있습니다.
'커맨드 바'에 신규 톤 만들기 버튼을 설정해두면 효율적으로 작업(p.18/p.20)할 수 있습니다.

POINT ▶ 톤 레이어

톤 레이어(トンレイヤー)는 '밑그림 레이어(べた塗り)'+'레이어 마스크(レイヤーマスク)'로 구성됩니다.
톤을 붙이거나 깎아내는 작업은 레이어 마스크 위에서 합니다. 밑그림 레이어는 그리거나 지울 수 없도록 설정(p.150)되어 있습니다.

톤 레이어가 아니라 래스터 레이어에도 톤을 붙일 수 있습니다.

POINT ▶ 래스터 레이어의 톤

'마커' 도구와 '채우기' 도구의 도구 속성 중 불투명도는 반드시 100%인 상태로 작업(p.54)합니다. 톤의 그물 설정(種類)과 톤 선 수(線数)는 레이어 속성 창에서 변경합니다. '레이어 속성(レイヤープロパティ)'에서 '표현색(表現色)'을 그레이로 지정하고 가우시안 흐리기(ガウスぼかし) 등으로 톤을 흐리게(깎는 것이 아닙니다) 할 수 있습니다.

톤 깎기

톤을 깎습니다.

방향 깎기

방향 깎기는 평행선자에 각도를 설정하고 이용합니다.

'펜' 도구로 그리기색을 투명으로 선택하고 자에 스냅 기능으로 깎습니다.

'펜' 도구는 '끝점'이 날카로워지게 설정합니다.

자를 설정한 다음 자를 따라 '펜' 도구 등으로 깎습니다.

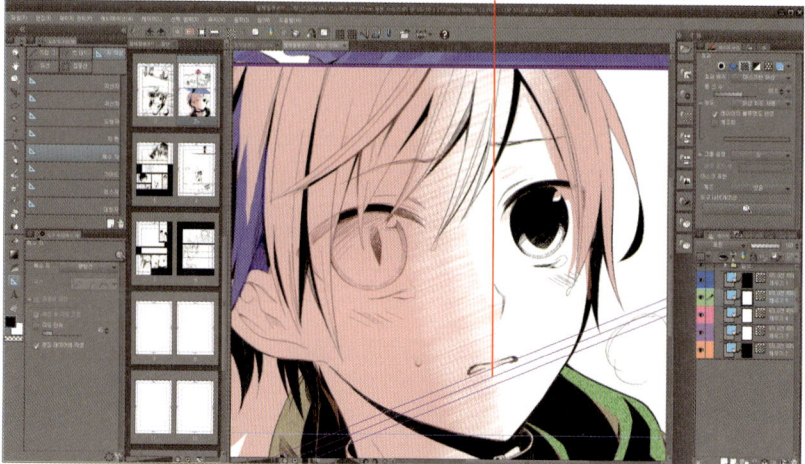

SECTION 2.3 ● 효과선 그리기/톤 붙이기

자를 여러 개 설정하고 각각 다른 방향을 향하도록 할 수 있습니다.

> **POINT ▶ 다른 방향으로 깎기**
>
> 또 다른 방향으로 깎을 때는 '평행선자(平行線定規)'를 추가로 만들고 '조작(操作)'⇨'오브젝트(オブジェクト)' 도구에서 어떤 자에 스냅이 걸려 있는지 확인하면서 깎습니다(p.125/p.161).

▌흐리게 지우기

흐리게 깎을 때는 '데코레이션(デコレーション)'에서 '그물망(カケアミ)'⇨'그물망(톤 지우기용)[カケアミ(トーン削り用)]' 브러시나 '그물망1(カケアミ1カケ)' 브러시를 사용합니다.

그리기색을 투명으로 선택하고 도구 속성에서 설정을 조절하면서 깎습니다.

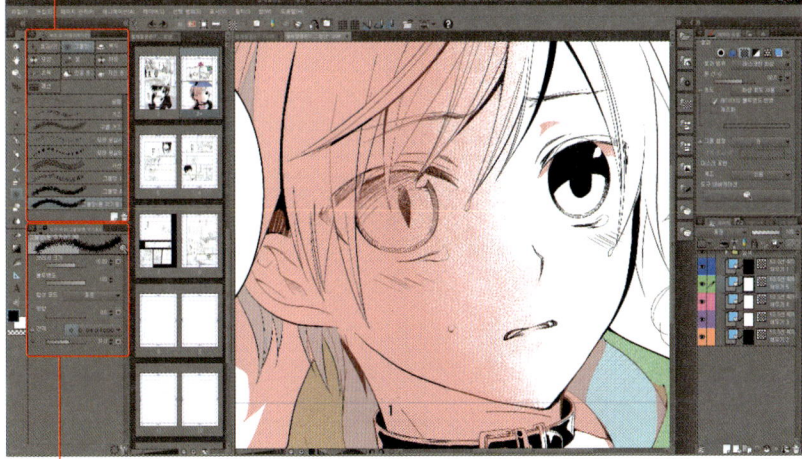

그물망 도구로 깎습니다.

깎이는 정도를 조절합니다.

▌그라데이션 톤 붙이기

톤을 붙일 영역을 선택 범위로 지정하고 그라데이션 도구를 사용해 캔버스 위를 드래그하면 톤이 적용됩니다.

이때 자동으로 그라데이션 레이어가 만들어집니다.

기본 톤처럼 레이어 속성 창에서 '톤 선 수', '농도', '그물 설정' 등을 변경할 수 있습니다.

선택 범위를 만들고 그라데이션 도구로 그라데이션 톤을 붙입니다.

> **POINT ▶ 그라데이션 레이어**
>
> 그라데이션 레이어(グラデーションレイヤー)는 톤을 붙일 때마다 만들어집니다(p.168).

> **POINT ▶ 그라데이션 톤 조절**
>
> 그라데이션을 붙인 뒤에도 '소작'⇨'오브젝트' 도구로 '톤 선 수', '농도', '그물 설정' 등을 바꿀(p.169) 수 있습니다.

기본 톤과 마찬가지로 그라데이션 톤도 래스터 레이어에 붙일 수 있습니다.

> **▶ 래스터 레이어에 톤 붙이기**
>
> 하나의 래스터 레이어(ラスターレイヤー)에 다양한 농도, 방향, 폭을 가진 그라데이션을 붙일 수 있습니다(p.179). 래스터 레이어에 붙인 톤은 그라데이션 레이어에 붙인 톤처럼 그리거나 지울 수 있습니다(p.180).

무늬 톤, 효과 톤 붙이기

무늬 톤, 효과 톤은 '소재' 창에 있습니다. 컬러 소재도, 모노크롬 소재도 쓸 수 있습니다.

'자동 선택(自動選択)'⇨'다른 레이어 참조 선택(他のレイヤーを参照選択)' 도구로 톤을 붙일 영역을 지정합니다.

소재 창에 있는 소재를 드래그&드롭으로 붙여 넣습니다.

그리기색을 검은색으로 선택하고 '마커' 도구나 '채우기(塗りつぶし)' 도구를 간단하게 지울 수 있도록 사용자 설정을 한 '채우기' 도구를 사용합니다.

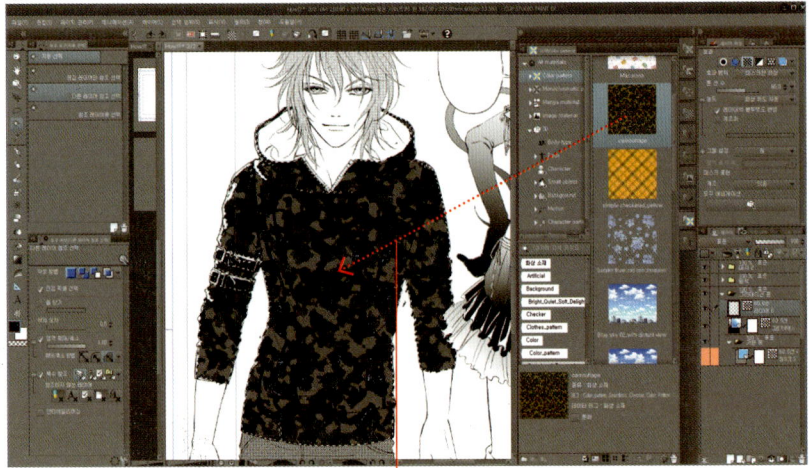

선택 범위를 지정하고 소재 창에서 드래그&드롭으로 붙여 넣습니다.

> **▶ 빈틈이 있는 부분을 선택 범위로 지정할 때**
>
> 자동 선택 도구로 선택 범위가 지정되지 않을 때(선이 완전히 이어지지 않았을 때)는 퀵 마스크를 이용해 선택 범위를 지정(p.166)합니다.

> **▶ 래스터 레이어**
>
> 소재는 '화상 소재 레이어(画像素材レイヤー)'+'레이어 마스크(レイヤーマスク)'로 구성됩니다. 톤을 붙이거나 깎는(지우는) 작업은 레이어 마스크에서 진행합니다. 화상 소재 레이어는 그리거나 지울 수 없도록 설정(p.150)되어 있습니다. 아직 톤으로 사용할 수 없는 컬러 무늬나 회색 무늬 소재는 레이어 속성 창의 '효과(効果)'⇨'톤(トーン)'을 선택하면 톤으로 바뀌고 '톤 선 수(線数)', '농도(濃度)', '그물 설정(種類)' 항목이 표시됩니다.

외부 무늬 소재를 톤으로 바꾸기

소재(素材) 창에 있는 무늬 외에도 jpeg, bmp 등 화상 데이터의 무늬를 톤 소재로 이용할 수 있습니다.

'파일(ファイル)' 메뉴의 '가져오기'➪'화상에서 패턴(画像からパターン)'으로 화상 데이터를 불러옵니다.

'화상 소재 레이어'로 가져왔으니 타일링 설정도 할 수 있습니다.

레이어 속성 창의 '효과'➪'톤'을 선택해 톤으로 변경합니다. 레이어 마스크를 설정하고 그리기, 지우기, 톤 붙이기, 톤 지우기 작업을 합니다.

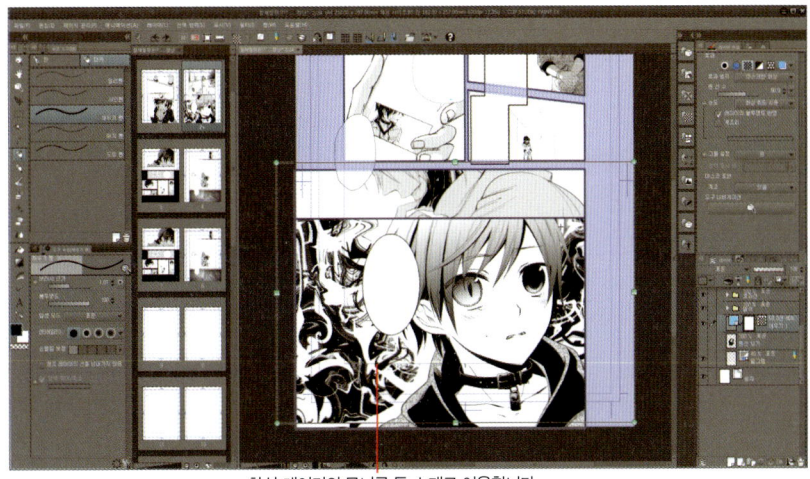

화상 데이터의 무늬를 톤 소재로 이용합니다.

▶ POINT '가져오기'➪'화상'으로 가져왔을 때

'가져오기(読み込み)'➪'화상(画像)'으로 가져왔을 때도 '화상 소재 레이어'가 만들어집니다. 이렇게 가져온 화상은 아직 패턴이 아니므로 아래의 방법으로 데이터를 패턴으로 바꿀 수 있습니다.
- 도구 속성에서 '타일링(タイリング)'으로 설정(p.192)합니다.
- 레이어를 '소재'에 등록하고 '소재 속성(素材のプロパティ)'에서 '타일링'으로 설정(p.198)합니다.

▶ POINT 붙여 넣은 화상 데이터 변환하기

화상 데이터(가져오기 기능을 사용하지 않고)를 별도로 가져오면 ('화상 소재 레이어'가 아니라) 평범한 화상 데이터로 열립니다. 이 데이터를 원고에 추가하고 '레이어 변환(レイヤーの変換)'으로 '화상 소재 레이어'를 만들면, '타일링' 설정(p.194)을 할 수 있습니다.

TIPS 화상 데이터를 톤으로 변경하기

자신이 그린 무늬 데이터나 시판되는 무늬 소재 등도 소재 창에 등록하고 '타일링' 설정을 하면 반복 패턴 무늬가 됩니다. 즉 jpeg 형식, bmp 형식, png 형식, tif 형식, tga 형식, psd 형식의 데이터는 모두 톤으로 사용할 수 있습니다.

다만 시판되는 무늬 소재를 사용할 때는 저작권과 사용 조건에 주의합니다.

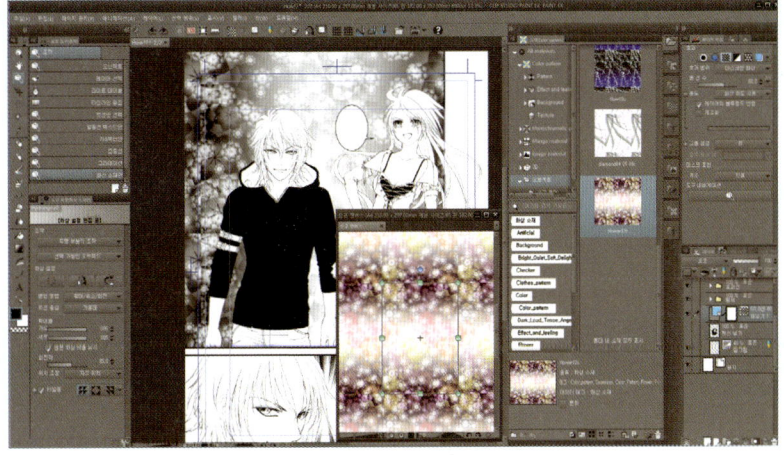

사용 소재 《디지털 코믹 브러시&톤 소재 풍부한 컬리·그레이·그물망·점묘》
(오다카 미치부 제작, 코레사와 시게유키 감수, 소텍사 간행)

'데코레이션'으로 화면을 화려하게 만들기

'데코레이션(デコレーション)' 도구는 그물망, 아지랑이, 하트, 육각형, 리본 등의 무늬를 그리는 도구입니다.

'데코레이션' 브러시 분류에는 '효과/연출(効果·演出)', '그물망/모래(カケアミ·砂目)', '복식(服飾)', '무늬(模様)', '꽃(花)', '초목(草木)', '인공 풍경(人工風景)', '괘선(罫線)'이 있습니다.

브러시에는 이어서 그릴 수 있는 브러시와 흩뿌리듯이 그릴 수 있는 브러시가 있습니다.

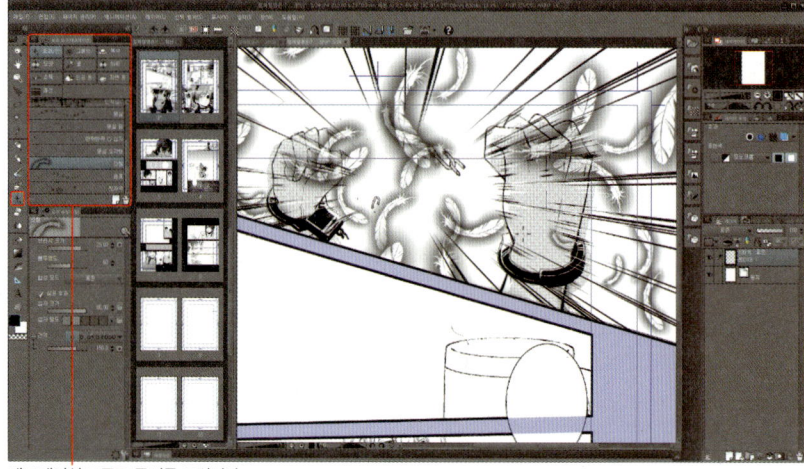

데코레이션 도구로 무늬를 그립니다.

모노크롬 작품은 그리기색을 검은색/흰색/투명으로 그립니다.

> **POINT** ▶ 유채색으로 그렸을 때
>
> 빨간색이나 노란색 등의 유채색으로 그릴 때는 레이어 속성의 '표현색(表現色)'을 설정하는 데 주의(p.203)합니다.

레이어 속성의 '효과(効果)' ⇨ '톤(トーン)'을 선택하면 그린 무늬가 톤으로 바뀝니다.

자신이 그린 무늬를 데코레이션 브러시로 설정하고 사용할 수도 있습니다.

자기가 만든 무늬를 브러시로 사용할 수 있습니다.

> **POINT** ▶ 무늬를 그릴 때는 그리기색을 '검은색'으로 선택하자
>
> 무늬는 '검은색'으로 그리는 것이 기본입니다. 다른 색으로 그리면 무늬가 '흰색'이 될 수 있으므로 (p.203) 주의합니다.

SECTION 2.4
배경 그리기/3D 데이터·LT 변환

배경은 사진을 트레이싱하거나 퍼스자를 사용해 그립니다. '그리기' 이외에 3D 데이터를 이용하거나 사진을 가공해 배경을 '만들' 수도 있습니다. LT 변환은 CLIP STUDIO PAINT EX에서만 제공하는 기능입니다.

배경 그리기

배경 트레이싱

사진 데이터를 가져와 크기를 조절합니다.

트레이싱한 선이 잘 보이도록 사진 레이어의 불투명도를 낮추고 작업합니다.

트레이싱 작업용 벡터 레이어를 만들고 직선 도구나 곡선 도구를 사용해 그립니다.

선을 수직수평의 선이 교차되도록 그은 다음 벗어난 부분은 '지우개(消しゴム)'⇨'벡터용(ベクター削除)' 도구의 옵션을 '교점까지(交点まで)'로 설정하고 작업하면 빠릅니다.

전체를 그리면서 '선폭 수정(線幅修正)' 도구 등으로 리터치합니다.

트레이싱으로 배경을 그립니다.　　벡터 레이어를 사용합니다.

> **POINT ▶ 사진 가져오기**
>
> 기본 표현색이 모노크롬이므로 '파일(ファイル)' 메뉴의 '가져오기(読み込み)'⇨'화상(画像)'으로 가져오면 '화상 소재 레이어(画像素材レイヤー)'가 톤으로 설정된 상태로 나타납니다. 그러므로 '레이어 속성(レイヤープロパティ)'의 '효과⇨톤'을 선택합니다.

퍼스자 이용하기

래스터 레이어를 '밑그림(下描き)'으로 설정하고 가이드라인을 그립니다.

선화를 그리기 위해서 벡터 레이어를 만들고 퍼스자를 설정합니다.

'조작(操作)'⇨'오브젝트(オブジェクト)' 도구로 눈높이나 소실점을 조절합니다.

필압을 조절하면서 '펜(ペン)' 도구로 그립니다.

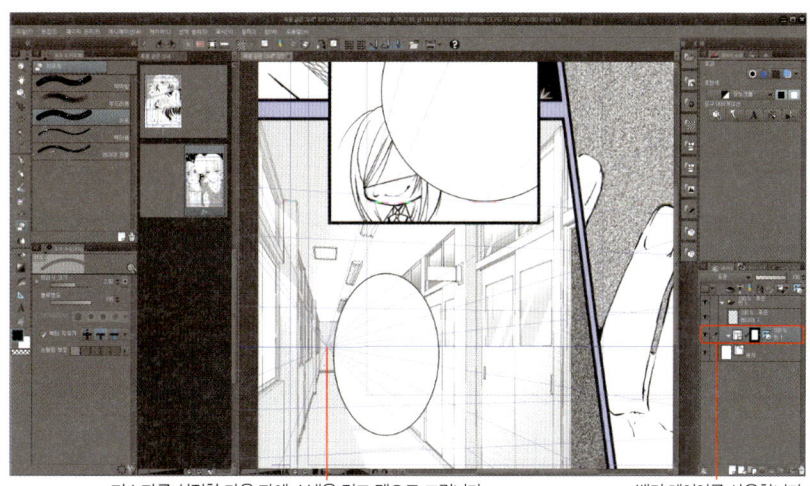

퍼스자를 설정한 다음 자에 스냅을 걸고 펜으로 그립니다.　　벡터 레이어를 사용합니다.

손으로 그린 배경을 스캔해 완성하기

배경을 스캔해 화상 소재 레이어로 가져옵니다.

화상 소재 레이어를 래스터화하고 선의 두께를 조절해 2치화시킵니다. '2치화'란 흰색과 검은색으로 구성된 이미지로 변화시킨다는 의미입니다.

포토샵에서는 Image 〉 Mode 〉 Bitmap '잡티 지우기(ゴミ取り)' 도구나 '잡티 지우기' 필터로 티끌을 제거합니다.

벡터나 톤 작업을 설정하고 완성합니다.

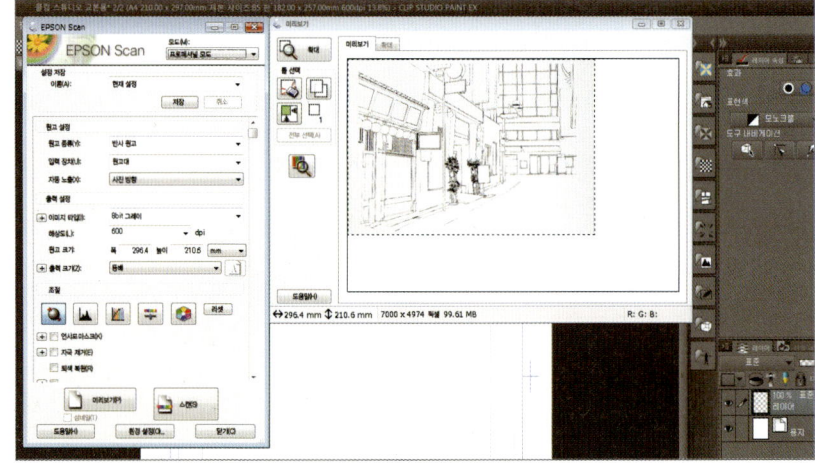

스캔한 화상이나 선화를 래스터화하고 배경을 완성해나갑니다.

TIPS '소재'로 배경을 만들기 위한 포인트

완성한 배경을 계속해서 사용할 수 있는 '소재(素材)'로 만들려면 데이터를 만들 때 아래처럼 작업합니다.

1 '소재'는 확대하거나 축소하는 것을 전제로 하기 때문에 소재로 쓸 배경은 '벡터 레이어(ベクターレイヤー)'에 가능한 한 크게 그립니다.
- '벡터 레이어'에서 확대/축소하면 선화의 선을 두껍게 하거나 가늘게(p.235) 할 수 있습니다. 특히 확대하면 선화의 손상된 정도가 명확하게 드러나므로 배경은 크게 그립니다.
- 선화를 지울 때는 '지우개(消しゴム)'⇨'벡터용(ベクター用)' 도구(p.228)가 편리합니다.

2 선화, 밑바탕, 톤 레이어를 '레이어 폴더(レイヤーフォルダ)'에 정리해둡니다.
- '레이어 폴더' 단위의 복사, '확대/축소/회전'(p.258)을 시킬 수 있습니다.
- 불필요한 부분을 처리할 때 지우지 않고 '레이어 폴더'에 '레이어 마스크(レイヤーマスク)'를 설정(p.256)해 숨깁니다.

3 선화가 완성된 배경을 소재로 등록하거나 작품으로 저장해 관리(p.195)할 수 있습니다.

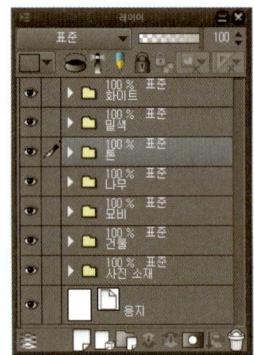

38

SECTION 2.4 ● 배경 그리기/3D 데이터·LT 변환

3D 데이터 이용하기

CLIP STUDIO PAINT는 3D 데이터를 원고용지 위로 가져와서 그림의 가이드로 활용하거나 LT 변환을 적용해 배경으로 이용할 수 있습니다. LT 변환은 EX에서만 가능한 기능입니다.

■ 3D 소재 배치하기

소재 창에서 3D 소재를 드래그&드롭으로 배치합니다.

'조작(操作)'⇨'오브젝트(オブジェクト)' 도구로 3D 소재의 크기와 위치를 조절합니다.

LT 변환 기능으로 선화와 톤을 분리해 완성시킵니다.

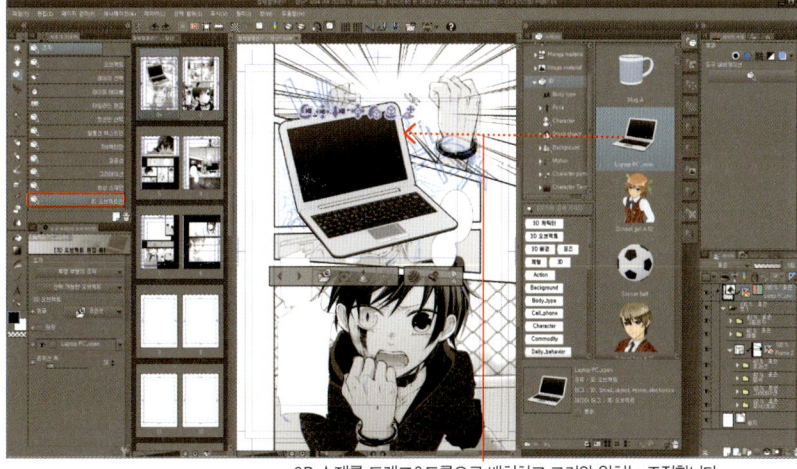

3D 소재를 드래그&드롭으로 배치하고 크기와 위치는 조절합니다.

■ 선 추가하기

리터치로 완성도를 높입니다. 3D 레이어의 그리드를 이용해 스냅을 걸고 벡터 레이어에 그립니다.

벡터 레이어를 만들고 선을 추가로 그립니다.

■ LT 변환이란

'LT 변환(LT変換)'은 사진 데이터나 무늬 데이터, 3D 소재 데이터에서 선화와 톤을 추출하는 기능입니다.

'래스터 레이어(ラスタレイヤー)', '화상 소재 레이어(画像素材レイヤー)', '3D 레이어(3Dレイヤー)' 등으로 적용할 수 있습니다.

> **POINT ▶ 선화 추출**
>
> 'LT 변환'은 '화상 소재 레이어'에 적용할 수 있으므로 톤 소재 가운데도 'LT 변환'으로 선화를 추출할 수도 있습니다.
> 선화는 색과 색의 경계를 검출하므로 색의 경계가 분명한 이미지가 선화 추출 작업을 하는 데 적합합니다.

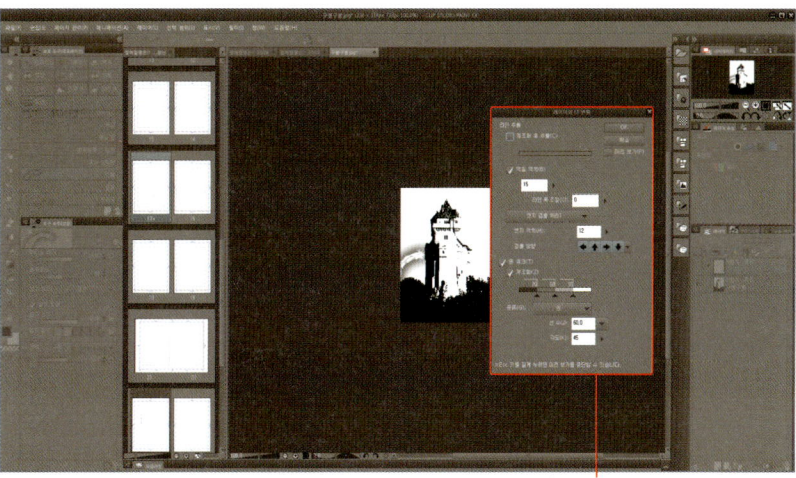

LT변환을 사용해 선화와 톤을 추출합니다.

SECTION 2.5
인쇄하기 / 저장하기 / 입고하기

완성한 작품을 인쇄하고 확인합니다. 데이터 입고 시에는 작품 크기나 파일 형식 등을 입고처의 게시 기준에 맞춥니다. Kindle 형식으로 저장하거나 EPUB 데이터로 저장할 수 있습니다. Kindle이나 EPUB 저장은 CLIP STUDIO PAINT EX에서만 지원하는 기능입니다.

인쇄하기

원고의 상태를 확인하기 위해 미리 보기를 합니다. 기본 설정은 다음과 같습니다.

- **'인쇄 크기(印刷サイズ)'=실제 치수**
- **'출력 이미지(印刷イメージ)'='텍스트'만 체크**
- **'출력 범위(印刷範囲)'=페이지 전체**
- **'표현색(表現色)'=모노크롬 2계조(역치)**
- **'확대 축소 시 처리(拡大縮小時の処理)'=코믹 방향**
- **'래스터화(ラスタライズ)'=고속**

입고용 원고는 선이나 톤을 데이터 그대로 깨끗하게 인쇄할 수 있는 프린트가 있을 때만 가능합니다.

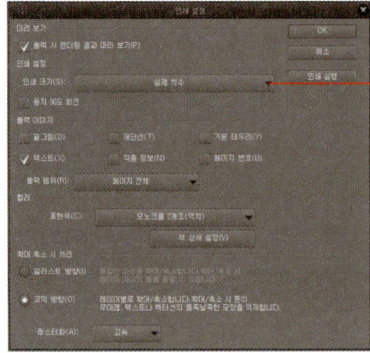

저장한 뒤에 입고할 때는 문제가 생기지 않도록 실제 치수로 설정합니다.

데이터 저장하기

데이터를 입고할 때는 편집부나 인쇄 회사의 기준에 따라 입고용 데이터를 저장합니다.

'래스터화'는 '품질 우선(品質優先)'으로 설정합니다.

> **TIPS 페이지 단위로 저장하기**
>
> '일괄 처리(一括処理)'는 EX에서만 지원하는 기능입니다. 한 페이지씩 '.psd(Photoshop Document)' 형식으로 저장할 때는 '파일(ファイル)' 메뉴에서 '화상을 통합하여 내보내기(画像を統合して保存)'를 선택(p.304)합니다.

Kindle 형식이나 EPUB 데이터로 저장할 수도 있습니다. 이 역시 CLIP STUDIO PAINT EX에서만 가능합니다.

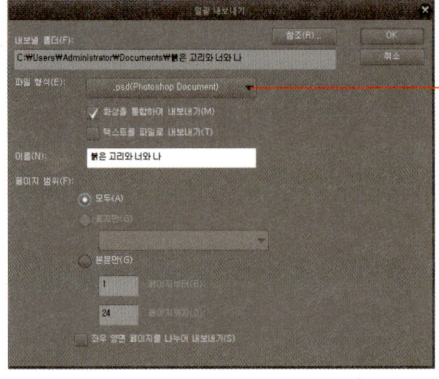

보통은 Photoshop 형식으로 저장합니다.

데이터 입고하는 방법

데이터를 입고할 때는 편집부나 인쇄 회사의 기준에 따라 입고용 데이터를 저장합니다. 데이터 입고 방법은 다음과 같습니다.

- **지정 서버에 업로드하기**
- **대용량 데이터 전송 서비스 이용하기**
- **CD나 DVD에 저장해 배송하기**

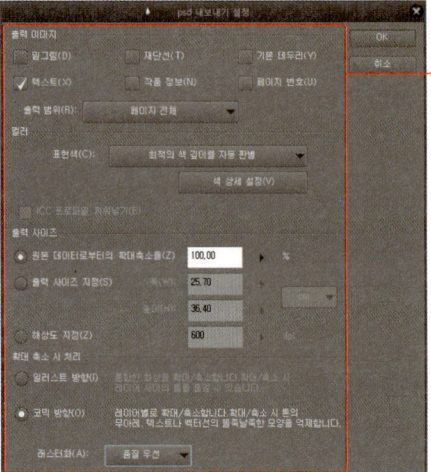

입고처에 맞게 작성합니다.

CLIP STUDIO PAINT digital comic lecture

PART 3
만화를 그려보자

PART 3 ● 만화를 그려보자

SECTION 3.1
작품 시작하기

여러 페이지의 만화 작품을 그릴 때는 맨 먼저 필요한 매수의 원고용지를 만듭니다. 모노크롬 작품과 컬러 작품은 '기본 표현색' 설정으로 변경 가능하다는 것이 핵심입니다.

신규 파일 만들기

01 원고용지 만들기

'파일(ファイル)' 메뉴에서 '신규(新規)'(`Ctrl` + N)를 클릭합니다.

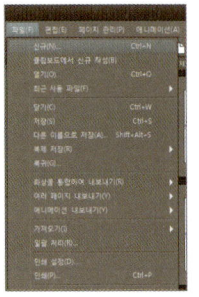

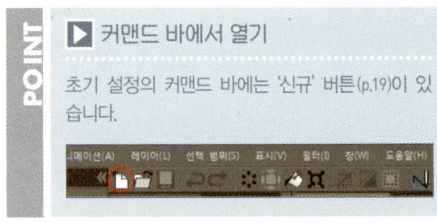

▶ **커맨드 바에서 열기**

초기 설정의 커맨드 바에는 '신규' 버튼(p.19)이 있습니다.

02 각 항목 설정하기

모노크롬 작품 설정 창은 아래와 같습니다.

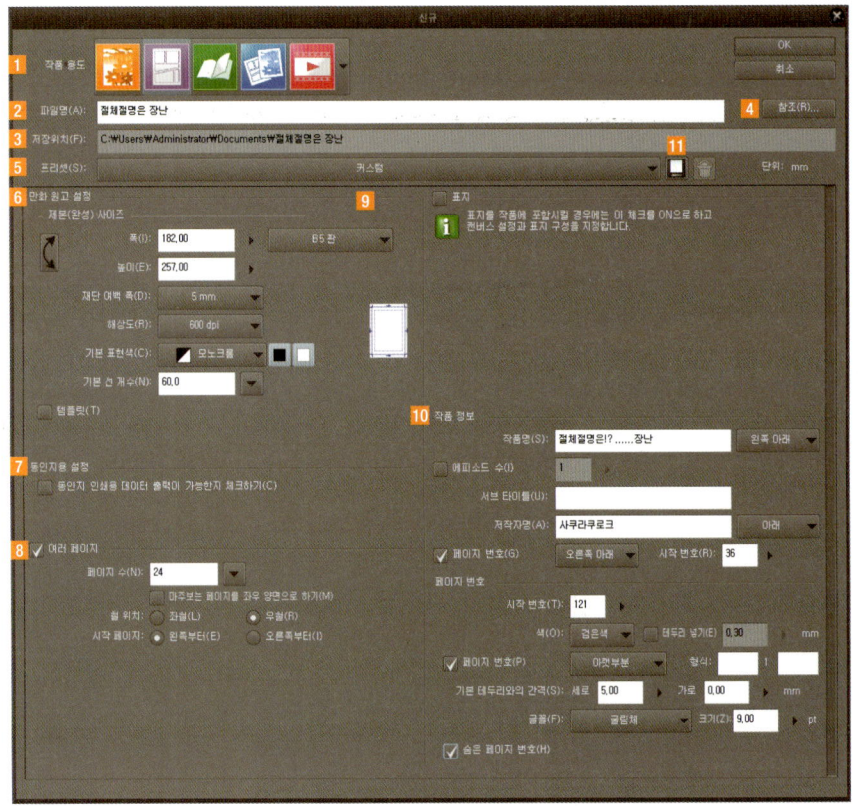

1 작품 용도(作品の用途): '코믹'을 선택합니다.

일러스트(p.315)/코믹(コミック)/동인지 입고(同人誌入稿)/모든 코믹 설정 표시(すべての設定を表示)

 ▶ **작품 용도**

일러스트용/만화용을 선택하느냐에 따라서 표시되는 설정 항목이 달라집니다.

SECTION 3.1 ● 작품 시작하기

2 **파일명**(ファイル名): 폴더명과 작품 파일의 파일 이름이 됩니다.

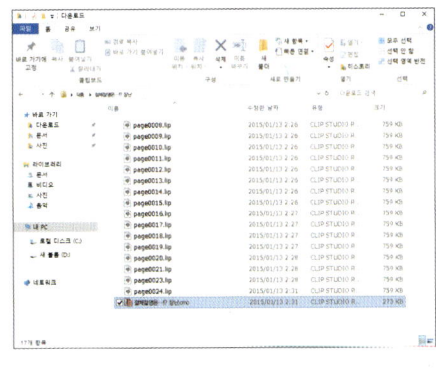

3 **저장위치**(保存先): 8 의 여러 페이지를 체크하면 표시됩니다. 4 의 '참조'를 클릭하고 저장위치를 지정합니다. 파일명과 같은 이름의 폴더가 자동으로 만들어집니다.

※'여러 페이지(複数ページ)'를 체크하면 작품이 페이지 단위로 파일이 됩니다. 그러니 한 번에 인쇄하거나 저장할 수 없습니다.

5 **프리셋**(プリセット): A4 모노크롬(600dpi로 설정)을 선택하면 자동으로 '제본(완성) 크기'는 A4가 됩니다.

손으로 그린 만화 원고용지는 'B4' 또는 'A4'입니다. 디지털로 작품을 그릴 때 편집부나 인쇄 회사의 지정된 출력 방법(p.300)을 알아두면 어떤 크기로도 문제없습니다.

> ▶ **완성(제본) 사이즈 A4란**
>
> 작업한 데이터 전체의 크기는 B4입니다. 저장할 때 페이지 전체를 저장하면 B4, 재단 여백까지 포함한 크기는 A4입니다. B5 크기의 동인지를 제작할 때는 프리셋을 B5 크기로 설정하고, 출력 범위는 '재단선 재단 여백까지(トンボの裁き落としまで)'를 선택하고 출력합니다.

● **ComicStudio의 프리셋과 완성(제본) 사이즈**

ComicStudio에서는 A4 사이즈로 만든 페이지 전체를 저장하면 출력한 페이지는 A4 사이즈가 됩니다.

6 **만화 원고 설정**(漫画原稿設定): A4(600dpi로 설정)를 선택하면 자동으로 '제본(완성) 사이즈'는 A4가 됩니다.

제본(완성) 사이즈: 원고용지가 'A4'라면 '제본(완성) 사이즈'는 'B5(주간 만화 잡지 크기)'입니다.
재단 여백 폭: 인쇄되지 않는 영역입니다.
해상도: 모노크롬 작품은 '600dpi'(또는 '1200dpi'), 컬러 작품은 '350dpi'로 설정합니다.
기본 표현색: 기본적으로 모노크롬입니다. 컬러 작품은 '컬러'로 설정합니다.

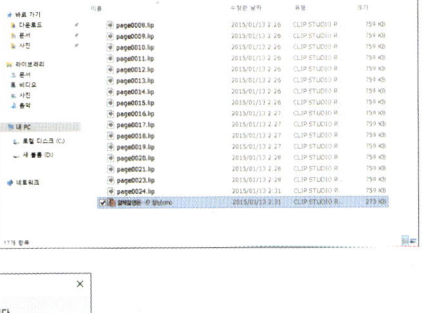

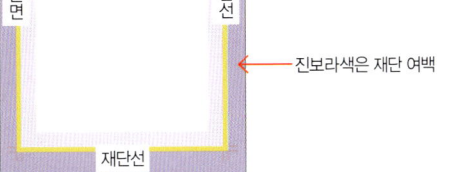

체크되어 있으면 배경색이 옅은 파란색으로 표시됩니다.

'검은색, 흰색' 체크
레이어에 검은색, 흰색, 투명으로 그릴 수 있습니다.
'검은색'만 체크
레이어에 검은색, 투명으로 그릴 수 있습니다.
'흰색'만 체크
레이어에 흰색, 투명으로 그릴 수 있습니다.

> ▶ **만화 원고 사이즈**
>
> 만화 원고는 딱 맞는 사이즈가 아니라 살짝 크게 그립니다. 인쇄가 어긋났을 때를 대비해 설정하는 여백입니다.
> 상업지는 잡지에 따라서 인쇄되는 범위가 다를 수 있습니다. 그런 이유로 프로 만화가들은 재단선 폭보다 크게 그리거나 바깥쪽까지 컷선을 그립니다.

PART 3 ● 만화를 그려보자

> **POINT** ▶ 기본 표현색 설정과 레이어의 표현색
>
> 기본 표현색을 모노크롬으로 하면 신규 래스터 레이어를 만들거나 모노크롬 설정의 레이어가 만들어 집니다. 기본 표현색을 컬러로 하면 신규 래스터 레이어를 만들 때 컬러 설정의 레이어(p.61)가 만들어 집니다.
> 즉 기본 표현색은 가장 많이 쓰는 표현색으로 설정해두면 편리합니다.
> 각각의 레이어는 레이어 속성에서 개별적으로 표현색을 설정(p.59)하고 구별해서 사용할 수 있습니다.

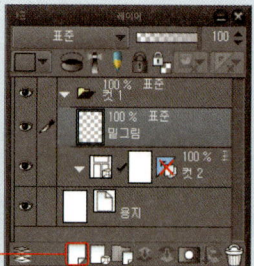

신규 래스터 레이어 만들기

톤 선 수: 레이어 속성의 '효과(効果)'⇨'톤(トーン)'을 선택하면 기본 선 수(여기서는 60)의 그물 톤(p.164)이 됩니다.

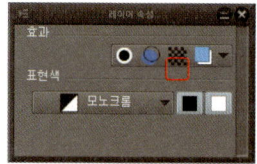

템플릿: 설정하면 '컷 테두리 폴더(コマ枠フォルダ)'가 설정되어 있는 '템플릿'(p.71)을 선택할 수 있습니다. 오리지널 설정의 레이어나 톤으로 자신만의 템플릿도 만들 수 있습니다.
자신만의 템플릿은 '레이어 템플릿' 태그(p.51)로 선택합니다.

> ● **ComicStudio 템플릿 사용하기**
>
> ComicStudio에서 '템플릿으로 등록'한 데이터는 'CLIP STUDIO PAINT'에서 'ComicStudio 4.0 소재의 커맨드 바'를 선택하면 CLIP STUDIO PAINT의 '레이어 템플릿'으로 쓸 수 있습니다.

7 동인지용 설정(同人誌設定): '동인지 인쇄용 데이터 출력이 가능한지 체크하기'를 설정하면 '신규'를 OK했을 때 문제가 있으면 문제점이 표시됩니다.

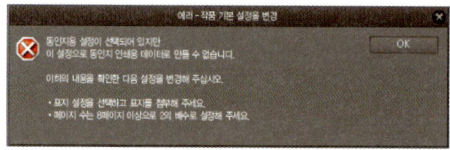

8 여러 페이지(複数ページ): '여러 페이지' 설정을 해제하면 작품이 페이지 단위로 파일이 됩니다. 한 번에 인쇄하거나 출력할 수 없습니다.

페이지 수: (임의로) 언제든 페이지를 늘이거나 줄일 수 있습니다(p.47).
마주보는 페이지를 좌우 양면으로 하기: (지금은 체크하지 않습니다) 단면, 양면 페이지 설정은 언제든 변경(p.48)할 수 있습니다.
철 위치: (우철)
시작 페이지: (왼쪽부터)
※CLIP STUDIO PAINT 1.5.4버전에는 없는 기능입니다.

● **마주보는 페이지를 좌우 양면으로 하기:**
체크 해제(한 페이지 단위 작업)

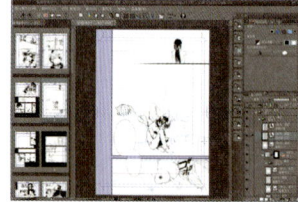

● **마주보는 페이지를 좌우 양면으로 하기:**
체크(양면 작업)

9 표지(表紙): 동인지를 제작할 때 체크합니다. 표지 설정은 작품을 그리는 도중에도 설정(p.306)할 수 있습니다.

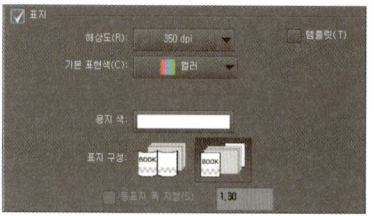

10 작품 정보(作品情報): 작품 정보는 '표시(表示)' 메뉴의 '인쇄 정보(印刷情報)'를 선택하면 표시됩니다.
작품 정보는 작품을 그리는 도중에도 변경할 수 있습니다. 각 항목의 상세한 내용은 49페이지를 참고하세요.

> ⊞ **TIPS** 페이지 관리 메뉴에서 작품 정보 변경하기
>
> '페이지 관리(ページ管理)' 메뉴의 '작품 기본 설정을 변경(作品基本設定を変更)'으로 정보를 편집(p.49)합니다.

44

SECTION 3.1 ● 작품 시작하기

03 원고용지가 표시됩니다.

페이지 관리 창이 표시됩니다. 더블 클릭하면 캔버스 창이 바뀌고 개별 페이지가 표시됩니다.

● 페이지 관리 창

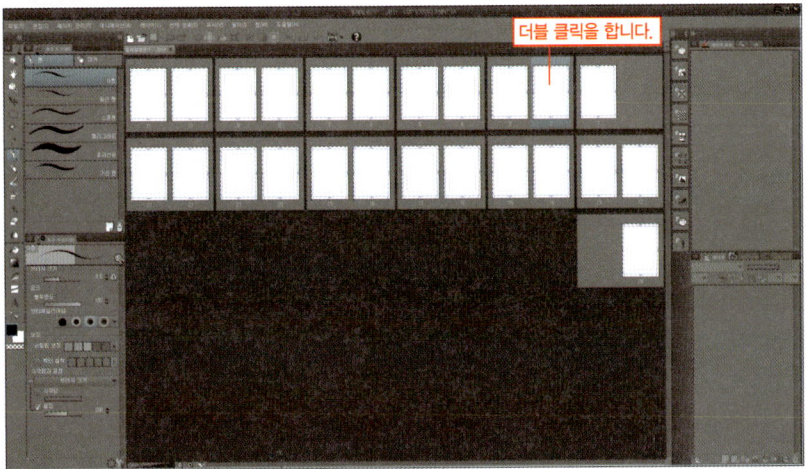

● 캔버스 창

열린 페이지는 하늘색으로 표시됩니다.

작품 전체의 진행 상황을 확인합니다.

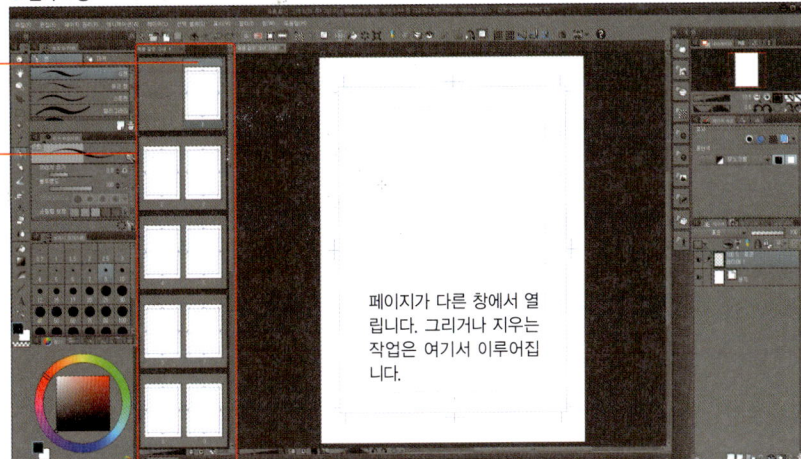

페이지가 다른 창에서 열립니다. 그리거나 지우는 작업은 여기서 이루어집니다.

> **TIPS 페이지 관리**
>
> CLIP STUDIO PAINT EX에서만 페이지 전체를 관리할 수 있습니다. PRO에서는 한 페이지씩 열어서 각각 작업합니다.

꼭 기억해야 할 기본 조작

▌작성한 페이지를 닫고 다른 페이지 열기

작업을 시작하면 캔버스 창 탭의 표시가 '●'가 됩니다.

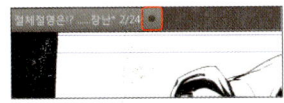

저장하면 'X'가 됩니다

이 표시를 보면 저장 여부를 알 수 있습니다. '●' 또는 'X'를 클릭하면 캔버스가 닫힙니다.

> **POINT ▶ 저장하고 닫기**
>
> 저장하지 않은 채 '●'를 클릭하고 닫으면 '저장하시겠습니까?'라는 경고창이 표시됩니다.

표시를 확대·축소·회전·이동·전체 표시하기

4가지 방법이 있습니다.

01 윈도 아래에 있는 확대/축소 슬라이더, 각종 버튼 사용하기

'페이지 관리 창'과 '캔버스 창'의 슬라이더는 따로 존재합니다.

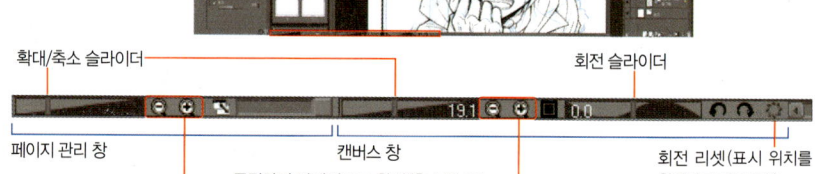

확대/축소 슬라이더 — 회전 슬라이더
페이지 관리 창 — 캔버스 창 — 회전 리셋(표시 위치를 원래대로 되돌린다)
클릭하면 단계적으로 확대/축소됩니다.

> **ComicStudio와 동일하게 하기**
> ComicStudio와 동일하게 설정하려면 '좌우 반전' 표시를 커맨드 바에 넣어둡니다(p.18).

02 내비게이터(ナビゲーター) 창 사용하기

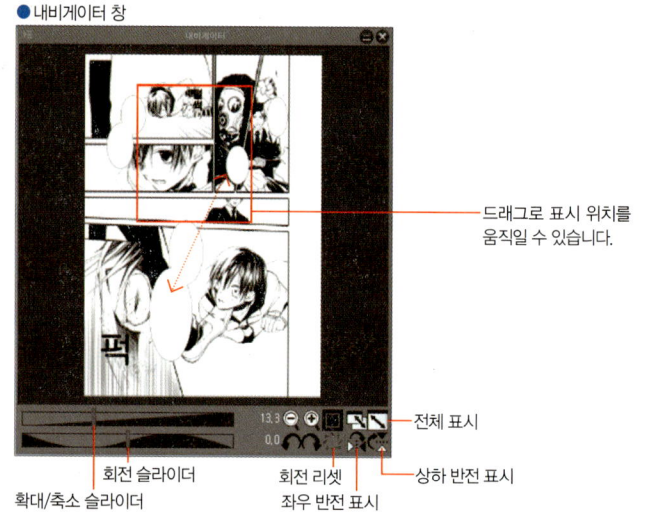

● 내비게이터 창
드래그로 표시 위치를 움직일 수 있습니다.
확대/축소 슬라이더 — 회전 슬라이더 — 회전 리셋 — 좌우 반전 표시 — 상하 반전 표시 — 전체 표시

03 '돋보기', '회전', '손바닥' 도구 사용하기

'돋보기(虫めがね)' 도구로 원고용지 위에서 드래그로 표시를 확대/축소합니다.

'손바닥(手のひら)' 도구로 원고용지 위에서 드래그로 표시 위치를 움직일 수 있습니다.

'회전(回転)' 도구로 원고용지 위에서 드래그로 표시를 회전시킵니다.

1 도구를 선택합니다.
2 원고용지 위를 드래그합니다.

04 단축 키 사용하기

오른쪽 표처럼 단축 키가 설정되어 있습니다. 효율적인 작업을 위해서 이 방법을 추천합니다.

※ '표시 위치 리셋'과 '축소 표시' 외에는 ComicStudio와 동일합니다.

조작	단축 키
확대/축소 표시(돋보기)	Ctrl + space
표시 이동(손바닥)	space
회전 표시(회전)	Shift + space
회전 리셋	Shift + space + 캔버스를 더블 클릭
전체 표시	Ctrl + 0 (숫자 0)
표시 위치 리셋	Ctrl + @

작업 효율을 높여주는 설정

▌다른 페이지로 이동할 때 현재 작업한 페이지를 자동으로 닫기

ComicStudio에서는 작업을 하다가 다른 페이지를 열면 '저장하시겠습니까?'라는 메시지가 표시되고 자동으로 메시지를 닫고 나서 다른 페이지가 열립니다.

한편 CLIP STUDIO PAINT는 작업 중인 페이지를 닫지 않고 다른 탭에서 페이지가 열립니다. 그래서 작업자가 닫지 않으면 열린 채 페이지가 늘어납니다.

다른 페이지를 열 때의 동작은 '환경 설정(環境設定)'에서 설정합니다.

01 '파일(ファイル)' 메뉴에서 '환경 설정'을 선택합니다.

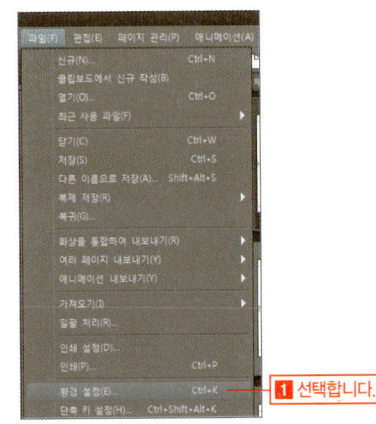

02 환경 설정의 '파일' 항목에서 '페이지 관리(ページ管理)'를 확인합니다.

필요한 항목을 선택합니다.

페이지 전환 시 자동으로 저장: 다른 페이지를 열려고 하면 작업 중인 페이지를 자동으로 저장하고 닫습니다.

더블 클릭으로 페이지를 열 때 항상 새로운 탭으로 열기: 페이지를 열어둔 채 다른 탭에서 새로운 페이지가 열립니다.

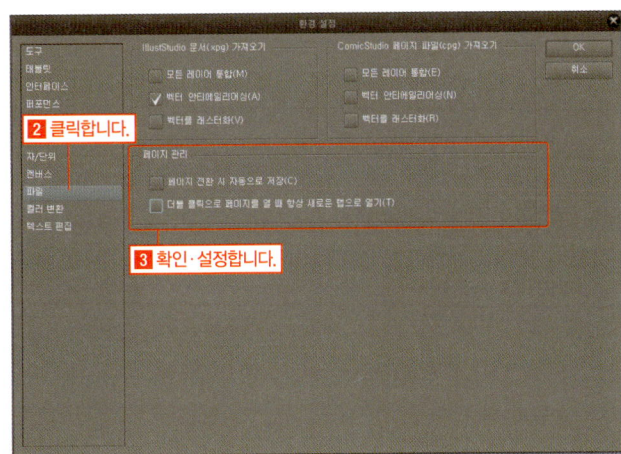

❖ TIPS 추천 설정

두 군데 모두 체크하지 않으면 다른 페이지를 열려고 할 때 '저장하시겠습니까?'라는 경고 메시지가 표시되고, '저장(保存)'을 클릭하면 자동으로 해당 페이지가 닫히고 다른 페이지가 열립니다.

※초기 설정에서는 '더블 클릭으로 페이지를 열 때 항상 새로운 탭으로 열기'에 체크가 되어 있습니다.

▌페이지 추가하기와 줄이기(EX에서만 가능)

'페이지 관리 창'에서 페이지의 추가/삭제나 순서를 변경할 수 있습니다.

● 페이지 추가하기

01 '페이지 관리' 메뉴에서 '페이지 추가(ページの追加)'를 선택합니다.

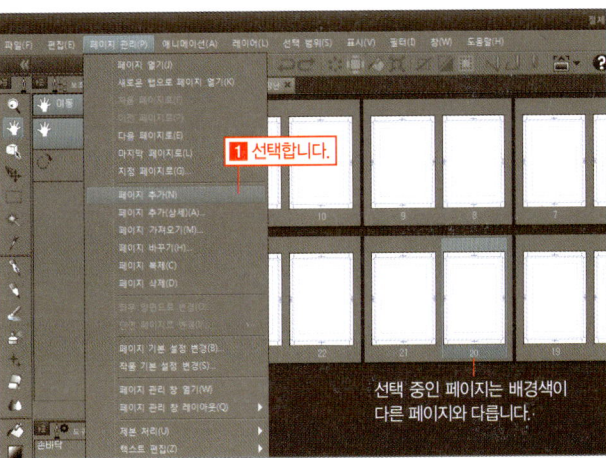

❖ TIPS '페이지 관리' 메뉴

페이지의 섬네일 위에서 우클릭으로 '페이지 관리' 메뉴를 불러올 수 있습니다.

PART 3 ● 만화를 그려보자

02 페이지가 추가됩니다.
페이지는 최대 99페이지까지 늘릴 수 있습니다.

● 페이지 삭제하기

01 삭제할 페이지의 섬네일을 클릭으로 선택합니다.
02 '페이지 관리(ページ管理)' 메뉴에서 '페이지 삭제(ページ削除)'를 선택합니다.

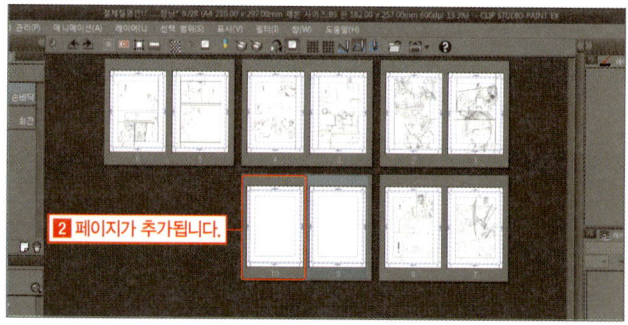

▎페이지 순서 바꾸기 (EX에서만 가능)

01 이동한 페이지를 드래그해서 옮기고 싶은 장소로 옮깁니다.

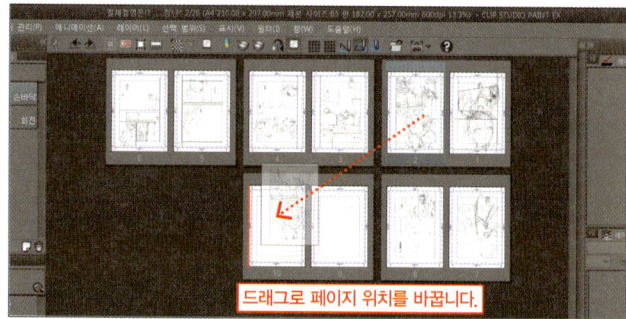

▎좌우 양면으로 만들기 (EX에서만 가능)

01 양면으로 만들 페이지의 어느 한쪽을 선택하고 '페이지 관리' 메뉴에서 '좌우 양면으로 변경(見開きに変更)'을 선택합니다.

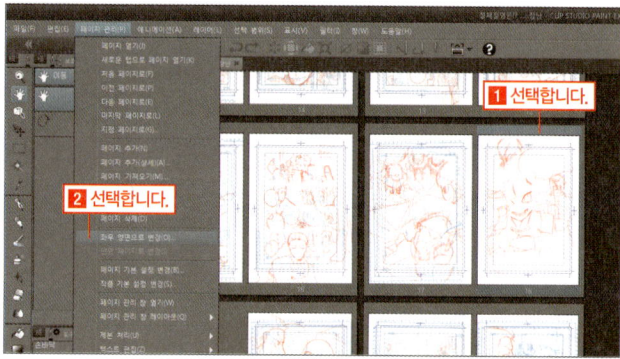

POINT

▶ **좌우 양면 페이지의 중앙 재단선**

좌우 양면 페이지는 데이터 입고 시에도 양면 페이지 형태로 출력합니다.

● 좌우 양면 출력

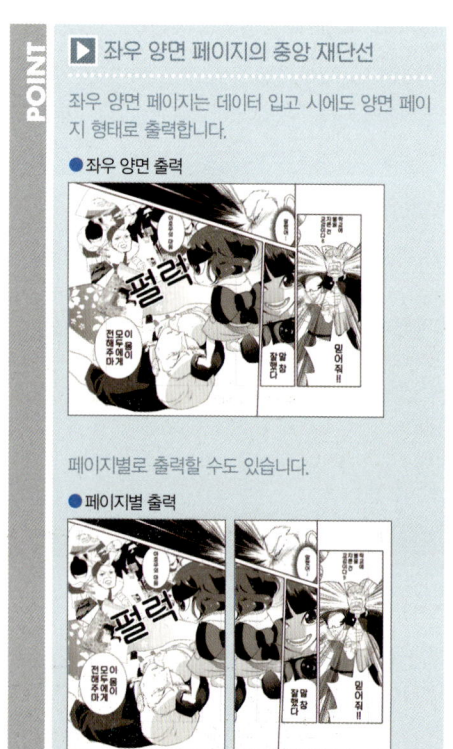

페이지별로 출력할 수도 있습니다.

● 페이지별 출력

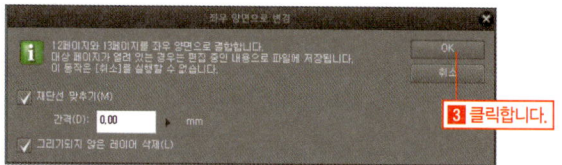

좌우 양면을 단면 페이지로 변경하기(EX에서만 가능)

01 좌우 양면으로 되어 있는 페이지를 선택하고 '페이지 관리' 메뉴에서 '단면 페이지로 변경(単ページの変更)'을 선택합니다.

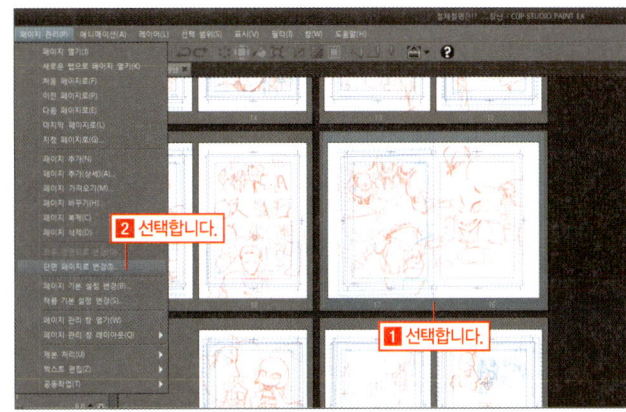

작품 정보 설정하기(EX에서만 가능)

작품 정보는 '신규'에서 설정합니다. 또는 작업 중에 변경할 수도 있습니다. 작품 정보를 설정해두면 인쇄할(최종 인쇄 시) 때 인쇄 범위 밖에 작품 정보가 기재됩니다.

01 '페이지 관리' 메뉴에서 '작품 기본 설정 변경(作品基本情報を変更)'을 선택합니다.

02 '작품 정보(作品情報)', '페이지 번호(ノンブル)'를 설정합니다.

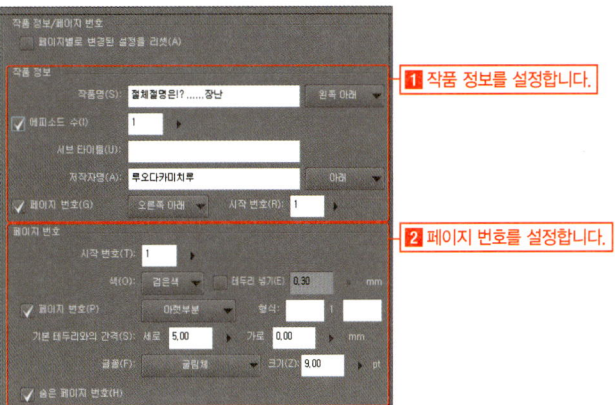

1 '작품 정보'에 '작품명(作品名)', '에피소드 수(話数)', '저작자명(作者名)', '페이지 번호(ページ番号)' 등을 입력합니다.
오른쪽 아래/왼쪽 아래: 정보가 표시되는 위치를 지정합니다.
페이지 번호: 작품 페이지를 표시합니다.

2 '페이지 번호'는 책 전체에서 몇 페이지인지 표시합니다.
페이지 번호: 정보가 표시되는 위치를 지정합니다.
형식: 페이지 번호의 양쪽에 찍히는 문자입니다.
숨은 페이지 번호: 페이지 내부에 넣지 않고 제본 영역에 페이지 번호가 찍힙니다.

▶ 숨은 페이지 번호

페이지 번호가 페이지 중앙에 찍히면 그림에 방해가 됩니다. 그럴 때는 그림을 가리지 않도록 숨은 페이지 번호만 찍히게 할 수 있습니다.

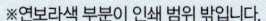

※연보라색 부분이 인쇄 범위 밖입니다.

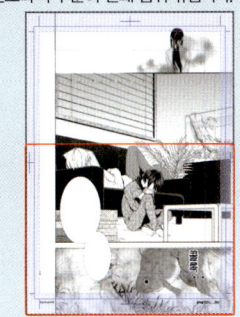

페이지 번호/저작자명
숨은 페이지 번호

페이지 번호   작품명/에피소드 수

페이지 번호/페이지 번호 숨기기(EX에서만 가능)

'페이지 번호(ノンブル)'를 표시되게 설정하면 작업하는 데 방해가 되므로 작업 중에는 보이지 않도록 합니다.

'표시(表紙)' 메뉴의 '작품 정보(作品情報)' 선택을 해제하면 표시되지 않습니다.

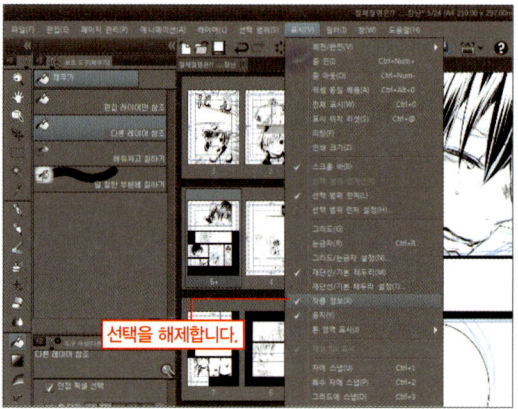

작품 폴더명

폴더명을 변경하고 싶다면 CLIP STUDIO PAINT를 종료시켜야 합니다. 기동 중인 파일명을 바꾸면 데이터가 손상될 수 있습니다.

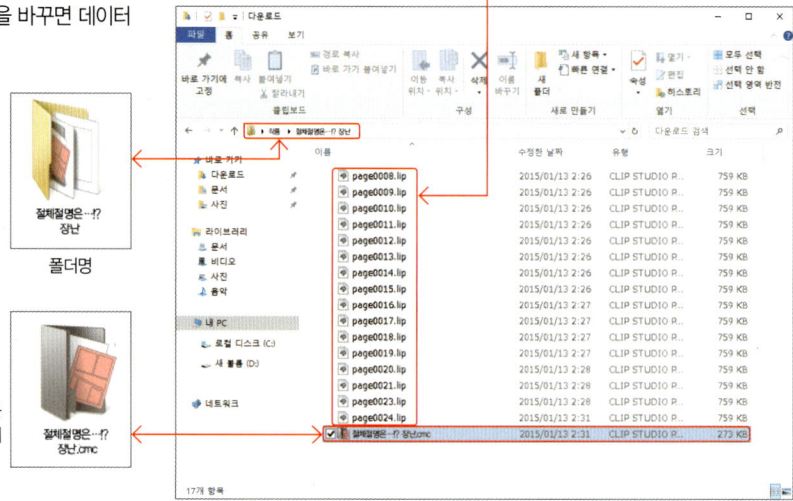

이 폴더 아이콘을 더블 클릭하면 작품의 전체 페이지를 열 수 있습니다.

TIPS 단면 페이지로 연 다음 모든 페이지 열기

단면 페이지를 열거나 혹시 실수로 페이지 관리 창을 닫았을 때, '페이지 관리' 메뉴에서 '페이지 관리 창 열기(ページ管理ウィンドウを開く)'를 선택하면 모든 페이지를 열 수 있습니다.

작품 파일명

(페이지) 파일명을 변경해도 각 페이지를 따로 열 수는 없습니다.

단, '작품 폴더'에서 전체 페이지를 열면 파일명을 변경한 페이지는 백지상태로 열립니다.

POINT ▶ 작품 데이터와 각 페이지 데이터

ComicStudio와 마찬가지로 작품 데이터와 각 페이지 데이터가 연결되어 있는 상태이므로 파일명을 변경하면 데이터가 손상되어 열리지 않을 때가 있습니다.

작품 데이터 저장위치

작품 데이터 저장위치를 변경하려면 CLIP STUDIO PAINT를 종료한 다음 이동시킵니다. CLIP STUDIO PAINT가 기동 중일 때 저장위치를 바꾸면 데이터가 파손될 수 있습니다.

SECTION 3.1 ● 작품 시작하기

⊞ TIPS 템플릿 작성·등록하기

컷 테두리 폴더(컷선)나 인쇄 범위의 가이드 등을 새로 설정한 원고용지를 템플릿으로 소재에 등록해둡니다.

01 캔버스에 컷 테두리 폴더나 인쇄 범위 가이드선 등 필요한 레이어를 설정합니다.

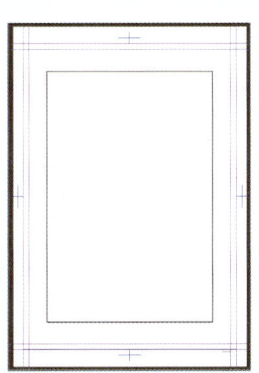

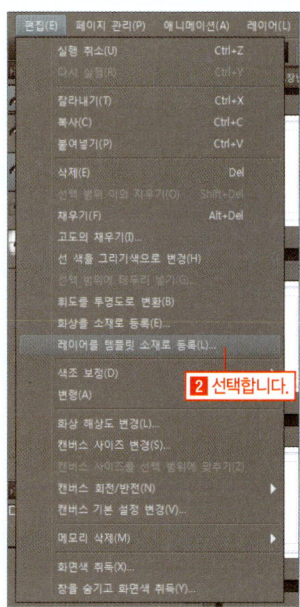

1 레이어나 가이드, 컷선을 설정한 캔버스를 만듭니다.

2 선택합니다.

02 '편집(編集)' 메뉴에서 '레이어를 템플릿 소재로 등록(レイヤーをテンプレート素材に登録)'을 선택합니다.

03 등록할 폴더를 지정하고 'OK'를 클릭하면 소재 창에 등록됩니다.

여기에서는 '오리지널 템플릿' 폴더(p.195)를 만들었습니다.

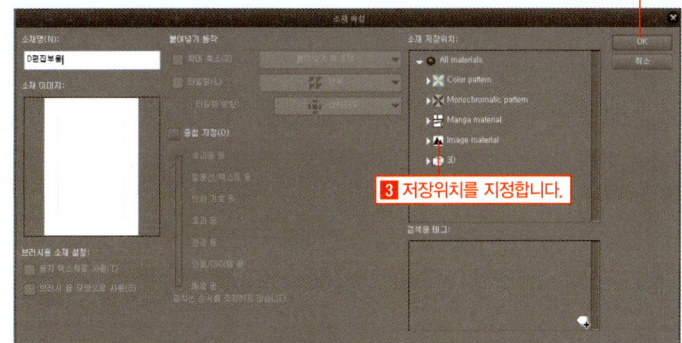

4 클릭합니다.

3 저장위치를 지정합니다.

04 '신규(新規)'의 '템플릿'(p.44)에서 자신이 작성·등록한 템플릿을 사용하고 싶을 때, '레이어 템플릿 플레이트' 태그로 찾습니다.

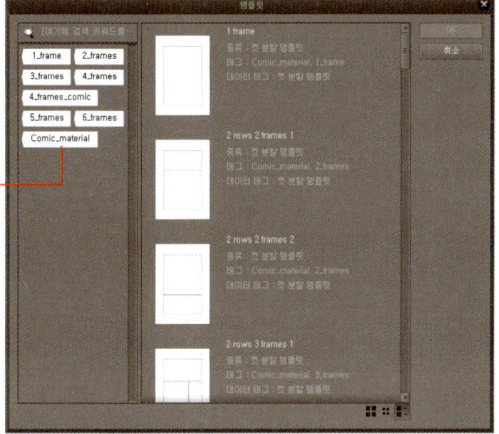

5  태그로 검색할 수 있습니다.

SECTION 3.2
그리기(콘티/밑그림/펜선 넣기)

콘티를 자르거나 밑그림, 러프 스케치를 할 때 '연필', '마커' 등의 도구가 적당합니다. 펜선 넣기는 '펜' 도구가 적당합니다. 그림을 그릴 레이어 설정에 따라 '컬러', '그레이', '모노크롬'으로 구별해 작업합니다.

선 그리기에 사용하는 도구

콘티를 자르거나 밑그림을 그릴 때 적당한 도구

'도구 창'에서 도구를 선택하고 설정은 '도구 설정'에서 조절합니다.

도구 창   도구 속성 창

POINT ▶ 도구별로 다른 표시

'도구 속성(ツールプロパティ)', '보조 도구 상세(サブツール詳細)'에 나열되어 있는 항목은 선택 중인 보조 도구에 따라서 표시 항목이 달라집니다. 각각의 '도구 속성'에 대해서는 해당 도구의 설명 페이지를 참고하세요.

01 '연필(鉛筆)' 도구

얇고 부드러운 선을 그릴 수 있고, 필압으로 선의 두께나 채색 농도를 조절할 수 있습니다.

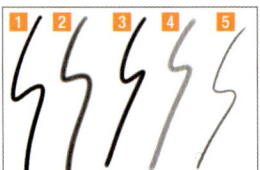

02 '마커(マーカー)' 도구

검고 단단한 선을 그릴 수 있습니다. '사인펜(サインペン)'만 필압이 설정되어 있습니다. 표현색은 모노크롬 이외의 레이어에 그려보면 차이를 알 수 있습니다.

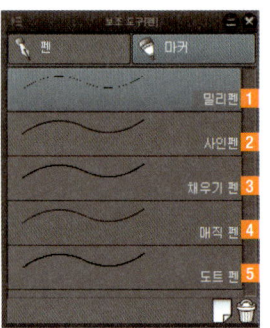

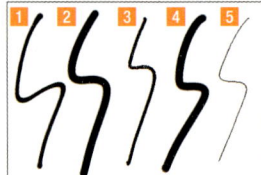

● '매직' 도구

ComicStudio '매직' 도구에 있습니다. '채우기 펜'은 톤 작업을 하는 데 꼭 필요한 도구(p.153)입니다.

POINT ▶ 필압이 적용되는 도구

필압은 '펜(ペン)', '연필', '초크(チョーク)', '수채(水彩)', '유채(油彩)', '먹(墨)', '에어브러시(エアブラシ)', '데코레이션(デコレーション)'의 보조 도구와 '지우개', '색혼합(色混ぜ)'의 각 도구에 설정되어 있습니다. 필압 설정은 변경(p.54)할 수도 있습니다.

⊞ TIPS 컬러 작품에서 사용하는 도구

'수채', '유채', '먹', '에어브러시'는 컬러 작품을 작업할 때 많이 사용하는 도구입니다.

※각각의 선은 '표현색(表現色)'=그레이(グレー)로 '래스터 레이어(ラスターレイヤー)'에 그렸습니다.

표현색이 모노크롬일 때는 어떤 도구로도 검게 그릴 수 있습니다.

SECTION 3.2 ● 그리기(콘티/밑그림/펜선 넣기)

03 '지우개(消しゴム)' 도구

'지우개 도구'에는 깨끗하게 지우는 지우개와 흐릿하게 지우는 지우개가 있습니다. 모노크롬 작품은 깨끗하게 지우는 '러프(ざっくり)'를 주로 사용합니다.

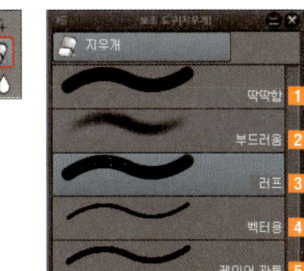

이 그림은 표현색=그레이로 래스터 레이어에 그렸습니다.

> **POINT** ▶ '벡터용' 도구
> '벡터 레이어(ベクターレイヤー)'(p.228)를 사용합니다.

> **POINT** ▶ '레이어 관통' 도구
> 어떤 레이어에 그린 선이라도 한꺼번에 지웁니다.

■ 펜선 넣기에 적당한 도구

01 '펜' 도구

'G펜(Gペン)', '둥근 펜(丸ペン)' 도구를 가장 많이 사용합니다. '거친 펜(ざらつきぺん)' 도구는 손으로 그린 느낌의 펜입니다.

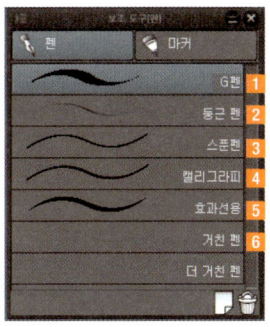

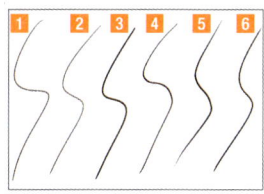

5 '효과선용(効果線用)' 도구 이외는 '끝점(抜き)'을 설정할 수 없지만, 설정은 변경(p.56)할 수 있습니다.

> **TIPS 펜 사용자 설정**
> '도구 속성', '보조 도구 상세' 창에서 설정을 바꾸면 '더 거친 펜'이나 '광택 채색용' 등의 도구(p.68)를 만들 수 있습니다.

> ● **ComicStudio '붓' 도구**
> ComicStudio '붓(筆)'은 광택에 사용하는 펜입니다. CLIP STUDIO PAINT에서도 동일한 표현을 할 수 있는 펜(p.56)을 만들 수 있습니다. Comic Studio의 도구를 전환(p.221)할 수도 있습니다.

02 '직선(直線)' 도구/'곡선(曲線)' 도구

특히 배경을 그릴 때 무척 중요한 도구(p.229)입니다. '곡선' 도구는 머리카락 등의 곡선을 그릴 때 사용하기도 합니다.

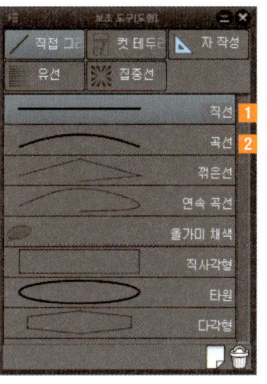

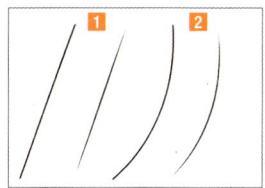

왼쪽은 '시작점(入り)'과 '끝점'이 없는 그림이고, 오른쪽은 '시작점'과 '끝점'이 있는 그림(p.56)입니다.

도구 속성 창 사용법 마스터하기

도구 속성 창 설정하기

'펜(ペン)' ➪ 'G펜(Gペン)' 도구를 예로 들어 도구 속성 창을 살펴보겠습니다. 보조 도구 상세 창은 초기 설정에서는 창 내부에 표시되지 않습니다.

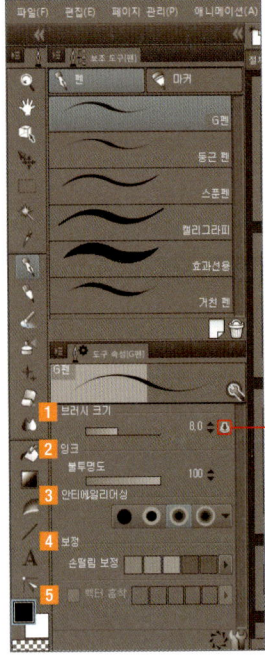

1 브러시 크기(ブラシサイズ): 펜의 두께입니다. 슬라이더를 좌우로 움직이거나 클릭해서 수치를 직접 입력해 크기를 변경할 수 있습니다.

여기가 필압(筆圧) 설정입니다. 클릭해서 설정 창을 불러옵니다.

필압: 설정   **필압: 해제**
50.4   50.4

최소치(最小値): 필압을 가장 낮게 했을 때의 브러시 크기입니다.
- **0:** 필압을 낮추면 크기는 '0'이 됩니다.
- **50:** 필압을 낮춰도 가장 큰 크기의 절반을 유지합니다.

> **TIPS 추천 필압 설정하기**
> 머리카락 등을 그릴 때 끝부분을 가늘게 그리고 싶다면 최소치를 0으로 설정합니다.

2 불투명도(不透明度): 그릴 때의 농도를 설정합니다. 모노크롬 작품을 그릴 때는 '100'으로 설정합니다. 100 이하는 사용하지 않습니다.

> **POINT ▶ 불투명도 설정**
> 모노크롬 작품은 '불투명도'=100으로만 그립니다. '불투명도'를 낮추면 새까맣게 그려려던 부분이 의도했던 대로 표현되지 않을 수도 있습니다. 자기도 모르게 선화나 밑바탕이 연해지므로 수정하기 무척 어렵습니다.

> **TIPS 단축 키로 '브러시 크기' 변경하기**
> `Ctrl` + `Alt` 를 누른 채 캔버스 위를 드래그하면 브러시 크기가 변경됩니다.
> 키보드에서 '[' 나 ']' 키로 브러시 크기를 확대/축소할 수 있습니다.

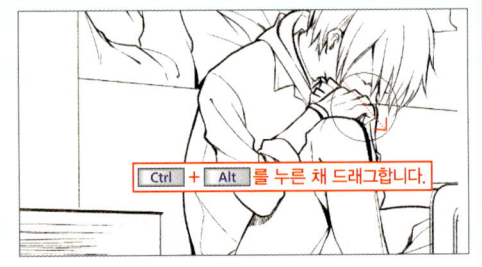

SECTION 3.2 ● 그리기(콘티/밑그림/펜선 넣기)

3 안티에일리어싱(アンチエイリアス): 윤곽을 흐리게 해 부드럽게 표현하는 기능입니다.

컬러 작품은 상황에 맞게 구별해서 사용해야 하지만 모노크롬 작품에서는 선화를 흐리게 그릴 수 없으므로 설정하지 않습니다.

안티에일리어싱이 걸려 있는 선은 저장할 때 선 주위의 흐린 부분이 톤으로 바뀌어 원래 이미지와 다르게 완성될 수도 있습니다.

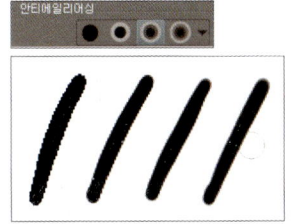

왼쪽(없음)에서 오른쪽으로 안티에일리어싱 강도가 높아집니다.

POINT ▶ 표현색

52~53페이지 이미지는 '레이어 속성(레이어프로퍼티)'의 '표현색'을 모노크롬으로 설정한 상태이므로 '안티에일리어싱'을 설정할 수 없습니다.

4 손떨림 보정(手ブレ補正): 긴 선을 그릴 때 울퉁불퉁한 선이 곧은 선이 되도록 보정합니다.

완성한 다음 울퉁불퉁한 선을 보정하는 '후보정'도 가능합니다. '후보정'은 보조 도구 상세 창에 있습니다.

인디게이터를 클릭해 수치를 선택합니다.

수치 입력도 가능합니다.

최대치는 100까지이며, '15'는 수치가 작으므로 보정 상태를 명확하게 확인하기 어렵습니다.

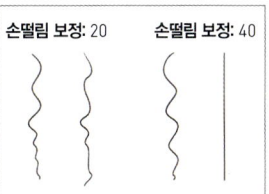

🔷 TIPS 슬라이더 표시로 변경하기

보조 도구 상세 창에서 인디게이터 표시를 슬라이더(p.56)로 바꿀 수 있습니다.

5 벡터 흡착(ベクター吸着): '벡터 레이어'에 그릴 때 필요한 도구입니다.

보조 도구 상세 창 사용법 마스터하기

▮ 보도 도구 상세 창 설정하기

'펜'⇨'G펜' 도구를 예로 들어 도구 속성을 살펴보겠습니다. 보조 도구 상세 창은 초기 설정에서는 창 내부에 표시되지 않습니다.

보조 도구 상세 창

'G펜(Gペン)' 도구의 '시작점(入り)'과 '끝점(抜き)'을 설정하면서 보조 도구 상세 창의 항목을 살펴보겠습니다.

01 도구 속성 창의 오른쪽 아래에 있는 아이콘을 클릭하면, 보조 도구 상세 창이 표시됩니다.

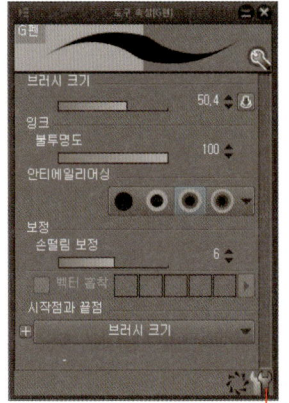
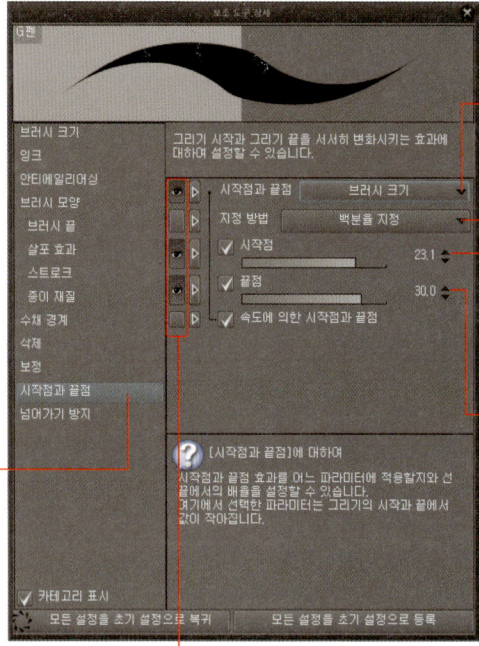

시작점과 끝점: 브러시 크기에 설정하면 '시작점'과 '끝점' 효과를 사용할 수 있습니다.
지정 방법(指定方法): 선의 시작과 끝의 가늘어지는 정도를 설정합니다.
　길이 지정(長さ指定): mm로 지정합니다.
　백분율 지정(パーセント指定): 선 전체의 비율로 지정합니다.
　페이드(フェード): 지정한 길이의 선이 됩니다.
시작점: 선의 시작 지점이 가늘어지는 정도를 지정합니다.
끝점: 선의 끝 지점이 가늘어지는 정도를 지정합니다.

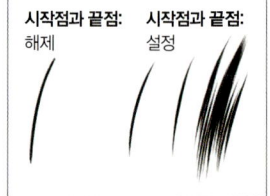

시작점과 끝점: 해제 　 시작점과 끝점: 설정

TIPS 자주 사용하는 설정

보조 도구 상세 창에서 자주 사용하는 항목을 선택하고 자주 사용하지 않는 항목은 선택을 해제하면 '보조 도구 상세(サブツール詳細)'를 빈번하게 불러오지 않아도 됩니다.

02 보조 도구 상세 창의 설정 항목은 '인디게이터 표시(インジケーター表示)'나 '슬라이더 표시(スライダー表示)'로 변경할 수 있습니다.

클릭해 수치를 입력할 수 있습니다.
클릭하면 인디게이터 표시(위)와 슬라이더 표시(아래)를 선택할 수 있습니다.

03 설정을 조절하고 취향에 맞는 펜을 만들면 '등록(登録)'(p.69)합니다.

인디게이터 수치도 변경할 수 있습니다.

TIPS 광택용 펜 만들기

'크기', '시작점', '끝점'을 적절하게 조절하면 광택용 붓이 만들어집니다.
'효과선용'으로도 붓처럼 선을 그을 수 있지만 '보정' 설정이 되어 있으니 그린 선을 조금씩 곧게 수정해버립니다.
광택용 붓은 위의 설정을 추천합니다.

'그리기색', '배경색', '투명' 이해하기

'그리기색', '배경색', '투명'   '색'

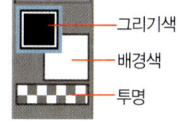

그리기색
배경색
투명

그리기색

모노크롬 작품은 기본적으로 '그리기색'을 검은색으로 선택하고 그립니다. 다른 색은 사용하지 않습니다.
연하게 그리고 싶다면 아래와 같은 방법이 있습니다.

- 레이어의 '불투명도' 낮추기 (p.65)
- '연필(鉛筆)', '초크(チョーク)' 도구 등 연하게 그릴 수 있는 도구 사용하기 (p.62)
- 레이어를 '컬러 표시'하기 (p.65)

배경색

기본 '흰색'으로 지정해둡니다. 흰색을 사용할 때는 이 부분을 클릭합니다.

투명

투명은 '지우기'에 사용합니다.
'지우개(消しゴム)' 도구로 지우는 것과 '투명'으로 칠하는 것은 동일한 작업입니다.

그리기색·배경색을 더블 클릭하면 '색' 창이 열립니다.

> **TIPS** 농도 조절은 불투명도를 이용하기
>
> '그리기색'은 어떤 색이라도 자유롭게 설정할 수 있지만, 모노크롬 작품은 '검은색'만 사용합니다. '그레이(グレー)'로 그릴 때도 있지만 '그리기색'은 '검은색'으로 하고 레이어의 '불투명도(不透明度)'로 농도를 조절하는 편이 작업하기 수월한 만큼 추천하고 싶은 작업 방식입니다.

> **POINT** ▶ 컬러 작품에서 사용하는 창의 종류
>
> 컬러 작품을 제작할 때 '컬러써클(カラーサークル)', '컬러 슬라이더(カラースライダー)', '컬러 세트(カラーセット)', '중간색(中間色)', '유사색(近接色)', '컬러 히스토리(カラーヒストリー)' 등의 색을 선택하기 위한 여러 가지 창을 사용(p.314)할 수 있습니다.

레이어의 '표현색'과 사용법 마스터하기

레이어란

레이어는 투명인 클리어파일 위에 그리거나 지운다고 생각하면 이해하기 쉽습니다.

CLIP STUDIO PAINT 레이어에는 특징과 성질이 다른 몇 가지 종류가 있습니다.

레이어의 특징을 이해하고 작업별로 레이어를 구별해서 사용하면 표현 범위가 넓어집니다.

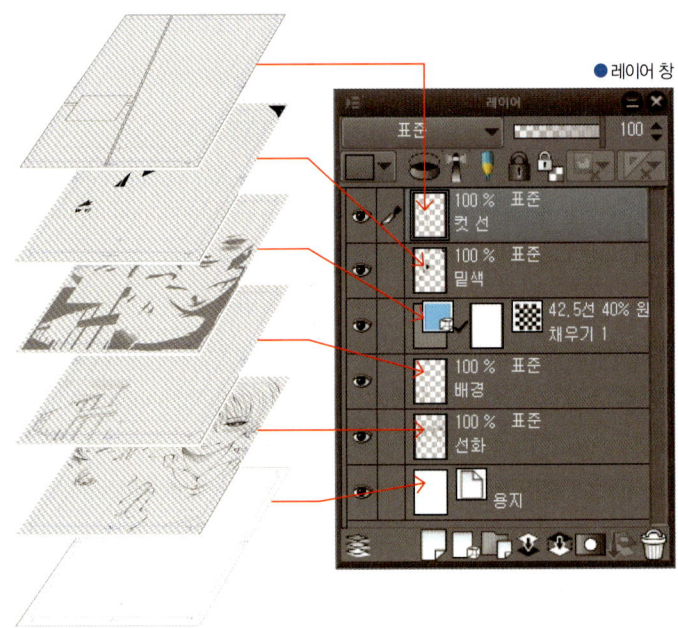

● 레이어 창

콘티, 밑그림, 펜선 넣기에 사용하는 레이어

선화 작업을 하는 데 적합한 레이어는 '래스터 레이어(ラスタレイヤー)' 또는 '벡터 레이어(ベクターレイヤー)'입니다.

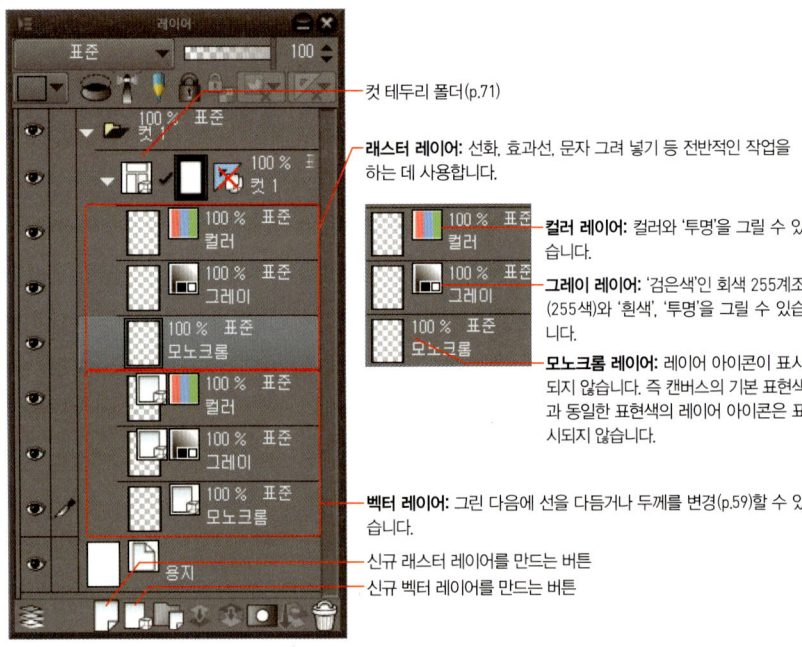

컷 테두리 폴더(p.71)

래스터 레이어: 선화, 효과선, 문자 그려 넣기 등 전반적인 작업을 하는 데 사용합니다.

컬러 레이어: 컬러와 '투명'을 그릴 수 있습니다.

그레이 레이어: '검은색'인 회색 255계조(255색)와 '흰색', '투명'을 그릴 수 있습니다.

모노크롬 레이어: 레이어 아이콘이 표시되지 않습니다. 즉 캔버스의 기본 표현색과 동일한 표현색의 레이어 아이콘은 표시되지 않습니다.

벡터 레이어: 그린 다음에 선을 다듬거나 두께를 변경(p.59)할 수 있습니다.

신규 래스터 레이어를 만드는 버튼
신규 벡터 레이어를 만드는 버튼

ComicStudio 레이어에 대응하는 CLIP STUDIO PAINT 레이어

오른쪽 표와 같습니다.

ComicStudio	CLIP STUDIO PAINT
'래스터 레이어'/'컬러(32bit)'	'래스터 레이어' '컬러(32bit)'
'래스터 레이어'/'그레이(8bit)'	'래스터 레이어' '그레이(8bit)'
'래스터 레이어'/'흑백(2bit)', '검은색(1bit)'	'래스터 레이어' '흑백(2bit)', '검은색(1bit)'

SECTION 3.2 ● 그리기(콘티/밑그림/펜선 넣기)

'벡터 레이어'에 그린 선은 그린 다음에 선을 다듬거나 두께를 변경할 수 있는 특수한 레이어입니다.
주로 배경을 그릴 때 위력을 발휘합니다.
아래 그림은 벡터 레이어에서 작업한 예시입니다.

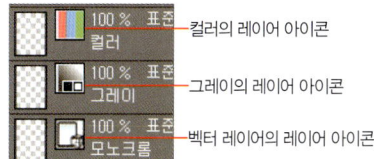
- 컬러의 레이어 아이콘
- 그레이의 레이어 아이콘
- 벡터 레이어의 레이어 아이콘

완성한 뒤에도 선의 위치를 이동하고 선의 두께나 미세한 부분을 바꾼 상태입니다. '지우개(消しゴム)' 도구는 사용하지 않습니다.

● ComicStudio 그레이의 벡터 레이어

ComicStudio 벡터 레이어는 '흑백(2bit)', '컬러(32bit)'만을 위해 반투명으로 흐리게 만들 수 없습니다.
CLIP STUDIO PAINT에서는 그레이에서 그릴 수 있으므로 반투명으로 흐리게 만들 수 있습니다.
'데코레이션'(ComicStudio '패턴 브러시'에 해당)으로 무늬나 효과를 그릴 수 있습니다.

▌ 레이어의 표현색 이해하기

레이어의 '컬러', '그레이', '모노크롬'는 '레이어 속성(レイヤープロパティ)'의 '표현색'으로 설정합니다.

'표현색'을 설정하는 과정은 조금 복잡합니다. 먼저 '신규 래스터 레이어(新規ラスターレイヤー)'를 만들고 'G펜' 도구로 그리는 과정을 순서에 따라 설명하겠습니다.

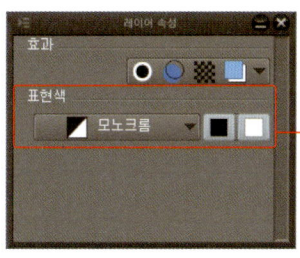

'신규'일 때는 '기본 표현색'을 설정(p.43)합니다. '기본 표현색'과 다른 설정을 하고 싶다면 레이어의 이 부분을 설정합니다.

01 '신규 레이어'를 만듭니다.
이때 모노크롬(흑백 2bit) 설정으로 레이어를 만듭니다.

● 용도
콘티·밑그림(기준선)
펜선 넣기, 말풍선※, 밑바탕
문자 그려 넣기, 효과선·효과
소품·배경 등
※말풍선 기능을 사용하지 않고 그려 넣을 때

02 '표현색'을 설정합니다.
레이어는 '검은색', '흰색'을 그릴 수 있지만 '검은색만 표시'로 설정하면 흰색은 보이지 않게 됩니다.

1 클릭합니다.
2 레이어가 만들어집니다.

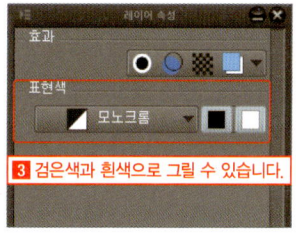
3 검은색과 흰색으로 그릴 수 있습니다.

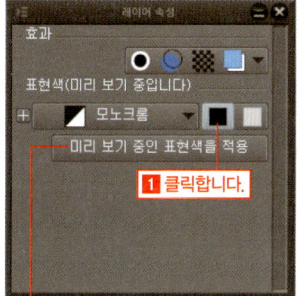
1 클릭합니다.
미리 보기 중인 표현색(보이는 색)과 실제 데이터 색이 다를 때 버튼이 표시됩니다.

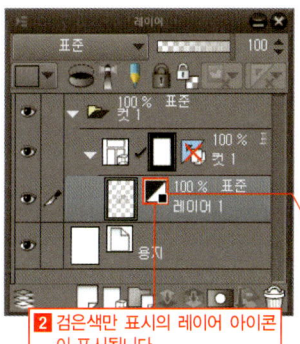
2 검은색만 표시의 레이어 아이콘이 표시됩니다.

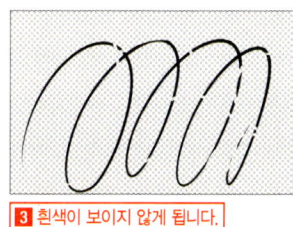
3 흰색이 보이지 않게 됩니다.

표시되지 않는 색이 있을 때는 레이어 아이콘에 빨간 테두리 경고 표시가 나타납니다. 이때는 흰색이 있지만 보이지 않는다는 의미입니다.

PART 3 ● 만화를 그려보자

03 숨겨진 색으로 그리기

'흰색'으로 그려보면 '검은색만 표시'를 선택한 상태이므로 '흰색'은 보이지 않습니다. 얼핏 보면 지워진 것처럼 보입니다.

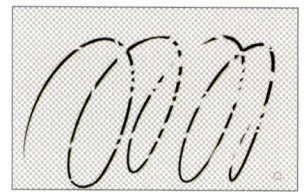
흰색으로 그려도 표시되지 않습니다.

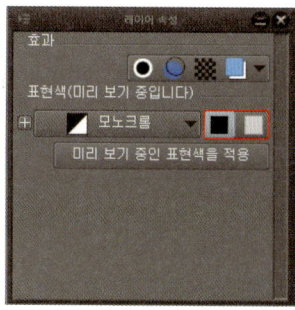

04 원래대로 되돌리기

'흰색'을 클릭하고 '흑백 표시'로 되돌리면 '흰색'도 보이게 됩니다. 눈에 보이는 색과 데이터가 일치하므로 붉은 테두리(p.59)가 사라집니다. 동시에 레이어 옵션이 '표준'인 '모노크롬(モノクロ)' 상태이므로 '모노크롬'의 레이어 아이콘이 사라집니다.

1 클릭합니다.

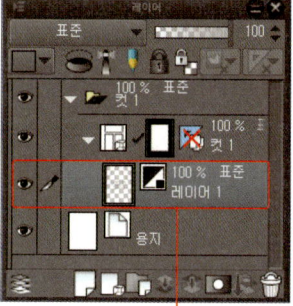
2 레이어 아이콘이 원래대로 돌아갑니다.

05 '미리 보기 중인 표현색을 적용'하기

한 번 더 '검은색만 표시'로 되돌리면 '모노크롬', '검은색만 표시', '붉은 테두리'가 표시됩니다. 이런 상태에서 '미리 보기 중인 표현색을 적용(プレビュー中の表現色を適用)'을 클릭합니다.

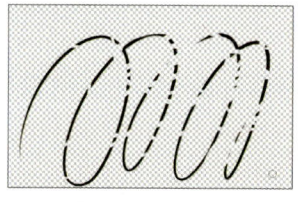

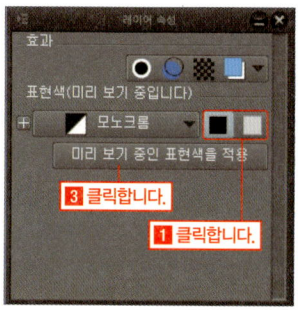
3 클릭합니다.
1 클릭합니다.

2 레이어 아이콘에 붉은 테두리로 경고 표시가 나타납니다.

그러면 '흰색'은 소멸되고 '검은색'만 남습니다. 보이는 색과 데이터가 일치하므로 붉은 테두리 경고가 사라집니다.

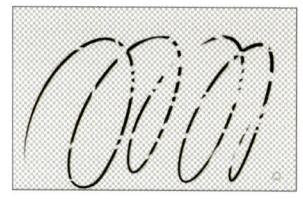

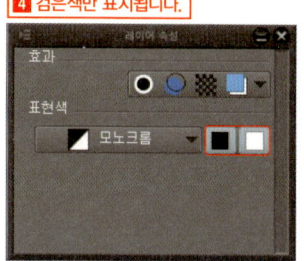
4 검은색만 표시됩니다.

5 레이어 아이콘의 경고가 사라집니다.

06 다시 한 번 숨겨진 색 그려 넣기

'흰색'으로 그려 넣으면 '검은색'으로 표시됩니다. '흰색'으로 그려도 '검은색'이 됩니다.

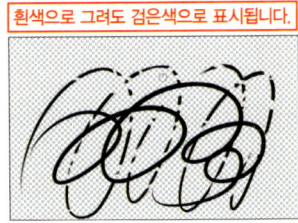
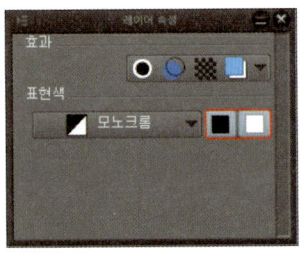
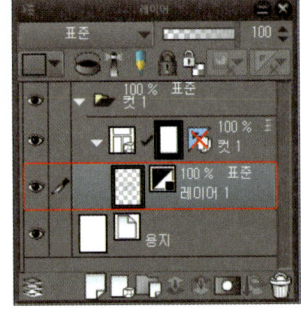

07 '흰색만 표시'로 확인해보기

'흰색만 표시'에서도 같은 현상이 발생합니다.

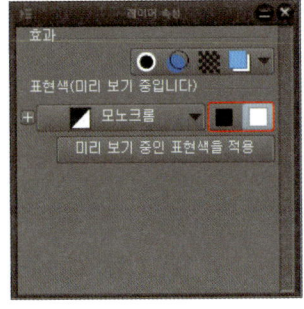

정리하자면 오른쪽의 POINT와 같습니다.

이런 의문이 들 수도 있습니다. '검은색', '흰색' 이외의 색, '분홍색'이나 '파란색'으로 그리면 어떻게 될까? 흥미가 있는 분은 직접 해보세요.

'그레이', '컬러' 모드는 좀 더 복잡한 원리가 숨어 있습니다.

결론을 얘기하면 모노크롬용 만화 원고를 만들 때는 아래와 같습니다.

> ▶ **레이어&레이어 속성과 표현색 관계**
>
> - **흑백 표시**: 검은색, 흰색으로 그리기
> - **검은색만 표시(경고 있음)**: 검은색, 흰색으로 그리기
>   ※단 '흰색'은 보이지 않는다.
> - **검은색만 표시(경고 없음)**: 검은색으로만 그리기
> - **흰색만 표시(경고 있음)**: 검은색, 흰색으로 그리기
>   ※단 '검은색'은 보이지 않는다.
> - **흰색만 표시(경고 없음)**: 흰색으로만 그리기

- 선화를 그릴 때는 '모노크롬'으로 설정하고 '검은색', '흰색', '투명'만 사용하기
- '표현색'은 모노크롬 상태를 유지하기

그물, 선, 노이즈의 톤 작업(p.148), 그라데이션(p.165), 데코레이션 브러시로 그리기(p.202) 등의 작업에서는 표현색을 그레이로 설정합니다. 특히 데코레이션을 그릴 때 필수입니다.

TIPS 신규 레이어를 만들 때의 표현색

'신규 레이어(新規レイヤー)'로 만든 레이어는 '신규' 파일을 만들 때 설정한 '표현색으로 지정(p.59)됩니다.
'모노크롬', '그레이', '컬러'의 레이어 아이콘은 레이어를 '신규' 파일 설정과 다른 표현색으로 설정했을 때 표시됩니다.
레이어 아이콘의 유무로 초기 설정과 레이어의 표현색이 같은지 다른지 확인할 수 있습니다.

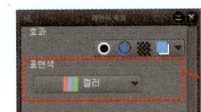
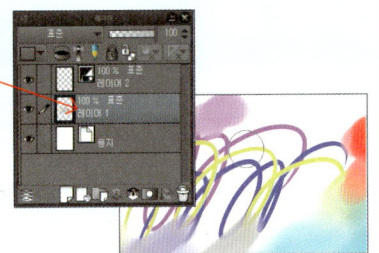

신규 파일을 만들 때 설정한 표현색이 컬러라면 컬러 레이어에 해당하는 레이어 아이콘이 표시되지 않습니다.

PART 3 ● 만화를 그려보자

드디어 만화를 그려보자

밑그림 그리기

01 '신규 레이어(新規レイヤー)'를 만듭니다.

밑그림을 그리기 위한 신규 레이어를 만듭니다.

신규 레이어를 만들면 자동으로 '컷 테두리 폴더(コマ枠フォルダ)' 위에 만들어집니다.

컷선을 자르기 위한 '컷 테두리 폴더'입니다.

1 클릭합니다.

> **POINT** ▶ 컷 테두리 폴더
>
> '컷 테두리 폴더'는 '신규' 파일을 만들 때 '템플릿(テンプレート)'으로 설정(p.51)해두었습니다.

02 레이어 이름을 '밑그림'으로 변경합니다.

'레이어 1' 위를 더블 클릭하고 이름을 '밑그림'으로 변경합니다. 컷 테두리 폴더는 그리는 데 방해가 되지 않도록 숨겨둡니다.

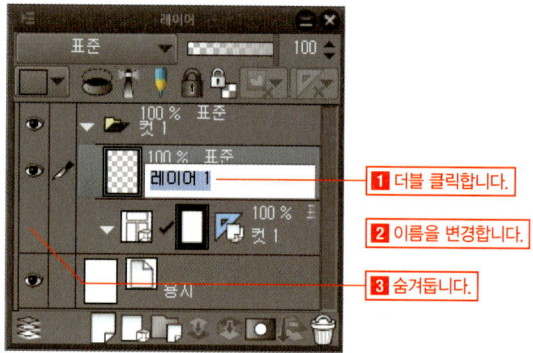

1 더블 클릭합니다.
2 이름을 변경합니다.
3 숨겨둡니다.

03 '연필(鉛筆)', '마커(マーカー)' 등으로 밑그림을 그립니다.

● '연필'⇨'진한 연필(濃い鉛筆)' 도구

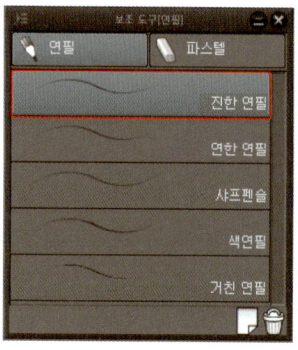

'표현색'을 '모노크롬'으로 설정한 상태이므로 '연한 연필(薄い鉛筆)'로 그려도 진한 검은색(p.52)으로 그려집니다.

> **TIPS** 밑그림을 연하게 그리고 싶을 때
>
> 밑그림을 연하게 그리고 싶다면 레이어의 '표현색'을 '그레이' 또는 '컬러'로 하면 연한 색으로 그릴 수 있습니다.

> **TIPS** 레이어 표시로 연하게 표시하고 싶을 때
>
> 밑그림을 모노크롬인 상태로 진하게 그려도 레이어의 '불투명도'로 연하게 보이도록(p.65) 할 수 있습니다.

SECTION 3.2 ● 그리기(콘티/밑그림/펜선 넣기)

04 지울 때는 '지우개(消しゴム)' 도구나 그리기색을 '투명(透明)'으로 설정합니다.

● '지우개'➡'러프' 도구

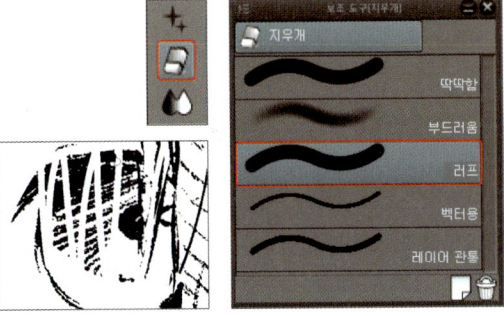

'러프'는 필압 감지가 해제되어 있으므로 크기대로 깔끔하게 지워집니다.

● 그리기색: 투명

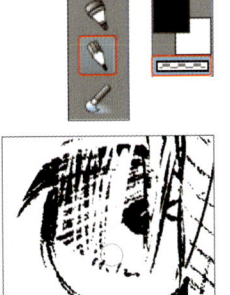

'진한 연필'이므로 필압이 적용되어 불규칙적으로 지워집니다.

05 컷선은 '직선(直線)' 도구 등으로 깨끗하게 그립니다.

● '직접 그리기(直接描画)'➡'직선' 도구

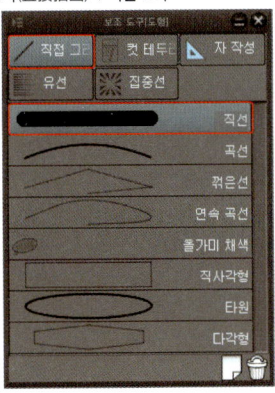
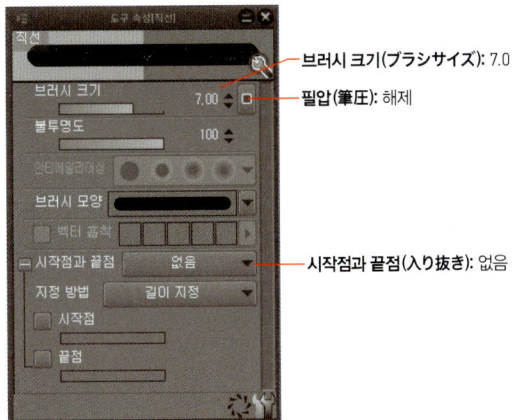

— 브러시 크기(ブラシサイズ): 7.0
— 필압(筆圧): 해제
— 시작점과 끝점(入り抜き): 없음

┌─ **TIPS** 직선을 수평·수직·45도 경사로 그리기 ─┐

Shift 키를 누른 채 드래그하면 수평, 수직, 45도 경사로 선을 그을 수 있습니다.

PART **3**

06 바로 직전에 그린 선을 지울 때는 '실행 취소(取り消し)'(Ctrl +Z)를 이용합니다.

초기 설정 혹은 18페이지에서 설명한 추천 설정을 적용했다면 실행 취소 아이콘이 커맨드 바에 있습니다.

● 커맨드 바

실행 취소   다시 실행

'작업 내역(ヒストリー) 창'을 사용해 되돌릴 수도 있습니다. 작업 내역 창은 레이어 창 옆에 있는 탭을 클릭해 선택(p.11)합니다.

'작업 내역' 창이 보이지 않을 때는 '창(ウィンドウ)' 메뉴의 '작업 내역'을 선택하세요.

● 레이어 창

1 클릭합니다.

● 작업 내역 창

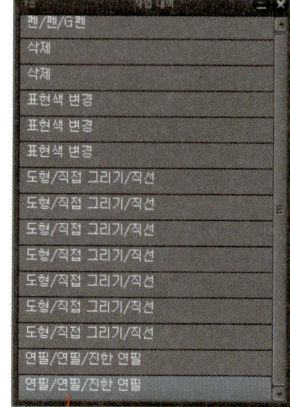

2 클릭한 시점으로 되돌아갑니다.

● '환경 설정(環境設定)' ⇨ '퍼포먼스(パフォーマンス)'

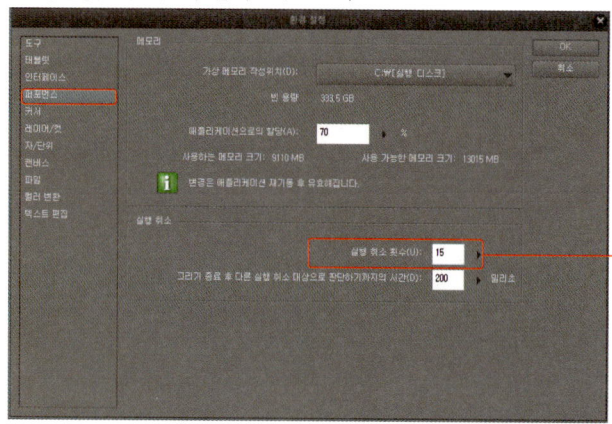

초기 설정의 이력은 30입니다. 최대 200까지 설정할 수 있습니다.

07 캔버스를 확대/축소/이동/회전시켜가면서(p.46) 그립니다.

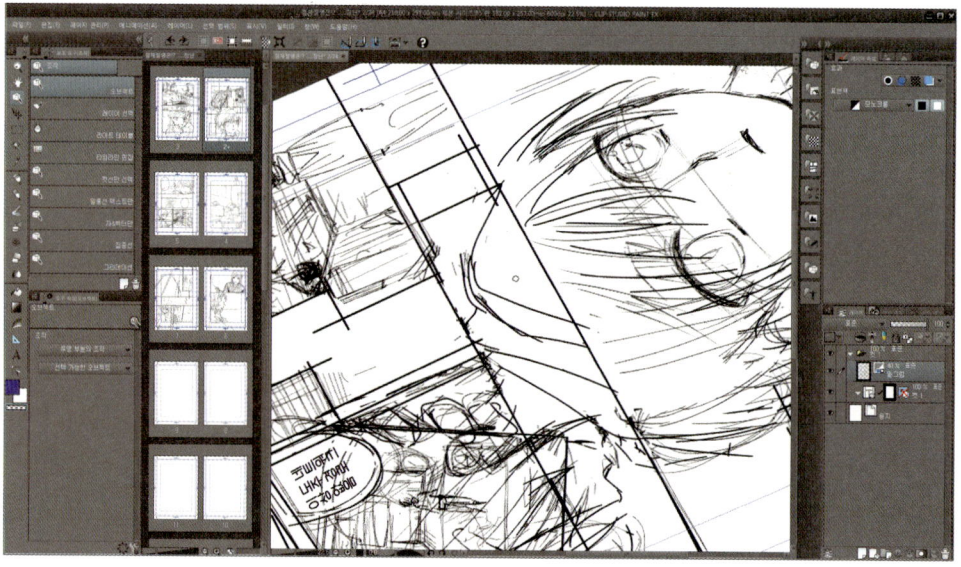

SECTION 3.2 ● 그리기(콘티/밑그림/펜션 넣기)

08 커맨드 바에 '좌우 반전(左右反転)' 표시(p.19)를 넣어두면 무척 편리합니다.

09 브러시 크기(ブラシサイズ) 변경(p.54)도 단축키를 사용합니다.

펜션 넣기 전 준비 작업

밑그림을 완성했다면 펜션을 넣기 쉽도록 레이어를 설정합니다.

01 '레이어 컬러'를 설정합니다.

'레이어 속성(レイヤープロパティ)' 창에서 '효과(効果)'⇨'레이어 컬러(レイヤーカーラ)'를 설정합니다.

● 레이어 컬러

ComicStudio 레이어 '표현색'(레이어상에서 설정한 색으로 표시)과 동일한 기능입니다.

레이어 속성 창

레이어 창

클릭하면 레이어에 그려진 그림이 하늘색이 됩니다. 한 번 더 클릭하면 원래대로 되돌아갑니다.

클릭합니다.

클릭하면 레이어 컬러를 변경할 수 있습니다.

클릭하면 '그리기색'으로 바뀝니다.

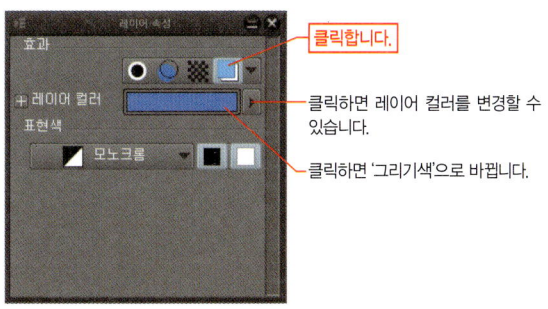

02 레이어 불투명도를 낮춥니다.

드래그로 레이어의 불투명도를 설정합니다.

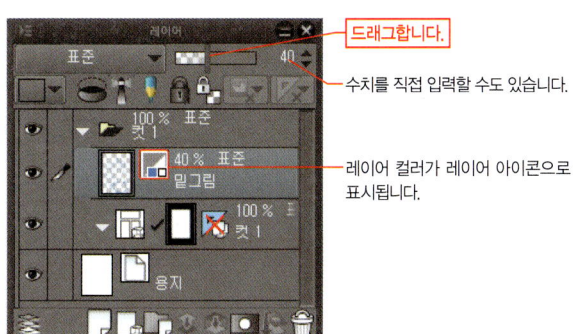

드래그합니다.

수치를 직접 입력할 수도 있습니다.

레이어 컬러가 레이어 아이콘으로 표시됩니다.

03 레이어를 '밑그림(下描き)'으로 설정합니다.

1 레이어 창의 메뉴인 '레이어 설정(レイヤー設定)'에서 '밑그림 레이어로 설정(下描きレイヤーに設定)'을 선택합니다.

※커맨드 바에 '밑그림 레이어로 설정'을 넣어두면 (p.18) 편리합니다.

2 밑그림 레이어에 밑그림 설정 아이콘이 표시됩니다.

● 밑그림 레이어
ComicStudio '출력 속성'='밑그림'과 동일한 기능입니다.

▶ 밑그림 레이어의 특징 (POINT)
'밑그림'으로 설정하면 레이어를 표시로 설정해도 다음과 같은 동작에 영향을 받지 않습니다.
- 선택 범위를 지정할 때
- 색을 채울 때
- 인쇄할 때, 출력할 때

▍펜션 넣기

펜션을 넣으려면 밑그림 레이어 위에 신규 레이어를 만들어야 합니다.

01 펜션을 그리기 위한 '신규 래스터 레이어(新規ラスターレイヤー)'를 만듭니다.

레이어 이름을 '펜션 넣기'로 정하고 '밑그림' 레이어 위에 위치시킵니다.

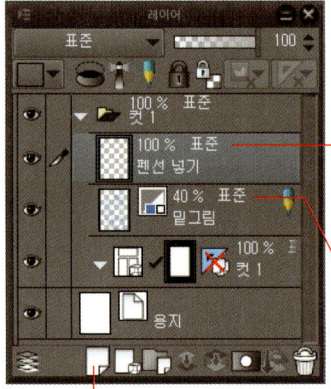

2 펜션을 넣기 위한 레이어를 만듭니다.
신규 래스터 레이어의 이름을 '펜션 넣기'로 정하고 밑그림 레이어 위에 배치합니다.

밑그림용 레이어

1 클릭합니다.

SECTION 3.2 ● 그리기(콘티/밑그림/펜선 넣기)

02 'G펜' 도구 등으로 그립니다.

취향에 따라서 '시작점(入り)'과 '끝점(抜き)'을 적절하게 설정(p.56)하고 그려보세요.
컷선이 2개인 컷(p.74)은 테두리를 약간 벗어날 정도로 그려야 합니다.

● '펜'⇨'G펜' 도구

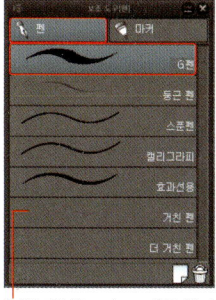
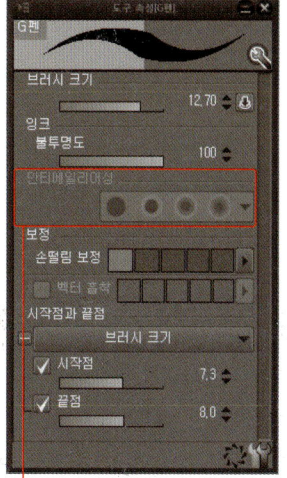

'거친 펜(ざらつきペン)'은 약간 손으로 그린 느낌이 듭니다. '더 거친 펜'으로 설정(p.67)할 수도 있습니다.

'표현색'='모노크롬'이므로 '안티에일리어싱'은 설정할 수 없습니다.

03 펜선 작업을 완료했습니다.

▶ 펜선을 넣을 때는 안티에일리어싱 꺼두기

모노크롬 작품은 입고할 데이터에 그레이 부분이 있으면 인쇄할 때 2치화됩니다.
2치화로 바뀌면 그 부분이 얼룩진 것처럼(p.304) 보입니다.
이런 이유로 펜선에 안티에일리어싱 설정은 NG입니다.
표현색이 모노크롬이라면 안티에일리어싱은 필연적으로 해제됩니다.

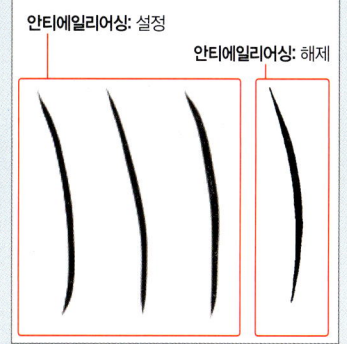

안티에일리어싱: 설정 / 안티에일리어싱: 해제

밑그림, 펜선 넣기에 기억해두어야 할 테크닉

■ '지우개' 도구의 필압 감지

'지우개(消しゴム)⇨'딱딱함(硬め)'은 필압 감지가 설정되어 있습니다. 필압에 따라서 지워지는 범위가 작아지거나 커집니다.

● '지우개' 도구

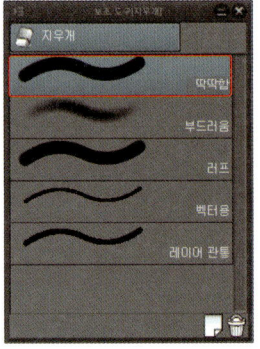

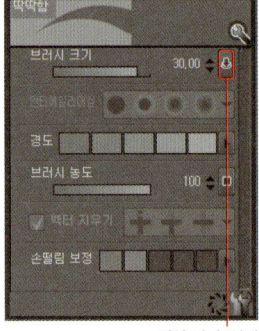

필압 감지: 설정

필압 감지: 해제
필압에 관계없이 깨끗하게 지워집니다.

필압 감지: 설정
필압이 약하면 가늘게 지워집니다.

> **POINT** ▶ 초기 설정
> 도구에는 '초기 설정'이라는 것이 있습니다. '초기 설정'을 자신의 취향에 맞게 변경하고 등록할 수 있습니다.
> 수치를 바꿔도 언제든 '초기 설정'(p.9)으로 되돌릴 수 있습니다.

초기 설정 상태에서 비교해보면 지워지는 형태에 이런 차이가 발생합니다.

● 표현색: 모노크롬

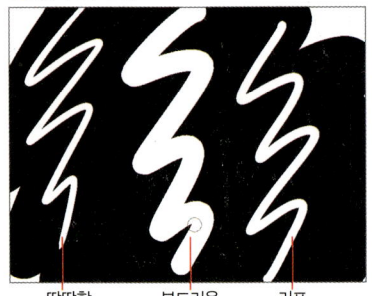

딱딱함　부드러움　러프

● 표현색: 그레이

딱딱함　부드러움　러프

> **POINT** ▶ 표현색에 따른 차이
> 표현색이 모노크롬일 때와 그레이일 때는 필압 감지 상태가 달라집니다. 특히 그레이일 때 현저하게 나타납니다.

모노크롬 작품에서는 깨끗하게 지우고 싶을 때가 대부분이라서 '필압 감지'는 해제하는 편이 좋습니다.

> **TIPS 톤 작업**
> 톤 작업 기법에 흐릿하게 조금씩 지우는 표현(p.190)이 있습니다.

■ '더 거친 펜' 만들기

'거친 펜(ざらつきペン)'은 약간 손으로 그린 느낌이 드는 선을 그릴 수 있는 펜입니다.

● '펜'⇨'거친 펜'

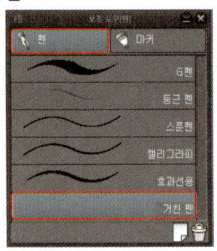

● 거친 펜

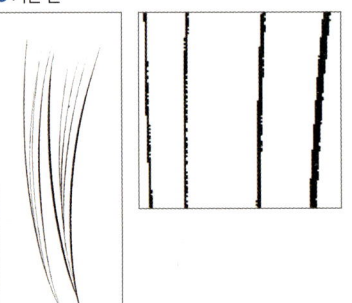

● G펜

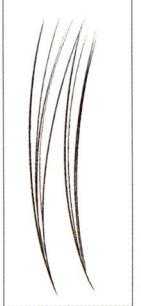
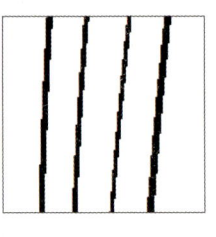

SECTION 3.2 ● 그리기(콘티/밑그림/펜선 넣기)

좀 더 꺼칠꺼칠한 선이 되도록 설정을 변경해보겠습니다.

01 '거친 펜'의 보조 도구 상세 창을 엽니다.

02 '간격(間隔)'을 고정하고, 20.0~30.0 정도로 설정하면 더욱 거친 느낌이 됩니다.

● '거친 펜' 도구

1 클릭합니다.

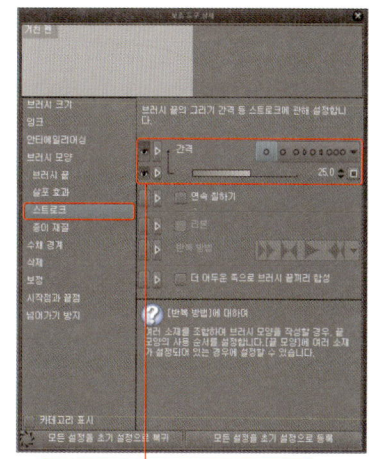

2 '스트로크'에서 간격을 설정합니다.

오리지널 설정의 도구를 보조 도구에 등록하기

'겨우 마음에 드는 설정을 찾았어!' 그렇다면 그 설정을 반드시 남겨두고 싶은 것이 그림을 그리는 사람의 마음입니다. 잊지 말고 보조 도구에 등록해두세요.

01 마음에 드는 설정의 펜이 생겼습니다.

● 완성한 마음에 드는 설정의 펜

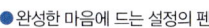

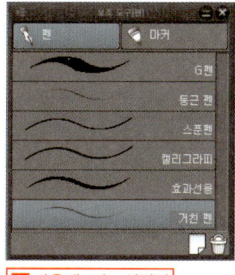

1 마음에 드는 설정의 펜을 만듭니다.

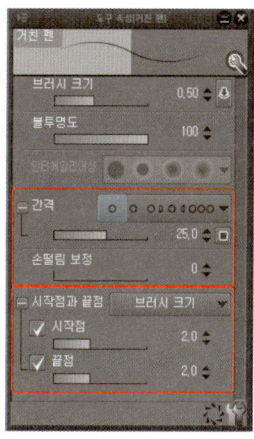

도구 속성 창에 '간격'과 '시작점', '끝점' 항목이 표시되도록 설정(p.56)해두세요.

02 마음에 드는 설정의 펜을 복사합니다.

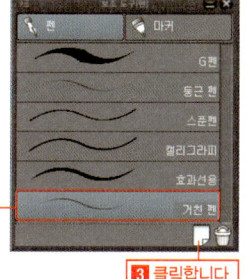

2 선택합니다.

3 클릭합니다.

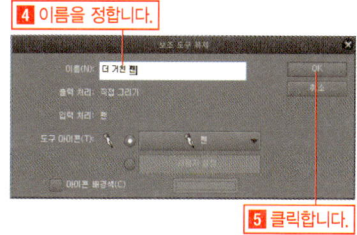

4 이름을 정합니다.

5 클릭합니다.

03 펜이 등록되었습니다. 현재 설정을 '초기 설정에 등
록(初期設定に登録)'합니다.

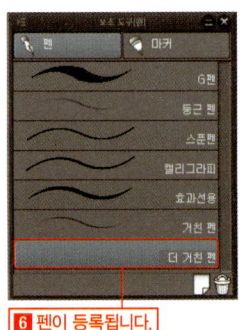
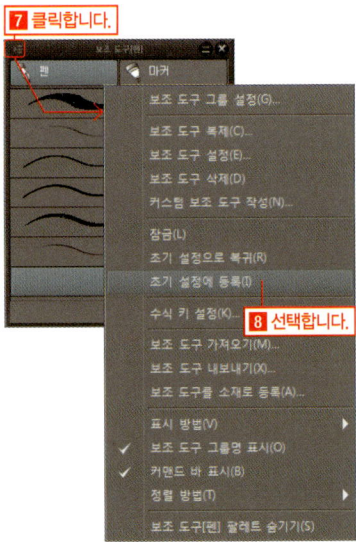

POINT
▶ 도구 창에 넣기
자주 쓰는 '보조 도구'를 '도구 창'에 넣어두고 사용
(p.17)할 수도 있습니다.

이렇게 하면 수치를 변경해도 '초기 설정으로 복귀(初期設定に戻す)' 버튼으로 되돌릴 수 있습니다.
그 외에 보조 도구도 좋아하는 설정을 등록해두면 쓰기가 점점 편리해집니다.

TIPS 개인화 설정을 초기 설정으로 되돌리기

'거친 펜'은 '초기 설정으로 복귀'로 원래 설정으로 되돌릴 수 있습니다.

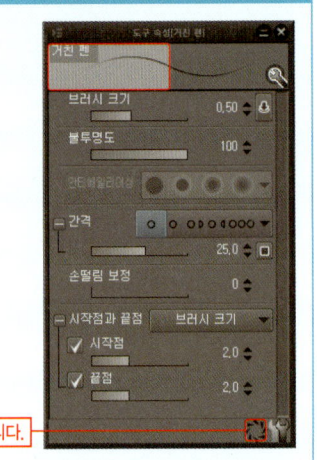

TIPS 보조 도구 잠그기

보조 도구를 잠가두면 설정의 변경을 저장하지 않습니다. 실수로 초기
설정을 변경하는 것을 막을 수 있습니다.

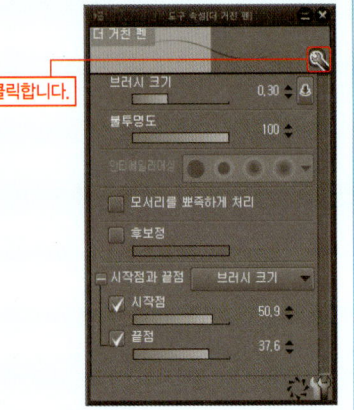

SECTION 3.3 ● 컷선 자르기

SECTION 3.3
컷선 자르기

컷선을 자를(만들) 때는 '컷 테두리 폴더'를 사용합니다. '컷 테두리 폴더'로 어떤 형태로든 컷을 나눌 수 있고 컷별로 컷선 폴더로 구분할 수 있습니다. 여기서는 하나의 '컷 테두리 폴더' 안에서 다양한 테두리선을 만드는 방법을 알아보겠습니다.

'컷 테두리 폴더' 확인하기

컷 테두리 폴더란

이번 설명은 42페이지에서 '신규' 파일을 만들 때에 '컷 테두리 폴더'를 미리 설정한 템플릿을 사용(p.44)했습니다. 컷 테두리 폴더는 밑그림, 펜선 작업을 하면서 숨긴 상태이므로 다시 보이도록 합니다.

컷 테두리 폴더란 그 이름 그대로 '폴더'입니다.

컷 테두리 폴더로 표시되는 기본 테두리

보라색은 마스크입니다.   레이어 창

● 컷 테두리 폴더

컷 테두리 폴더는 ComicStudio '테두리 자 레이어'와 '컷 폴더'를 합친 기능에 해당합니다.

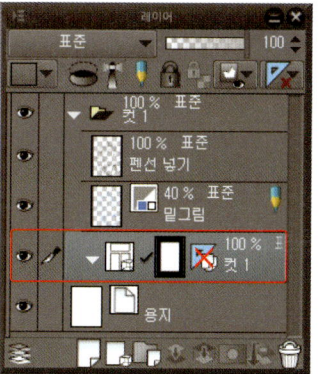

'밑그림(下描き)'과 '펜선 넣기(ペン入れ)' 레이어를 '컷 테두리 폴더'에 넣습니다. 캔버스에 '기본 테두리(검은색 선)'와 '여백(파란색 부분)'이 표시됩니다. 이 파란색은 마스크입니다.

마스크는 그 아래의 그림을 숨기고 보이지 않게 만듭니다. 즉 테두리에서 벗어난 선을 감춰주므로 벗어난 선화를 따로 처리하지 않아도 됩니다.

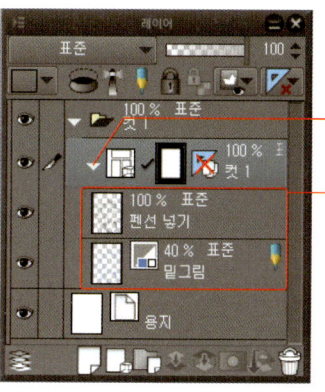

☑보다 오른쪽으로 밀려나 있으면 폴더 안에 들어 있는 상태입니다.

'밑그림', '펜선 넣기' 레이어를 '컷 테두리 폴더'에 넣었습니다.

보라색은 '컷 테두리 폴더'와 그 안에 있는 레이어를 클릭했을 때 표시됩니다.

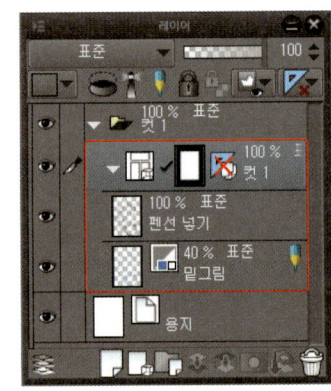

이 그림은 '1컷' 폴더를 클릭했으므로 보라색은 표시되지 않습니다.

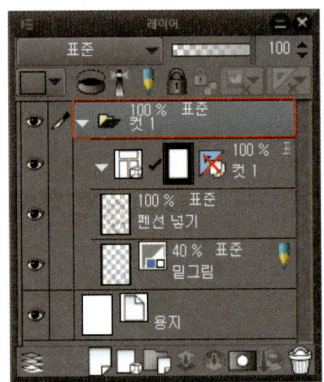

▌'마스크' 활성화/'마스크' 영역 표시

'마스크 숨기기'란 마스크 자체를 무효화시킨다는 의미입니다. Shift 키를 누른 채 '마스크(マスク)'를 클릭하면 비활성화됩니다. 다시 한 번 클릭하면 활성화됩니다.

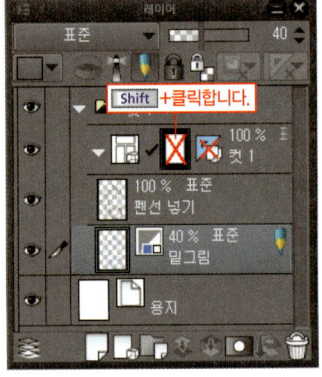

▶ 마스크 숨기기

'컷 테두리 폴더' 안에서 밑그림이나 펜션 작업을 할 때는 숨겨둡니다. 마스크를 숨긴 채 컷선을 자를 수도 있습니다.

마스크의 범위(보라색 부분)를 숨기려면 Alt 키를 누른 채 '마스크'를 클릭합니다.
또다시 클릭하면 원래대로 되돌아갑니다.

마스크는 이곳을 클릭하면 설정할 수 있습니다.

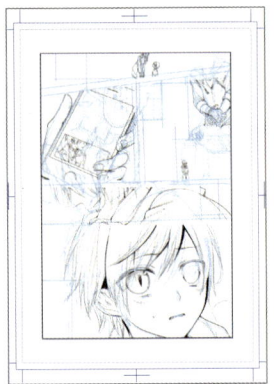
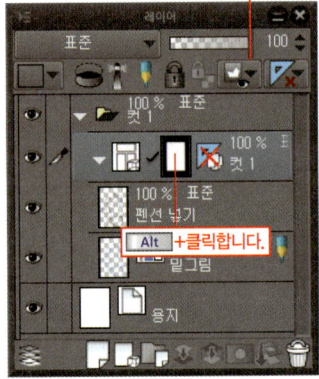

▶ 마스크 영역 표시 숨기기

'마스크'의 범위(보라색 부분)를 숨긴다는 것은 '마스크'는 무효화되지 않고 보라색 부분만 보이지 않는 상태, 즉 다른 레이어를 클릭했을 때와 같은 상태입니다. '마스크'가 가리는 부분을 확인할 수 있습니다.

SECTION 3.3 ● 컷선 자르기

컷 테두리 폴더 만들기

컷 테두리 폴더가 없을 때 만듭니다. 아래처럼 2가지 방법이 있습니다.

● 레이어 메뉴에서 만들기

'레이어' 메뉴의 '신규 레이어(新規レイヤー)'에서 '컷 테두리 폴더'를 선택합니다.

● 소재 창에서 드래그&드롭하기

소재 창의 'manga material(漫画素材)'⇨'Framing template(コマ割りテンプレート)'⇨'1frame(1コマ)'을 캔버스 위로 드래그&드롭(p.51)합니다.

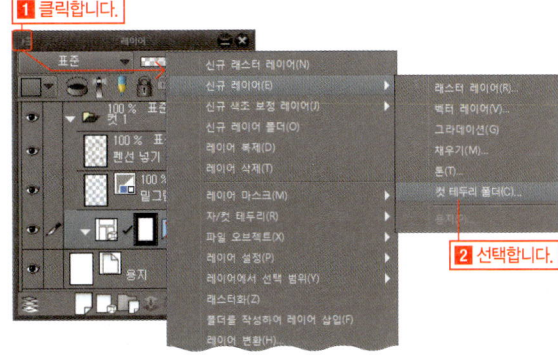

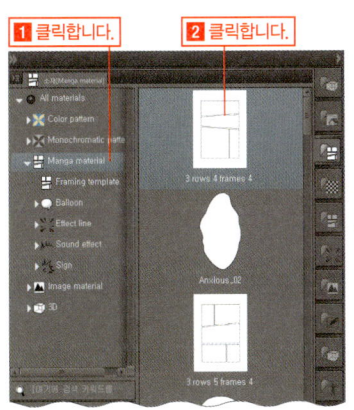 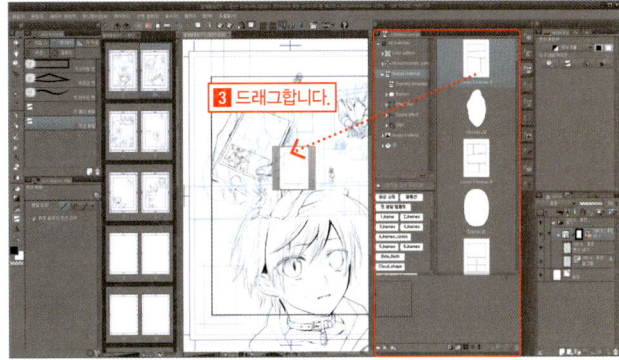

컷 나누기

컷선 간격 설정하기

'도형(図形)'⇨'컷 테두리(コマ枠)'⇨'컷선 분할(枠線分割)' 도구의 도구 속성을 보면 '좌우 간격(左右間隔)'=0.8px, '상하 간격(上下間隔)'=1.5px로 되어 있습니다. 이것을 사용하기 쉽도록 설정합니다.

● '컷선 분할' 도구 속성

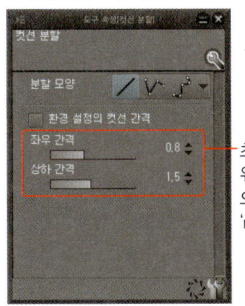

초기 설정에서는 길이 단위가 px(픽셀)로 되어 있으므로 환경 설정에서 'mm'로 변경(p.22)합니다.

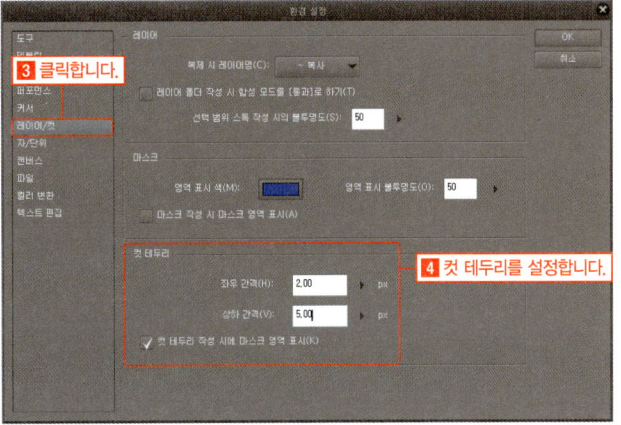

01 '파일' 메뉴에서 '환경 설정'을 선택해 환경 설정 창을 불러옵니다.

02 '자/단위(単位)'⇨'길이 단위(長さの単位)'를 mm로 변경(p.22)합니다.

03 도구 속성의 '좌우 간격'을 2.00mm, '상하 간격'을 5.00mm로 설정합니다.

> **POINT** ▶ 컷선 간격
>
> 간격은 취향에 맞게 설정합니다. 프로 만화가 중에는 '좌우 간격'=2.00mm, '상하 간격'=5.00mm로 설정하는 사람이 많습니다.

컷 분할하기

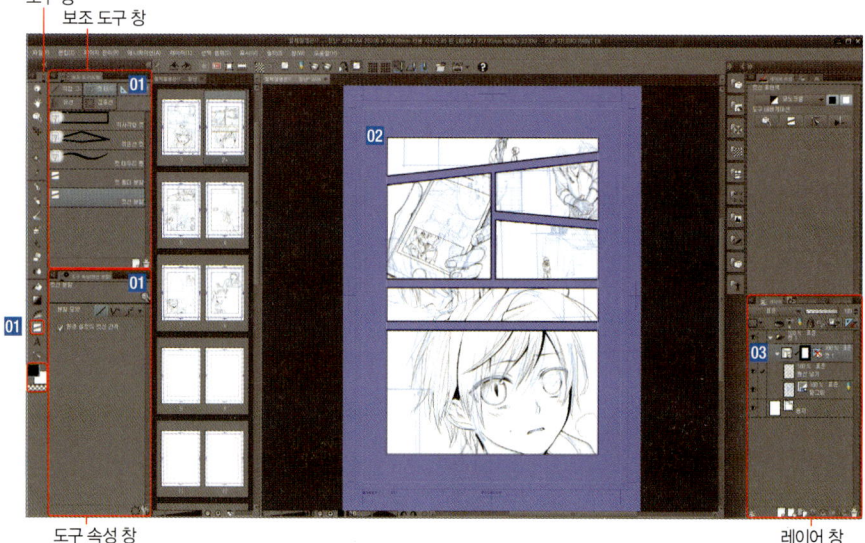

도구 창
보조 도구 창
도구 속성 창
레이어 창

01 '도형'➡'컷 테두리'➡'컷선 분할' 도구를 사용합니다.

● '도형'➡'컷 테두리'➡'컷선 분할' 도구

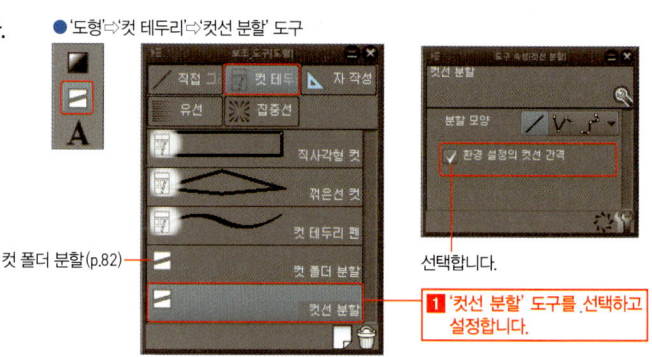

컷 폴더 분할(p.82)

1 '컷선 분할' 도구를 선택하고 설정합니다.

선택합니다.

02 Shift 키를 누른 채 캔버스 위를 드래그하면 수평, 수직, 45도로 컷을 분할합니다. 기울기 각도는 Shift 키를 누르지 않고 드래그합니다.

2 분할하고 싶은 컷 위로 드래그합니다.

03 '마스크'의 섬네일도 분할되어 있습니다.

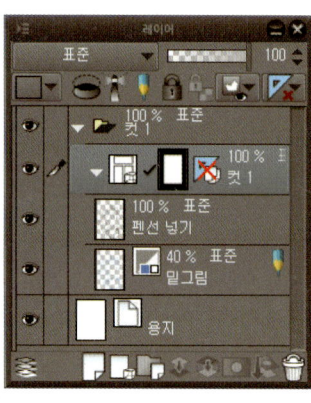

여기서 다른 레이어를 클릭해 보면 컷선이 완성되고 컷 테두리 밖으로 벗어난 선화는 숨겨져 보이지 않습니다.

SECTION 3.3 ● 컷선 자르기

컷 테두리 단위 조절하기

컷선 위치 움직이기

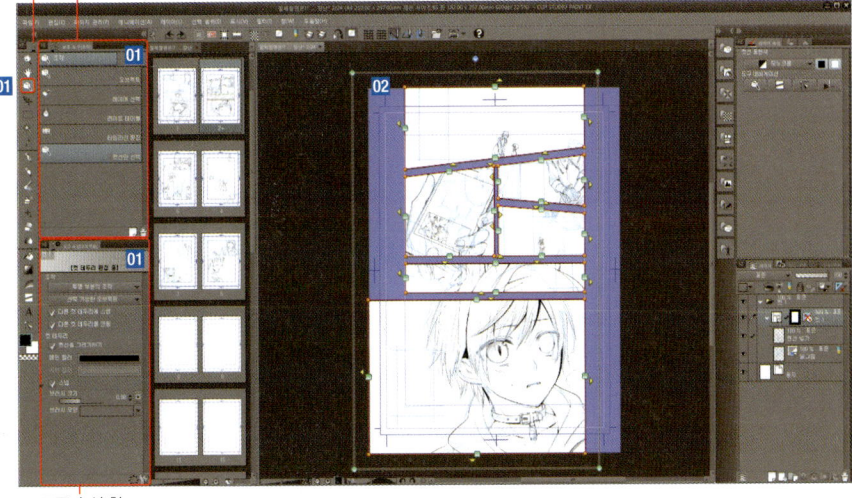

도구 창
보조 도구 창
도구 속성 창

01 '조작(操作)'⇨'오브젝트(オブジェクト)' 도구로 제어점을 조작해 컷 테두리 위치를 조절합니다.

● '조작'⇨'오브젝트' 도구(컷선만 선택)

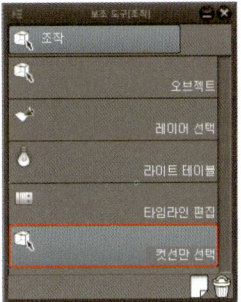
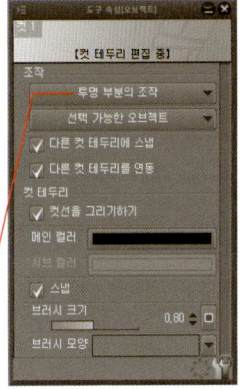

레이어의 자동 선택 기능은 해제한 상태로 사용자 설정을 한 도구입니다. POINT를 참고하세요.

POINT ▶ 레이어 자동 선택 기능

'오브젝트' 도구는 레이어를 자동 선택하는 기능이 있습니다. 구체적으로는 컷선을 움직이는 작업을 할 때 선화에 닿으면 '펜선 넣기' 레이어를 선택합니다. 자동 선택이 작업하는 데 방해가 되지 않도록 하려면 '컷선만 선택'하기 보조 도구(p.82)를 만들어두세요.

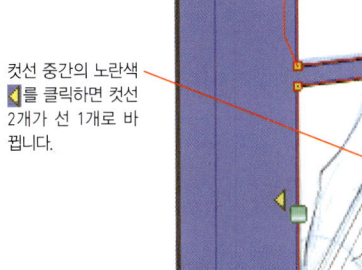

컷선 중간의 노란색 ◀를 클릭하면 컷선 2개가 선 1개로 바뀝니다.

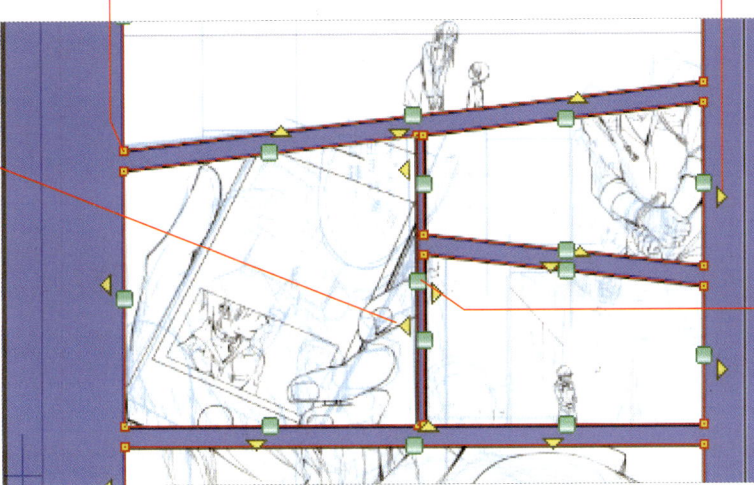

노란색 ▢를 드래그하면 2개의 컷선이 함께 움직이고, 모서리를 움직여 변형할 수도 있습니다.

노란색 ▲를 클릭하면 컷선이 캔버스 밖까지 넓어집니다.

녹색 ▢를 드래그하면 컷선의 위치가 움직입니다. 이때 컷선 2개가 함께 움직이므로 2mm, 5mm 폭을 유지합니다.

02 컷 분할을 완성했습니다.

컷선을 덮은 인물 컷 만들기

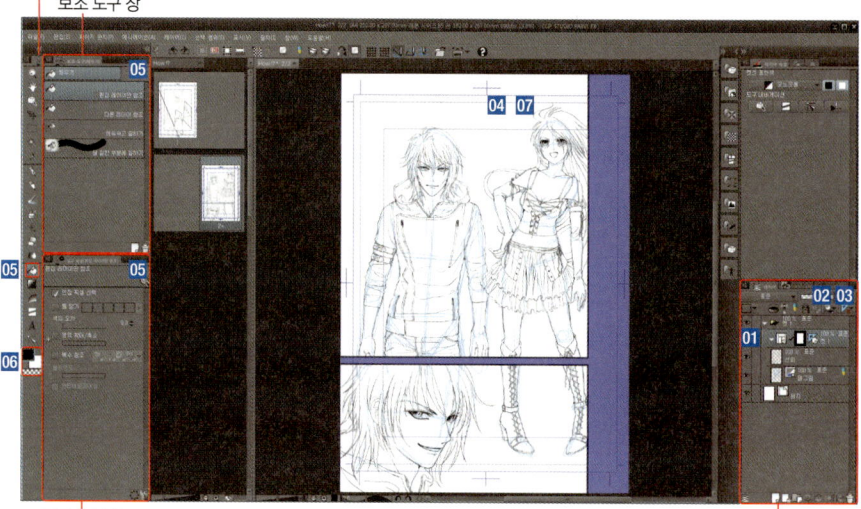

인물이 컷선에서 덮고 있는 컷을 만들 수 있습니다.

컷 테두리 폴더의 래스터화

01 컷 테두리 폴더를 선택한 상태로 '래스터화(라스 터라이즈)'를 클릭합니다.

※커맨드 바에 '래스터화'를 등록(p.18)해두면 편리합니다.

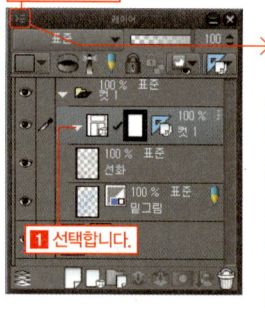 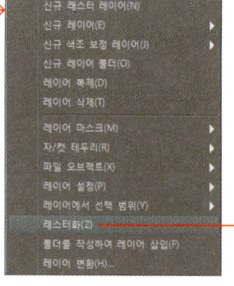

02 래스터화한 레이어가 만들어집니다.

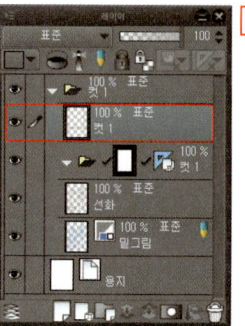

SECTION 3.3 ● 컷선 자르기

컷 바깥쪽을 흰색으로 채우기

컷선의 바깥쪽을 흰색으로 채우면 선화가 벗어난 부분을 지우지 않아도 됩니다.

03 컷 테두리 폴더와 용지를 숨깁니다.

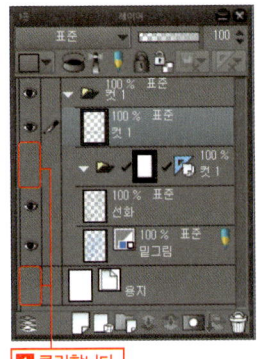
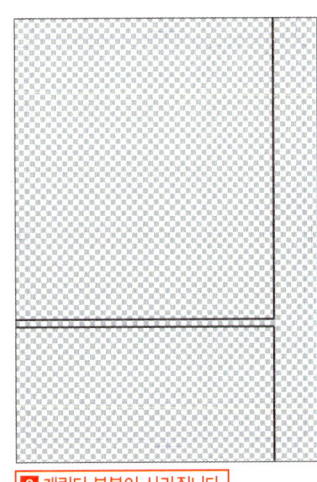

1 클릭합니다.

04 캐릭터가 보이지 않게 됩니다. 캐릭터 부분이 투명으로 표시됩니다.

2 캐릭터 부분이 사라집니다.

05 '채우기(塗りつぶし)' ⇨ '편집 레이어만 참조(編集レイヤーのみ参照)'를 사용합니다.

3 '채우기' 도구를 선택합니다.   4 설정합니다.

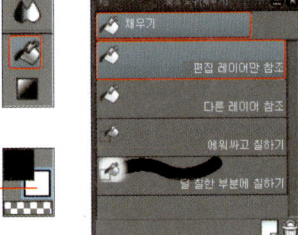

06 그리기색을 흰색으로 변경합니다.

5 그리기색을 흰색으로 바꿉니다.

07 컷선의 바깥쪽을 채웁니다.

6 컷선 바깥쪽을 채웁니다.

7 흰색으로 컷선 밖으로 벗어난 선화를 숨깁니다.

> **POINT** ▶ 그 외의 방법
>
> 컷선의 바깥쪽을 흰색으로 채우는 방법 외에도 컷선에서 벗어난 선화를 지우거나 레이어 마스크로 감출 수도 있습니다.

오른쪽 그림에서 빨간 네모로 둘러싼 부분의 흰색이 눈에 거슬립니다. 이 부분을 지워나가겠습니다.

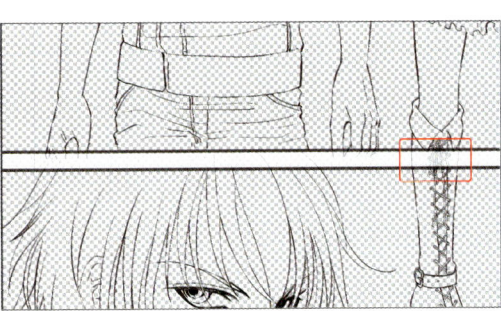

PART 3 ● 만화를 그려보자

▌ 캐릭터 안의 흰색을 투명으로 바꾸기

01 컷 테두리 폴더는 필요 없습니다. 폴더 내부의 항목을 밖으로 이동시키고 빈 컷 테두리 폴더를 삭제합니다.

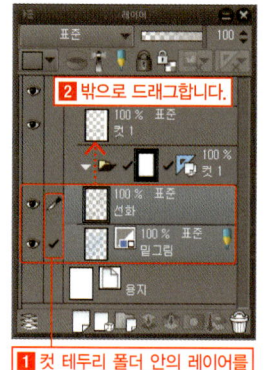 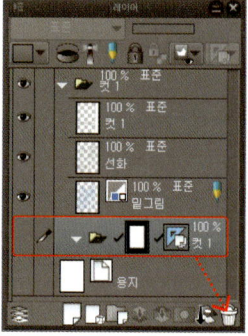

02 컷선 레이어의 불투명도를 낮추고 선화가 흐릿하게 보이도록 설정합니다.

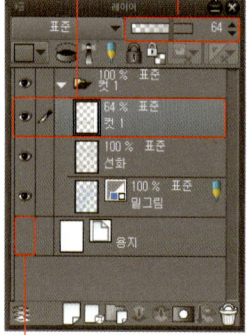

투명 부분과 흰색 부분을 구분하기 위해 용지는 숨겨두고 작업합니다.

SECTION 3.3 ● 컷선 자르기

03 '채우기(塗りつぶし)'⇨'에워싸고 칠하기(囲って塗る)' 도구를 사용합니다.

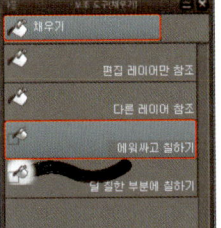
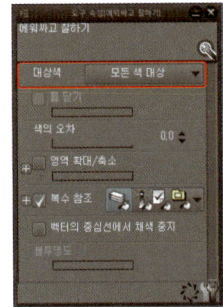

5 '에워싸고 칠하기' 도구를 선택합니다.

6 설정합니다.

04 그리기색을 투명으로 바꿉니다.

7 그리기색을 투명으로 변경합니다.

05 캐릭터 위에 올려진 흰 부분을 둘러싸고 지웁니다.

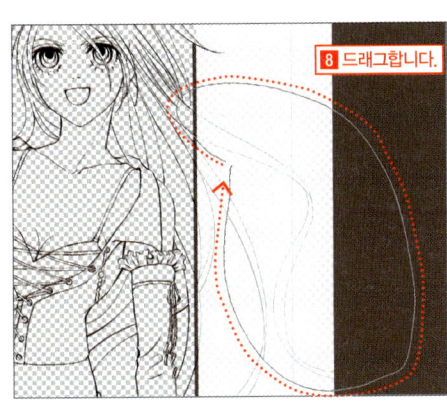

8 드래그합니다.

9 컷선이 지워지고 인물 부분이 드러납니다.

⊞ TIPS 선화가 끊어졌을 때

선화가 끊어져 있으면 '에워싸고 칠하기'로는 선을 덮고 있는 흰색 부분만 지울 수 있습니다.

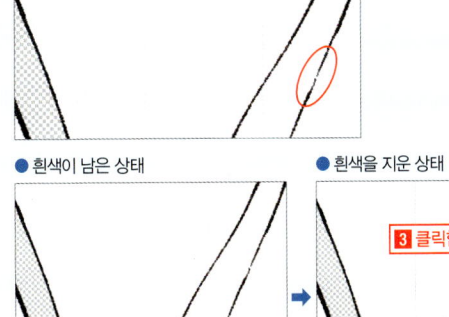

● 흰색이 남은 상태　　● 흰색을 지운 상태

3 클릭합니다.

'에워싸고 칠하기'로 선 위를 덮고 있는 흰색을 지운 다음 '다른 레이어 참조(他のレイヤー参照)' 도구를 사용해 지웁니다.

1 선화 위의 흰색을 지웁니다.

● '채우기'⇨'다른 레이어 참조' 도구

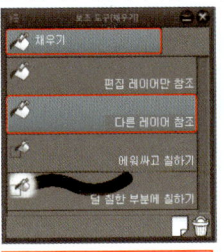
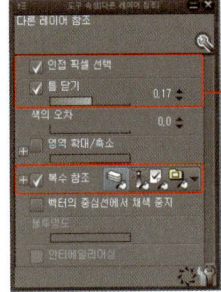

2 '다른 레이어 참조' 도구를 사용합니다.

사용자 설정으로 슬라이더 표시로 변경 (p.56)했습니다. '틈 닫기(隙間閉じ)'에 적절한 수치를 입력하는 것이 포인트입니다.

컷선을 벗어난 인물 컷을 완성했습니다.

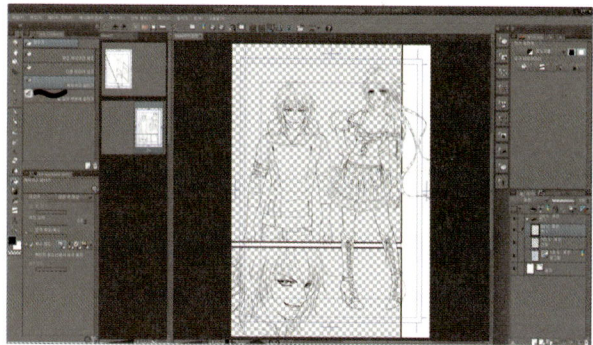

한 단계 높은 컷선 테크닉

▍컷선을 한 가닥씩 따로 움직이기

01 '조작'⇨'오브젝트' 도구의 도구 속성에서 '다른 컷 테두리를 연동(別のコマ枠を連動)'을 해제하고 컷선을 한 가닥씩 독립적으로 움직일 수 있습니다.

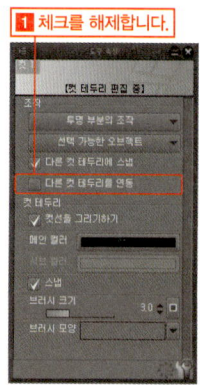

▍컷선 위에 컷선 만들기

01 '컷 테두리'⇨'직사각형 컷(長方形)' 도구를 사용합니다.

● '컷 테두리'⇨'직사각형 컷' 도구

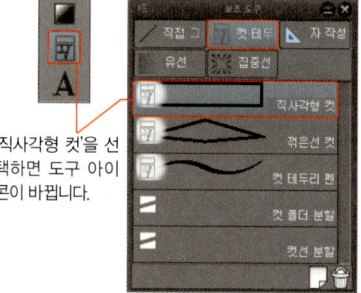

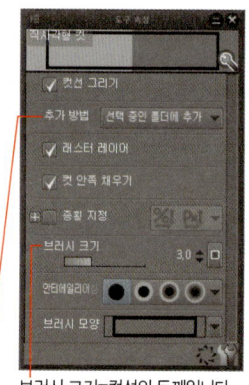

> **선택 중인 폴더에 추가**
>
> ComicStudio '단형', '타원', '다각형' 등의 도구를 '도구 옵션'에서 '자를 따라 선 그리기'로 설정하고, '보조 컷선 자 레이어' 위에 테두리를 작성하는 것과 동일한 기능입니다.

'직사각형 컷'을 선택하면 도구 아이콘이 바뀝니다.

추가 방법(追加方法)은 '선택 중인 폴더에 추가(選択中のフォルダに追加)'로 선택합니다.

브러시 크기=컷선의 두께입니다.

SECTION 3.3 ● 컷선 자르기

02 '컷 테두리 폴더'를 선택한 상태로 캔버스 위에 드래그로 사각형을 만듭니다.

'선택 중인 폴더에 추가'를 선택한 상태이므로 레이어는 늘어나지 않습니다.

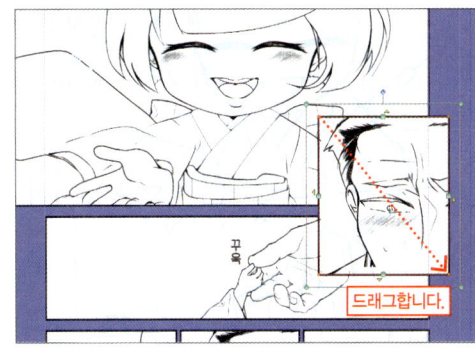

POINT ▶ 둥근 모서리의 사각형이나 원, 다각형의 컷 만들기

둥근 모서리의 사각형이나 원, 다각형의 컷을 추가하려면 '보조 도구 상세'를 열고 '도형(図形)'에서 설정합니다. 도형 설정을 도구 속성에 표시(p.56)되도록 하면 편리합니다.

● 도구 속성 창   ● 보조 도구 상세 창

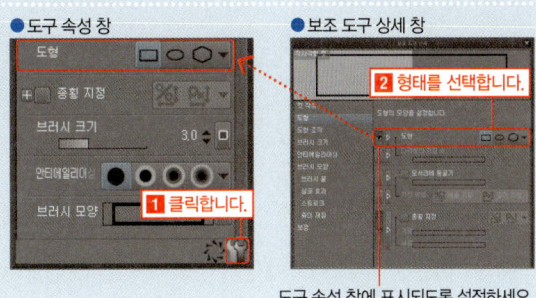

도구 속성 창에 표시되도록 설정하세요.

03 완성한 컷 테두리는 '조작'▷'오브젝트' 도구로 형태를 조절할 수 있습니다.

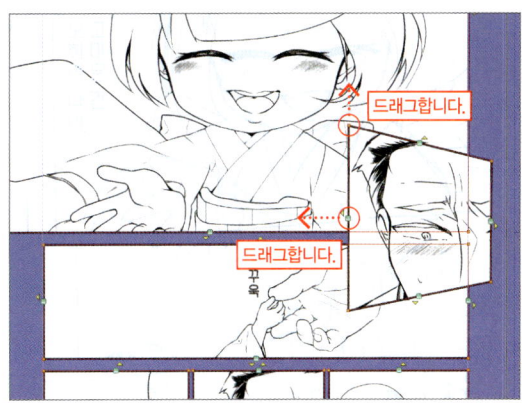

컷선 두께 바꾸기

01 컷을 나눌 때 '조작'▷'오브젝트' 도구의 '도구 속성'을 설정합니다. '브러시 크기(ブラシサイズ)'를 변경하면 컷선의 두께도 변합니다.

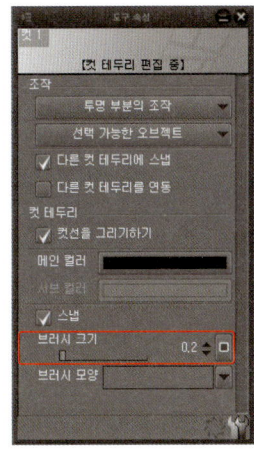
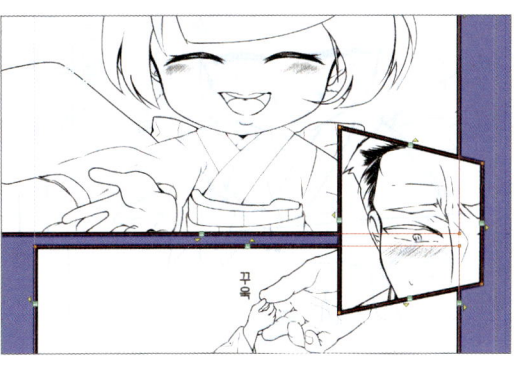

PART 3 ● 만화를 그려보자

■ 1컷만 움직이기/삭제하기/컷선의 두께 바꾸기

01 '조작'➪'오브젝트' 도구에서 컷 주위에 있는 테두리(빨간 선)를 클릭하고 하나의 컷 테두리를 선택합니다.

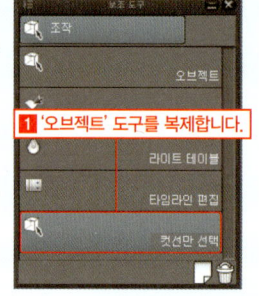

1 조작할 컷의 테두리를 클릭합니다.
2 조작 핸들이 컷을 둘러싸듯이 표시됩니다.
3 컷을 조작합니다.

삭제: Delete 키로 삭제합니다.

움직이기: 자 또는 핸들의 선 위를 드래그합니다.

선의 두께 바꾸기: 도구 속성 창의 '브러시 크기'를 변경합니다.

✥ TIPS 전용 '조작' 도구 만들기

'조작'➪'오브젝트' 도구는 초기 설정에서 레이어의 자동 선택으로 설정되어 있습니다. 그런 이유로 컷선을 조작하다 보면 종종 다른 레이어가 선택되기도 합니다.
그래서 '오브젝트' 도구를 복제해 컷선만 움직일 수 있도록 설정해두면 좋습니다. 동일하게 말풍선 조작 전용 도구 등 여러 가지 전용 도구를 만들어서 사용하면 편리합니다. 85페이지에서도 말풍선 조작용 '오브젝트' 도구를 만들어 사용합니다.
이후의 설명에서는 사용자 설정으로 만든 각종 조작 전용 '오브젝트' 도구를 사용하겠습니다.

1 '오브젝트' 도구를 복제합니다.

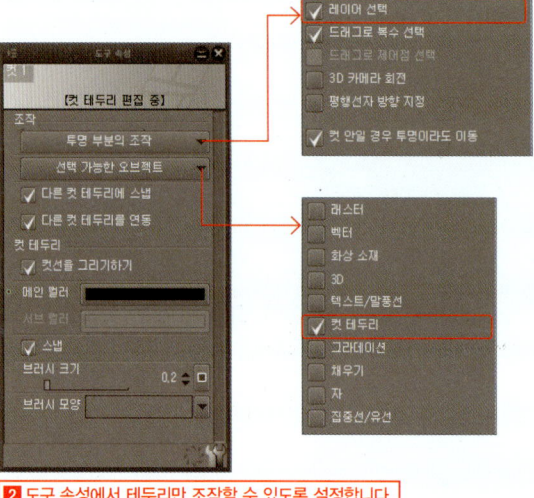

2 도구 속성에서 테두리만 조작할 수 있도록 설정합니다.

※사용자 설정을 한 도구의 등록 방법은 69페이지를 참고하세요.

✥ TIPS 컷 폴더 분할

'보조 도구'의 '컷 폴더 분할'(p.74)은 컷을 분할할 때마다 폴더를 만들고 컷 테두리 바깥쪽에 마스크를 적용합니다. 컷 단위로 밑바탕이나 효과선, 톤 작업을 할 수도 있습니다.
ComicStudio의 '컷 폴더'와 유사한 기준의 작업 방식입니다.

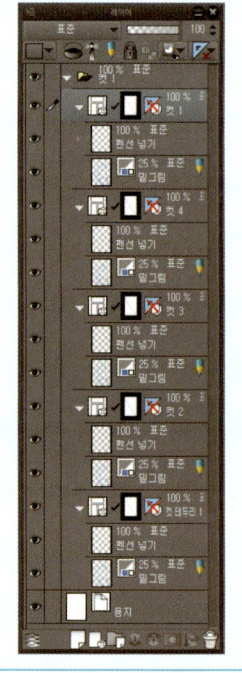

SECTION 3.4
말풍선 그리기

말풍선 도구를 사용하면 깔끔한 타원이나 자유로운 형태의 말풍선을 그릴 수도 있습니다. 말풍선 기능으로 그린 말풍선은 자동으로 '흰색'이 채워집니다.

말풍선 만들기

'타원 말풍선' 도구로 만들기

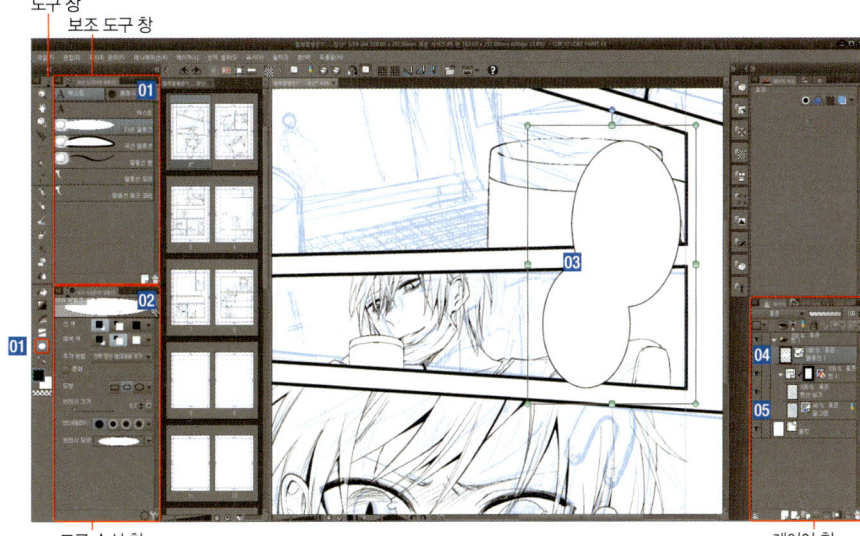

도구 창
보조 도구 창
도구 속성 창
레이어 창

01 '텍스트(テキスト)' ➡ '타원 말풍선(楕円フキダシ)' 도구를 선택합니다.

> **POINT** ▶ 말풍선 그리는 도구
>
> '텍스트' 도구에 '말풍선'은 그릴 수 있는 기능이 포함되어 있습니다. '텍스트' 도구의 '보조 도구'에서 '타원 말풍선'을 선택하면, 이 아이콘(오른쪽 그림의 빨간 네모칸)이 말풍선 형태로 바뀝니다.

02 도구 속성에서 설정을 확인합니다.

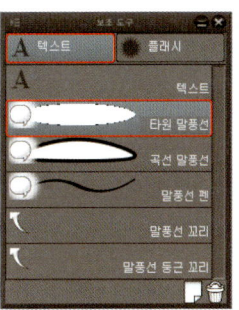

선 색: 메인 컬러(검은색)

채색 색: 보조 컬러(흰색)
04 참조

TIPS (p.84) 참조

브러시 크기: 말풍선 선의 두께

안티에일리어싱: 해제

이 부분을 클릭해 '사용자 컬러를 선택'하면 좋아하는 색을 설정할 수 있습니다. 레이어의 '표현색'에 따라 그릴 때의 색이 달라집니다 (p.59).

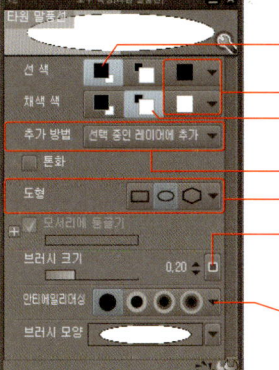

> **POINT** ▶ 안티에일리어싱
>
> 모노크롬 작품은 '안티에일리어싱'을 해제(p.55)합니다. 표현색이 '모노크롬'이라면 '안티에일리어싱'은 자동으로 해제되어 있는 상태(p.67)입니다.

PART 3 ● 만화를 그려보자

03 캔버스 위를 드래그합니다.

◉ 말풍선 만들기

ComicStudio '말풍선 설정'⇨'말풍선 생성' 기능과 동일합니다.

04 자동으로 말풍선 레이어가 만들어집니다.

'선택 중인 레이어에 추가(選択中のレイヤーに追加)'로 설정되어 있으므로 말풍선을 추가하면 이 레이어 위에 만들어집니다.

연결할 부분은 자동으로 이어집니다.

드래그합니다.

05 '용지(用紙)' 레이어를 숨기면 말풍선 내부가 흰색으로 채워져 있음을 알 수 있습니다.

⊞ TIPS 사각형 말풍선 만들기

내레이션의 사각형은 '도형'을 사각형으로 설정합니다. 둥근 모서리의 사각형은 '보조 도구 상세'의 '모서리에 둥글기(角の丸さ)'를 설정할 수 있습니다.

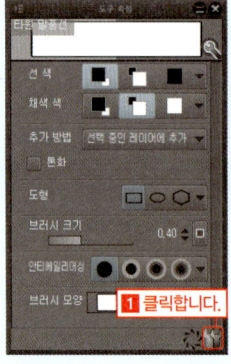

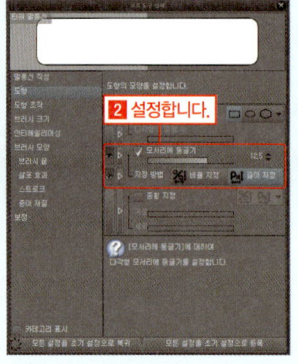

1 클릭합니다.

2 설정합니다.

SECTION 3.4 ● 말풍선 그리기

말풍선 크기, 위치, 선의 두께 정리하기

01 '조작'➪'말풍선 텍스트만' 도구를 선택합니다.

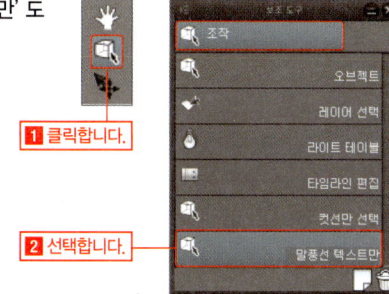

> **POINT** ▶ '말풍선만 레이어 선택'
>
> '오브젝트' 도구를 복제해 사용자 설정(p.82)을 합니다. 어떤 레이어에 있어도 '말풍선'과 '텍스트'만을 자동 선택하도록 설정합니다.

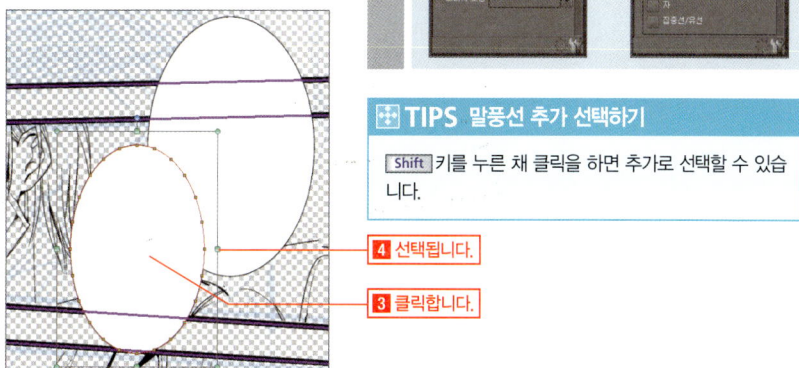

02 말풍선 안을 클릭하면 선택됩니다.

> **TIPS** 말풍선 추가 선택하기
>
> Shift 키를 누른 채 클릭을 하면 추가로 선택할 수 있습니다.

03 말풍선을 선택한 상태에서 도구 속성의 '브러시 크기'로 두께를 조절합니다. '선 색(線の色)', '밑바탕 색(下地の色)'도 변경할 수 있습니다.

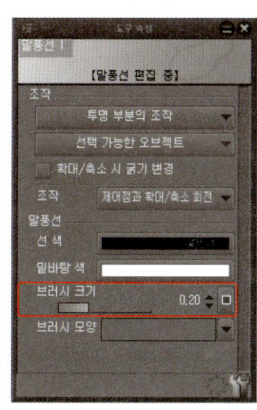

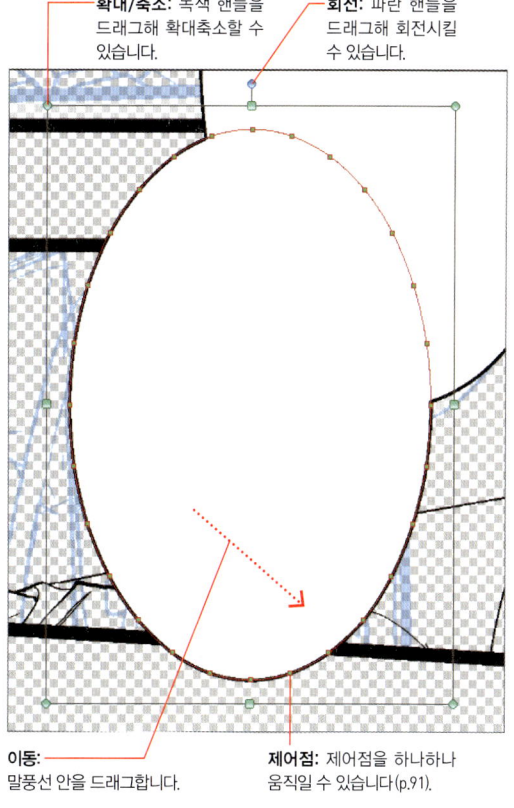

확대/축소: 녹색 핸들을 드래그해 확대축소할 수 있습니다.

회전: 파란 핸들을 드래그해 회전시킬 수 있습니다.

이동: 말풍선 안을 드래그합니다.

제어점: 제어점을 하나하나 움직일 수 있습니다(p.91).

85

꼬리 붙이기

01 '텍스트(テキスト)' ⇨ '말풍선 꼬리(フキダシしっぽ)' 도구를 선택합니다.

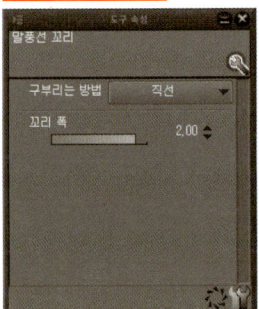

02 도구 속성의 설정을 확인합니다.

03 클릭&드래그로 꼬리를 그립니다. 더블 클릭으로 완성합니다.

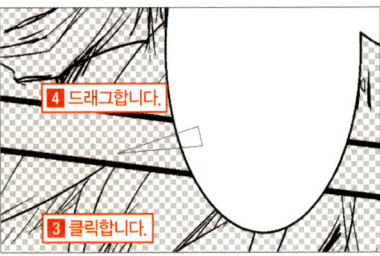
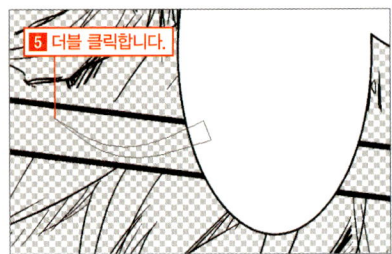

'도구 속성'의 '구부리는 방법(曲げ方)'으로 형태를, '꼬리 폭(しっぽの幅)'으로 두께를 조절할 수 있습니다.

● **구부리는 방법**: 스플라인   ● **구부리는 방법**: 직선   ● **구부리는 방법**: 꺾은선

※ '꼬리 폭'은 전부 2.00mm입니다.

꼬리 형태 다듬기

꼬리도 타원 말풍선과 마찬가지로 이동/회전/확대/축소할 수 있습니다.

01 '조작' ⇨ '말풍선 텍스트만' 도구를 선택합니다.

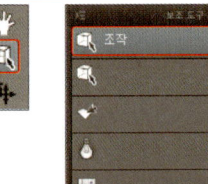
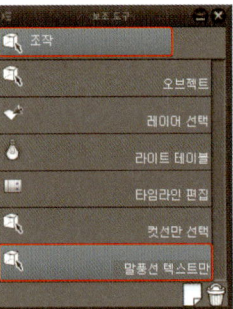
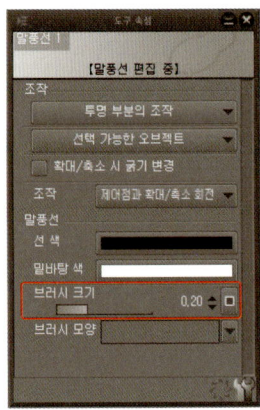

02 꼬리를 클릭하면 선택됩니다.

03 제어점을 드래그해 형태를 다듬습니다.

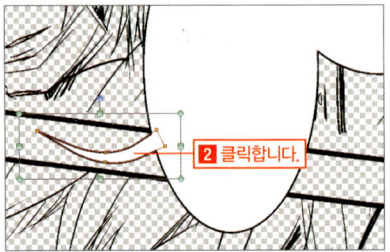
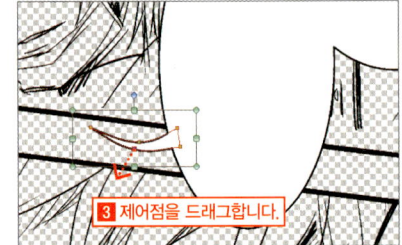

SECTION 3.4 ● 말풍선 그리기

벗어난 부분 처리하기

컷선 밖으로 벗어난 말풍선 처리하기

1 부분의 컷선에서 벗어난 부분을 처리해보겠습니다.

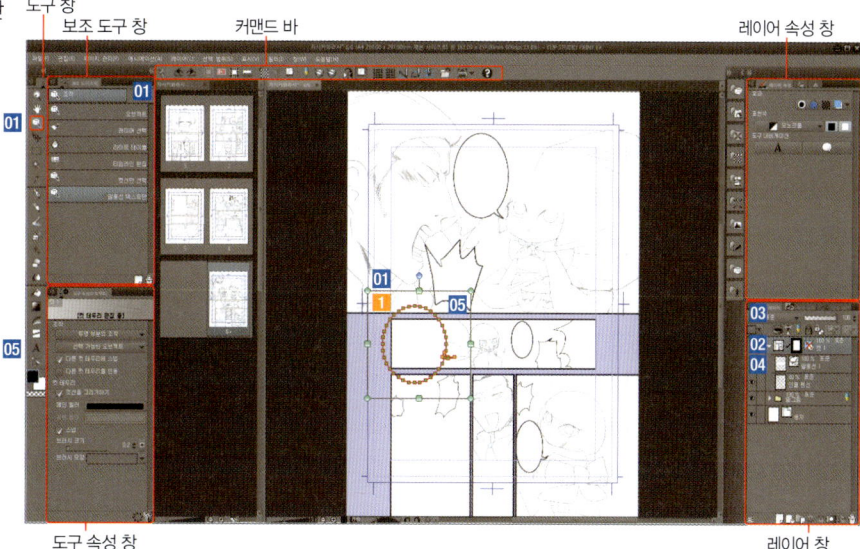

먼저 처리하고 싶은 말풍선을 다른 레이어로 옮깁니다.

01 '조작'➡'말풍선 텍스트만' 도구로 말풍선을 선택하고 잘라냅니다(Ctrl +X).

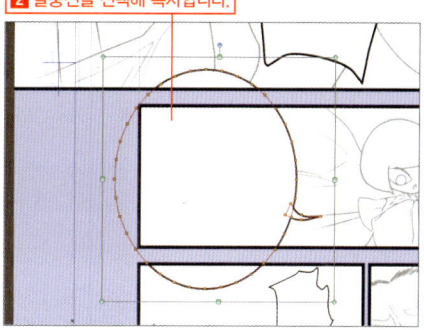

02 '말풍선 레이어' 이외의 레이어(여기서는 '컷 테두리 폴더')를 선택하고 붙여 넣으면(Ctrl +V) 말풍선이 다른 레이어에 추가됩니다.

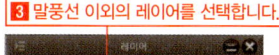

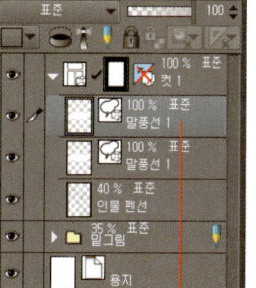

87

PART 3 ● 만화를 그려보자

● 원래 말풍선 레이어에 있는 말풍선

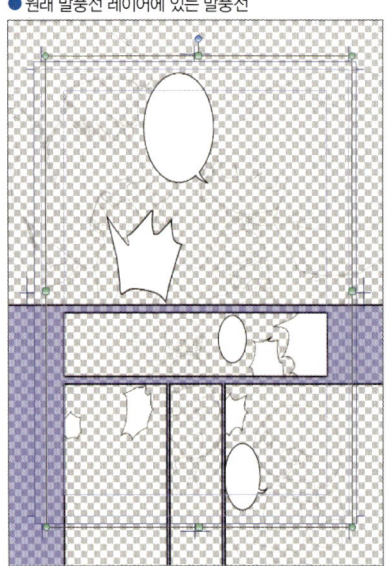

● 붙여 넣은 말풍선 레이어에 있는 말풍선

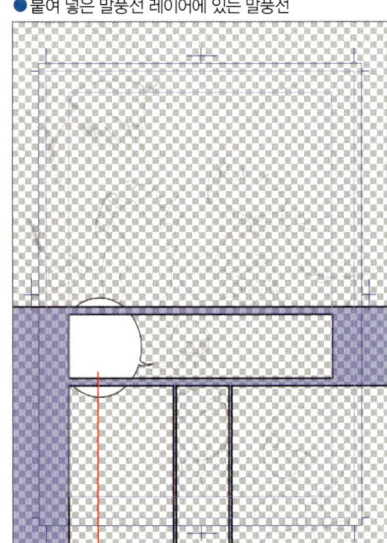

벗어난 부분을 처리한 말풍선입니다.

03 다음은 다른 컷으로 넘어간 부분을 지우기 위해 말풍선 레이어를 래스터화합니다.

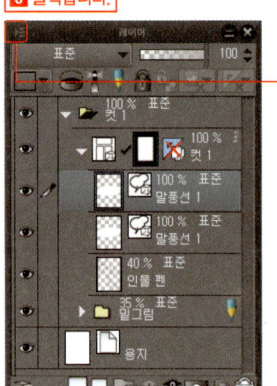

6 클릭합니다.

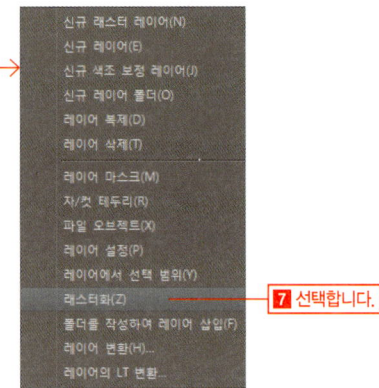

7 선택합니다.

04 래스터화한 말풍선 레이어 아이콘이 사라집니다.

05 벗어난 부분을 '지우개(消しゴム)'⇨'러프(ざっくり)' 도구로 지웁니다.
그리기색을 '투명(透明)'으로 바꾸고 '마커(マーカー)'로 지우면(p.63) 효과적입니다.

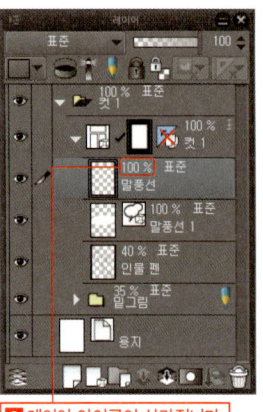

8 레이어 아이콘이 사라집니다.

9 벗어난 부분을 '지우개'⇨'러프' 도구로 지웁니다.

※보라색 부분은 '마스크'로 가려지므로 지우지 않아도 됩니다.

SECTION 3.4 ● 말풍선 그리기

플래시 말풍선 만들기

'플래시(フラッシュ)'⇨'빽빽한 플래시(密フラッシュ)' 도구로 플래시 말풍선을 간단하게 만들 수 있습니다.

01 '플래시'⇨'빽빽한 플래시' 도구를 선택합니다.

02 도구 속성의 설정을 확인합니다.

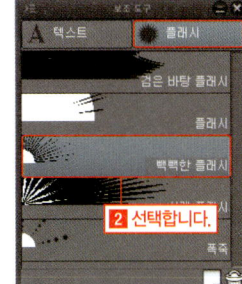
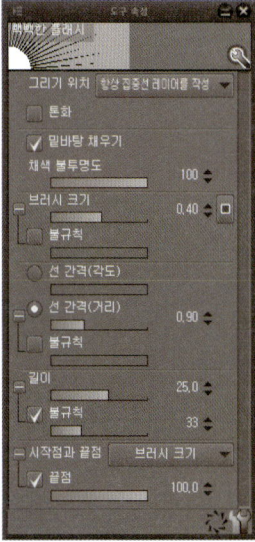

> **POINT** ▶ 플래시 형태 다듬기
> 플래시 형태를 다듬으려면 그리기 전에 설정하는 방법과 완성한 뒤에 '조작'⇨'오브젝트' 도구의 도구 속성에서 설정하는 방법이 있습니다.

03 캔버스 위에서 드래그하면 플래시 말풍선이 만들어집니다.

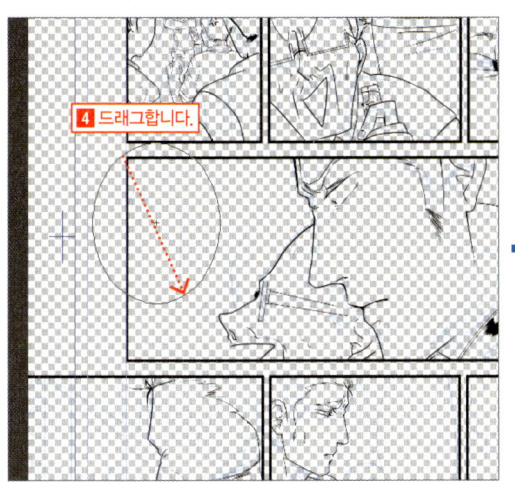
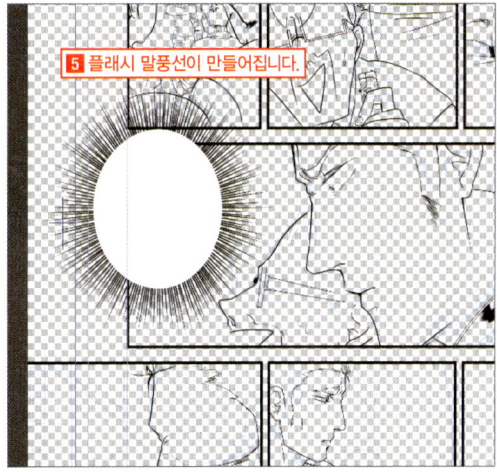

완성한 뒤에 플래시 형태를 다듬으려면 '조작'⇨ '오브젝트' 도구의 도구 속성을 설정합니다.

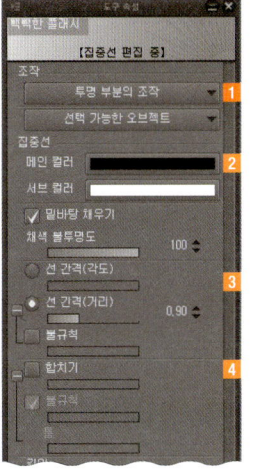
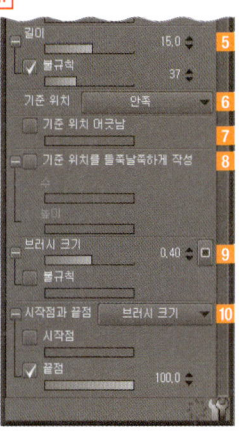

도구 속성의 설정인 1 ~ 10 은 '집중선(集中線)' 도구의 항목(p.130)을 참고하세요.

자유로운 형태의 말풍선 만들기

'말풍선 펜' 도구로 자유롭게 그리기

01 '텍스트(テキスト)'➡'말풍선 펜(フキダシペン)' 도구를 선택합니다.

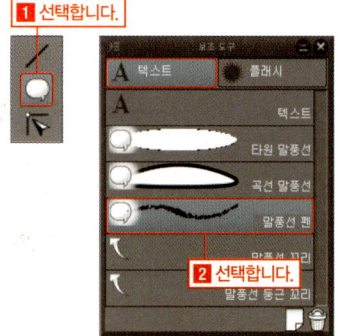

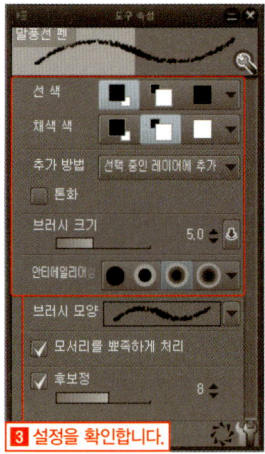

02 도구 속성의 설정을 확인합니다.

03 말풍선을 그립니다.

04 내부가 '흰색'으로 채워진 말풍선이 만들어집니다.

05 '말풍선 꼬리(フキダシしっぽ)' 도구로 꼬리를 추가합니다.

06 '조작'➡'오브젝트' 도구에서 '제어점'을 움직여 형태를 다듬습니다.

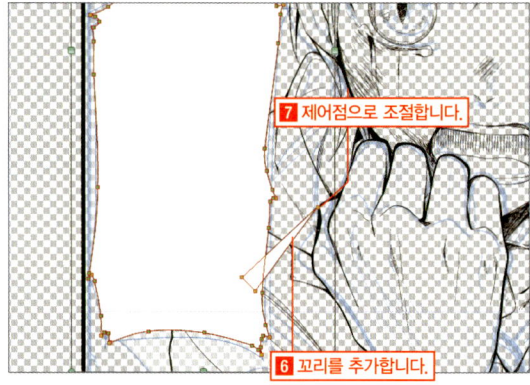

> **POINT** ▶ 꼬리 추가하기
> 꼬리를 '말풍선 펜'으로 그려넣어도 OK입니다.

SECTION 3.4 ● 말풍선 그리기

07 튀어나온 부분은 '타원 말풍선(楕円フキダシ)'과 마찬가지로 래스터화한 다음 처리합니다.

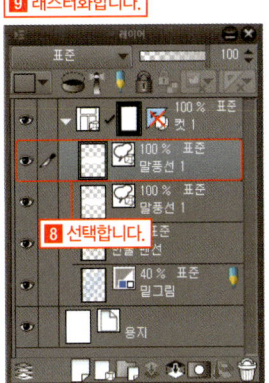
9 래스터화합니다.
8 선택합니다.

10 지우개 또는 투명으로 지웁니다.

한 단계 높은 말풍선 테크닉

제어점 추가와 삭제

01 '선 수정(線修正)' ➡ '제어점(制御点)' 도구를 선택합니다.

02 도구 속성의 설정을 확인합니다.

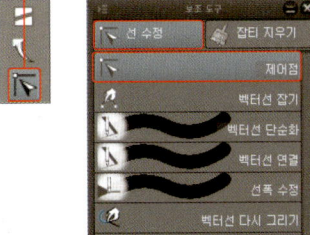
1 '제어점' 도구를 선택합니다.

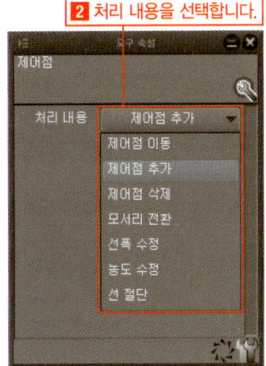
2 처리 내용을 선택합니다.

03 데이터 위(빨간 선 위)를 클릭하면 제어점이 추가됩니다. 제어점을 클릭하면 제어점이 지워집니다.

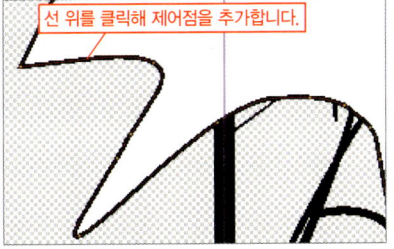
선 위를 클릭해 제어점을 추가합니다.

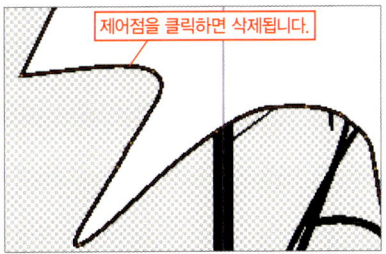
제어점을 클릭하면 삭제됩니다.

각도 바꾸기

01 '제어점' 위를 클릭하고 각도를 곡선으로 할지 뾰족하게 할지 선택할 수 있습니다.

제어점을 클릭해 각도를 바꿀 수 있습니다.

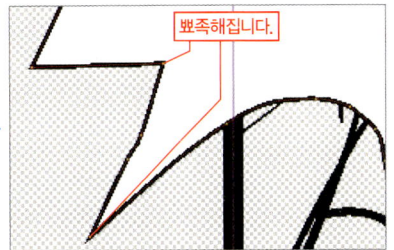
뾰족해집니다.

● '제어점' 도구

'제어점' 도구는 기본 '벡터 레이어'에 사용하지만 '말풍선 레이어'나 '컷선'에도 사용합니다. ComicStudio의 '선 잡기', '선 수정', '선폭 수정' 도구에 해당합니다. ComicStudio에서 '선 잡기', '선 수정', '선폭 수정' 도구는 '말풍선 레이어'와 아무런 관계가 없습니다.

SECTION 3.5
대사 쓰기

CLIP STUDIO PAINT PRO/EX 한글판은 굴림체가 기본 글꼴입니다. 일본판은 '이와타앤티크체'를 기본으로, 한자=고딕체, 히라가나=명조체로 만화식자와 동일한 조합입니다.

대사 쓰기

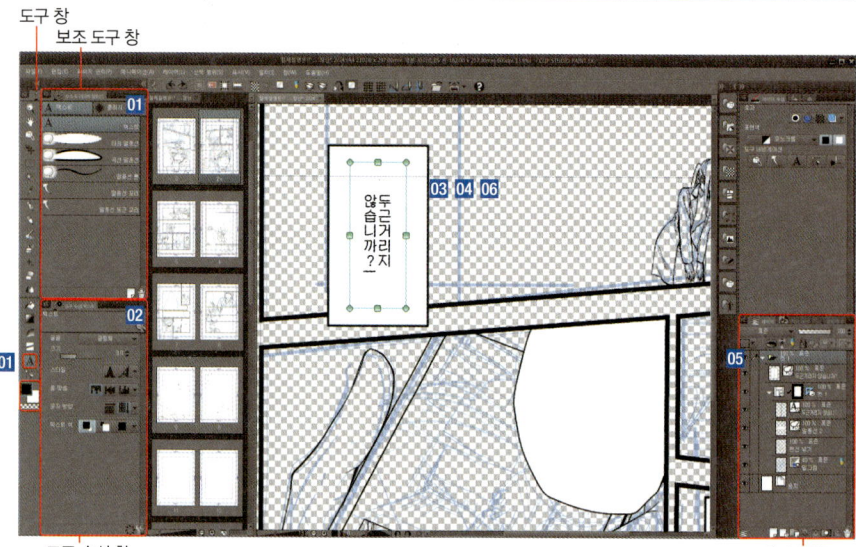

01 '텍스트' 도구를 선택합니다.

02 도구 속성 창의 설정을 확인합니다.

- **1 글꼴(フォント)**: 굴림체
- **2 크기(サイズ)**: 장면에 알맞게 변경합니다.
- **3 텍스트 색(テキストの色)**: 주로 검은색. 장면에 어울리게 변경합니다.

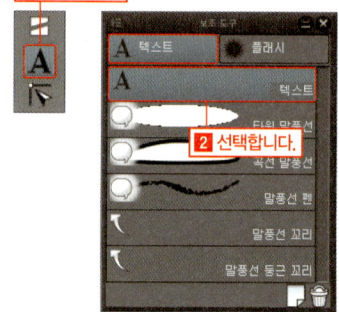
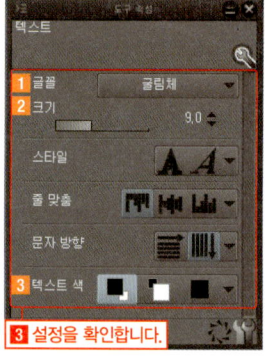

03 캔버스 위를 클릭하고 문자를 입력합니다.

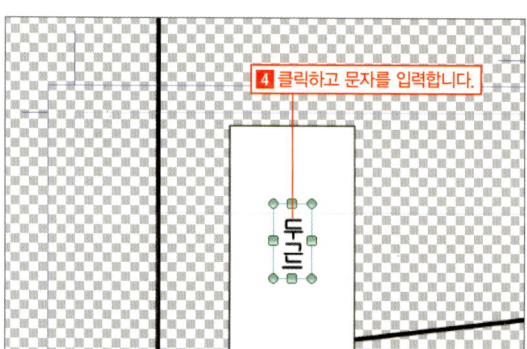

SECTION 3.5 ● 대사 쓰기

04 문자 위치나 크기를 조절합니다.

텍스트 테두리를 조작해 문자 위치 변경하기

문자 위치는 텍스트 조작 테두리를 드래그로 변경할 수 있습니다. 문자 크기는 녹색 핸들을 드래그해 변경할 수 있습니다.

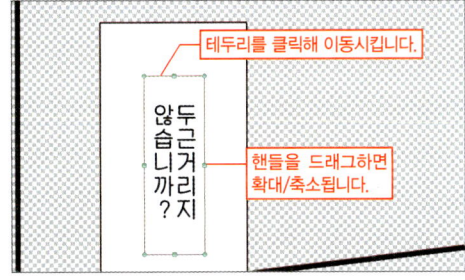

도구 속성에서 문자 크기 변경하기

문자를 선택하고 도구 속성에서 크기를 변경합니다.

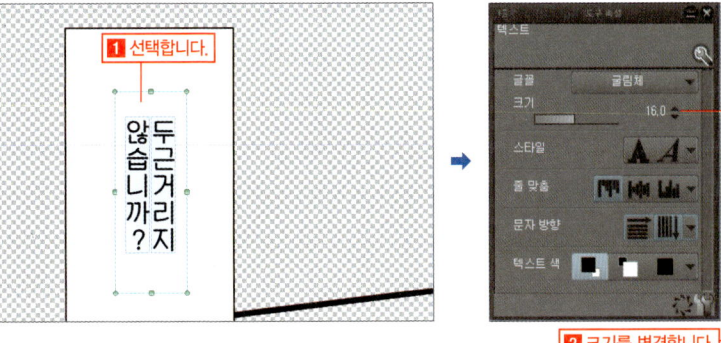

05 다른 영역을 클릭하거나 적당한 다른 레이어를 클릭하면 고정됩니다.

06 문자를 추가할 때는 문자 위를 클릭합니다.

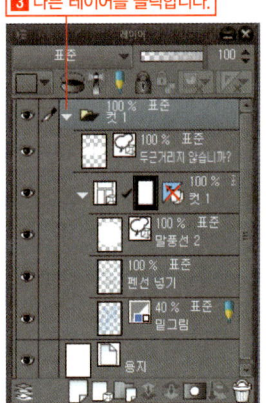

TIPS 말풍선 레이어와 텍스트 레이어

말풍선 위를 클릭하고 입력하면 '말풍선 레이어'에 입력됩니다. 말풍선이 없는 곳을 클릭하고 입력하면 자동으로 '말풍선 레이어'가 만들어집니다. 이때 '말풍선'이란 '말풍선 레이어'를 말합니다. 래스터화한 것은 말풍선이 없는 부분에 입력됩니다.

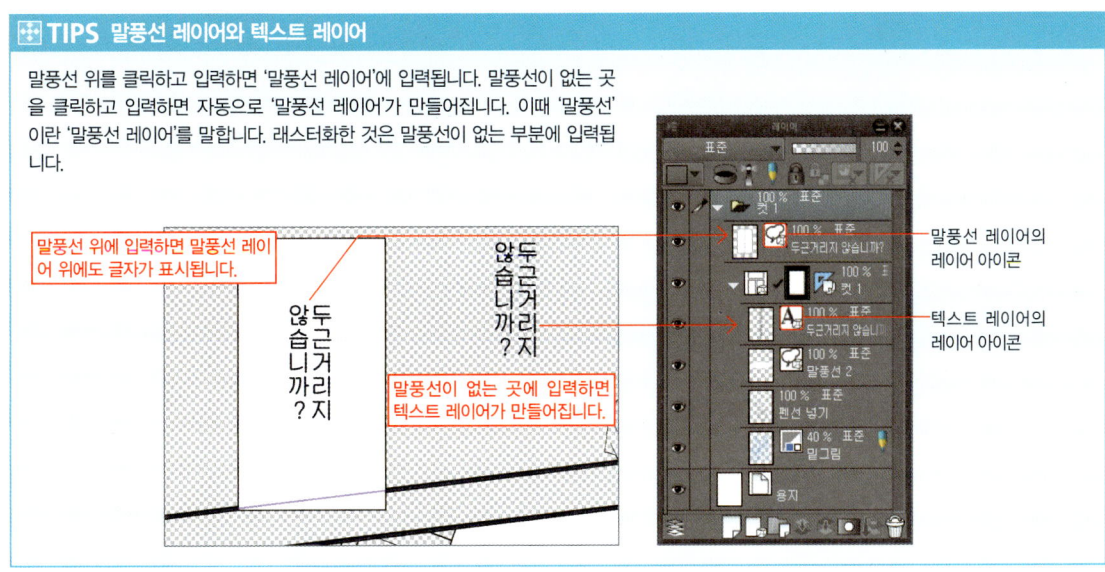

문자 조절하기

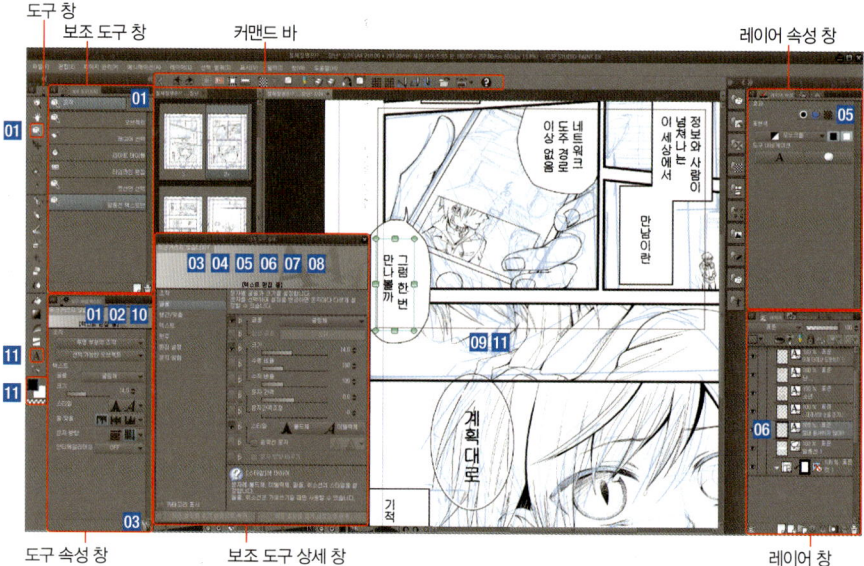

말풍선과 텍스트 선택하기

01 '조작' ➡ '말풍선 텍스트만' 도구를 선택합니다.

02 말풍선을 선택했을 때와 텍스트를 선택했을 때는 도구 속성에 차이가 있습니다.

말풍선 선택하기

'말풍선(フキダシ)'의 선 또는 텍스트가 없는 영역을 클릭하고 선택합니다.

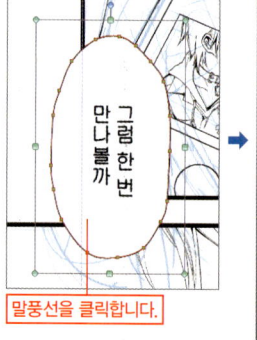 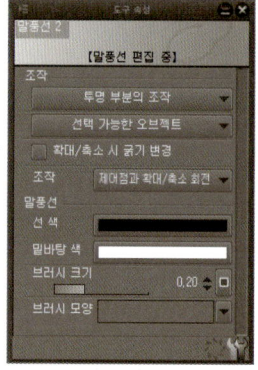

텍스트 선택하기

'텍스트(テキスト)' 도구로 선택하거나 '말풍선 텍스트만' 도구로 문자 위를 클릭하면 선택됩니다. 텍스트를 선택하면 문자의 크기 등을 변경할 수 있습니다.

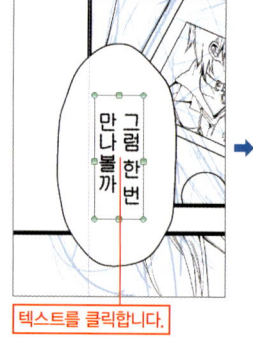 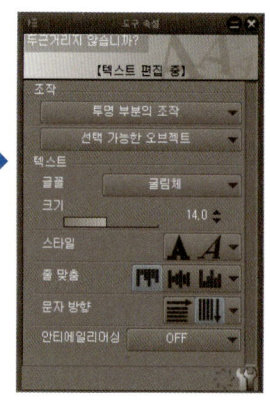

POINT ▶ '말풍선'과 '텍스트'를 함께 움직이기/따로 움직이기

'말풍선'을 선택하고 조작 테두리를 움직이면 말풍선과 텍스트가 함께 움직입니다. 한편 '텍스트'를 선택하고 조작 테두리를 움직이면 텍스트만 움직입니다.

 말풍선을 선택하고 이동시키면 텍스트도 동시에 움직입니다.

 텍스트를 선택하고 이동시키면 텍스트만 움직입니다.

SECTION 3.5 ● 대사 쓰기

텍스트의 문자 간격이나 줄 간격 조절하기

03 문자·줄 간격 설정은 '보조 도구 상세(サブツール 詳細)'에 있습니다.

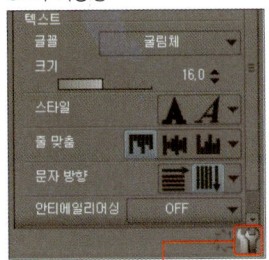

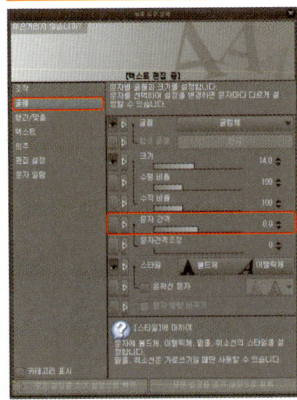

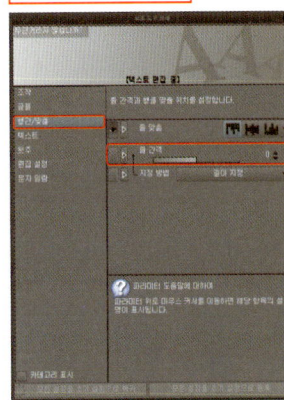

04 문자 간격은 '글꼴(フィント)' 의 '문자 간격(字間)', 줄 간격 은 '행간/맞춤'의 '줄 간격(行 間)'에서 설정합니다.

● 문자 간격: 왼쪽=0.0, 오른쪽=3.0

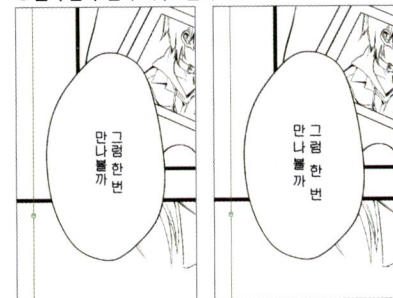

● 줄 간격: 왼쪽=0.0, 오른쪽=10

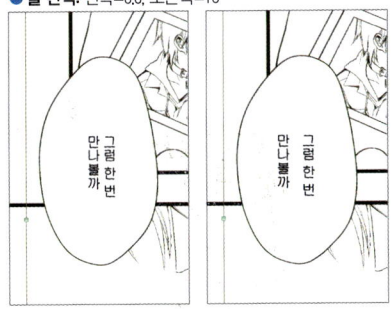

TIPS 도구 속성 표시 항목

'문자 간격', '줄 간격', '윗주' 등의 설정을 자주 사용한다면 '도구 속성(ツールプロパティ)'에 표시되도록 설정(p.56)합니다.

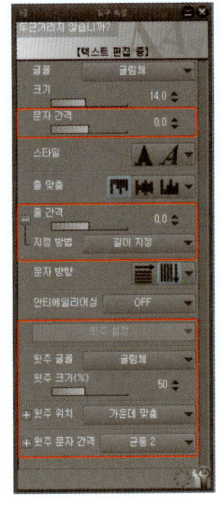

윗주 넣기

'윗주' 설정도 '보조 도구 상세'에 있습니다.

05 '윗주'를 선택하고 '윗주 설정(ルビ設定)'을 불러옵니다.

06 윗주를 입력합니다.

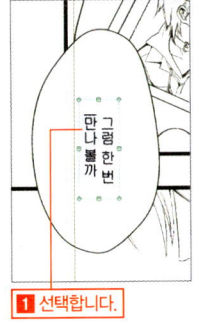

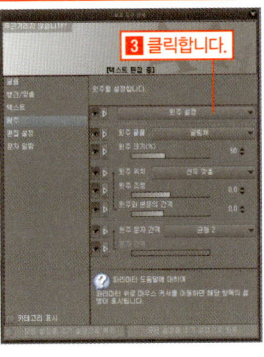

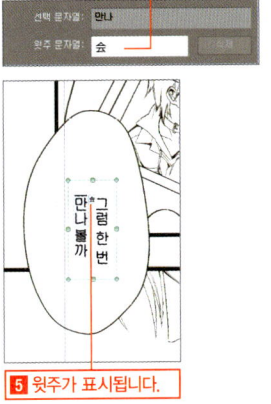

문자 방향(縱中橫) 설정하기

'문자 방향' 설정도 '보조 도구 상세'에 있습니다.

07 세로쓰기로 문자를 입력하거나 선택합니다.
08 보조 도구 상세의 '편집 설정', '문자 방향'에서 문자 수(여기에서는 3문자)를 설정합니다.

※CLIP STUDIO PAINT 1.5.4버전에서는 '편집 설정'이 아닌 '텍스트'에 있습니다.

1 입력합니다.

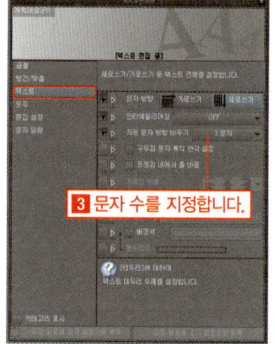
2 보조 도구 상세를 불러옵니다.
3 문자 수를 지정합니다.

4 세로쓰기를 설정했습니다.

문자 하얗게 만들기

09 '조작(操作)' 도구에서 말풍선을 선택합니다.
10 도구 속성에서 말풍선 안을 검게 만듭니다.

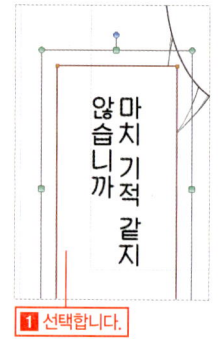
1 선택합니다.

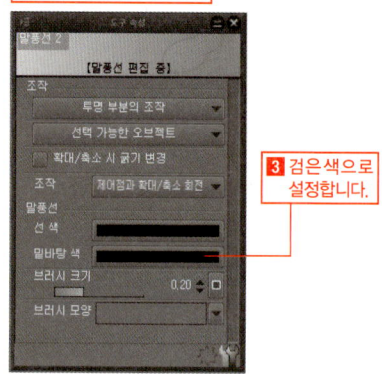
2 도구 속성을 불러옵니다.
3 검은색으로 설정합니다.

11 텍스트 도구로 문자를 선택하고 문자 색을 '흰색'으로 바꿉니다.

4 선택합니다.

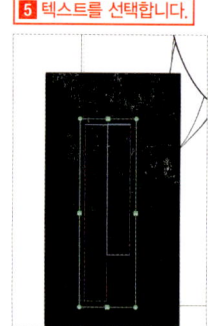
5 텍스트를 선택합니다.

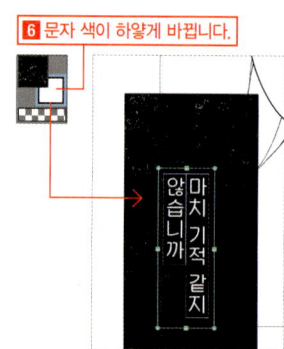
6 문자 색이 하얗게 바뀝니다.

SECTION 3.5 ● 대사 쓰기

흰색 테두리 넣기

레이어 속성 창

레이어 창

01 흰색 테두리를 적용할 레이어를 선택합니다.
02 '레이어 속성(レイヤープロパティ)'에서 '효과'⇨'경계 효과(境界効果)'를 선택합니다.
03 '테두리 두께(フチの太さ)', '테두리색(フチの色)'을 설정하고 흰색 테두리의 폭을 조절합니다. 이 수치로 항상 흰색 테두리의 두께를 변경할 수 있습니다.

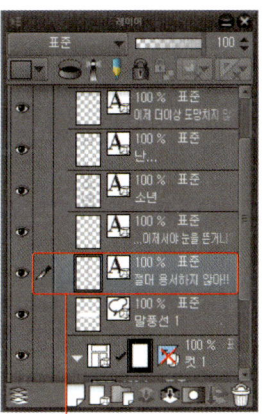
1 흰색 테두리를 넣을 레이어를 선택합니다.

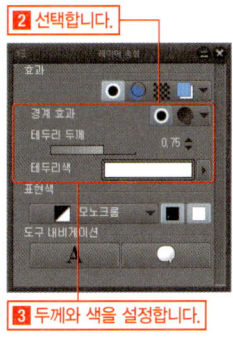
2 선택합니다.
3 두께와 색을 설정합니다.

4 흰색 테두리가 생겼습니다.

TIPS 흰색 테두리 적용하는 법
이외에도 문자를 선택 범위로 지정하고 범위를 넓힌 다음 '흰색'으로 채우는 등 여러 방법이 있습니다.

POINT ▶ 흰색 테두리 설정은 레이어 단위
이 흰색 테두리 설정은 레이어 단위로 적용되므로 같은 레이어에 입력한 모든 대사에 흰색 테두리가 생깁니다. 대사별로 흰색 테두리의 설정을 변경하고 싶을 때는 대사를 다른 레이어에 입력합니다.

TIPS 같은 레이어 위에 쓴 대사를 다른 레이어로 옮기기
흰색 테두리를 적용할 대사만 잘라내기&붙여 넣기로 하여 다른 레이어로 옮깁니다.

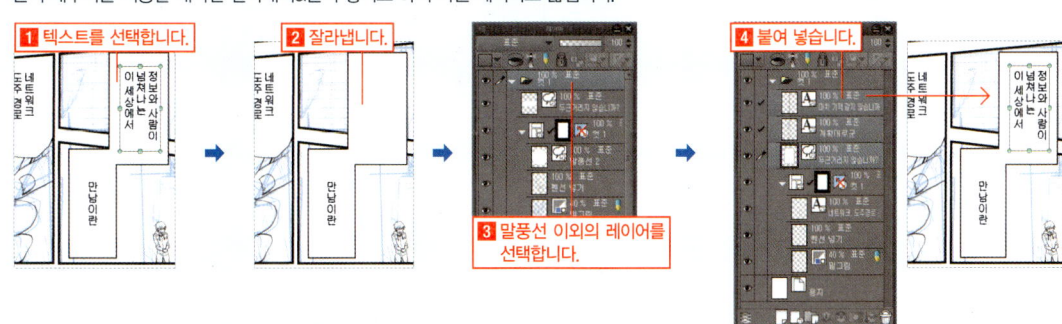
1 텍스트를 선택합니다.
2 잘라냅니다.
3 말풍선 이외의 레이어를 선택합니다.
4 붙여 넣습니다.

텍스트&말풍선을 폴더에 정리하기

말풍선 레이어나 텍스트 레이어 수가 늘어나면 레이어 폴더에 정리합니다.

레이어 창

01 말풍선과 대사 레이어를 선택하고 '신규 레이어 폴더(新規レイヤーフォルダー)' 버튼으로 드래그하면 레이어 폴더가 만들어집니다.

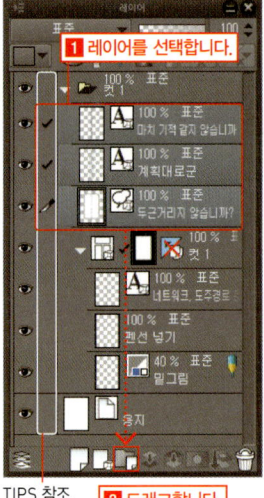
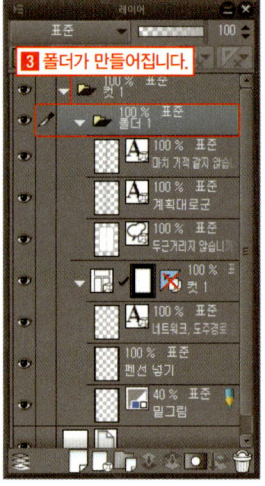

TIPS 레이어 여러 개 선택하기

여러 개의 레이어를 선택하는 방법은 오른쪽 그림의 흰색 테두리 부분을 드래그하거나 최초의 레이어를 선택하고 Shift 키를 누른 채 마지막 레이어를 클릭하는 등 여러 가지입니다.
Ctrl 키(Window) 또는 ⌘ 키(Mac)를 누른 채 선택하면 레이어를 띄엄띄엄 선택할 수도 있습니다.

02 폴더명을 '대사'로 바꾸고 ▶를 클릭해 폴더를 닫습니다.

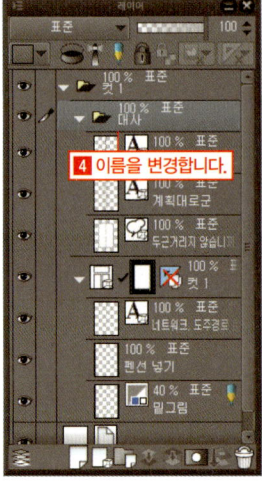
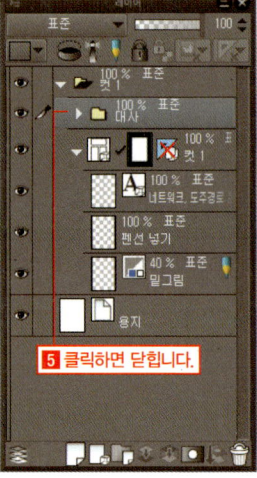

POINT ▶ 레이어가 늘어나면 정리하자

효과선이나 톤 등의 레이어가 많아지면 동일한 방법으로 폴더에 정리합니다.

CLIP STUDIO PAINT digital comic lecture

PART 4
그림에 효과 넣기

PART 4 ● 그림에 효과 넣기

SECTION 4.1
밑바탕 칠하기

밑바탕을 채울 때는 주로 '채우기'나 '마커' 도구를 사용합니다. 특히 '채우기' 도구의 도구 속성을 이해하는 것이 작업 효율을 높이는 포인트입니다.

'채우기' 도구로 채우기

01 '채우기(塗りつぶし)' ⇨ '다른 레이어 참조(他レイヤーを参照)' 도구를 선택합니다.

02 도구 속성 창으로 설정을 확인합니다.

1. 인접 픽셀 선택(隣接ピクセルをたどる): 설정
2. 틈 닫기(隙間閉じ): 0.20 (적절한 수치 설정)
3. 색의 오차(色の誤差): 0 (p.104)
4. 영역 확대/축소(領域拡縮): 0 (0 이외 수치로 입력하면 영역이 넓어지거나 좁아집니다)
5. 복수 참조(複数参照): 설정 (p.103)
6. 안티에일리어싱(アンチエイリアス): 설정

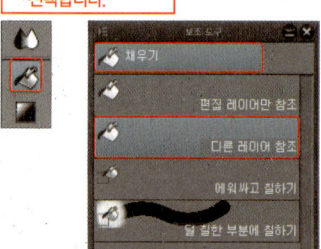

POINT ▶ 틈 닫기

'채우기'는 기본적으로 선이 닫힌 영역을 채우는 도구입니다. '틈 닫기'는 선이 끊어져 있어도 영향을 받지 않고 채울 수 있습니다.

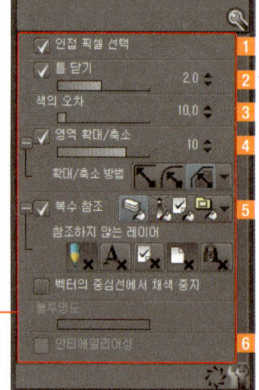

POINT ▶ 영역 확대/축소

선화에 안티에일리어싱이 설정되어 있을 때 확대하면 선화 가장자리에 덜 채워진 부분이 거칠어지지 않습니다 (p.320).

영역 확대/축소: 0.0   영역 확대/축소: 0.10   영역 확대/축소: −0.10

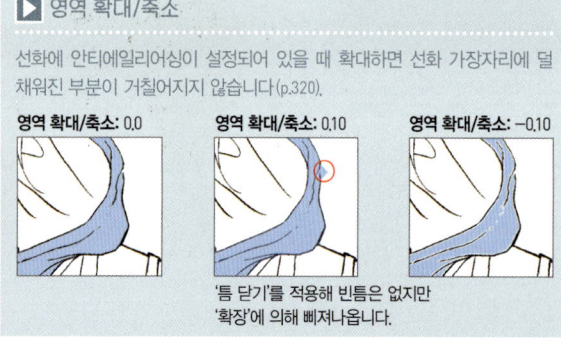

'틈 닫기'를 적용해 빈틈은 없지만 '확장'에 의해 삐져나옵니다.

SECTION 4.1 ● 밑바탕 칠하기

03 그리기색을 검은색으로 설정합니다.

04 밑바탕용 신규 래스터 레이어를 만듭니다.

05 레이어 속성 창에서 레이어 색을 설정합니다.

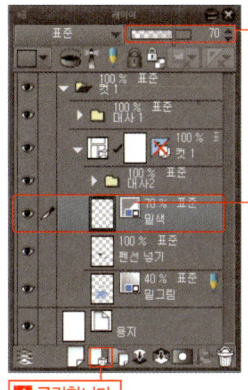
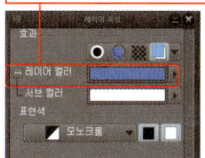

③ 선택합니다.

⑤ 불투명도를 설정합니다.

밑바탕을 작업할 때는 레이어의 불투명도를 70~50 정도로 합니다.

⑥ 레이어 컬러를 설정합니다.

④ 클릭합니다.

불투명도와 레이어 컬러를 설정하면 지금 어디를 칠하는지 알기 쉽습니다.

06 클릭&드래그로 색을 채웁니다.

🔵 채우기 설정

ComicStudio에서 '채우기 도구 속성'의 '드래그로 같은 색 채우기'를 선택한 상태가 표준입니다.

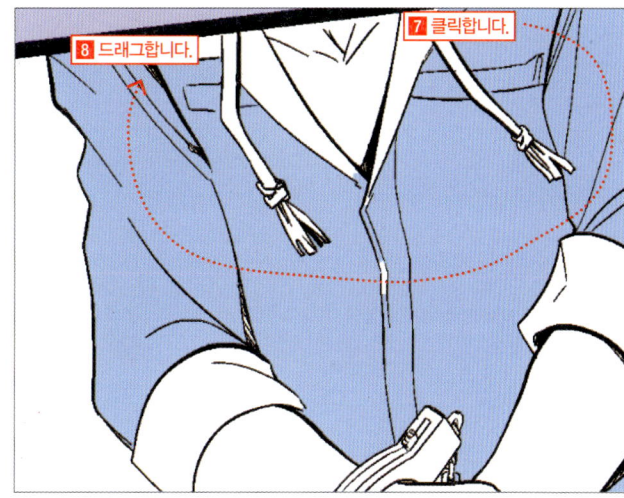

⑦ 클릭합니다.

⑧ 드래그합니다.

■ 덜 채워진 부분이 있을 때

01 '실행 취소(取り消し)' 또는 작업 내역 창에서 실행을 취소합니다.

●실행 취소(초기 설정의 커맨드 바, p.19)

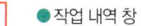

① 클릭합니다.

●작업 내역 창

02 선이 끊어지면 빈틈이 생기므로 이 부분을 '마커(マーカー)'⇨'채우기 펜(べた塗りペン)' 도구로 막은 다음, '채우기'⇨'다른 레이어 참조' 도구로 채웁니다.

② 선택합니다.

③ 선택합니다.

'도구' 창에 '마커'를 배치(p.17)해둡니다.

작업 내역 창에서는 한 단계씩 실행을 취소하는 것이 아니라 클릭한 항목의 작업 시점까지 되돌아갈 수 있습니다.

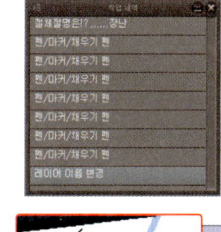

④ 새지 않도록 막아줍니다.

▶ '채우기 펜' 도구

POINT

'채우기 펜'은 필압과 안티에일리어싱도 해제된 상태이므로 채우기에 적합합니다. 다만 표현색을 '모노크롬(モノクロ)'으로 작업한다면 '사인펜(サインペン)', '매직펜(マジックペン)'도 필압 감지=해제, 안티에일리어싱=해제한 상태로 사용합니다.

미세한 누락 부분 처리하기

▍'에워싸고 칠하기' 도구로 미세한 구멍 채우기

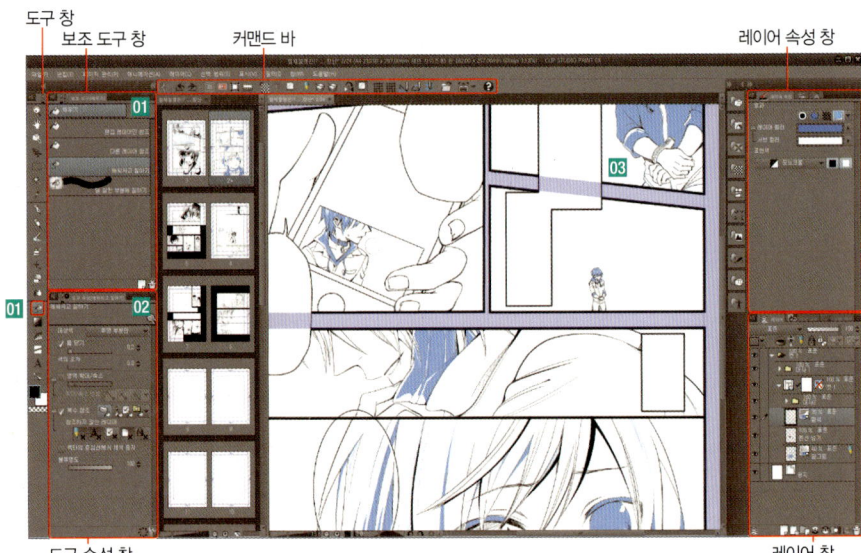

01 '채우기' ➡ '에워싸고 칠하기(囲って塗る)' 도구를 선택합니다.

02 도구 속성의 설정(p.100)을 확인합니다.

1 **대상색(対象色)**: 투명 부분(빈틈이 생긴 부분은 흰색이 아니라 투명)만(p.105)
2 **틈 닫기**: 0.20(적절한 수치 입력)
3 **색의 오차**: 0
4 **영역 확대/축소**: 0.0~0.10(적절한 수치 입력)
5 **복수 참조**: 설정

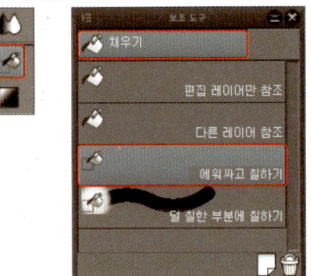

03 투명 부분을 둘러싸듯이 채워나갑니다.

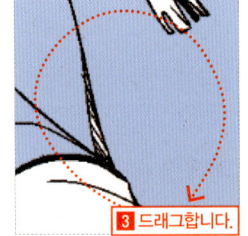

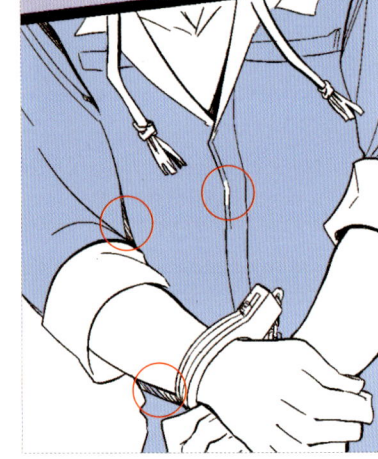

> ▶ **에워싸고 칠하기**
>
> 빈틈이 생긴 부분(투명 부분)을 완전하게 둘러싸야 색이 채워집니다(p.105).

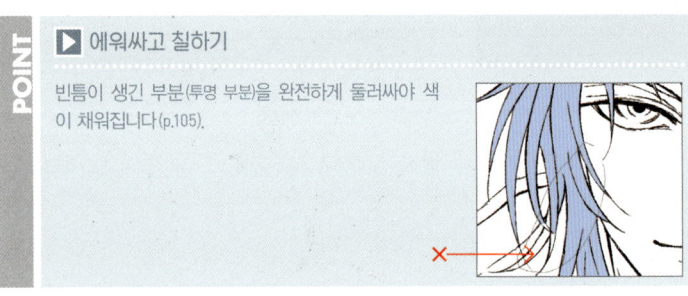

SECTION 4.1 ● 밑바탕 칠하기

'채우기' 도구의 차이 이해하기

'편집 레이어만 참조'와 '다른 레이어 참조'의 차이

이 둘은 '복수 참조'가 해제되어 있는지 설정되어 있는지의 차이입니다.

복수 참조가 해제되어 있으면, 현재 편집 중인 레이어에 그린 그림을 분석해 채우기 범위를 판단합니다.

복수 참조가 설정되어 있으면, 표시되는 모든 레이어에 그린 그림을 분석해 채우기 범위를 판단합니다.

● 복수 참조: 해제

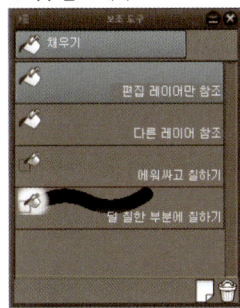 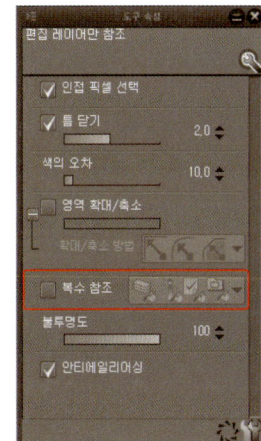

참조하는 레이어 설정
1 **모든 레이어**: 표시되는 모든 레이어를 참조합니다.
2 **참조 레이어**: 참조 레이어로 설정된 레이어만 참조합니다.
3 **선택된 레이어**: 선택한 레이어만 참조합니다.
4 **폴더 내 레이어**: 폴더 안에서 작업할 때 해당 폴더 안의 레이어만 참조합니다.

참조하지 않는 레이어 설정
5 **밑그림**: 밑그림 레이어로 설정된 레이어를 무시합니다.
6 **문자**: 텍스트 레이어와 말풍선 레이어를 무시합니다.
7 **편집 레이어**: 현재 작업 중인 레이어를 무시합니다.
8 **용지**: 용지 레이어를 무시합니다.
9 **잠긴 레이어**: 잠긴 레이어를 무시합니다.

밑바탕 칠하기, 톤 작업은 90% 가까이 '다른 레이어 참조'로 작업합니다.

● 복수 참조: 설정

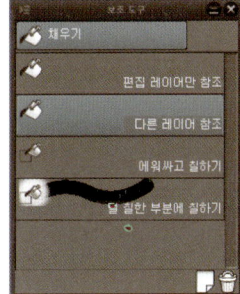 

⊞ TIPS 참조 레이어 설정

특정 레이어를 참조하고 싶을 때는 '참조 레이어로 설정(参照レイヤーに設定)'을 선택합니다. 예를 들어 채울 때 컷선·말풍선·선화를 참조 레이어로 설정하는 방법 등을 사용합니다.
레이어를 선택하고 '참조 레이어로 설정'을 클릭하거나 선택한 레이어 위에서 우클릭으로 나타나는 메뉴에서 '참조 레이어로 설정'을 선택합니다.
참조 레이어에는 참조하는 상황을 알리는 아이콘이 표시됩니다.

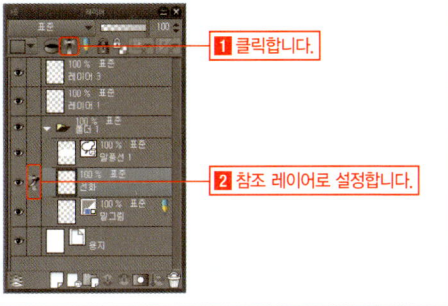

103

인접 픽셀 선택

픽셀이란 무엇일까요? 래스터 레이어에는 오른쪽처럼 미세한 사각형이 나열되어 있습니다. 이 사각형을 '픽셀(ピクセル)'이라고 합니다. 픽셀에 색이 채워져서 만들어진 그림 데이터를 '래스터 데이터'라고 합니다.

'채우기(塗りつぶし)'는 이 픽셀 하나하나를 채웁니다. 그림의 빨간색 부분을 녹색으로 채워보겠습니다.

 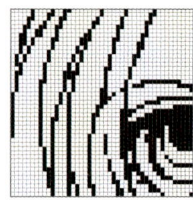 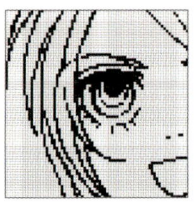

● 원래 그림

● 인접 픽셀 선택: 설정

클릭하면 인접 픽셀이 빨간색일 때만 채워집니다. 인접 픽셀이 빨간색이 아닌 부분은 채워지지 않습니다.

● 인접 픽셀 선택: 해제

클릭하면 빨간색으로 채워진 모든 픽셀을 녹색으로 채웁니다.

밑바탕 칠하기, 톤 작업은 대부분 '인접 픽셀 선택(隣接ピクセルをたどる)'을 설정한 상태로 작업합니다.

색의 오차

'인접 픽셀 선택'을 해제하고 빨간색 부분을 녹색으로 채웁니다.

● 원래 그림

원래 그림의 빨간색은 실제로는 미묘하게 다른 3종류의 빨간색입니다.

● 색의 오차: 0.0

클릭하면 완전히 동일한 빨간색만 채워집니다.

● 색의 오차: 10.0

클릭하면 색의 차이가 10% 이하의 빨간색은 전부 채워집니다.

이처럼 '색의 오차'란 비슷한 색을 어느 정도 범위까지 동일한 색으로 판단하고 채울지를 결정하는 수치입니다.

예를 들면 톤 작업을 할 때 '색의 오차'가 10.0이라고 하면 농도가 10% 이하의 톤을 붙일 때 문제가 발생합니다.

'색의 오차'=10.0이란 농도 10% 이하는 투명과 동일하다고 판단합니다.

즉 선의 빈틈을 톤으로 이어서 막는다고 해도 10%는 투명과 동일하므로 막을 수가 없습니다.

그렇기 때문에 모노크롬으로 작업할 때는 색의 오차=0.0으로 설정합니다.

● 색의 오차: 10.0, 톤의 농도: 10% 이하일 때

농도 10%의 톤으로 그린 그림자 선입니다. 클릭합니다.

색의 오차가 10%인 상태에서는 지정 영역 바깥까지 채웁니다.

SECTION 4.1 ● 밑바탕 칠하기

■ '에워싸고 칠하기' 도구 익히기

'에워싸고 칠하기' 도구 속성의 핵심은 '대상색'입니다. 특히 '모든 색 대상(すべての色を対象)'과 '투명 부분만(透明部分のみ)', 이 두 항목이 중요합니다.

오른쪽 그림을 채워보겠습니다. 보기에는 '검은색', '흰색'밖에 없는 것으로 보이지만 '투명'인 부분도 있습니다.

● '에워싸고 칠하기'의 도구 속성

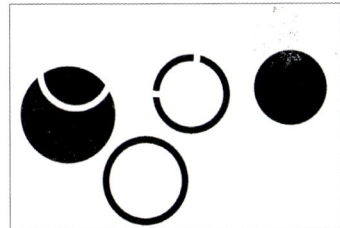
● 원래 그림: '용지'를 표시

● 원래 그림: '용지'를 숨김
'흰색', '검은색' 이외에도 '투명' 부분이 존재합니다.

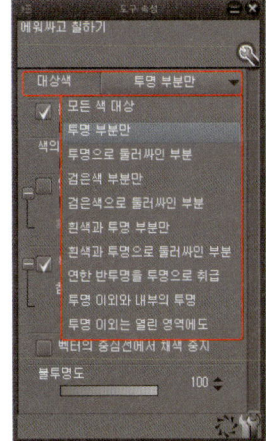

'에워싸고 칠하기' 도구로 드래그해 색을 채워보겠습니다.

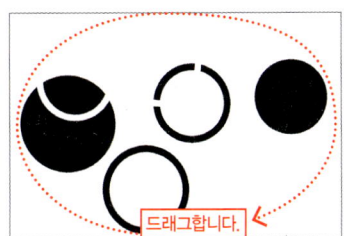
드래그합니다.

● 대상색: 모든 색 대상
'흰색', '검은색'과 '흰색', '검은색'를 둘러싸고 있는 '투명' 부분을 채웁니다.

● 대상색: 투명 부분만
'흰색', '검은색'으로 둘러싸인 '투명' 부분을 채웁니다.

밑바탕을 칠하거나 톤을 붙이는 작업을 할 때 선화 주위는 '투명'이므로 작업 대부분은 '투명 부분만'으로 설정하고 사용합니다.

POINT ▶ 에워싸고 칠하기

채울 영역을 둘러쌀 때 조금이라도 벗어나는 부분이 있으면 채워지지 않습니다.

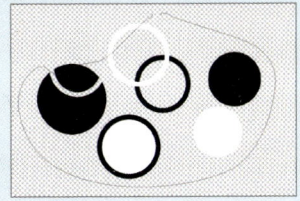 

■ '틈 닫기' 설정

'대상색'='모든 색 대상'일 때 '틈 닫기' 항목은 비활성된 상태로 설정할 수 없습니다. '대상색'='투명 부분만'일 때는 설정할 수 있습니다.

● '에워싸고 칠하기'의 도구 속성

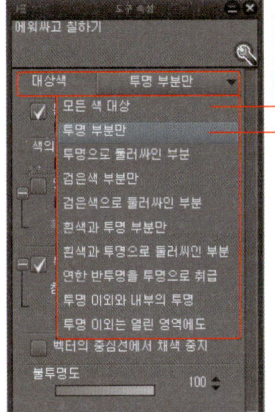

모든 색 대상: 색이 들어가 있는 모든 부분과 선으로 완전히 닫힌 부분만 해당되므로 닫히지 않은 부분은 대상에서 제외됩니다.

투명 부분만: '검은색', '흰색'에 둘러싸인 투명 부분만을 채운다는 의미입니다. 즉 '검은색', '흰색'의 선이 닫혀 있지 않을 때는 빈틈을 메우지 않으면 색이 채워지지 않는다는 사실을 확인할 수 있습니다.

● **'에워싸고 칠하기', '덜 칠한 부분에 칠하기'**

'에워싸고 칠하기', '덜 칠한 부분에 칠하기'는 ComicStudio의 '닫힌 영역 채우기'에 해당하는 기능입니다.

'덜 칠한 부분에 칠하기' 도구 사용법 마스터하기

도구 속성의 설정은 '에워싸고 칠하기'와 동일합니다. 단 '브러시 크기'가 있는 점이 다릅니다.

● '에워싸고 칠하기'의 도구 속성

마커를 사용한 것처럼 채우면

녹색으로 표시된 부분 중에 '검은색', '흰색'으로 '둘러싸인' '투명' 부분을 채웁니다.

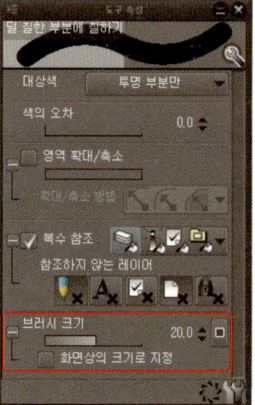

실전에서 하는 광택 칠하기

G펜에 '시작점'과 '끝점'을 설정해 붓으로 만들기

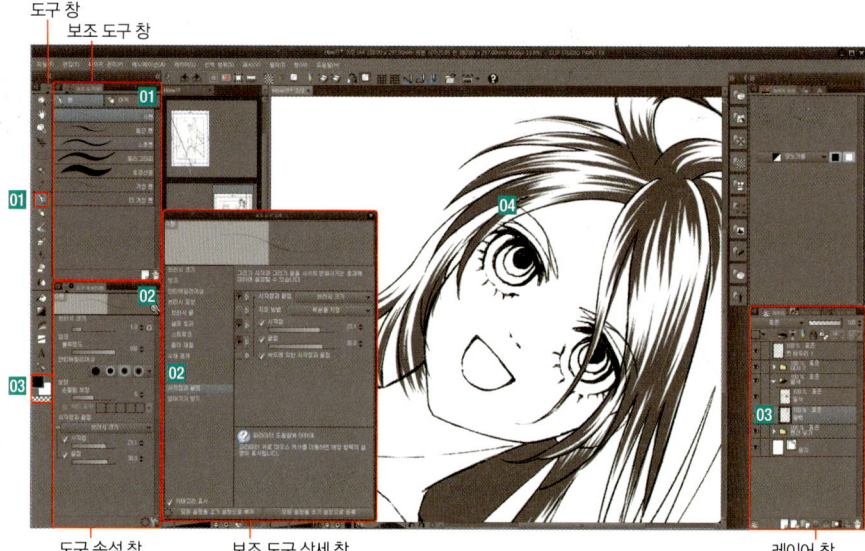

도구 창
보조 도구 창
도구 속성 창
보조 도구 상세 창
레이어 창

01 '펜(ペン)' ➡ 'G펜(Gペン)' 도구를 선택합니다.

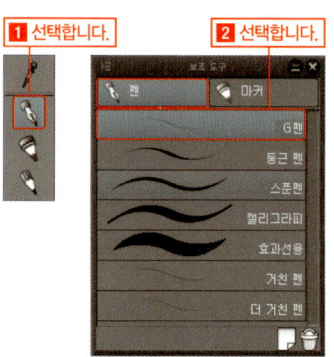

SECTION 4.1 ● 밑바탕 칠하기

02 도구 속성에서 '붓'이 되도록 설정합니다.
'시작점(入り)'과 '끝점(抜き)'은 초기 설정의 도구 속성에서는 표시되지 않으므로 보조 도구 상세 창을 열고 '시작점'과 '끝점'을 도구 속성 창에 표시되도록 합니다. 표시되지 않을 때는 3 ~ 5 순서로 설정합니다.

1 **브러시 크기**: 작업하는 데 적당한 수치로 설정합니다.
2 **필압 설정(筆圧設定)**: 설정(p.54)
3 **불투명도(不透明度)**: 100
4 **손떨림 보정(手ブレ補正)**: 없음(적절하게 설정)
5 **시작점과 끝점**: '브러시 크기'로 선택하고 '시작점'과 '끝점'을 큰 수치로 설정합니다.

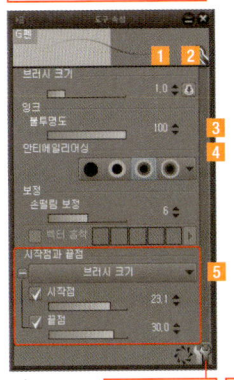
6 붓이 되도록 설정합니다.

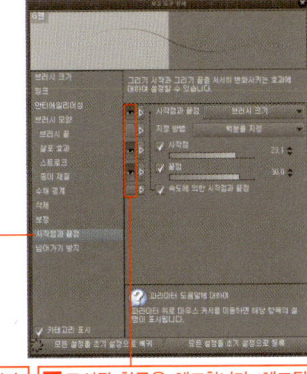
3 클릭합니다. 4 클릭합니다. 5 표시된 항목을 체크합니다. 체크된 항목은 도구 속성 창에 표시됩니다.

7 그리기색을 검은색으로 만듭니다.

9 불투명도를 낮추고 작업합니다.
8 래스터 레이어를 만듭니다.

03 그리기색을 검은색으로 설정하고 광택 채색용 신규 래스터 레이어(ラスターレイヤー)를 만든 다음 불투명도를 낮추고 작업합니다.

04 캔버스를 회전(Shift + Space)하면서 작업합니다.

벗어난 부분 처리하기

도구 창
보조 도구 창
도구 속성 창

PART 4

107

PART 4 ● 그림에 효과 넣기

01 '채우기' ⇨ '에워싸고 칠하기' 도구를 선택합니다.

02 도구 속성의 설정을 확인합니다.

03 그리기색을 투명으로 선택합니다.

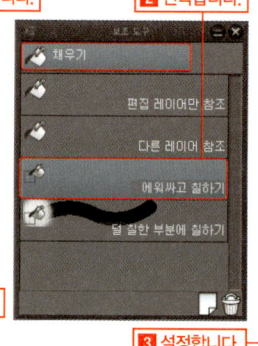

대상색: 그레이로 보이는 부분을 지우므로 '모든 색 대상'을 선택합니다.

04 벗어난 부분을 둘러싸고 지웁니다.

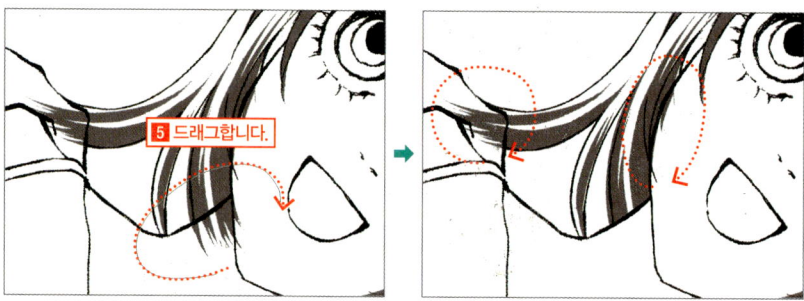

▶ 선이 중간에 끊어졌을 때

POINT

여기에서 설명하는 방법은 검은색으로 둘러싼 그레이 부분을 지우므로 선화를 따라서 지웁니다. 그렇기 때문에 선이 끊어졌을 때는 지울 수 없습니다(p.105).
'채우기'⇨'다른 레이어 참조(他レイヤー参照)'로 지우거나 '지우개(消しゴム)'⇨'러프(ざっくり)'(p.53)로 지웁니다.

SECTION 4.2
문자 그려 넣기

문자를 그려 넣을 때는 '펜', '마커', '꺾은선', '자(定規)' 등의 도구를 사용합니다. '벡터 레이어(ベクターレイヤー)'에 그리면 그린 다음에도 형태를 고치거나 선의 두께를 조절할 수 있습니다. 확대/축소해도 선이 흐려지지(우둘투둘해지지) 않습니다.

'꺾은선' 도구로 벡터 레이어에 그리기

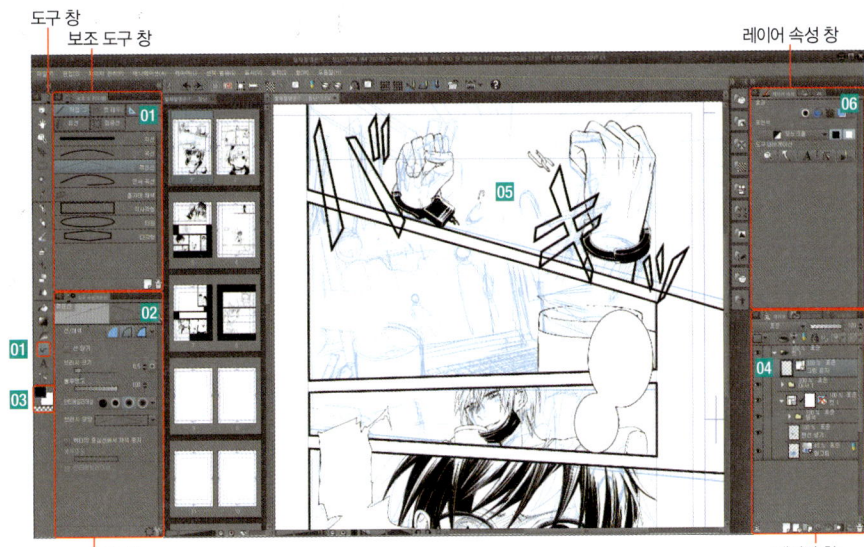

도구 창
보조 도구 창
레이어 속성 창
도구 속성 창
레이어 창

01 '직접 그리기(直接描画)' ⇨ '꺾은선(折れ線)' 도구를 선택합니다.

02 도구 속성의 설정을 확인하고 취향에 맞게 수치를 조절합니다.

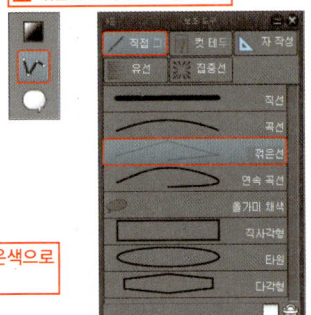
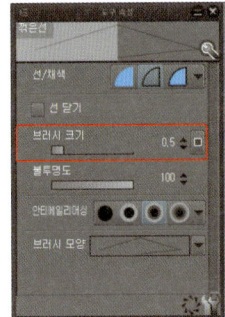

03 그리기색을 검은색으로 변경합니다.

04 문자 작업용 신규 래스터 레이어(ラスターレイヤー)를 만듭니다.

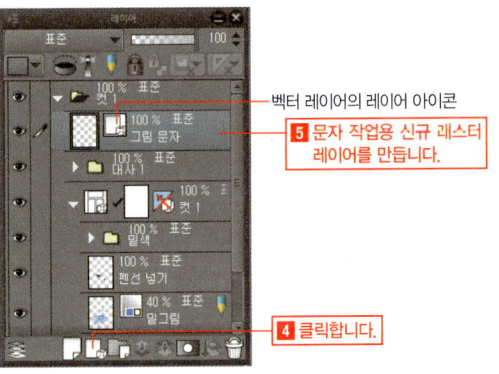

PART 4 ● 그림에 효과 넣기

05 클릭으로 원하는 형태의 글자를 그립니다.

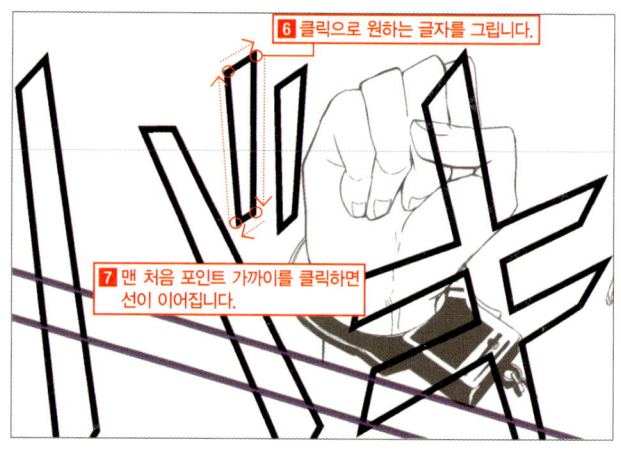

> **TIPS** '꺾은선' 도구 단축 키
>
> **강제 종료:** 더블 클릭
> **한 단계 이전 포인트로 되돌아가기:** `Delete` 또는 `BackSpace`
> **중지:** `ESC`

단축 키 변경

ComicStudio에서는 `ESC` 또는 `BackSpace`로 한 단계 이전 포인트로 되돌아갑니다. '중지' 단축 키는 없습니다.

06 흰색 테두리를 적용(p.97)합니다.

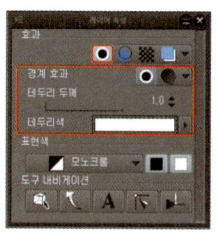 

벡터 레이어에 그린 문자 다듬기

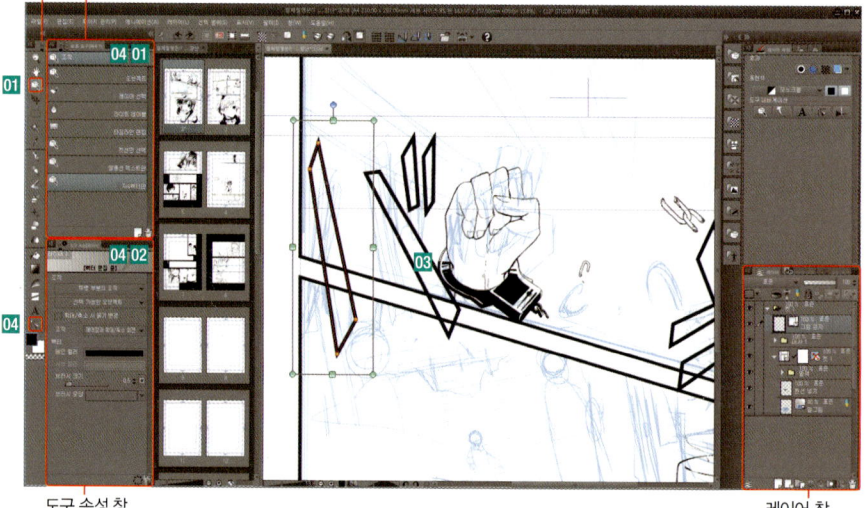

▌벡터 레이어에 그린 선 다듬기

벡터 레이어에 그린 선은 제어점을 움직여 형태를 다듬거나 선의 두께를 바꿀 수 있습니다.

● 선 다듬기

ComicStudio의 '보조자'와 비슷한 기능입니다. 그린 뒤에도 포인트나 부근을 움직여 선의 형태를 조절하거나 두께를 변경할 수 있습니다.

SECTION 4.2 ● 문자 그려 넣기

'조작'⇨'오브젝트' 도구나 '선 수정(線修正)' 도구로 선을 정리합니다.

먼저 조작 도구를 확인합니다.

● '조작'⇨'오브젝트' 도구

● '선 수정' 도구

01 작업하기 쉽도록 '자&벡터만'을 선택하고 조작할 수 있도록 사용자 설정으로 만든 '조작' 도구로 작업(p.82)합니다. 도구 속성에서 자신만의 설정을 오른쪽 그림처럼 설정합니다.

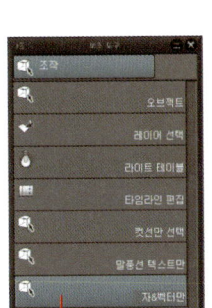

1 선택합니다.

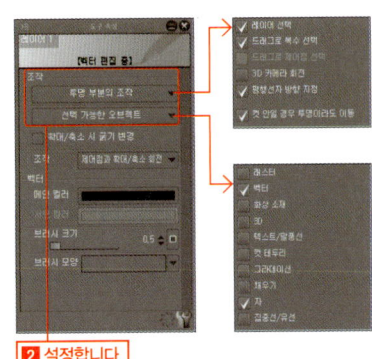

2 설정합니다.

02 새로 만든 도구는 등록해두면 편리합니다.

03 선 부분을 클릭하면 선택이 됩니다. 기본 조작은 '컷선(枠線)', '말풍선(フキダシ)'과 동일(p.82/p.85)합니다.

하늘색 핸들을 드래그하면 회전시킬 수 있습니다.

제어점을 움직이고 문자의 형태를 다듬습니다.

녹색 핸들을 드래그하면 확대/축소할 수 있습니다.

⊞ TIPS 브러시 크기와 브러시 모양

'오브젝트' 도구의 도구 속성에 있는 '브러시 크기'에서 선택 중인 선에 한해 브러시 크기를 변경할 수 있습니다. 또는 '브러시 모양(ブラシ形状)'에서는 선택 중인 선에 한해 브러시 모양을 변경할 수 있습니다.

● 브러시 크기: 변경   ● 브러시 모양: 변경

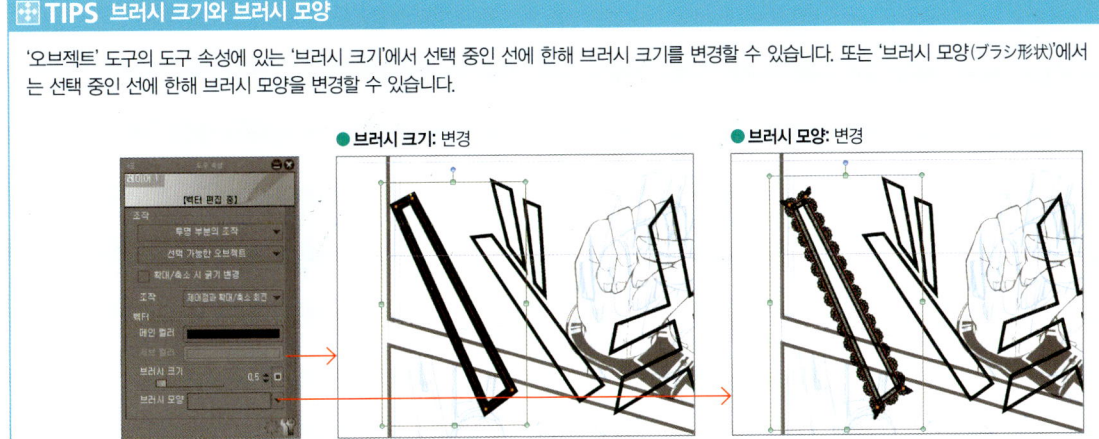

PART 4 ● 그림에 효과 넣기

04 '선 수정' 도구를 사용해보겠습니다.

1 제어점(制御点): 커서를 선에 가까이 가져가면 빨간 데이터의 선과 '제어점'이 표시됩니다.

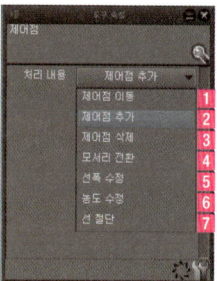

1 제어점 이동(移動): 제어점을 드래그하여 움직일 수 있습니다.

2 제어점 추가(追加): 빨간 선 위를 클릭하면 제어점이 추가됩니다.

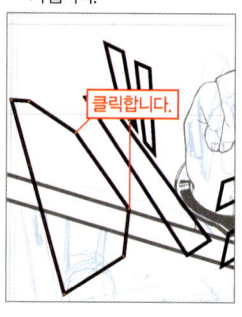

3 제어점 삭제(削除): 클릭한 제어점이 사라집니다.

4 모서리 전환(角の切り替え): 제어점을 클릭하면 꺾인 선과 곡선이 전환됩니다.

5 선폭 수정(線幅修正): 제어점을 드래그하면 선의 두께를 조절할 수 있습니다.

6 농도 수정(濃度修正): 제어점을 드래그하면 선의 농도를 조절할 수 있습니다.

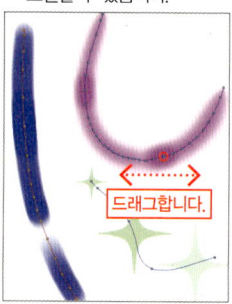

> **POINT** ▶ 농도 수정
> 농도 수정은 표현색이 컬러일 때 그립니다. 모노크롬 설정에서는 선이 두꺼워집니다/가늘어집니다.

7 선 절단(線の切断): 선 위를 클릭하면 붙은 선을 자를 수 있습니다.

SECTION 4.2 ● 문자 그려 넣기

2 벡터선 잡기(ベクター線つまみ): 선을 드래그해 움직일 수 있습니다.

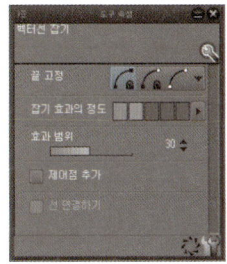

드래그합니다.

'잡기 효과의 정도(つまみ加減)', '효과 범위(効果の範囲)' 설정으로 잡아끄는 정도에 따라 달라집니다.

3 벡터선 단순화(ベクター線単純化): 제어점이 많은 도형을 '벡터선 단순화'로 덧그리면 제어점이 삭제되고 선이 단순해집니다.

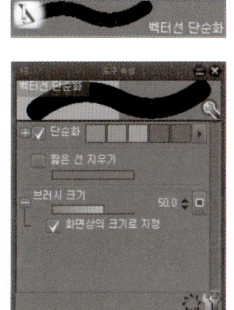

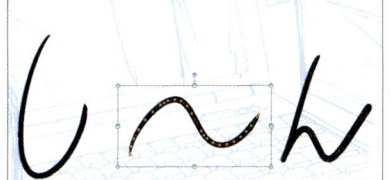 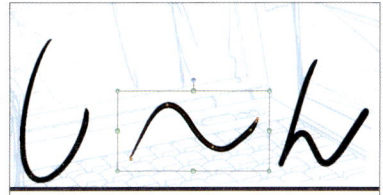

4 벡터선 연결(ベクター線つなぎ): 캐릭터나 배경 등의 선을 정리할 때 편리합니다.

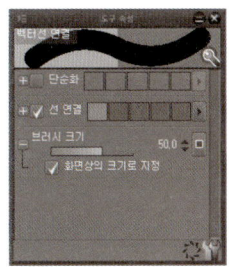 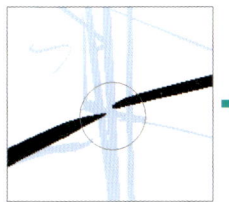 

5 선폭 수정(線幅修正): 선 위를 드래그하면(덧그리면) 선폭을 두껍게 하거나 가늘게 할 수 있습니다.

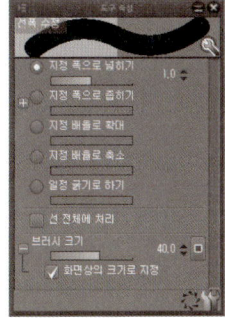 

● 선폭 수정

ComicStudio '벡터 레이어'의 '선폭 수정' 도구와 동일한 기능입니다.

6 벡터선 다시 그리기(ベクター線描き直し): 선 위를 덧그리면 선을 다시 그릴 수 있습니다.

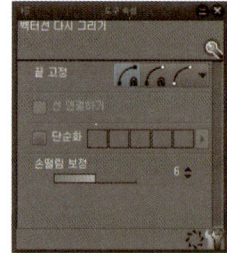
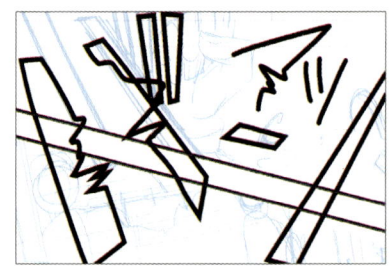

7 벡터선폭 다시 그리기(ベクター線幅描き直し): 선 위를 덧그리면 선의 두께가 바뀝니다(p.235).

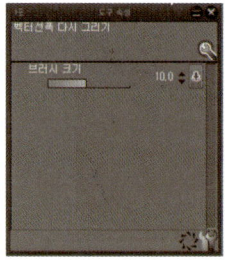
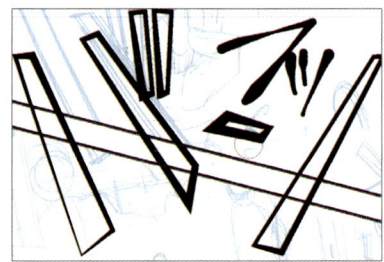

'자'로 필압 활용하기

자로 문자 그리기

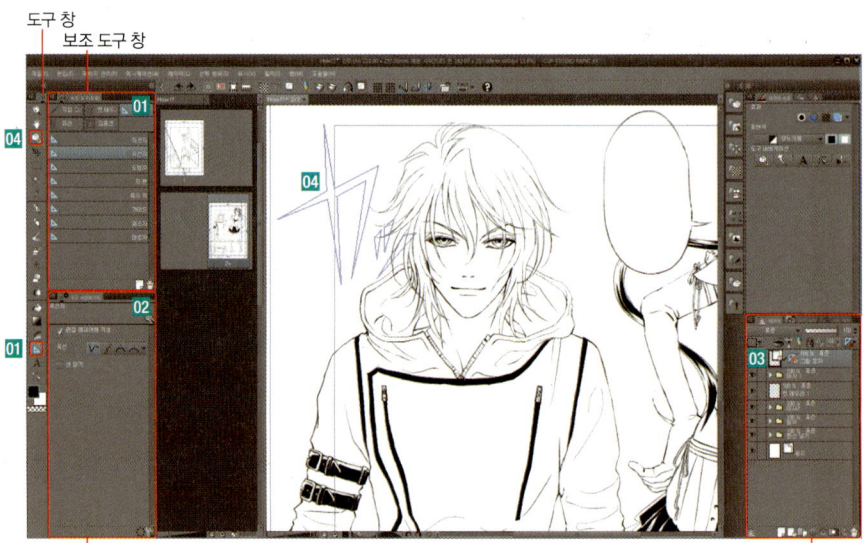

01 '도형(図形)' ⇨ '자 작성(定規作成)' ⇨ '곡선자(曲線定規)' 도구를 선택합니다.

02 도구 속성에서 '직선(直線)'을 선택하고 '편집 레이어에 작성(編集レイヤーに作成)'을 설정합니다.

1 곡선자 도구를 선택합니다.

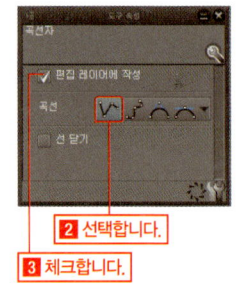

2 선택합니다.

3 체크합니다.

> **POINT** ▶ '편집 레이어에 작성'
>
> '편집 레이어에 작성'을 설정하지 않으면 자 작성과 동시에 래스터 레이어가 자동으로 만들어집니다.

03 신규 래스터 레이어를 만들고 109페이지와 동일하게 클릭으로 원하는 문자를 그립니다.

보라색이 자 데이터입니다. 인쇄·출력에는 반영되지 않습니다.

04 '조작'⇨'오브젝트' 도구로 문자의 형태를 다듬습니다(p.110).

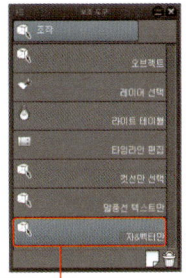
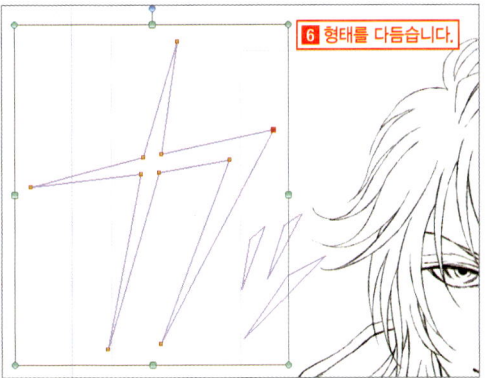

TIPS 자 데이터만 선택하는 도구

위의 내용에서 사용한 도구는 자 데이터와 벡터 레이어만 선택되도록 설정한 오리지널 조작 도구(p.82)입니다.

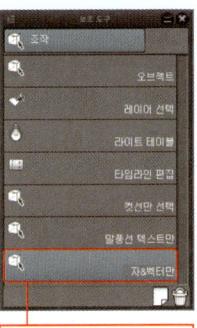

● '오브젝트'⇨'자&벡터만'의 속성

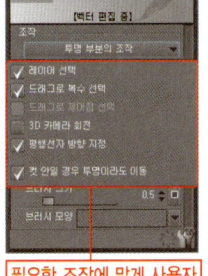
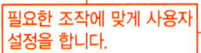
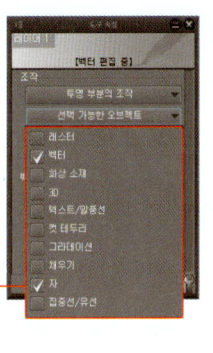

완성한 오리지널 도구는 등록(p.69)해둡니다.

필요한 조작에 맞게 사용자 설정을 합니다.

▶ 자와 레이어 종류

자는 래스터 레이어에서도 벡터 레이어에서도 만들 수 있습니다. 자에 스냅을 걸어 선을 그릴 수도 있고, 제어점을 움직여 형태를 다듬을 수도 있습니다. 선을 완성한 다음 선의 두께를 바꾸고 싶다면 벡터 레이어에서 조절합니다.

PART 4 ● 그림에 효과 넣기

▌'펜' 도구로 그리기

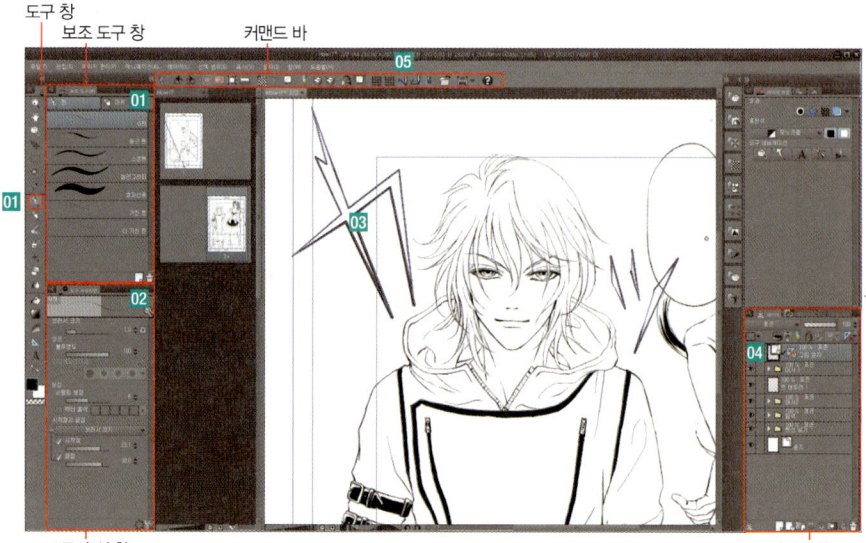

01 여기에서는 '펜(ペン)' 도구를 사용합니다.

02 필압 등은 개인 취향에 맞게 설정(p.54)합니다.

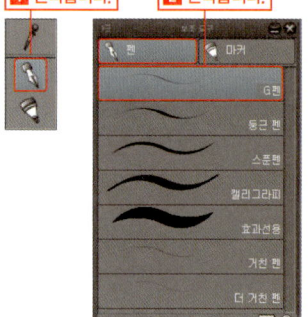

03 자 위를 덧그리듯 선을 그리면, 똑같은 형태로 선을 그을 수 있습니다. 즉 '자에 스냅(定規にスナップ)' 기능을 말합니다. 자에 스냅을 걸면 펜의 필압을 활용할 수 있습니다.

04 자 데이터를 비활성화시킨 다음 선을 확인합니다.

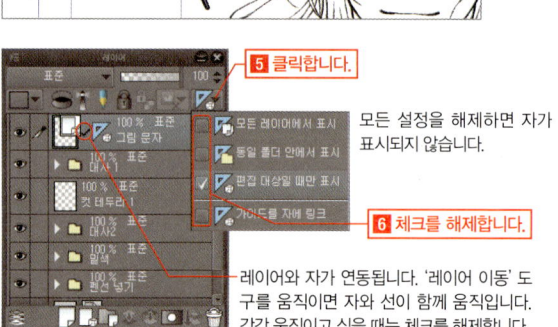

> **⊞ TIPS 자만 움직이기**
>
> 자만 움직이고 싶다면 '레이어 이동(レイヤー移動)' 도구가 아니라 '조작⇨오브젝트' 도구를 사용합니다.

SECTION 4.2 ● 문자 그려 넣기

TIPS 자 데이터로 선택 범위 설정하기

`Shift` 키를 누른 채 레이어 아이콘을 클릭하면 자 데이터가 표시되지 않습니다. `Ctrl` 키를 누른 채 클릭하면 선택 범위가 지정됩니다.

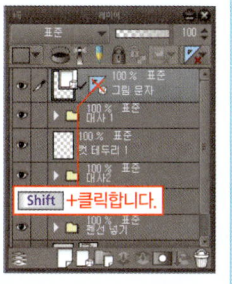

05 자동으로 '자에 스냅'이 걸려 있습니다. 해제하면 스냅 기능이 작동하지 않습니다. 만약 스냅이 걸려 있지 않다면 스냅 버튼을 다시 클릭하면 됩니다.

다른 문자 그리는 방법

▍'직접 그리기'➡'꺾은선' 도구로 래스터 레이어에 그리기

01 도구 속성에서 선과 채색을 설정할 수 있습니다. 문자를 그려 넣으면 동시에 색도 채워집니다.

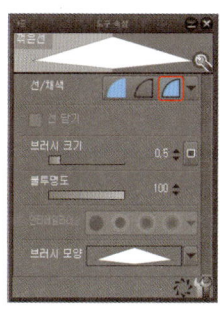

▍'펜' 도구의 보정 수치를 높여서 그리기

01 '펜' 도구의 보정 수치를 높이면 직선에 가깝게 그려집니다.

이 설정은 보조 도구 상세에 있습니다. 인디게이터 표시가 아닌 슬라이더 표시를 선택한 상태(p.56)입니다.

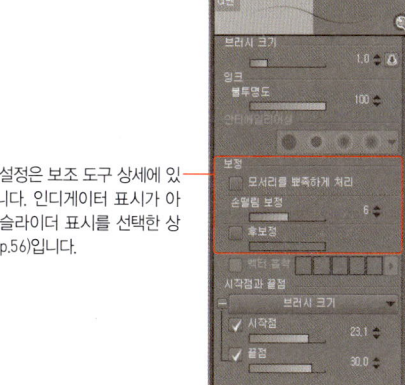

●보정: 전　　●보정: 후

벡터 레이어에 곡선으로 그리기

완성한 다음에 형태를 다듬고 싶다면 '벡터 레이어(ベクターレイヤー)'에 그립니다.

● '도형'⇨'직접 그리기'⇨'연속 곡선' 도구

01 '도형'⇨'직접 그리기(直接描画)'⇨'연속 곡선(連続曲線)' 도구를 선택하고 필요에 따라 브러시 크기(ブラシサイズ) 등을 취향에 맞게 설정합니다.

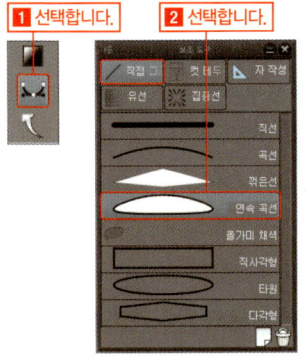
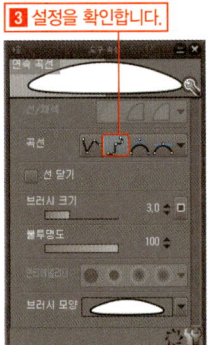

02 그린 다음 형태를 다듬기 위해 벡터 레이어를 만들고 그 위에 그립니다.

03 클릭을 반복하면서 원하는 문자의 형태를 그립니다.

04 '조작'⇨'오브젝트' 도구로 형태를 정리(p.110)합니다.

선택 중인 도구는 자와 벡터 레이어만 선택·조작할 수 있도록 한 오리지널 설정의 도구(p.115)입니다.

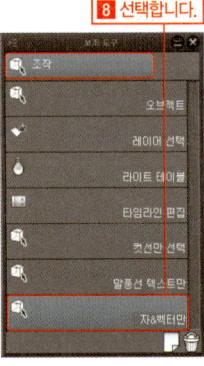

SECTION 4.2 ● 문자 그려 넣기

● '자 작성'⇨'곡선자'⇨'스플라인' 도구

01 '자 작성'⇨'곡선자'를 선택하고 '스플라인(スプライン)'으로 설정합니다.

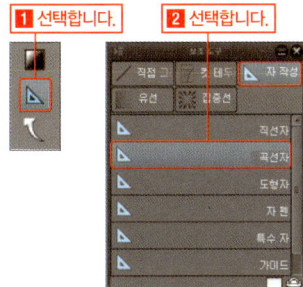
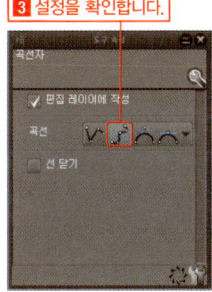

02 클릭을 반복하면서 원하는 문자의 형태를 그립니다.

03 '조작'⇨'오브젝트' 도구로 형태를 정리합니다.

선택 중인 도구는 자와 벡터 레이어만 선택·조작할 수 있도록 한 오리지널 설정의 도구(p.115)입니다.

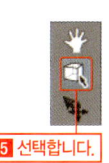
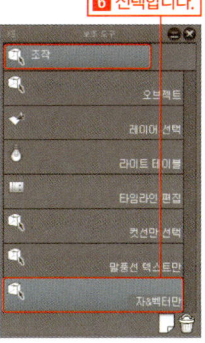
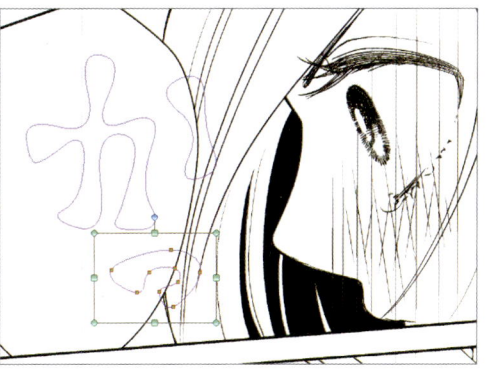

04 '자에 스냅' 기능을 이용해 선을 그립니다.

PART 4

119

완성한 문자를 소재 창에 등록하기

그린 문자 중에 특히 '벡터 레이어'에 그린 문자와 '자'로 만든 문자는 형태를 미세하게 조절, 확대/축소, 선의 두께를 조절할 수 있으므로 유용한 도구입니다.

소재 창에 등록하는 방법은 195페이지를 참고해주세요.

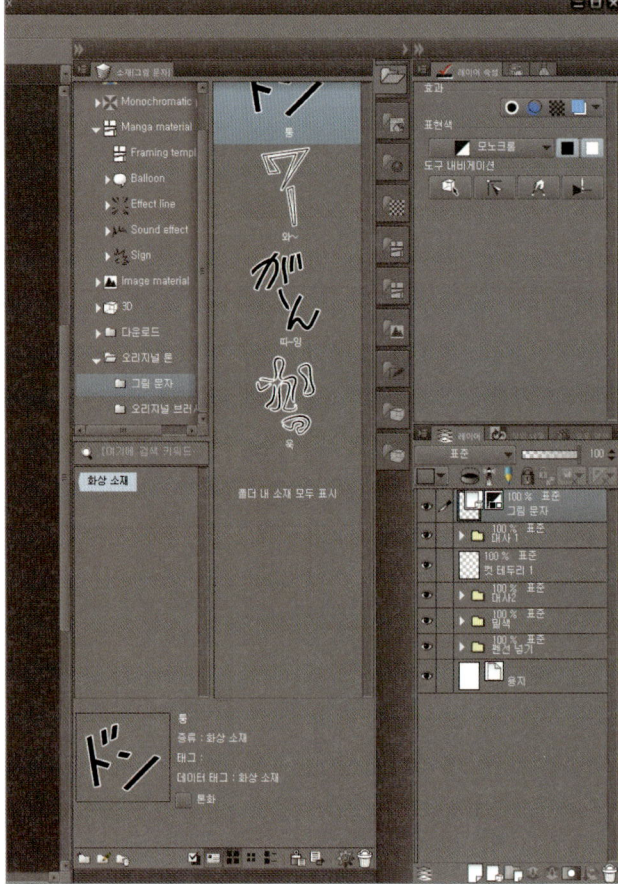

POINT ▶ 래스터 레이어에 그린 문자

래스터 레이어(ラスターレイヤー)에 그린 문자도 확대/축소가 가능하지만, 윤곽이 흐려지고 선이 손상됩니다.

SECTION 4.3
효과선 그리기

SECTION 4.3에서는 효과선 중에서도 집중선, 유선 그리는 법을 설명하겠습니다. 효과선을 그리는 대표적인 방법은 2가지입니다. '특수 자'를 사용해 그리는 방법과 '집중선(集中線)' 도구, '유선(流線)' 도구를 사용하는 방법이 있습니다.

'특수 자'로 집중선 그리기

'자 작성'➪'특수 자'➪'방사선'으로 설정하기

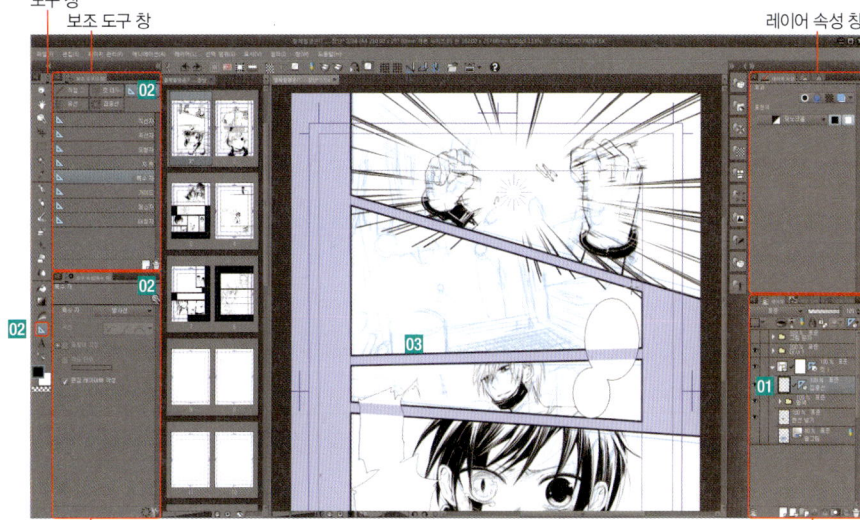

01 집중선을 그릴 새로운 래스터 레이어를 만듭니다.

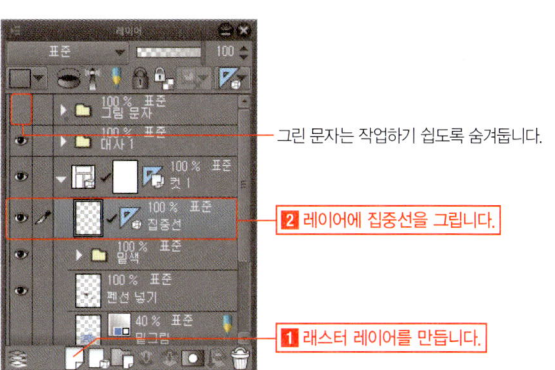

● **방사선자 만들기**

ComicStudio '자'➪'특수 자 만들기'➪'방사선자 만들기'와 동일한 기능입니다.

02 '자 작성'➪'특수 자(特殊定規)'를 선택하고 '방사선 (放射線)'으로 설정합니다.

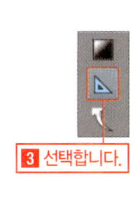

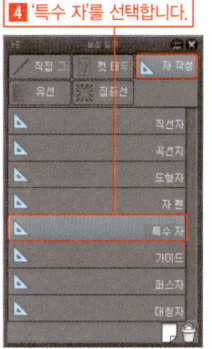

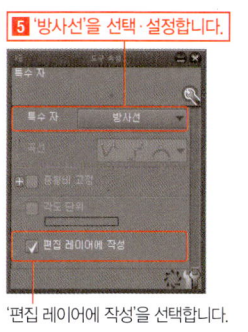

PART 4 ● 그림에 효과 넣기

03 캔버스 위를 클릭하고 '방사선'자를 만듭니다.
이 '방사선'자가 집중선의 중심점이 됩니다.

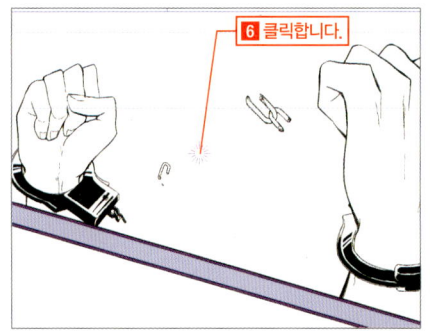

✚ TIPS '방사선'자 움직이기

방사선자를 움직일 때는 '조작'➪'오브젝트' 도구를 사용합니다.
'오브젝트' 도구는 오른쪽처럼 자와 벡터 레이어만 선택하고, 조작할 수 있도록 사용자 설정을 한 도구(p.69/p.82/p.115)를 사용합니다.

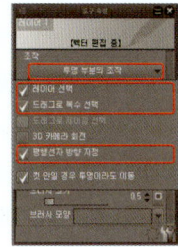 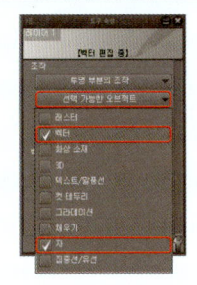

▌ '펜' 도구로 선 그리기

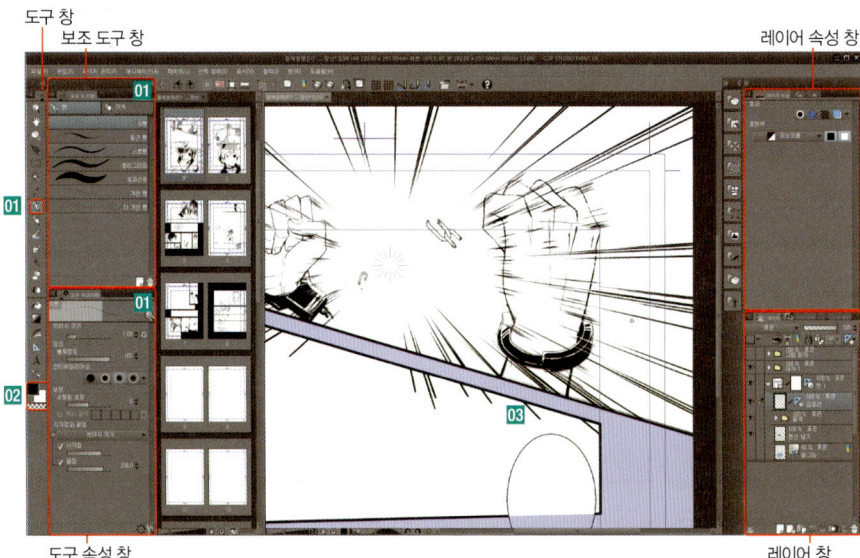

01 '펜' 도구를 선택하고 '도구 속성'에서 필요에 따라 설정합니다.

02 그리기색은 검은색을 선택합니다.

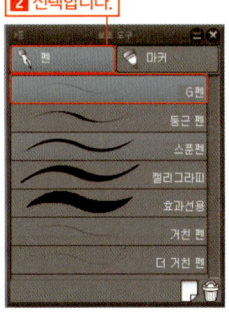
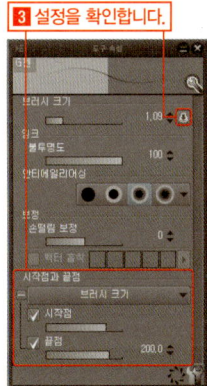

SECTION 4.3 ● 효과선 그리기

03 그리기 시작합니다.

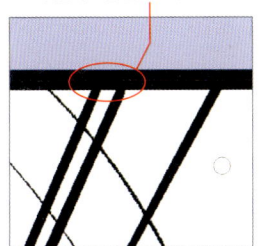

필압 감지로 인해 시작점이 가늘어지므로 컷선과 조금 겹치도록 그립니다.

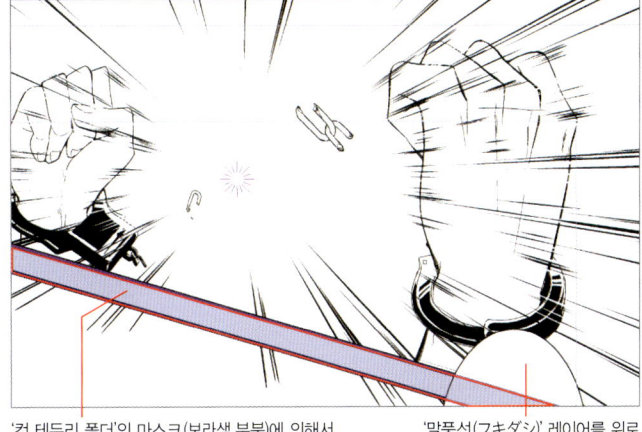

'컷 테두리 폴더'의 마스크(보라색 부분)에 의해서 선이 벗어나도 보이지 않습니다(p.74).

'말풍선(フキダシ)' 레이어를 위로 올리고 흰색으로 가립니다.

▶ 선 지우기 포인트

그리기색 투명으로 선택하고 '마커' 도구로 지울 때는 '자에 스냅(定規にスナップ)'이 걸려 있습니다. '지우개' 도구로 지울 때는 '자에 스냅'이 걸려 있지 않습니다.

TIPS 자에 스냅

각 도구에 '자에 스냅' 기능 적용 여부는 '보조 도구 상세'➪'보정'에서 설정합니다.

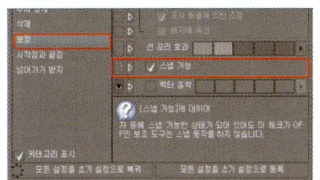

컷 밖으로 벗어난 부분 처리하기

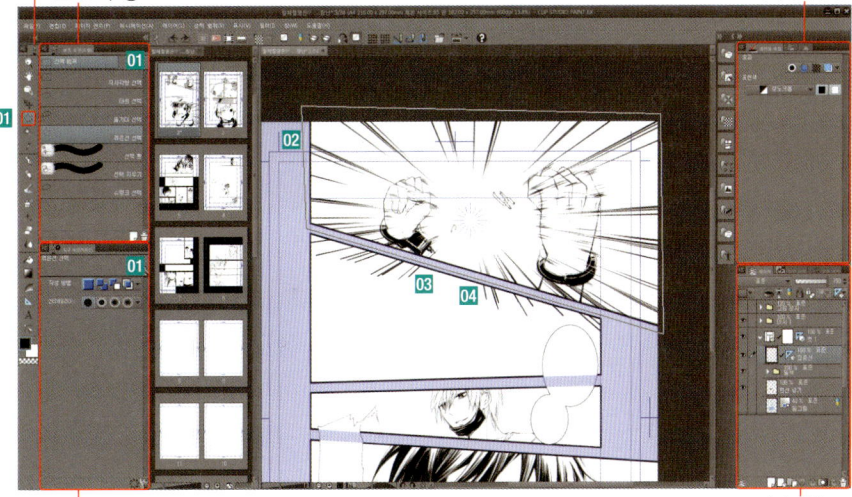

01 '선택 범위(選択範囲)'➪'꺾은선 선택(折れ線選択)'을 선택합니다.

1 선택합니다.

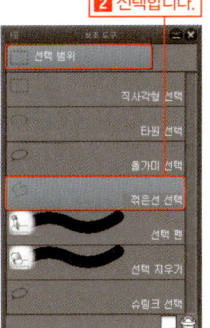
2 선택합니다.

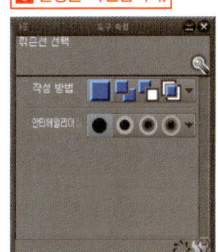
3 설정을 확인합니다.

02 클릭으로 필요한 부분을 선택합니다.

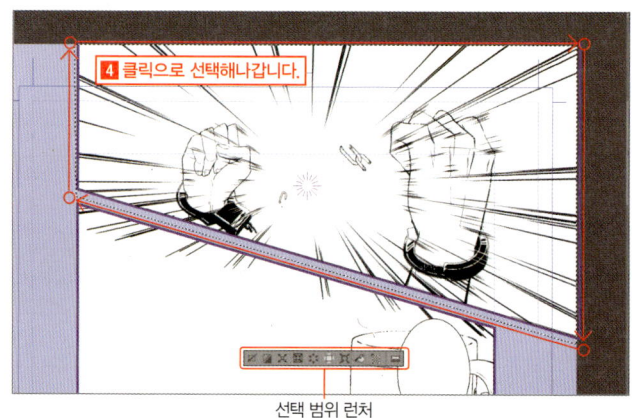

선택 범위 런처

> **POINT** ▶ 불필요한 부분을 선택해서 지우기
> 불필요한 부분을 선택하고 Delete 키로 지울 수 있습니다. 컷의 바깥쪽으로 2방향 이상을 지울 때는 필요한 부분을 둘러싸는 편이 빠릅니다.

03 '선택 범위 런처(選択範囲ランチャー)'⇨'선택 범위 이외 지우기(選択範囲外を消去)'를 클릭하면 컷에서 벗어난 선을 지웁니다.

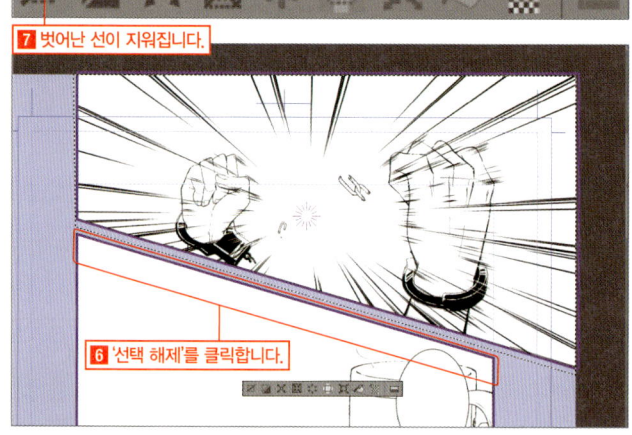

04 '선택 범위 런처'⇨'선택 해제(選択を解除)'를 클릭합니다.

TIPS 선택 범위 이외 지우기/선택 해제

선택 범위 이외 지우기: Shift + Delete
선택 해제: Ctrl + D

커맨드 바에 넣어두기
커맨드 바에 선택 범위 런처 표시 버튼을 넣어두면 ComicStudio와 동일해집니다.

TIPS 선택 범위 런처 표시

선택 범위 런처는 초기 설정 상태에서는 표시되지 않습니다. '표시(表示)' 메뉴의 '선택 범위 런처'를 선택하면 나타납니다. 선택 범위 런처 표시는 자주 사용하므로 커맨드 바에 넣어두면(p.18) 편리합니다.

선택 범위 런처 표시

TIPS '특수 자에 스냅'과 '자에 스냅'

'특수 자에 스냅(特殊定規にスナップ)' 버튼이 해제되어 있으면 특수 자의 기능은 동작하지 않습니다. '자에 스냅(定規にスナップ)' 버튼이 설정되어 있으면 '컷선' 데이터에 반응하며, 컷선에 스냅이 걸려 있으면 '펜'으로 집중선을 그릴 수 없게 되니 주의합니다.

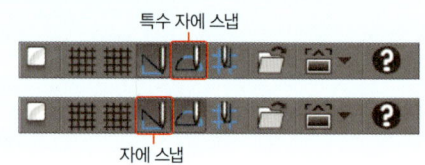

특수 자에 스냅

자에 스냅

SECTION 4.3 ● 효과선 그리기

TIPS 자 선택과 자에 스냅

CLIP STUDIO PAINT에서는 같은 레이어에 여러 개의 자를 가져올 수 있습니다.

자에 스냅

여러 개의 자가 같은 레이어에 있을 때는 선택한 자에만 스냅이 걸립니다.

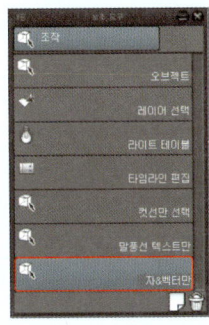
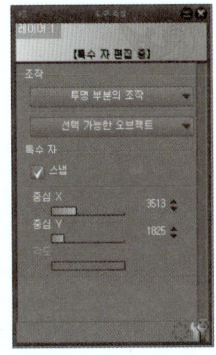

자 선택

자는 '오브젝트(オブジェクト)' 도구로 선택할 수 있습니다.
선택하고 싶은 자를 클릭하면 중심점  와 이 표시됩니다. 이 를 클릭하면 선택할 수 있습니다.

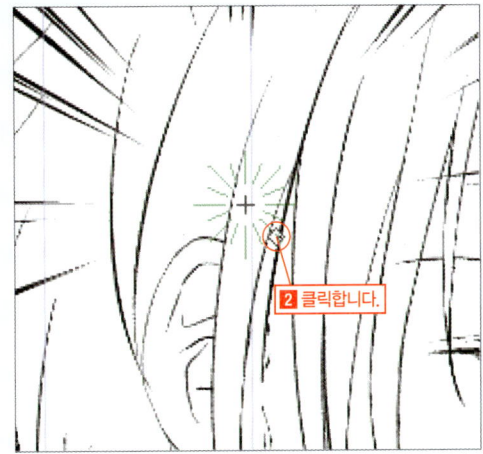

오른쪽 이미지는 평행선과 방사 곡선자를 같은 레이어로 불러와 그린 모습입니다.

'특수 자'를 사용해 유선 그리기

'자 작성'➡'특수 자'➡'평행선' 설정하기

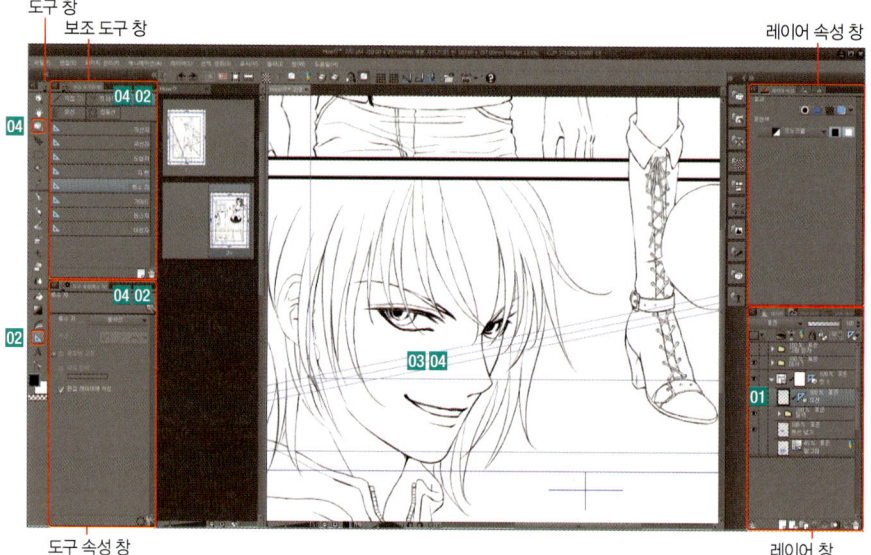

도구 창
보조 도구 창
레이어 속성 창
도구 속성 창
레이어 창

작업 순서는 집중선을 그리는 방법과 거의 동일하며 자를 설정하고 펜으로 그립니다. 세부 순서는 집중선 설명(p.121)을 참고하세요.

01 유선을 그리기 위한 신규 래스터 레이어를 만듭니다.

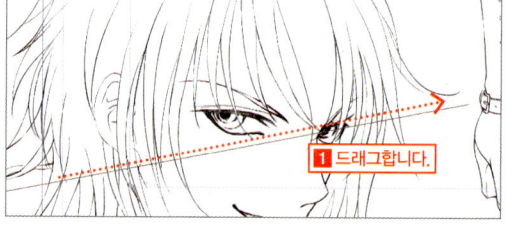

02 '자 작성'➡'특수 자'➡'평행선'을 선택합니다.
03 캔버스 위를 드래그하면 평행선자가 나타납니다.

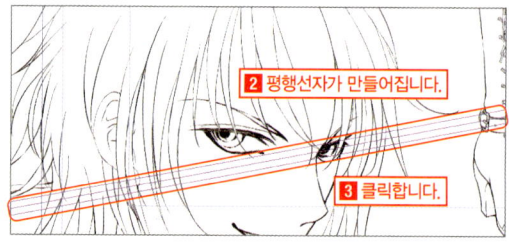

04 '조작'➡'오브젝트' 도구로 평행선 방향을 잘 조절합니다. 평행선 위를 클릭하면 조작 포인트가 표시됩니다.

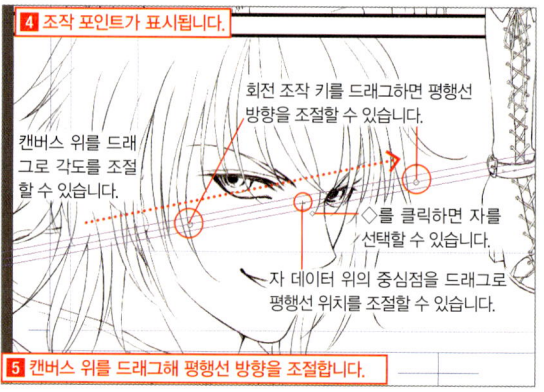

> **POINT** ▶ 사용자 설정 도구를 사용하면 편리하다
> '자(定規)'와 '벡터 레이어(ベクターレイヤー)'만을 조작할 수 있도록 사용자 설정을 마친 '조작' 도구(p.82)로 움직입니다.

SECTION 4.3 ● 효과선 그리기

수치 입력이 가능하다

ComicStudio에서는 평행선 각도를 수치로 입력할 수 없었지만, CLIP STUDIO PAINT에서는 오른쪽의 TIPS 처럼 평행선 각도를 수치로 입력할 수 있습니다.

TIPS 평행선 각도를 수치로 입력하기

도구 속성에서 평행선 각도를 수치로 입력할 수 있습니다.

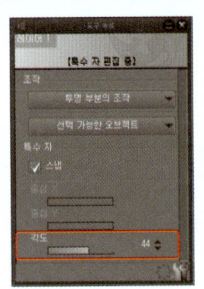

'펜' 도구로 유선 그리기

01 '시작점(入り)'과 '끝점(抜き)'을 설정(p.56)하고 그립니다.
02 컷 밖으로 벗어난 부분을 처리(p.123)합니다.
03 자를 숨기고 선의 상태를 확인합니다.

TIPS 자 숨기기

레이어 메뉴의 '자/컷 테두리'▷'자 표시'로 설정합니다. 또는 레이어 창 위에서 Shift 키를 누른 채 자 레이어 아이콘을 클릭으로 바꿉니다.

 클릭합니다.

'특수 자'를 사용해 구름형 집중선 그리기

'자 작성'▷'특수 자'▷'방사 곡선' 설정하기

작업 순서는 집중선을 그리는 방법과 거의 동일하며 자를 설정한 펜으로 그립니다.
자세한 순서는 121페이지 집중선 설명을 참고하세요.

PART 4 ● 그림에 효과 넣기

01 유선을 그리기 위한 신규 래스터 레이어를 만듭니다.
02 '자 작성'⇨'특수 자'⇨'방사 곡선'을 선택합니다.

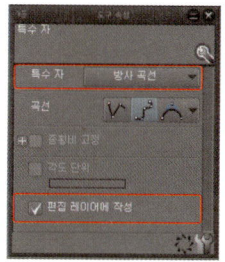

03 캔버스 위를 여러 번 클릭하면 방사 곡선자가 만들어집니다.

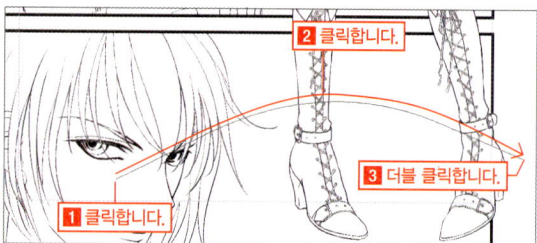

04 '조작'⇨'오브젝트' 도구로 제어점이나 자 데이터 위를 드래그해서 자의 형태를 정리할 수 있습니다.

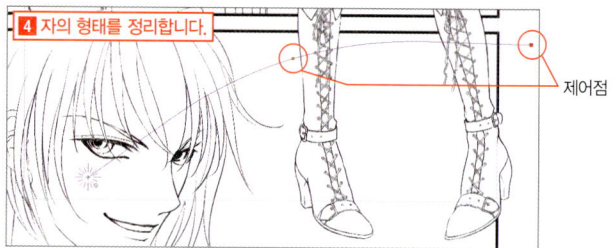

POINT ▶ 제어점 조작

제어점을 조작할 때 '선 수정(線修正)'⇨'제어점(制御点)' 도구(p.112)도 편리합니다.

■ '펜' 도구로 구름형 집중선 그리기

01 '시작점'과 '끝점'을 설정(p.56)한 다음 그려나갑니다.

02 컷에서 벗어난 부분을 처리(p.123)합니다.

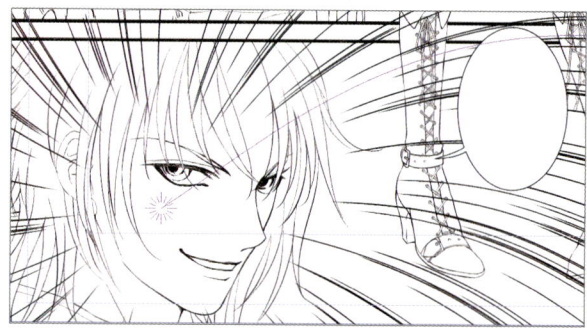

⊞ TIPS 캐릭터를 가리는 선

캐릭터 위를 가리는 선을 지우려면 레이어의 불투명도를 70~80 정도로 낮추고 그리기색을 투명으로 선택한 다음 '채우기(塗りつぶし)'⇨'에워싸고 칠하기(囲って塗る)' 도구(p.107)를 사용하면 간단합니다.

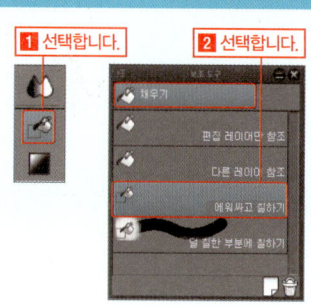
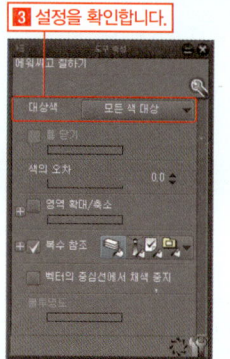
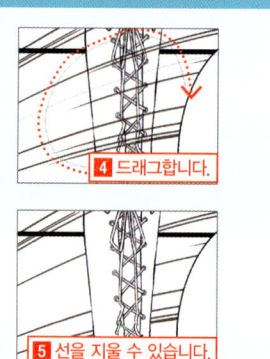

SECTION 4.3 ● 효과선 그리기

'집중선' 도구로 플래시 효과 만들기

'집중선' ▷ '성긴 집중선' 도구로 그리기

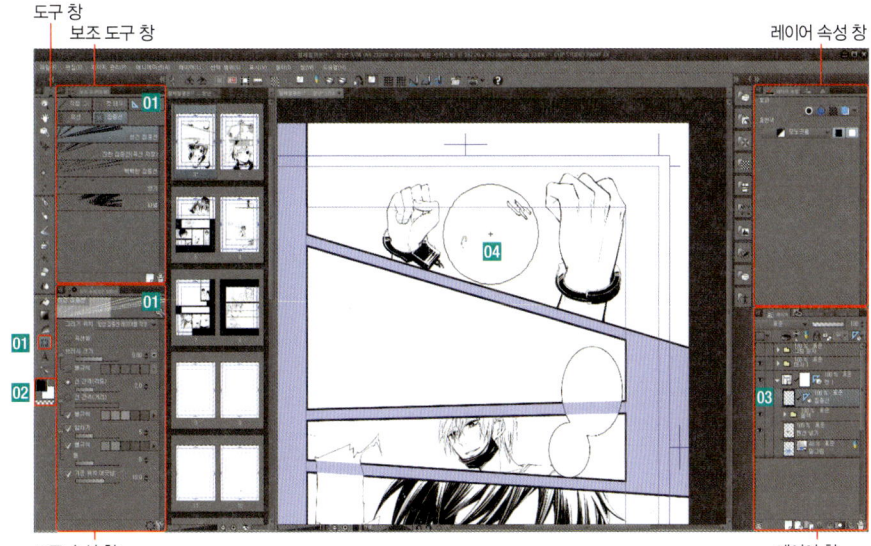

도구 창
보조 도구 창
레이어 속성 창
01
01
01
02
도구 속성 창
레이어 창
03

01 '집중선(集中線)' ▷ '성긴 집중선(まばら集中線)' 도구를 선택합니다.
02 그리기색을 검은색으로 바꿉니다.
03 집중선을 그릴 때마다 신규 래스터 레이어가 자동으로 만들어집니다.

> **POINT** ▶ 집중선 설정하기
> 어떤 '집중선'을 그릴지는 그리기 전에 도구 속성에서 설정할 수 있습니다. 여기에서는 그린 다음에 설정을 조절하는 방법을 설명하겠습니다.

1 '성긴 집중선' 도구를 선택합니다.

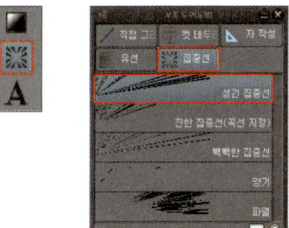

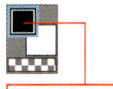
3 선택합니다.

2 설정을 확인합니다.

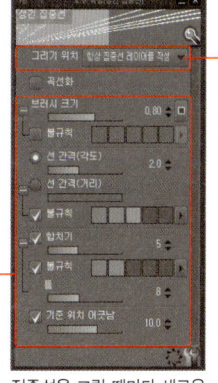

어떤 집중선을 표현할지 설정합니다.

집중선을 그릴 때마다 새로운 레이어가 자동으로 만들어집니다.

04 캔버스 위를 드래그하면 집중선이 그려집니다.

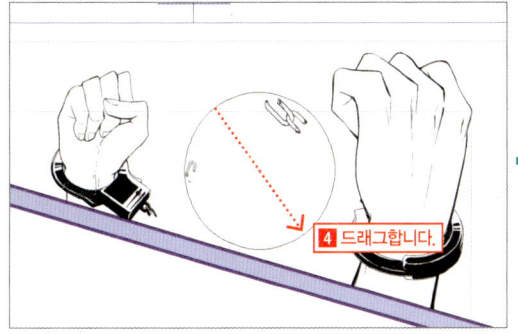
4 드래그합니다.

→

129

PART 4 ● 그림에 효과 넣기

■ '조작'➪'오브젝트'로 선 정리하기

아래는 저자가 추천하는 조작 순서입니다.

01 사용자 설정으로 '집중선(集中線)', '유선(流線)'만을 움직일 수 있는 '오브젝트' 도구(p.82/p.115)를 만듭니다.

02 도구 속성의 설정을 조절합니다.

5 선을 적절한 '길이'로 조절하고 전체적인 균형을 봅니다.
4 '합치기(まとまり)' 체크를 해제합니다.

'오브젝트' 도구를 사용자 설정으로 '집중선', '유선'만을 조작할 수 있도록 합니다.

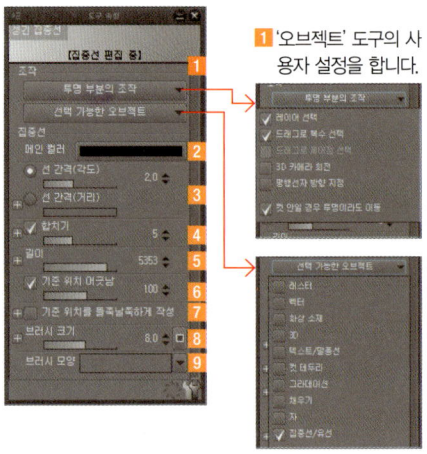

1 '오브젝트' 도구의 사용자 설정을 합니다.

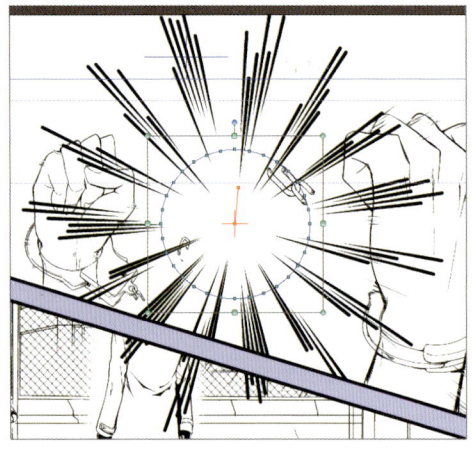

합치기: 몇 가닥의 선을 다발로 만드는 설정입니다.

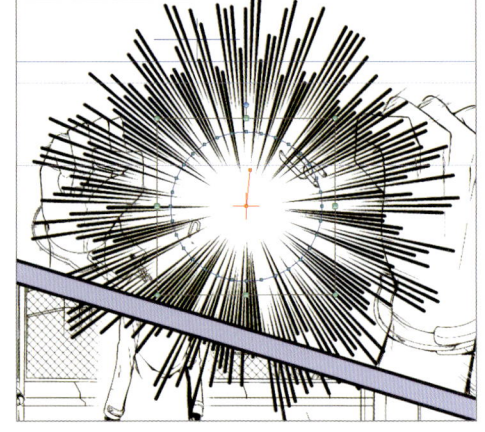

3 '선 간격(각도)' 수치를 낮추고, '불규칙(乱れ)'의 체크를 해제합니다.
8 '브러시 크기'를 작게 줄입니다.

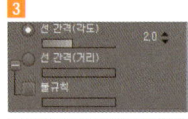

선 간격이 작을수록 선이 들러붙습니다. '불규칙'은 선 길이를 적당히 불규칙하게 만듭니다. 체크를 해제하면 다른 설정을 파악하기 쉽습니다.

가능한 한 수치를 낮추고 날카로운 선으로 만듭니다.

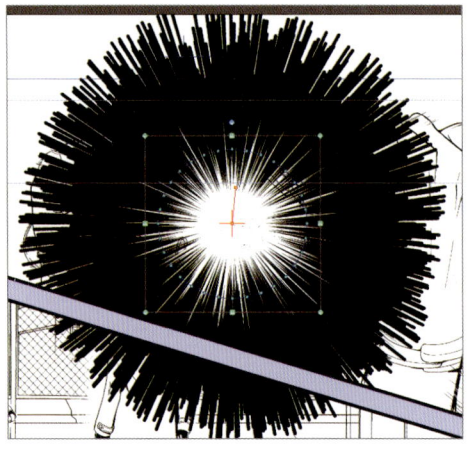

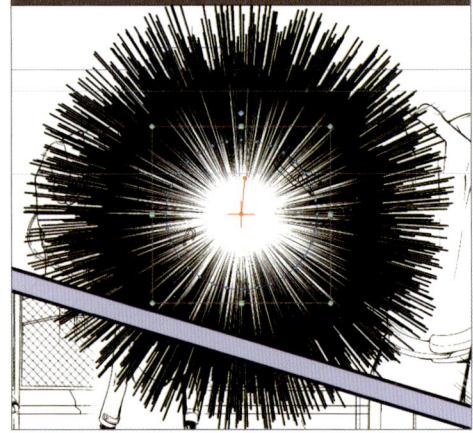

SECTION 4.3 ● 효과선 그리기

5 '길이(長さ)'를 적당히 설정하고 벡터 플래시로 만듭니다.

6 '기준 위치 어긋남(基準位置のずれ)'과 7 '기준 위치를 들쭉날쭉하게 작성(基準位置をギザギザにする)'을 적절하게 설정하고 불규칙적으로 만듭니다.

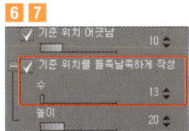

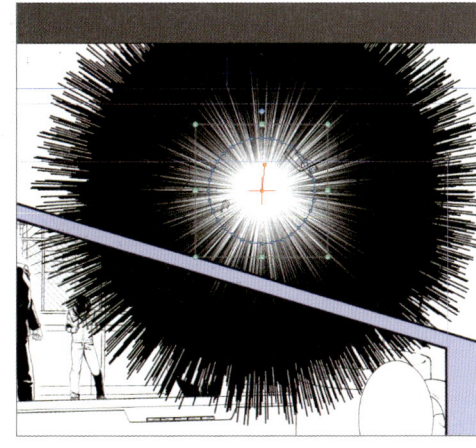

03 제어점을 조작해 형태를 잡습니다. 핸들 모서리를 드래그하면 확대하거나 축소할 수 있습니다. Shift 키를 누른 채 드래그하면 대칭을 유지한 상태로 확대/축소가 됩니다.

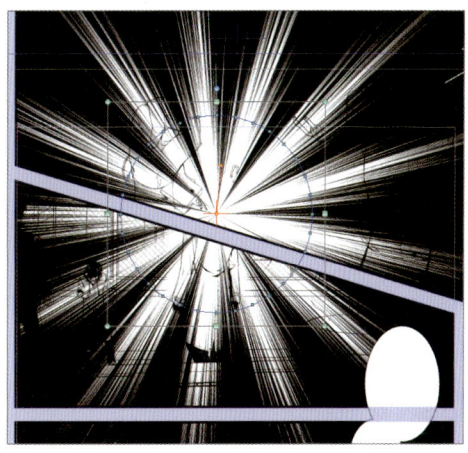

04 제어점을 움직여 형태를 정리할 수 있습니다.

제어점을 움직여 형태를 정리할 수 있습니다.

TIPS 제어점 도구로 조작하기

'선 수정(線修正)'⇨'제어점' 도구로도 조작(p.112)할 수 있습니다.

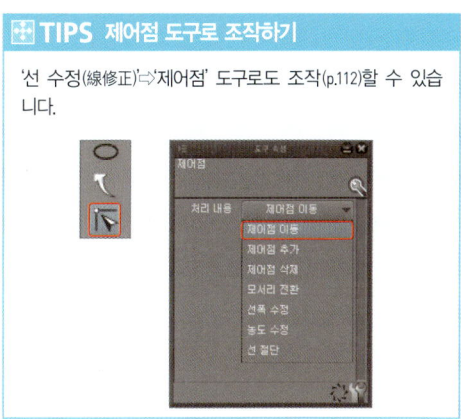

집중선 설정 항목 이해하기

각 항목의 의미와 설정 기준

먼저 오른쪽처럼 도구 속성을 설정하세요. 이 항목을 기준으로 설명하겠습니다.

● '집중선'의 도구 속성

● 기본이 되는 집중선

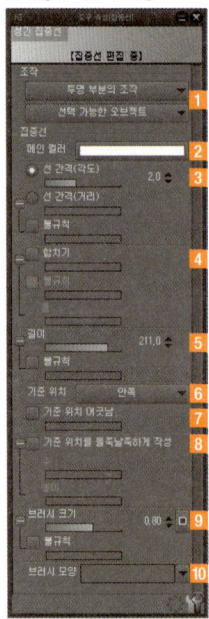

1 조작(操作): 설정은 130페이지를 참고하세요.

2 메인 컬러(メインカラー): 선의 색을 설정합니다.

3 간격(間隔): 선과 선을 얼마나 떨어뜨려놓을지 설정합니다. 수치가 작을수록 선이 가까워집니다. '선 간격(각도)', '선 간격(거리)' 중 어느 쪽을 선택할지는 취향에 따라 다릅니다.

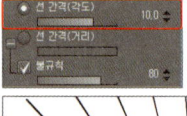

선 간격(각도)에서는 선과 선의 각도로 빈틈을 지정합니다.

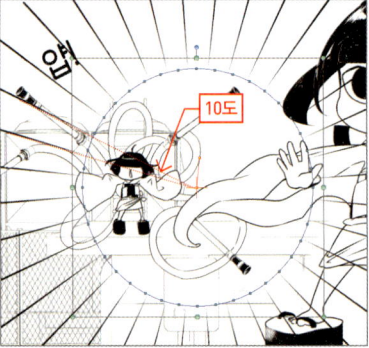

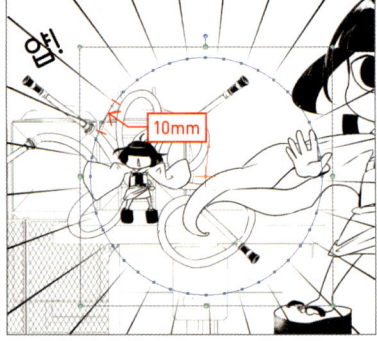

선 간격(거리)에서는 선과 선의 거리를 사용자가 직접 지정합니다.

'불규칙'은 선 간격을 불규칙하게 만듭니다.

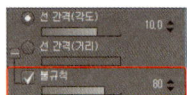
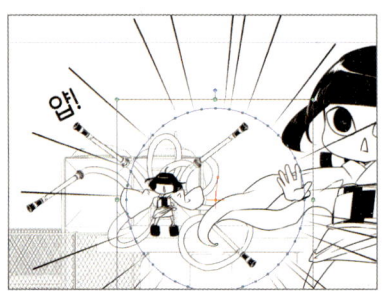

SECTION 4.3 ● 효과선 그리기

4 합치기: 집중선의 각 다발에 포함된 선의 수를 늘립니다.

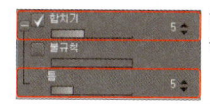

합치기를 5줄, 틈을 5mm로 설정합니다.

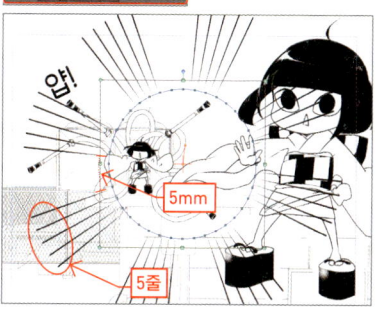

'불규칙'을 설정하면 다발의 선 수가 불규칙해집니다.

5 길이: '길이'에 '불규칙'을 설정하면 선의 길이가 불규칙해집니다.

선의 길이를 설정합니다.

선 간격(각도)을 1로 하고, 합치기 해제한 뒤 '불규칙'을 활성화합니다.

6 기준 위치: 기준이 되는 위치를 설정합니다.

7 기준 위치 어긋남: 기준이 되는 위치를 불규칙하게 정합니다.

선의 길이를 설정합니다.

8 기준 위치를 들쭉날쭉하게 작성: 기준이 되는 위치를 들쭉날쭉하게 만듭니다.

높이: 20mm, **수**: 15
※기준 위치의 불규칙은 해제합니다.

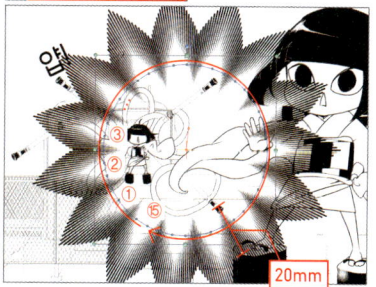

133

PART 4 ● 그림에 효과 넣기

9 브러시 크기: 선의 두께입니다.
불규칙: 선의 두께를 불규칙하게 만듭니다.

선의 두께를 설정합니다.

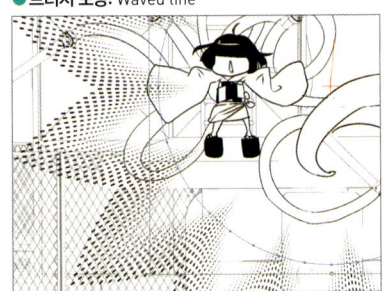

● 브러시 모양: Waved line

10 브러시 모양: 브러시 모양을 설정합니다.

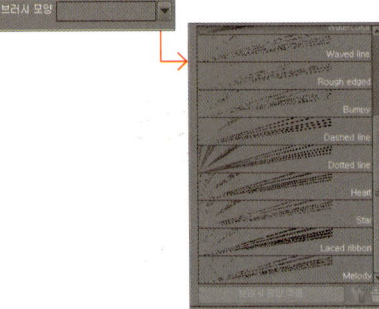
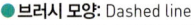

● 브러시 모양: Dashed line

✚ TIPS 벡터 플래시 효과 작업 순서

저자가 추천하는 벡터 플래시 작업 순서를 정리하면 아래와 같습니다.

1. '길이'를 적절하게 조절/'기준 위치를 들쭉날쭉하게 작성'은 체크 해제합니다.
2. '선 간격'을 0.5 이하로 수정/'불규칙'은 체크 해제합니다.
3. '합치기'를 체크 해제합니다.
4. '브러시 크기'를 적절하게 조절(0.5 이하가 기준)합니다.
5. '기준 위치'를 안쪽/가운뎃점/바깥쪽으로 바꿔가면서 상태를 살핍니다.
6. '기준 위치를 들쭉날쭉하게 작성'을 체크하고 형태를 다듬습니다.

집중선 도구의 숨겨진 설정(보조 도구 상세) 이해하기

▌보조 도구 상세 창에 있는 설정 항목

보조 도구 상세 창을 열면 아래같이 설정합니다.

01 '집중선(集中線)'➡'밑바탕 채우기(下地を塗りつぶし)'를 설정하면 집중선의 제어점 내부를 채웁니다.
이 설정은 플래시 말풍선에도 쓸 수 있습니다.

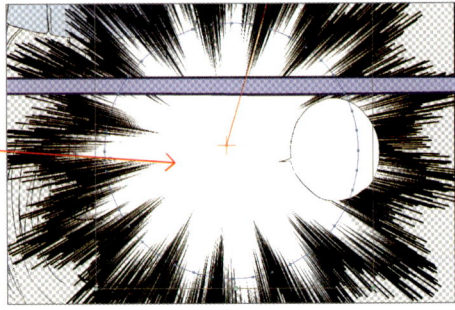

※보조 도구 상세 창을 여는 법은 56페이지를 참고하세요.

SECTION 4.3 ● 효과선 그리기

02 '시작점'과 '끝점'은 초기 설정에서는 '끝점'만 도구 속성에 표시됩니다. 전부 도구 속성 창에 표시되도록 설정(p.56) 해둡니다.

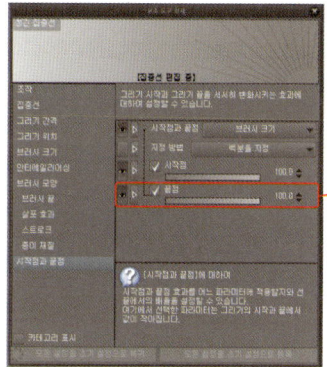
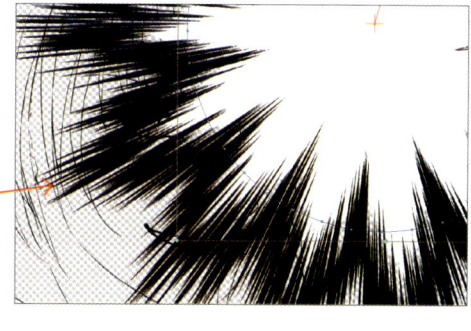

핸들 조작 익히기

핸들로 조작할 수 있는 요소

01 확대/축소/이동/회전

핸들을 조작하면 집중선을 확대/축소/이동/회전시킬 수 있습니다.

> **TIPS 좌우대칭을 유지하면서 확대/축소**
>
> Shift 키를 누른 채 드래그하면 대칭을 유지한 상태로 확대/축소됩니다.

02 시작점과 끝점 설정

'시작점', '끝점'을 설정하고 플래시를 만들 수도 있습니다.

※'선 간격(각도)'과 '길이'에 각각 '불규칙'을 적절히 설정하고, '밑바탕 채우기'를 설정합니다.

03 중심점 이동

중심점을 움직일 수 있습니다.

04 선의 시작점 변경

선의 시작점(어디서부터 선을 그릴지)을 변경합니다.

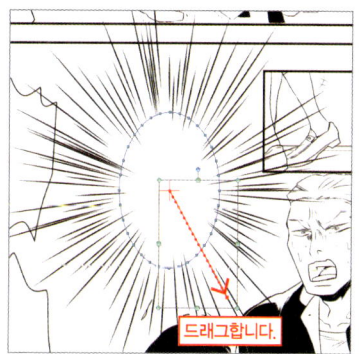

PART 4 ● 그림에 효과 넣기

05 제어점 추가·삭제

'선 수정(線修正)'➡'제어점(制御点)' 도구의 도구 속성에서 '제어점 추가(制御点の追加)'로 '제어점'을 추가할 수 있습니다.

 ① '제어점' 도구를 선택합니다. ② 설정합니다.

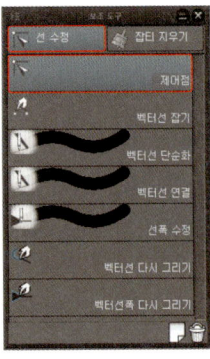 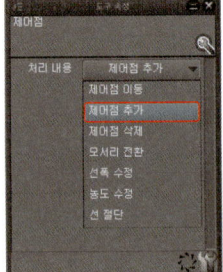

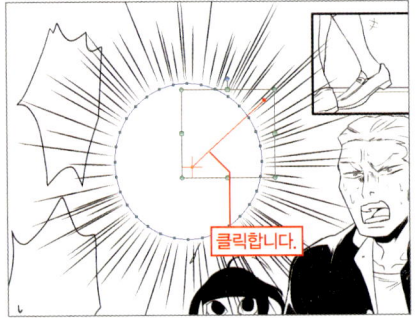 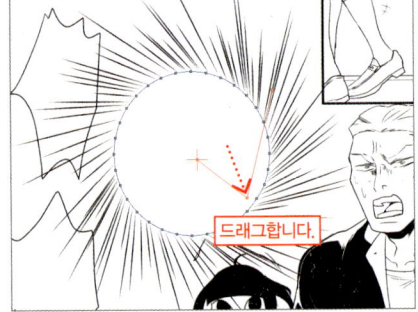

클릭합니다. 드래그합니다.

06 구름형 집중선 만들기

'선 수정'➡'제어점' 도구의 도구 속성에서 '모서리 전환(角の切り替え)'으로 직선과 곡선으로 전환해 구름형 집중선을 만들 수 있습니다.

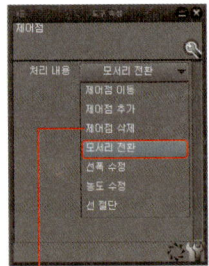

제어점을 삭제하면 직선으로 되돌아갑니다.

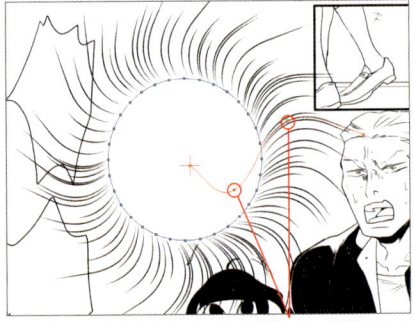

'제어점'을 하나 더 추가하고 '모서리 전환'으로 곡선을 만들고 '제어점' 위치를 조절했습니다.

● 집중선 재생성에 해당하는 기능

ComicStudio '집중선' 필터➡'재생성'은 선을 그리는 위치를 바꾸는 기능에 해당합니다.

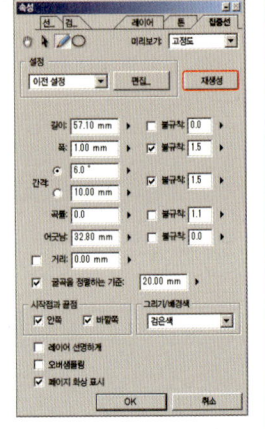

쓸모 있는 집중선 설정 이모저모

활용도 높은 설정의 예

❶
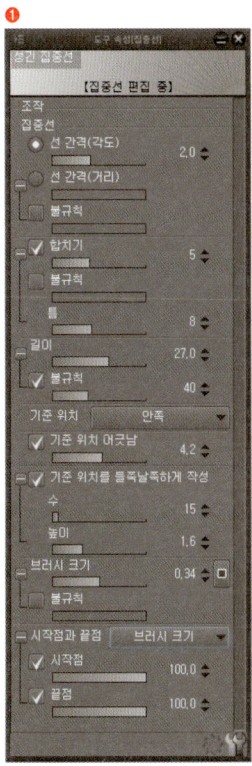

❷
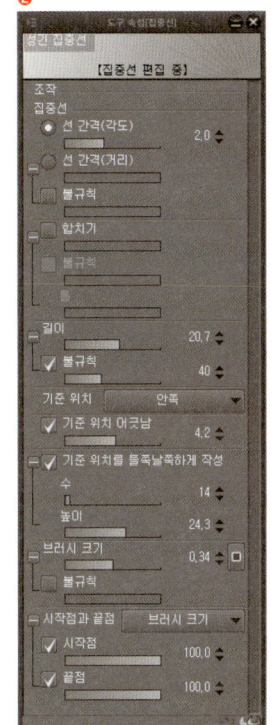

❶

❷

❸
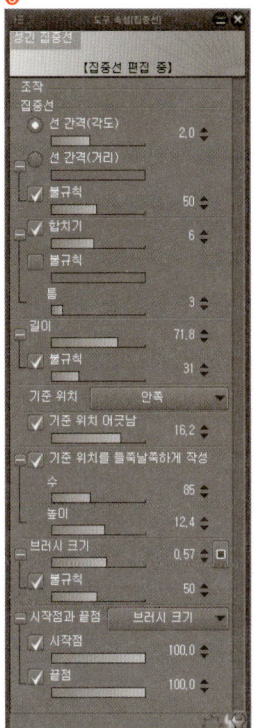

❹
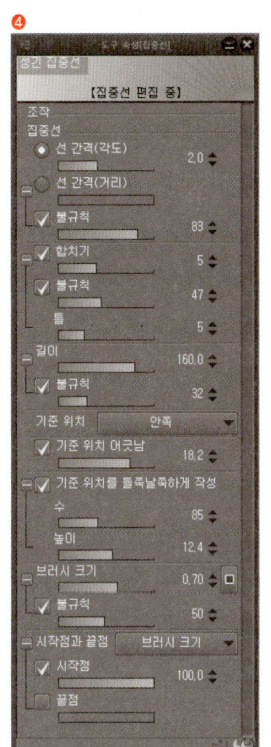

❸❹
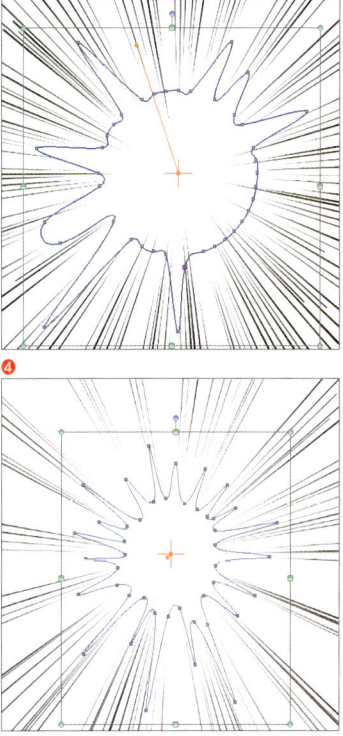

❺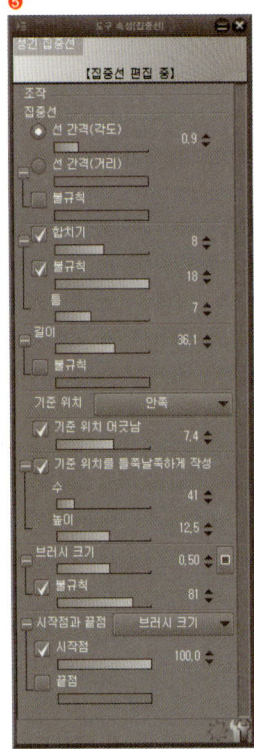

❻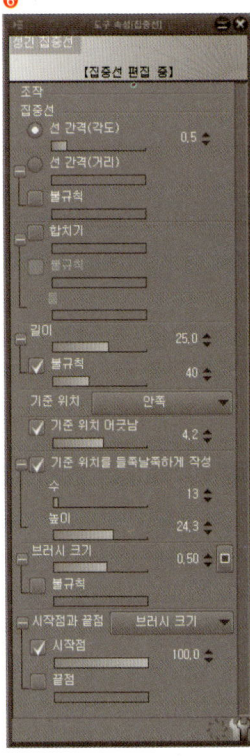

❺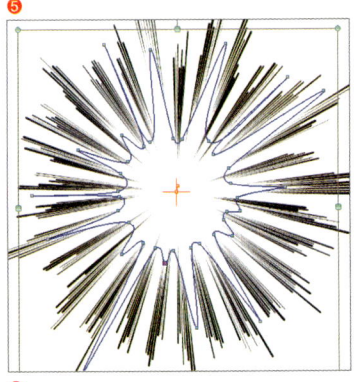

❻

❼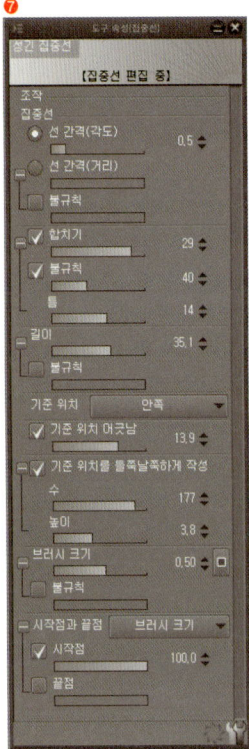

❽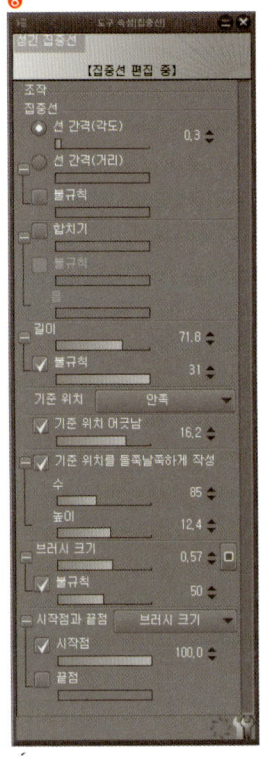

❼

❽

✥ TIPS 완성한 집중선을 소재 창에 등록하기

'집중선(集中線)'을 완성하면 '소재(素材)' 창에 등록해둡니다. 등록한 소재를 가져와 조작 핸들로 조절하면 새로운 형태로 만들 수 있습니다. 설정 수치를 확인했다면 '조작' 도구가 아닌 '집중선' 도구에 새로운 보조 도구를 만들어두는 방법(p.69)도 있습니다.

SECTION 4.3 ● 효과선 그리기

플래시 효과 완성하기

플래시 효과 주위에 밑바탕 칠하기

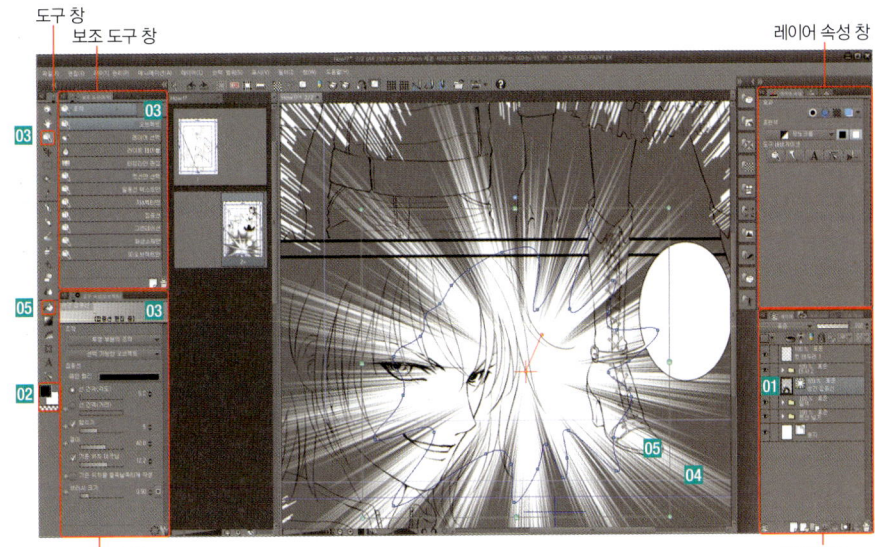

01 집중선 레이어의 불투명도를 낮춥니다. 밑바탕은 다른 레이어를 만들어 칠합니다.
02 그리기색을 검은색으로 변경합니다.
03 '채우기' 도구를 선택합니다.

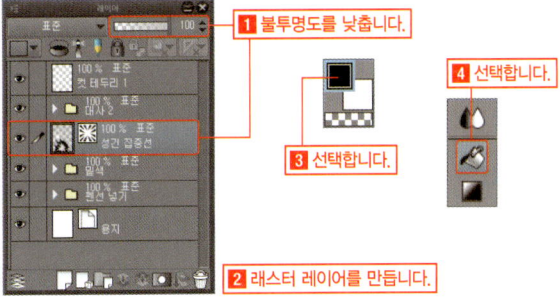

04 '다른 레이어 참조(他レイヤーを参照)'를 선택하고 드래그로 칠합니다.

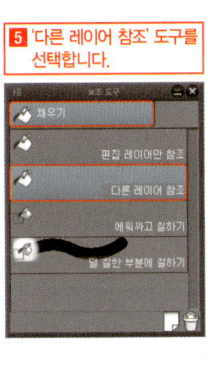
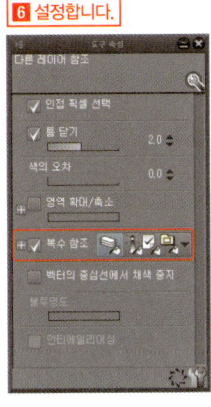

PART 4 ● 그림에 효과 넣기

05 '에워싸고 칠하기(囲って塗る)'로 빈틈을 채웁니다.

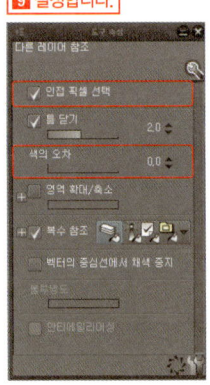
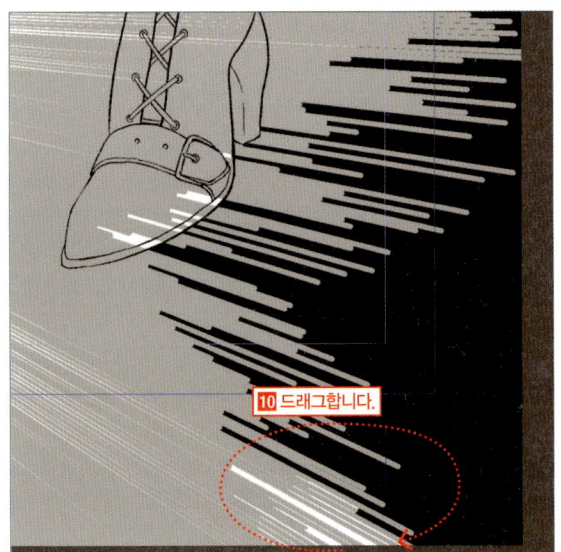

8 선택합니다.
9 설정합니다.
10 드래그합니다.

POINT ▶ '자에 스냅' 해제하기

'에워싸고 칠하기' 도구는 초기 설정에서 '자에 스냅(定規にスナップ)'이 작동하도록 설정되어 있습니다. '자에 스냅'이 활성화되어 있으면 원하는 대로 둘러쌀 수 없습니다. '자에 스냅'을 해제하고 작업을 진행합니다.

커맨드 바

▌캐릭터에 걸린 부분 처리하기

캐릭터 영역까지 들어온 부분을 지우는 작업을 합니다. '집중선' 레이어는 특수한 레이어이므로 '지우개'로 지울 수 없습니다.

그래서 레이어를 래스터화해야 합니다.

01 레이어를 래스터화합니다.
02 그리기색을 투명으로 변경합니다.
03 '에워싸고 칠하기' 도구를 선택합니다. 도구는 밑바탕을 칠할 때와 동일하게 설정합니다.
04 밑바탕을 칠할 때와 동일한 설정으로 '에워싸고 칠하기' 도구로 캐릭터에 걸쳐 있는 부분을 지웁니다.

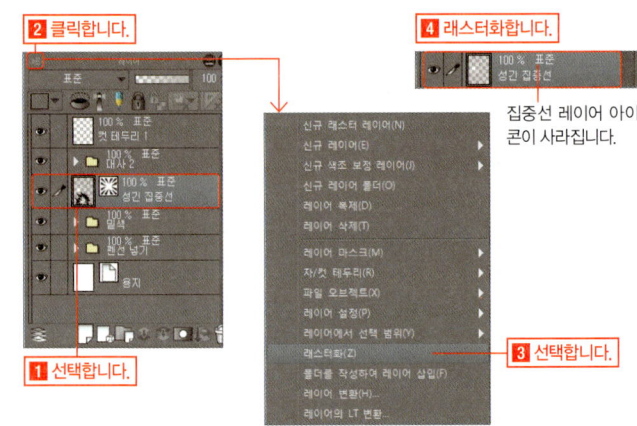

1 선택합니다.
2 클릭합니다.
3 선택합니다.
4 래스터화합니다.

집중선 레이어 아이콘이 사라집니다.

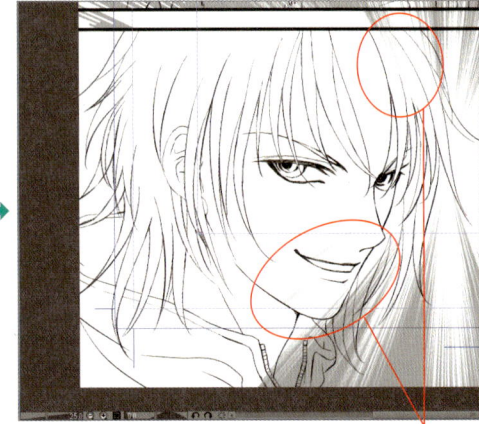

5 드래그합니다.

둘러싸지 않은 부분은 투명으로 지워지지 않습니다.

SECTION 4.3 효과선 그리기

05 '에워싸고 칠하기' 도구로 지워지지 않은 부분은 '지우개(消しゴム)' 도구 또는 그리기색을 투명으로 선택하고 '마커(マーカー)' 도구로 지우는 방법이 있습니다.

6 캐릭터에 걸쳐 있는 부분을 지웁니다.

06 집중선 레이어의 불투명도를 100으로 되돌리고 밑바탕을 칠한 레이어와 결합하면 완성입니다.

이전 컷에서 벗어난 부분은 사각형 선택 도구로 선택하고 삭제(p.256/p.267)합니다.

TIPS 레이어 마스크로 감추기

래스터화하지 않고 레이어 마스크를 사용하는 방법(p.256/p.267)도 있습니다. 레이어 마스크로 캐릭터에 걸쳐 있는 부분을 숨깁니다. 래스터화하지 않더라도 '조작(操作)⇒오브젝트(オブジェクト)' 도구로 집중선을 재편집할 수 있습니다.

 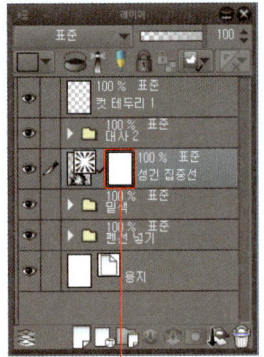

레이어 마스크로 숨깁니다.

'유선' 도구로 연출하기

'유선'⇨'성긴 유선' 도구로 그리기

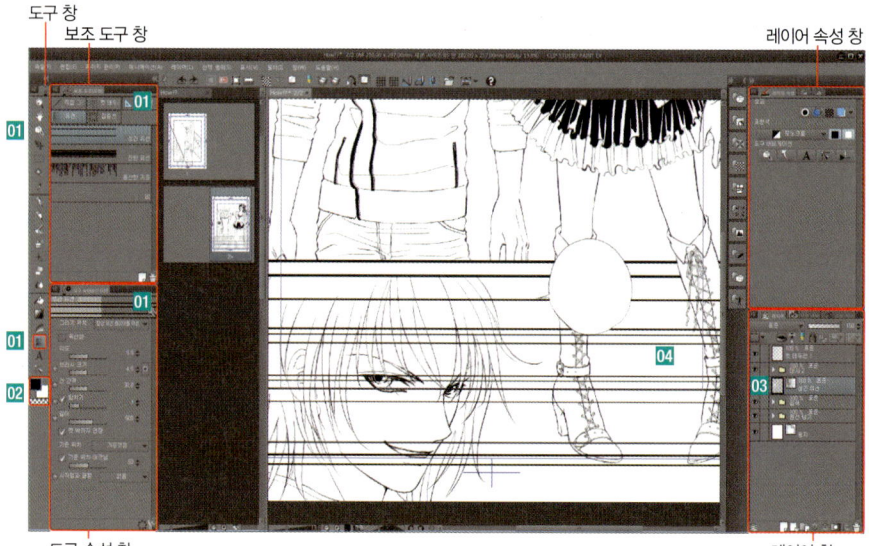

도구 창
보조 도구 창
레이어 속성 창
도구 속성 창
레이어 창

01 '유선(流線)'⇨'성긴 유선(まばら流線)' 도구를 선택합니다.

02 그리기색을 검은색으로 변경합니다.

03 유선을 그릴 때마다 신규 래스터 레이어가 자동으로 만들어지며 설정은 완료된 상태입니다.

04 캔버스 위를 클릭해나갑니다. 클릭으로 만들어진 곡선의 폭만큼 선이 그려집니다.

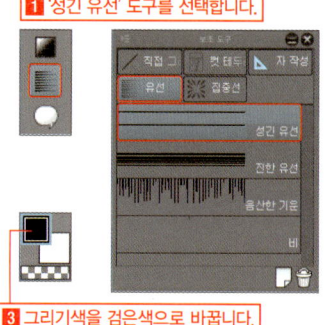

1 '성긴 유선' 도구를 선택합니다.

3 그리기색을 검은색으로 바꿉니다.

2 설정을 확인합니다.

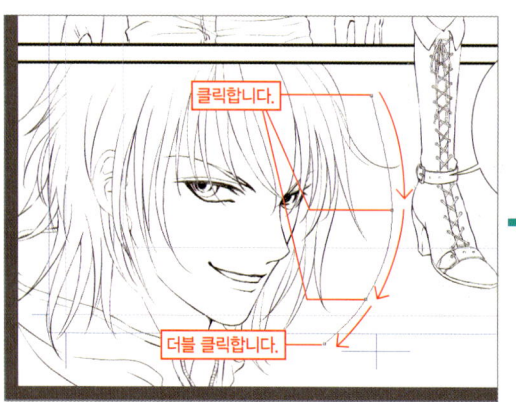

클릭합니다.
더블 클릭합니다.

SECTION 4.3 ● 효과선 그리기

▌'오브젝트' 도구로 선 다듬기

아래의 내용은 저자가 추천하는 순서입니다.

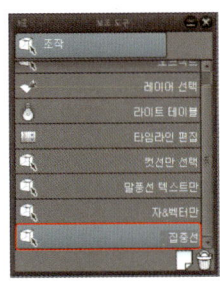
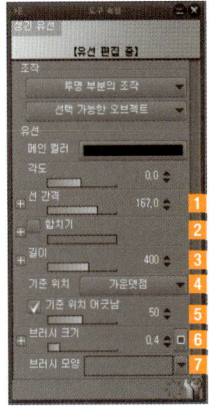

01 '집중선'과 '유선'만을 조작할 수 있게 사용자 설정으로 만든 '오브젝트' 도구(p.130)를 사용합니다.

02 도구 속성의 설정을 조절합니다.

> **3** **길이:** 선을 적절한 길이로 정해 전체적인 균형을 조절할 수 있습니다.
>
> **4** **기준 위치:** 기준 위치를 확인합니다.

● 기준 위치: 시작점

● 기준 위치: 가운뎃점

● 기준 위치: 끝점

1 '간격', '불규칙': 적절하게 설정합니다.
2 '합치기', '불규칙': 적절하게 설정합니다.
5 '기준 위치 어긋남': 적절하게 설정합니다.
6 '브러시 크기', '불규칙': 적절하게 설정합니다.
7 '브러시 모양': 별다른 설정을 하지 않아도 됩니다.

▌'유용한' 유선 만들기

01 붉은 핸들을 움직여 선의 기울기를 조절합니다.

이때 '도구 속성' 창의 '각도' 수치와 연동되어 있어 계속 달라집니다.

1 기울기를 조절합니다.

핸들 기울기가 선의 기울기와 연동됩니다.

02 핸들을 움직여 선의 수를 조절합니다.

2 선의 수를 조절합니다.

> **▶ 파란 선과 빨간 선**
>
> 유선 레이어를 선택하고 '오브젝트' 도구를 선택하면 파란 선과 빨간 선이 표시됩니다. 파란 선은 기준선의 가이드선, 빨간 선은 형태선의 가이드선입니다.

/r를 드래그해 붉은 선과 같은 각도로 조절하면 선이 조밀해집니다.

143

PART 4 ● 그림에 효과 넣기

03 유선의 범위를 넓히거나 전체 위치를 조절합니다.

범위 넓히기:
녹색 ▬를 드래그
이동: 선 위를 드래그

04 제어점을 이동·추가·삭제하며 조절합니다.

POINT ▶ 제어점 조작하기
제어점 추가, 제어점 삭제, 모서리 전환 등은 '선 수정'⇨'제어점' 도구(p.112)로 작업합니다.

05 핸들을 조작하거나 제어점을 움직이면 선이 두꺼워지므로 **03**의 방법으로 크기를 조절합니다.

06 '시작점'과 '끝점'을 조절합니다.

POINT ▶ '시작점'과 '끝점'
'시작점'과 '끝점'은 초기 설정일 때 도구 속성에 표시되지 않습니다. 보조 도구 상세에서 설정(p.56)합니다.

▌불필요한 부분 처리하기

유선을 래스터화하고 불필요한 부분을 지우거나 레이어 마스크로 불필요한 부분을 숨깁니다(p.256, p.267).

인물의 왼쪽 부분에도 유선을 넣었습니다.

✥ TIPS 곡선으로 만들기

빨간 핸들 위에 제어점을 추가하면 곡선으로 바꿀 수 있습니다. 제어점 추가, 제어점 삭제, 모서리 전환 등은 '선 수정' ⇨'제어점' 도구(p.91)로 작업합니다.

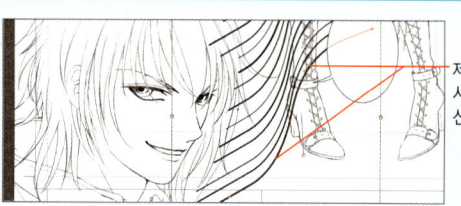

제어점을 추가하고 '모서리 전환'으로 곡선을 선택한 상태입니다.

SECTION 4.3 ● 효과선 그리기

쓸모 있는 유선 설정 이모저모

활용도 높은 설정의 예

❶

❷
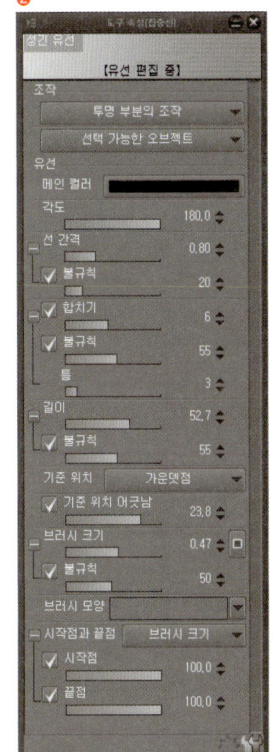

❶
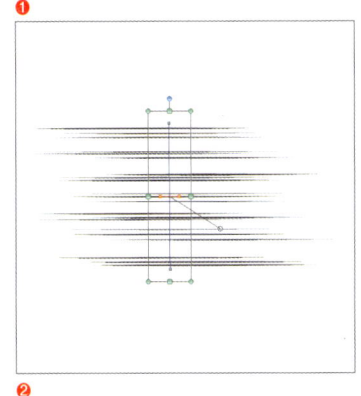

❷
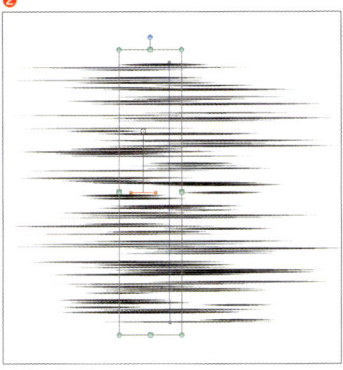

❸
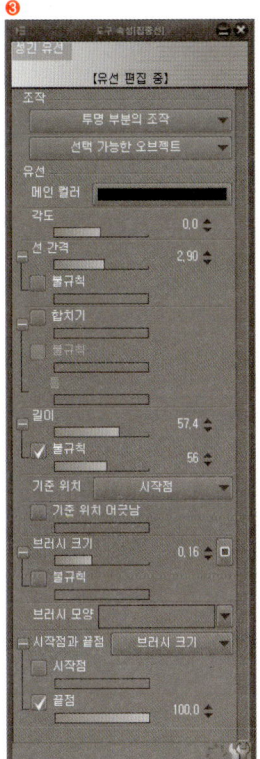

❹

❸
❹
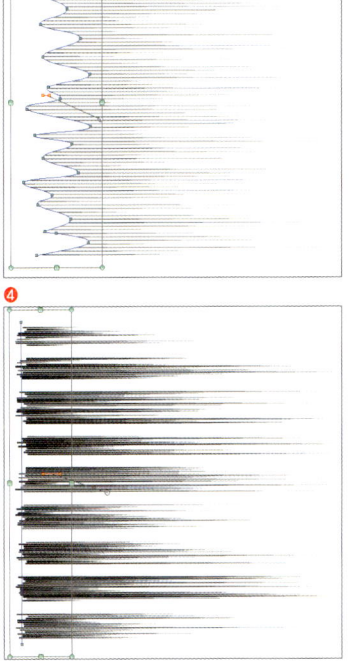

145

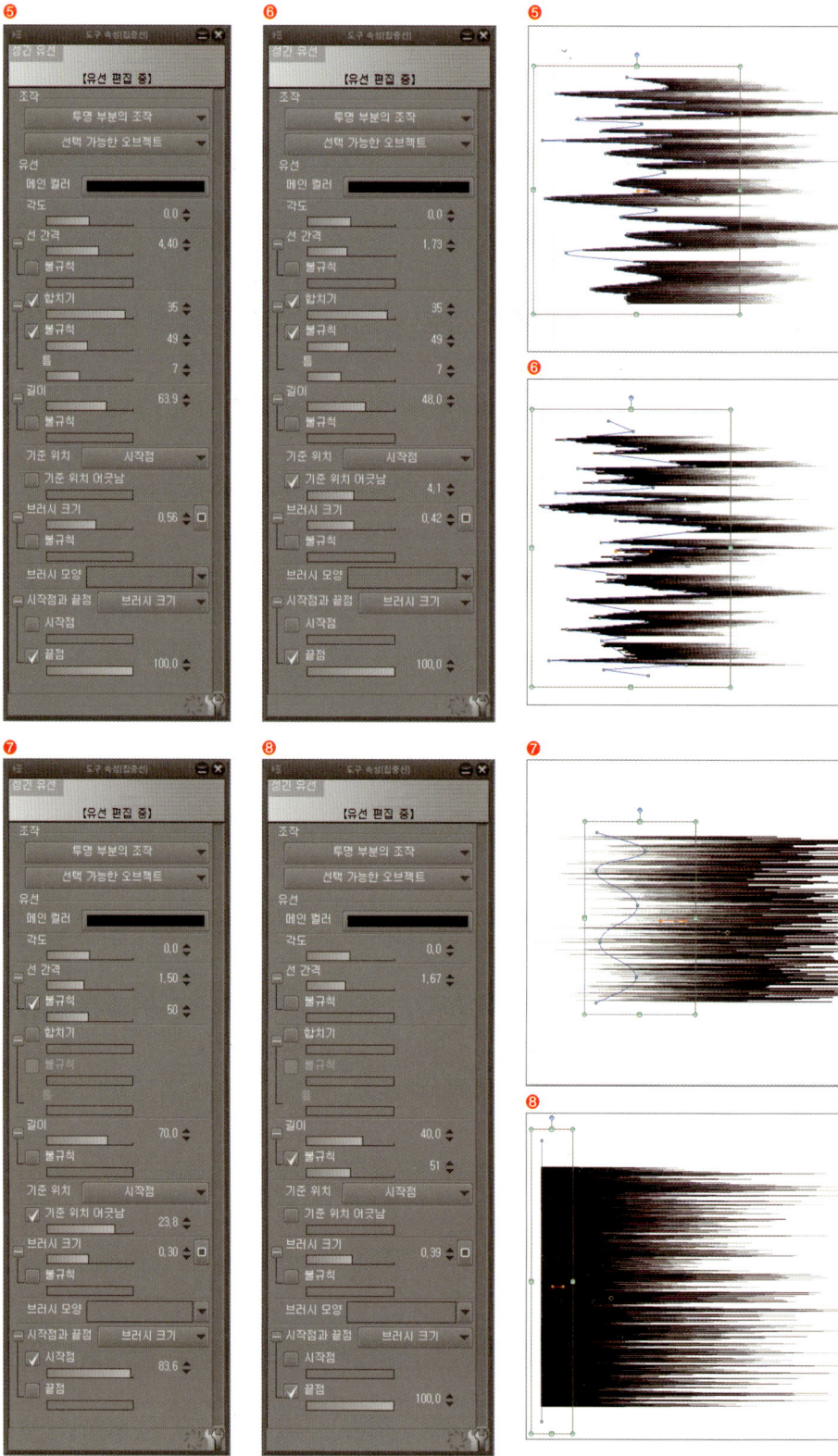

TIPS 완성한 유선을 소재 창에 등록하기

'유선'을 완성했다면 '소재' 창에 등록해둡니다. 등록한 소재를 사용할 때 조작 핸들로 재조절하여 다양하게 활용(p.195)할 수 있습니다. 속성 수치를 알고 있다면 '조작' 도구가 아니라 '유선' 도구에 새로운 보조 도구를 만들어 사용하는 방법(p.69)도 있습니다.

CLIP STUDIO PAINT digital comic lecture

PART 5
톤 작업의 기본

SECTION 5.1
기본 톤 붙이기

그물 톤, 선 톤, 노이즈 톤을 기본 톤이라고 합니다. 톤은 자유롭게 붙이거나 벗겨낼 수 있습니다. 붙인 뒤에도 '선 수(線数)', '농도(濃度)', '종류(種類)' 등을 변경할 수 있습니다.

전형적인 그물 톤 붙이기

'톤 레이어' 만들기

커맨드 바

레이어 창

01 '신규 톤(新規トーン)'을 클릭합니다. '레이어(レイヤー)' 메뉴의 '신규 레이어(新規レイヤー)'➡'톤(トン)'으로도 만들 수 있습니다.

02 '간이 톤 설정(簡易トーン設定)' 창이 나타납니다.

1 클릭합니다.

TIPS 커맨드 바 등록하기

그림의 커맨드 바는 사용자 설정으로 '신규 톤' 아이콘을 등록(p.18)했습니다.

간이 톤 설정

ComicStudio의 '간이 톤 설정'과 동일한 기능입니다.

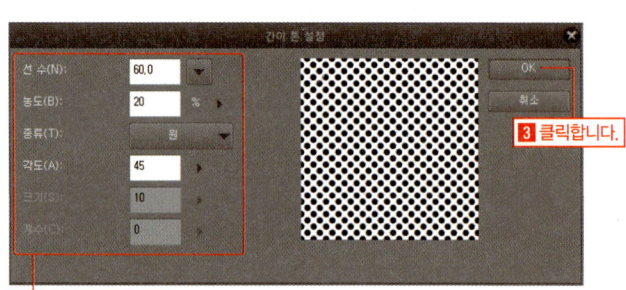

2 톤 설정을 합니다.

3 클릭합니다.

POINT ▶ 간이 톤 설정의 '종류'

간이 톤 설정에서는 그물의 종류를 '원(円)', '선(線)', '노이즈(ノイズ)' 이외는 거의 사용하지 않습니다. 무늬 톤은 여기서 설정하지 않고 '소재(素材)'를 이용합니다.

선 수: 그물의 조밀한 정도입니다. 60.0은 캐릭터의 그림자나 하늘의 구름 등에 자주 사용하는 설정입니다.
농도: 그물의 크기입니다. 그림자 톤은 일반적으로 10~20%를 자주 사용합니다.
종류: '원'=그물 톤, '선'=선 톤, '노이즈'=노이즈(모래) 톤입니다.
각도: '원'은 일반적으로 45도로 설정합니다. '선'은 임의의 수치로, '노이즈'는 설정하지 않아도 됩니다.
※'크기(サイズ)', '계수(係数)'는 '종류'가 노이즈일 때만 사용합니다.

SECTION 5.1 ● 기본 톤 붙이기

03 캔버스 전체에 톤을 붙입니다. 이때 자동으로 톤 레이어가 만들어집니다.

4 캔버스 전체에 톤이 적용되었습니다.

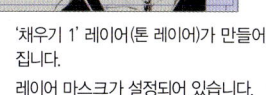

04 Delete 키를 누르면 톤이 보이지 않습니다. Delete 키를 누르면 레이어 마스크(p.256/p.267)가 검게 채워지고, 톤이 보이지 않게 됩니다.

5 톤 레이어가 만들어집니다.

'채우기 1' 레이어(톤 레이어)가 만들어집니다.
레이어 마스크가 설정되어 있습니다.

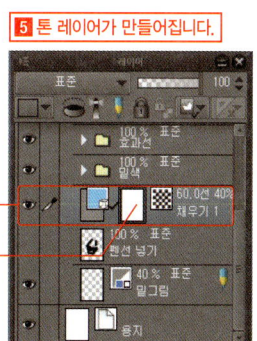

▶ '레이어 마스크' 검게 채우기

'레이어 마스크(レイヤーマスク)'를 검게 칠한다는 것은 '투명(透明)'으로 칠한 상태라는 의미입니다.

6 Delete 키를 누릅니다.

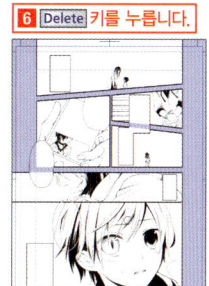
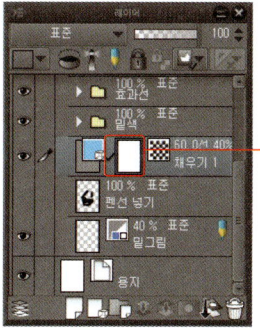
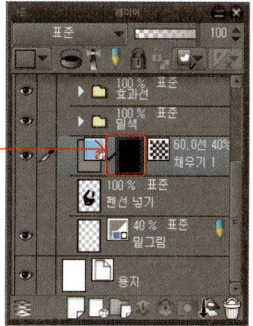

7 레이어 마스크가 채워지고 톤이 보이지 않게 됩니다.

▶ '톤 영역 표시' 활성화

톤을 붙이면 '톤 영역 표시(トーン領域表示)'가 활성화(전체가 연한 하늘색으로 보이도록 설정)되어 있을 때(p.158)가 있습니다.
'톤 영역 표시'는 색으로 표시되어 있지만, 이것은 컬러 톤이 아닙니다. 컬러 톤 설정(p.155)은 따로 있습니다.

톤 붙이기

도구 창
보조 도구 창
도구 속성 창
레이어 창

톤을 붙이거나 지울 때 '레이어 마스크(レイヤーマスク)'를 선택하고 작업합니다. '레이어'에서 작업하려고 하면 '정지(中止)' 마크가 표시되고 그리거나 깎아낼 수 없습니다.

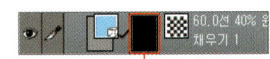

레이어 마스크를 (그림은 선택한 상태에서) 선택합니다.

01 '채우기(塗りつぶし)' ⇨ '다른 레이어 참조(他レイヤーを参照)' 도구를 사용합니다.

> ▶ **톤 붙이기 = 채우기**
> '톤을 붙인다'는 말은 '칠한다'는 뜻입니다. '칠한다'는 말은 '채우기' 도구나 '마커(マーカー)' 도구를 사용함을 의미합니다.

1 '다른 레이어 참조' 도구를 선택합니다.

2 확인합니다.

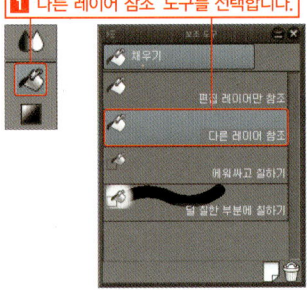

색의 오차: 0 (p.104)
영역 확대/축소: 해제 (p.100)
복수 참조: 모든 레이어 (p.103)

02 그리기색을 검은색으로 선택합니다.

> ▶ **그리기색**
> 정확하게는 '투명(透明)' 이외의 색, 즉 흰색이든 노란색이든 분홍색이든 유채색이라면 톤을 붙일 수 있습니다.

3 선택합니다.

03 클릭&드래그로 톤을 붙입니다.

4 클릭합니다.
5 드래그합니다.

SECTION 5.1 ● 기본 톤 붙이기

⊞ TIPS 빈틈이 생겼을 때 요령

구멍이 생겨 삐져나올 때

구멍이 생겨 삐져나올 때는 '마커 ➪ 채우기 펜(べた塗りペン)' 도구로 구멍을 메우고 칠합니다.

 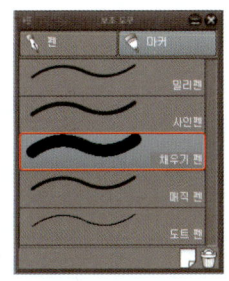 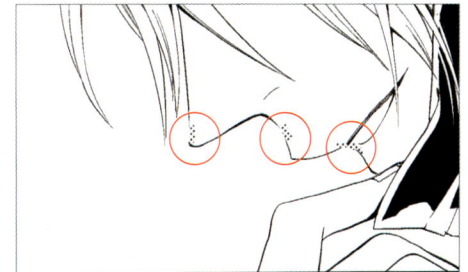

미세한 빈틈 채우기

미세한 빈틈은 '에워싸고 칠하기 (囲って塗る)'로 채웁니다. 이후의 작업은 밑바탕을 채울 때와 같습니다(p.102).
작업할 때는 톤의 영역 표시를 설정해둡니다.
톤을 붙인 부분을 컬러로 변경하면 작업할 부분을 쉽게 파악(p.158)할 수 있습니다.

 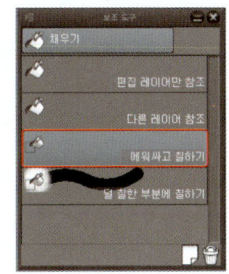 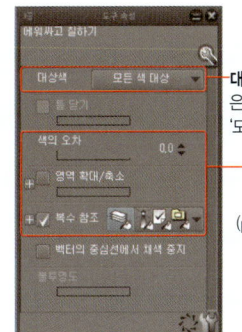

대상색(対象色): 톤이 구멍 난 부분은 '투명'입니다. '투명 부분만' 또는 '모든 색 대상'으로 선택합니다.

(p.150 참조)

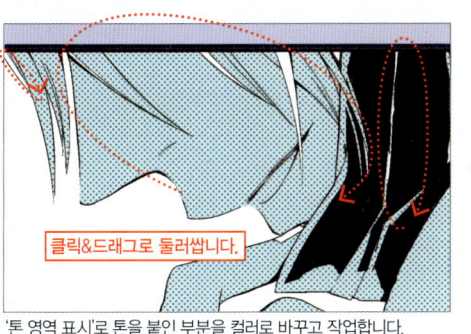

'톤 영역 표시'로 톤을 붙인 부분을 컬러로 바꾸고 작업합니다.

▌ 삐져나온 부분 처리하기

삐져나온 부분의 처리는 '지우개(消しゴム)' 도구로 지우거나 그리기색을 투명으로 바꾸고 '마커 ➪ 채우기 펜'으로 지우는 방법이 있지만, 아래의 순서를 추천합니다.

01 그리기색은 투명을 선택하고 '에워싸고 칠하기' 도구로 지웁니다.

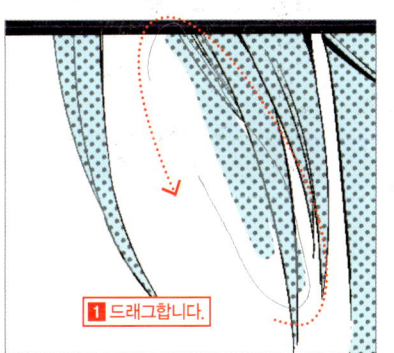 

PART 5 ● 톤 작업의 기본

02 오른쪽 그림처럼 삐져나온 부분이 많을 때는 구멍이 난 부분을 지우고 그리기색을 투명으로 선택한 다음, '다른 레이어 참조'로 채웁니다.

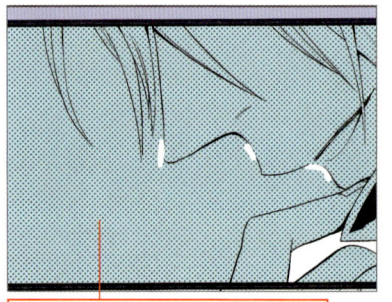 

2 '다른 레이어 참조'를 선택하고 클릭합니다.

▌ 레이어 마스크 확인하기

톤 작업을 할 때 레이어 마스크를 확인하면 톤이 붙어 있는 곳은 흰색, 톤이 숨겨진 부분은 검은색으로 보입니다.

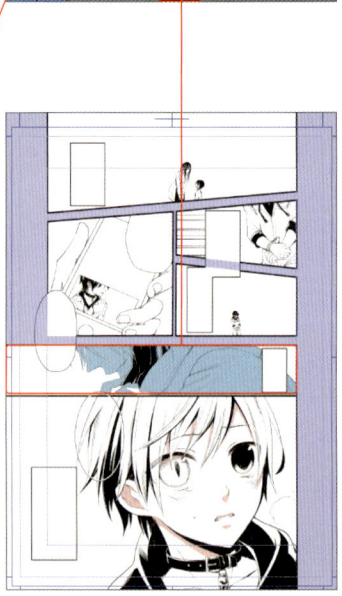

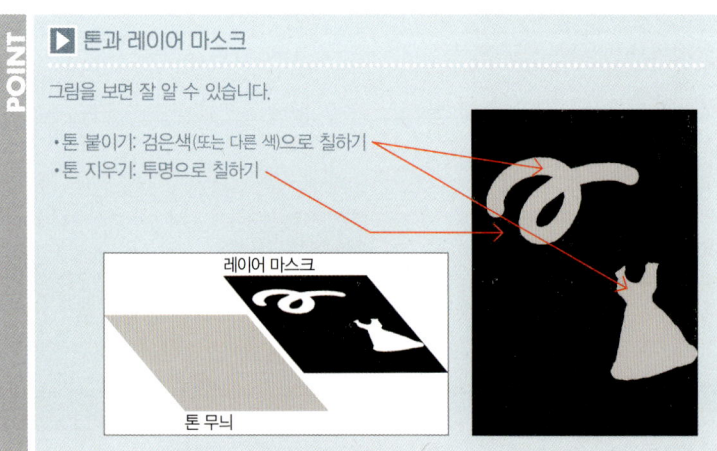

POINT ▶ 톤과 레이어 마스크

그림을 보면 잘 알 수 있습니다.

- 톤 붙이기: 검은색(또는 다른 색)으로 칠하기
- 톤 지우기: 투명으로 칠하기

● ComicStudio 톤 작업과의 차이점

'레이어 마스크'로 표시되는 '검은색'과 '흰색'을 고려하지 않고 톤을 붙일 때는 '검은색', 깎을 때는 '투명'이라고 생각하면 ComicStudio에서의 톤 작업과 동일합니다. 차이라면 톤을 붙이는 데 '검은색'뿐 아니라 '흰색'으로도, 노란색으로도, 분홍색으로도 붙일 수 있다는 점입니다.

SECTION 5.1 ● 기본 톤 붙이기

그림자 톤을 빠르게 붙이기

▌ 키워드는 '마커', '스포이트(Alt +클릭)', '채우기'

01 그림자 톤을 적용할 톤 레이어를 만듭니다. 이번에는 '종류(種類)'를 원(그물), '농도(濃度)'를 15%, '선수(線數)'를 50으로 설정(p.148)합니다.

02 그리기색은 검은색을 설정하고, '마커(マーカー)'⇨ '채우기 펜(べた塗りペン)' 도구로 작업합니다.

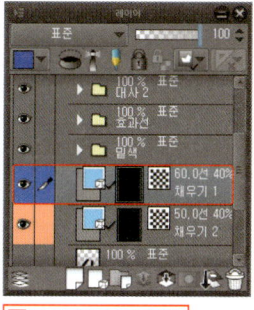

1 톤 레이어를 만듭니다.

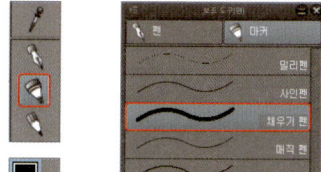

2 '채우기 펜' 도구를 선택합니다.

3 그리기색을 검은색으로 바꿉니다.

> **POINT** ▶ 팔레트 컬러와 톤 영역 표시
>
> 여기서는 그림자 톤이 구별되도록 '팔레트 컬러(パレットカラー)'와 '톤 영역 표시(トーン領域表示)'를 설정(p.158)합니다.

03 그림자 부분을 채웁니다.

04 넓은 부분은 선으로 그리고 '채우기'⇨'다른 레이어 참조'나 '에워싸고 칠하기' 도구로 채웁니다.

5 선택합니다.

4 그림자 부분을 칠합니다.

6 넓은 부분은 채웁니다.

TIPS Alt 키로 빠르게 작업하기

'마커(マーカー)', '채우기(塗りつぶし)' 도구를 사용할 때 Alt 키를 누르는 동안은 '스포이트(スポイト)' 도구가 됩니다. '스포이트' 도구로 '검은색'과 '투명'을 가져오면서 작업하면 톤을 빠르게 붙일 수 있습니다.

톤을 붙일 때

Alt 키로 톤을 붙인 영역을 클릭해 검은색을 가져와 그립니다.

톤을 지울 때

Alt 키로 톤이 없는 영역을 클릭하고 투명을 가져와 그립니다.

Alt 키와 스포이트 도구

Alt 키로 색을 가져올 때는 보조 도구로 선택한 스포이트가 됩니다. 따라서 보조 도구의 스포이트는 '레이어에서 색 취득(レイヤーから色を取得)' 작업 중인 톤용 레이어에서 색을 가져오도록 설정합니다.

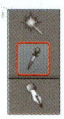
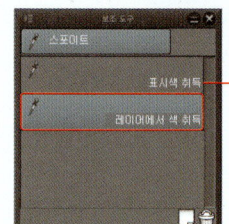

표시 색 취득(表示色を取得): 어떤 레이어를 선택하든 표시되는 색을 가져옵니다.

붙인 톤을 설정으로 변경하기

레이어 속성 창에서 설정 바꾸기

레이어 속성 창

SECTION 5.1 ● 기본 톤 붙이기

톤의 종류를 바꿀 때는 주로 다음의 3가지 항목을 설정합니다.

1 톤 선 수(トーン線数): 수치가 작을수록 점이 크고 수치가 큰 만큼 작아집니다. 톤 선 수는 일반적으로 오른쪽 그림에 표시되는 수치(27.5~65.0) 중 1가지를 자주 사용합니다.

2 농도(濃度): '지정 농도 사용(指定の濃度を使用)'을 선택합니다. 일반적으로 5~60% 범위에서 5% 단위로 지정합니다.

레이어의 불투명도 반영(レイヤー不透明度を反映): 레이어의 불투명도에 맞게 무늬를 다시 그립니다.

● 레이어의 불투명도 반영: 있음 (왼쪽)/없음 (오른쪽)

 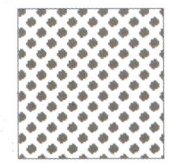

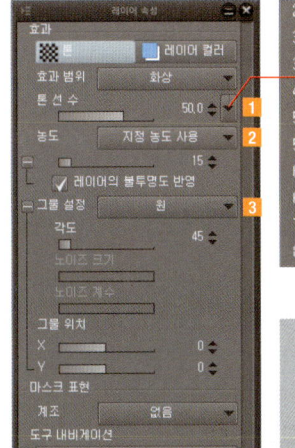

▶ **큰 점**
톤 선 수를 10, 농도를 1~3%로 설정하면 물방울무늬로 사용할 수 있는 아주 거친 점이 됩니다.

3 그물 설정(網の指定): '원(円)'은 각도를 45도로 합니다. '선(線)'은 임의로 정합니다.
'노이즈(ノイズ)'는 '크기(サイズ)' 수치에 따라서 거친 느낌으로 변합니다.

▶ **지정된 농도 사용**
무늬 톤 등에는 '화상 휘도(밝기) 사용(画像の輝度を使用)'을 선택(p.203)할 때도 있습니다.

레이어 속성 창에서 지정할 수 있는 여러 효과

레이어 속성 창에서 여러 설정으로 톤을 변경할 수 있습니다.

레이어 컬러 설정하기

레이어상의 색을 지정색으로 설정하려면 **4** 의 레이어 컬러를 활성화합니다. 초기 설정은 하늘색으로 지정되어 있습니다. **8** 의 레이어 컬러 항목이 표시되고 컬러 톤의 색을 선택할 수 있게 됩니다.

레이어 컬러: 표시

일반적인 표시

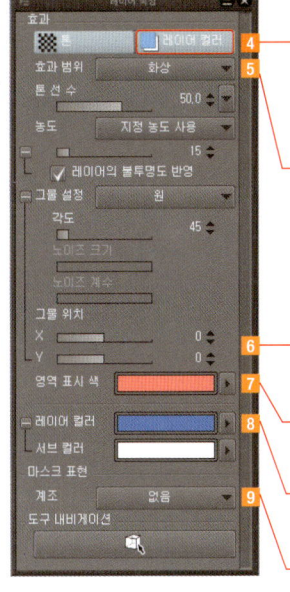

레이어 컬러(レイヤーカラー): 활성화하면 레이어상의 색을 지정된 색으로 표시합니다. 톤은 컬러 톤이 됩니다.

효과 범위(効果範囲): 톤을 (깎는 것이 아니라) 그라데이션으로 흐리게 표현할 때 사용(p.156)합니다.

그물 위치(網の位置): 점의 위치를 설정하는 선의 수치를 확인(p.157)합니다.

영역 표시 색(領域表示色): 톤을 붙인 부분을 색으로 표시(p.158)합니다.

레이어 컬러: 톤의 색을 선택합니다. **4** 를 활성화하면 표시됩니다.

계조(階調): 그라데이션으로 흐리게 표현할 때 활성화(p.190)됩니다.

▶ **화이트 톤·컬러 톤**
화이트 톤은 **4** 의 레이어 컬러를 활성화하고 **8** 의 '레이어 컬러'의 색을 '흰색'으로 설정합니다. 인쇄, 출력 시에 표현색을 'RGB'로 선택하면 컬러 톤으로 인쇄, 출력(p.300)됩니다.

톤을 그라데이션으로 흐리게 만들기

톤을 깎는 것이 아니라 그라데이션으로 흐리게 표현할 때는 9의 계조를 설정합니다.

레이어 마스크는 256계조(256색)가 되고, 검은색·흰색뿐 아니라 그레이로도 표현할 수 있습니다.

● 계조: 있음

● 계조: 없음

계조를 '있음'으로 설정했다면 '에어브러시(エアブラシ)' ⇨ '부드러움(柔らか)' 도구를 선택하고 그리기색을 투명으로 설정한 다음 캐릭터의 윤곽을 반투명으로 지웁니다.

1 '부드러움' 도구를 선택합니다.

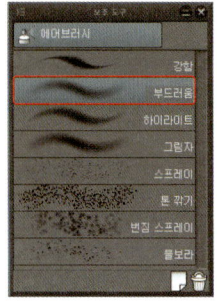

2 그리기색을 투명으로 하고 채웁니다.

5의 효과 범위를 '마스크 범위(マスクの範囲)'로 설정하면 그레이로 흐리게 한 부분의 점이 조금씩 작아집니다. 인쇄, 출력 시에도 표현색을 '모노크롬 2계조(モノクロ2階調)'로 선택하면 동일하게 표현할 수 있습니다.

3 그레이 부분의 점이 점차 작아집니다.

✚ TIPS '덜 칠한 부분에 칠하기'

'채우기(塗りつぶし)' ⇨ '덜 칠한 부분에 칠하기(塗り残り部分に塗る)' 도구도 미세한 빈틈을 채울 때 편리합니다.

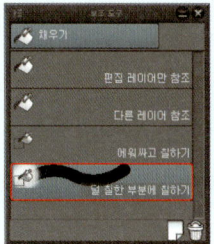

● 선이 완전히 이어진 영역을 채우면 깨끗하게 색이 들어갑니다.

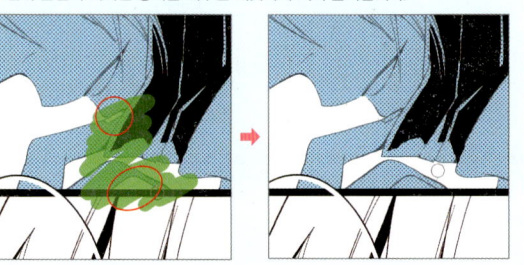

SECTION 5.1 ● 기본 톤 붙이기

톤을 겹쳐서 붙이기

6 의 그물 위치는 톤을 이중으로 붙일 때 사용합니다. 톤의 점을 조작할 때는 '레이어 이동(レイヤー移動)' 도구가 편리합니다.

1 '레이어 이동' 도구를 선택합니다.

2 확인합니다.

● 2종류의 톤을 겹쳐서 붙이면 톤이 정확하게 일치합니다.

'원', '50선', '10%'와 '원', '50선', '25%'의 톤을 겹쳐서 붙였습니다.

그러나 점이 꼭 맞게 겹쳐져 있으므로 중복 톤이 될 수 없습니다.

● '그물 위치'의 수치를 보면서 레이어 이동 도구로 점을 움직입니다.

'레이어 이동' 도구로 점의 위치를 움직입니다. 점의 위치가 움직이면 연동되어 있는 6 의 '그물 위치(網の位置)'를 나타내는 수치가 달라집니다.

POINT ▶ 그물 톤을 겹쳐서 붙이기

그물 톤을 겹쳐서 붙일 때의 포인트는 아래와 같습니다.

- 톤의 선 수를 동일하게 설정합니다. 선 수가 다르면 톤을 겹쳐서 붙였을 때 얼룩이 생깁니다.
- 점과 점 사이에 점이 위치하도록 나열합니다.
- 모니터 표시에 주의하세요.

점이 겹친 상태로 축소(아래 그림)하면 디스플레이상에서는 이중으로 붙어 있는 것처럼 보입니다. 그러나 인쇄나 출력 시 이중으로 붙어 있는 것처럼 표현되지 않습니다. 반드시 모니터를 확대하고 점의 상태를 확인합니다.

● 화면: 축소

● 화면: 확대

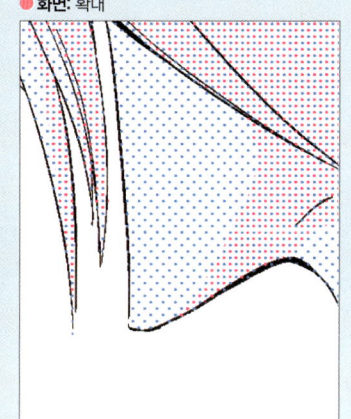

PART 5 ● 톤 작업의 기본

■ 삐져나오거나 덜 붙인 부분 확인하기

'표시(表示)' 메뉴의 '톤 영역 표시(トーン領域表示)'⇨ '모든 톤 영역 표시(すべてのトーン領域を表示)'를 선택하면 표시됩니다.

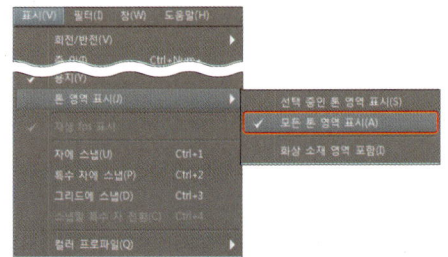

톤을 붙인(검은색으로 채운) 부분이 7 항목의 영역 표시 색과 동일한 색으로 표시됩니다. 벗어나거나 덜 붙인 부분을 확인하는 데 쓰이는 기능입니다. 이 표시 색은 인쇄 시 반영되지 않습니다.

※컬러 톤(색이 들어간 점)과는 다릅니다.

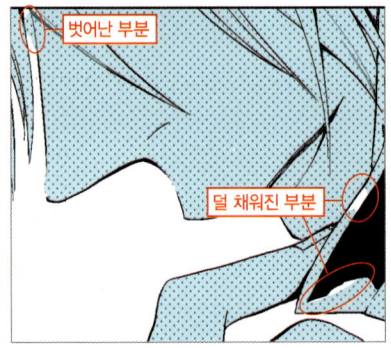

POINT ▶ '레이어 컬러'에 주의

래스터 레이어에서 레이어 컬러를 하늘색으로 설정하면 원래는 검은색이지만, 표시 색이 하늘색이므로 스포이트로 색을 가져오면 검은색이 아니라 하늘색입니다.
한편 톤 레이어는 스포이트로 색을 가져오면 표시 색이 아니라 '검은색' 또는 '투명'입니다.

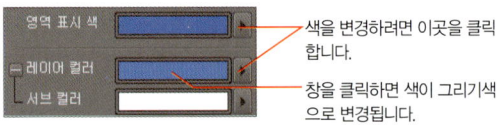

색을 변경하려면 이곳을 클릭합니다.
창을 클릭하면 색이 그리기색으로 변경됩니다.

✚ TIPS 톤을 잘못 붙이는 실수를 막기 위한 설정

톤 영역 표시와 팔레트 컬러를 같은 색으로 설정하면 잘못 붙이는 실수를 막을 수 있습니다.

● 영역 표시 색: 변경

클릭으로 변경합니다.

● 팔레트 컬러: 변경

리스트 이외의 색도 선택할 수 있습니다.

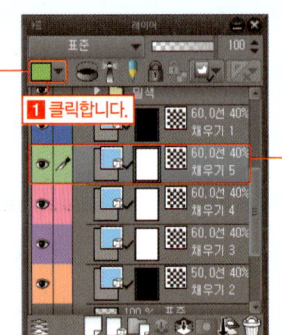

어느 톤 레이어로 어떤 톤을 붙였는지 쉽게 구별할 수 있습니다.

● 톤 영역 표시와 팔레트 컬러

ComicStudio 속성에서 '팔레트 색'과 '톤 영역 표시'는 동일한 기능입니다.

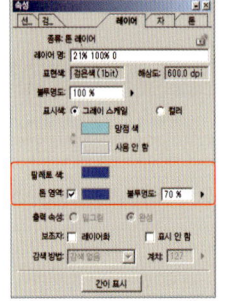

✚ TIPS 톤 영역 표시는 커맨드 바에서 하기

톤 영역 표시는 커맨드 바에 넣어두면(p.18) 편리합니다.

SECTION 5.1 ● 기본 톤 붙이기

톤 예쁘게 지우기(방향 지우기/흐리게 지우기)

방향 지우기

방향 지우기에는 평행선자를 이용합니다.

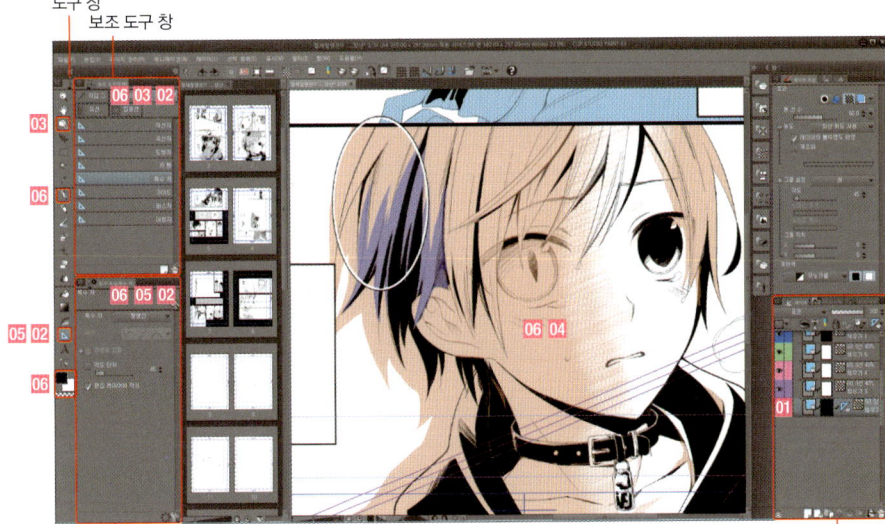

도구 창
보조 도구 창
도구 속성 창
레이어 창

01 깎을 '채우기(톤 레이어)'를 선택합니다.

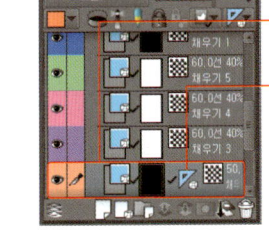

1 깎을 레이어를 선택합니다.
5 자의 레이어 아이콘이 표시됩니다.

02 선택한 레이어에 '특수 자(特殊定規)'⇨'평행선(平行線)'을 만듭니다.

2 '특수 자' 도구를 선택합니다.

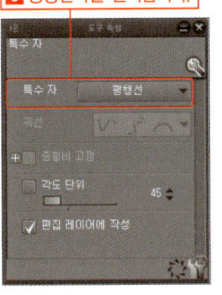

3 평행선자를 선택합니다.

4 드래그합니다.

03 '조작(操作)'⇨'오브젝트(オブゼェクト)' 도구를 선택합니다. 여기서는 자와 벡터 레이어만을 선택, 조작할 수 있도록 사용자 설정을 한 도구('자&벡터만' 도구)를 사용(p.111)합니다.

6 '오브젝트' 도구를 선택합니다.

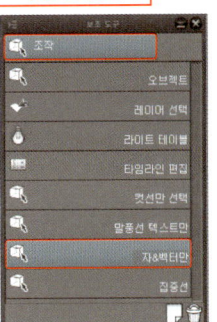

159

04 평행선 특수 자를 클릭으로 선택합니다.

05 각도에 '-22'를 입력합니다.

> **POINT** ▶ 방향 지우기의 각도
> 그물 톤을 방향 지우기를 할 때 일반적으로 22도(23도)로 자주 설정합니다.

7 클릭합니다.

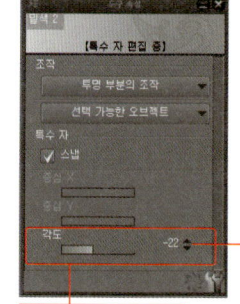

8 각도를 설정합니다.
'-22'를 입력합니다.

06 그리기색을 투명으로 바꾸고, '펜(ペン)'➪'G펜(Gペン)' 도구로 지웁니다.

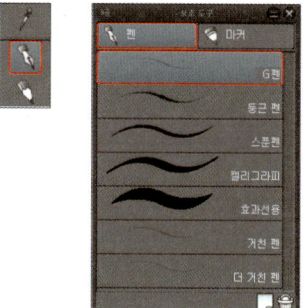

9 'G펜' 도구를 선택합니다.

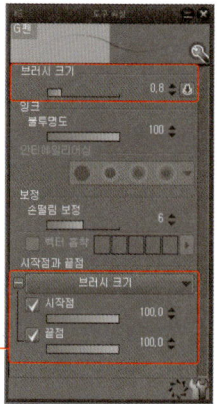

10 설정합니다.

크기=0.7~0.9 정도, '시작점'과 '끝점'을 모두 설정하면, 커터칼로 깎아낼 때와 같은 느낌이 됩니다.

시작점은 가늘므로 톤의 테두리에서 조금 떨어진 위치에서 시작하면 테두리 부분을 두껍게 지울 수 있습니다.

● 톤 영역 표시: 설정

● 톤 영역 표시: 해제

> **POINT** ▶ 특수 자에 스냅
> 커맨드 바의 '특수 자에 스냅(特殊定規にスナップ)'이 설정되어 있으면 '자(定規)'가 반응합니다.

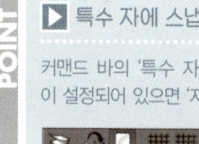

SECTION 5.1 ● 기본 톤 붙이기

흐리게 지우기 1

레이어 하나에 여러 개의 평행선 특수 자를 만드는 작업을 합니다.

01 톤 레이어 위에 평행선 특수 자를 하나 더 만듭니다.

1 평행선 자를 하나 더 만듭니다.

02 도구 속성에서 각도를 68도로 설정합니다.

2 각도를 68도(-22도와 직교)로 설정합니다.

-22도의 평행선 특수 자

 POINT ▶ 흐리게 지우기의 각도

앞에서(p.160) 설정한 -22도와 직각이 되도록 설정합니다. 흐리게 지울 때도 22도를 자주 사용합니다.

03 'G펜' 도구로 지웁니다.

3 깎아나갑니다.

04 4방향으로 깎을 때는 자를 2개 더 추가합니다.

4 자를 2개 더 추가하고 4방향으로 지웁니다.

POINT ▶ 평행선 특수 자를 변경하기

스냅을 설정할 '평행선 특수 자'를 전환할 때는 '조작'↳'오브젝트' 도구로 선택합니다.

TIPS [Ctrl] 키로 자를 변경하면서 빠르게 작업하기

'G펜' 도구로 지우면서 [Ctrl] 키로 '조작' 도구로 바꾸고 스냅을 설정할 자를 선택(p.125)합니다.

먼저 '평행선 특수 자' 위를 클릭해 선택합니다.

◇를 클릭하면 '자'가 보라색이 됩니다. 보라색으로 표시된 '자'에 스냅 설정을 합니다.

흐리게 지우기 2

데코레이션 도구를 이용해 지웁니다. 데코레이션에 대한 상세한 정보는 202페이지 설명을 참고하세요.

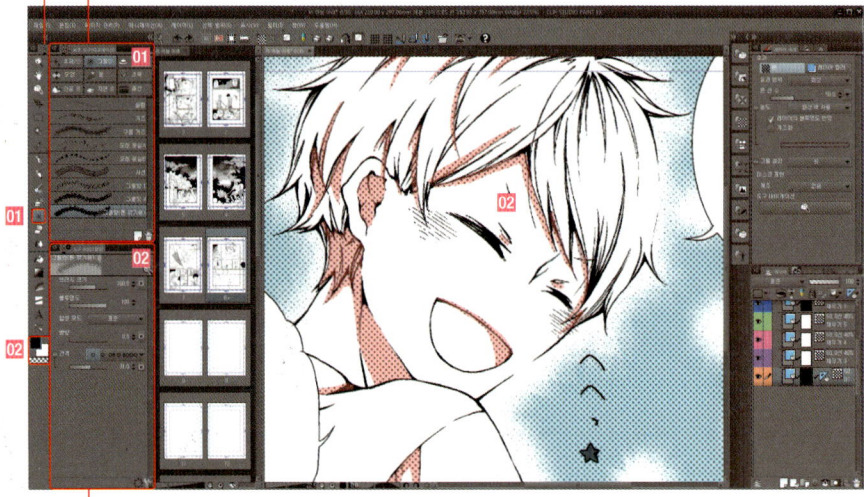

01 '그물망(カケアミ)' ⇨ '그물망(톤 깎기용)' 도구를 선택합니다.

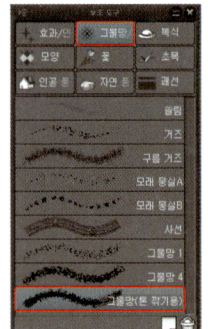

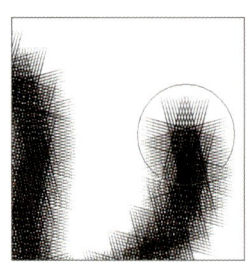

래스터 레이어에 이런 느낌의 브러시입니다.

02 그리기색은 투명으로 선택하고 적절한 크기로 톤을 깎아냅니다(지웁니다).

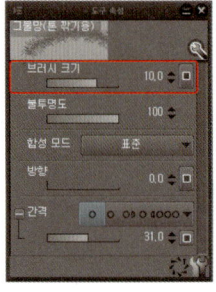

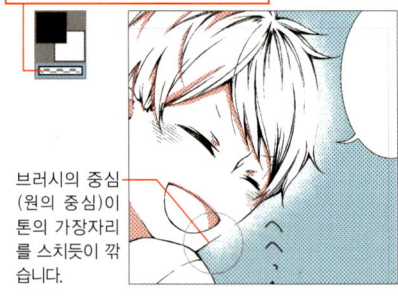

브러시의 중심(원의 중심)이 톤의 가장자리를 스치듯이 깎습니다.

● 그물망 1로 깎은 상태

● 오리지널 데코레이션 브러시(p.216)로 깎은 상태

POINT ▶ 브러시 크기

'그물망'처럼 모노크롬 2계조 브러시의 크기가 지나치게 크면 선이 거칠어지고 지나치게 작으면 선이 끊어져 무늬를 제대로 표현할 수 없습니다. 톤 깎기용 브러시는 선의 두께, 길이가 다른 브러시를 여러 가지 만들어두면(p.216) 좋습니다.

SECTION 5.1 ● 기본 톤 붙이기

래스터 레이어를 톤으로 바꾸기

기본 톤은 래스터 레이어의 레이어 속성을 설정하고 톤으로 변경해 붙일 수 있습니다.

밑바탕을 칠한 레이어를 톤으로 바꾸기

래스터 레이어의 밑바탕을 채우고 톤으로 변경합니다. 밑바탕 관련 세부 사항은 SECTION 4.1 '밑바탕 칠하기'(p.100)를 참고하세요.

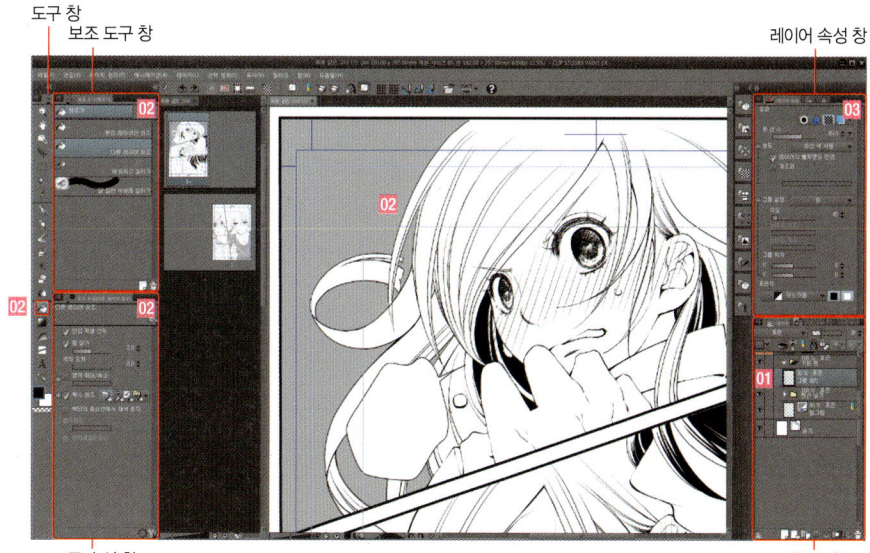

01 신규 래스터 레이어(ラスターレイヤー)를 만들고, 불투명도를 30%로 낮춥니다.

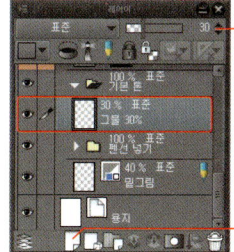

02 '채우기' 도구 등으로 밑바탕을 칠합니다.

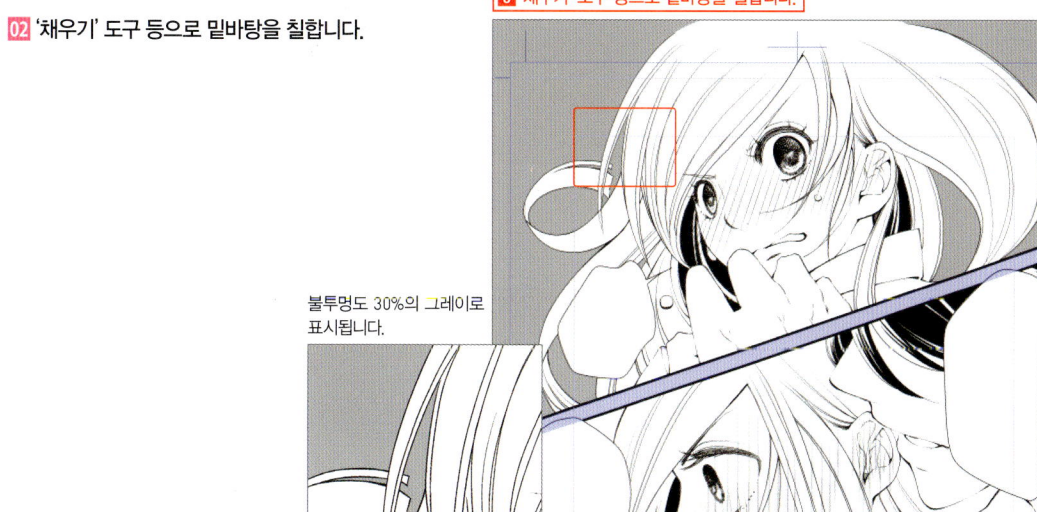

PART 5 ● 톤 작업의 기본

03 레이어 속성 창의 톤 버튼을 클릭하고 설정합니다.

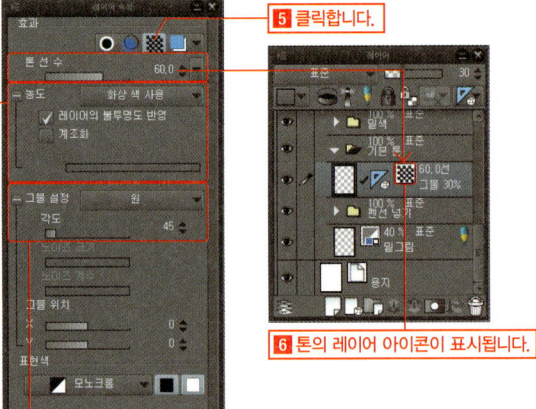

5 클릭합니다.

아래의 POINT 참고

6 톤의 레이어 아이콘이 표시됩니다.

그레이 부분이 톤으로 표시됩니다.

4 톤 선 수·농도·그물 설정을 정합니다.

POINT ▶ 톤으로 변경할 레이어의 색과 레이어 속성의 농도 설정

표현색이 모노크롬이면 톤을 붙일 때 반드시 '검은색'이어야 합니다. '노란색'이나 '분홍색' 등 휘도(밝기)가 높은 색을 칠하면 의도한 대로 톤을 붙일 수 없습니다.(p.174)

- '농도(濃度)'를 '화상 색 사용(画像の色を使用)'으로 지정하면 휘도가 높은 색을 칠했을 때 화이트 톤이 됩니다.
- '농도'를 '화상 휘도 사용(画像の輝度を使用)'으로 지정하면 휘도가 높은 색으로는 톤을 붙일 수 없습니다.

※표현색이 그레이라면 휘도(밝기)와 동일한 농도의 톤을 붙일 수 있습니다.

표현색이 그레이라면 톤이 256계조(256색)로 표현(p.156)됩니다. 그레이로 톤을 붙이려면 '에어브러시(エアブラシ)⇨부드러움(柔らか)' 도구가 사용하기 편합니다.

SECTION 5.2
그라데이션 톤 붙이기

그라데이션은 선택 범위를 확보하고 나서 붙입니다. '그라데이션 레이어'에 붙은 톤은 붙인 뒤에도 톤의 '종류', '선 수', '농도'나 그라데이션의 '방향', '폭' 등으로 자유롭게 조절할 수 있습니다.

선택 범위 만들기

■ '자동 선택' ➡ '다른 레이어 참조 선택' 도구로 선택 범위 만들기

도구 창
보조 도구 창
도구 속성 창

01 '자동 선택(自動選択)' ➡ '다른 레이어 참조 선택(他レイヤー参照選択)' 도구를 선택합니다.

02 설정을 확인합니다.

> **POINT** ▶ '자동 선택' 도구 설정하기
> 자동 선택 도구의 상세 설정은 '채우기(塗りつぶし)' 도구의 해설(p.103)을 참고하세요.

1 '다른 레이어 참조 선택' 도구를 선택합니다.

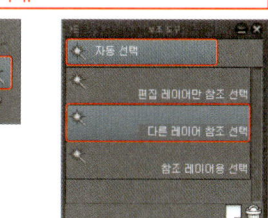

2 설정을 확인합니다.

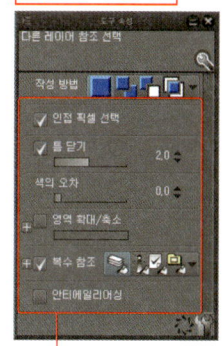

인접 픽셀 선택: 설정
틈 닫기: 적절한 수치
색의 오차: 0.0
영역 확대/축소: 해제
복수 참조: 설정
안티에일리어싱: 적절한 수치

03 드래그로 선택 범위를 지정하면 선택 영역이 점선으로 표시됩니다.

> **POINT** ▶ 선택 범위 만들기
> 처음 클릭한 영역은 '투명'입니다. '흰색'이 아닙니다. 그대로 드래그하면 선택된 '투명' 부분이 선택(p.101)됩니다.

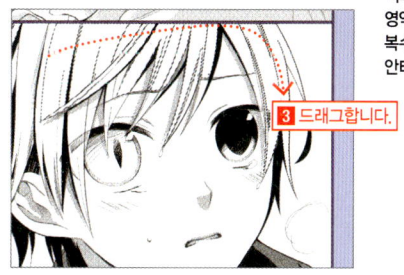

3 드래그합니다.

퀵 마스크로 선택 범위 편집하기

선택 범위가 작고 복잡할 때는 어디를 선택했는지 구별하기 어렵습니다. 선택 범위 확인·편집에는 퀵 마스크가 효과적입니다.

01 퀵 마스크를 활성화합니다.

'선택 범위(選択範囲)' 메뉴에서 '퀵 마스크(クイックマスク)'를 선택하거나 커맨드 바의 퀵 마스크를 클릭합니다. 그림의 커맨드 바는 사용자 설정으로 변경된 상태(p.18)입니다.

02 선택 범위가 빨간색으로 표시됩니다.

03 '마커(マーカー)'⇨'채우기 펜(べた塗りペン)' 도구나 '채우기(塗りつぶし)'⇨'다른 레이어 참조(他レイヤーを参照)', '에워싸고 칠하기(囲って塗る)' 도구 등을 사용해 빈틈이나 삐져나온 부분을 수정합니다.

04 퀵 마스크를 해제하면 붉은 부분이 선택 범위가 됩니다.

SECTION 5.2 ● 그라데이션 톤 붙이기

POINT ▶ 선택 범위 편집하기

퀵 마스크를 설정한 상태에서 빨간색으로 채운 부분은 퀵 마스크를 해제했을 때 선택 범위가 됩니다. 즉 선이 없는 영역도 선택 범위로 지정(p.171)할 수 있습니다.
오른쪽 그림은 그림자를 선택 범위로 지정한 상태입니다. 이것을 이용해 그림자 부분에 그라데이션 톤을 붙일 수 있습니다.

05 퀵 마스크를 설정하면 자동으로 퀵 마스크 레이어가 나타나고 해제하면 사라집니다.

다른 레이어에서의 작업이 가능

ComicStudio는 퀵 마스크를 설정한 상태에서는 다른 레이어를 사용할 수 없습니다. 즉 퀵 마스크 작업만 할 수 있습니다.

POINT ▶ 퀵 마스크 레이어

퀵 마스크 레이어를 설정해도 보통 다른 레이어를 사용해 일반적인 작업을 할 수 있습니다. 다른 레이어를 선택했는데도 퀵 마스크를 설정하면 선택 범위가 표시됩니다.

✚ TIPS 선택 범위 저장하기

'퀵 마스크 레이어'는 일시적인 선택 범위 저장에 이용할 수 있습니다. 하지만 선택 범위를 저장하고 싶을 때는 '선택 범위 스톡(選択範囲をストック)'(p.172)이 편리합니다.

그라데이션 톤 붙이기

그라데이션 도구로 톤 붙이기

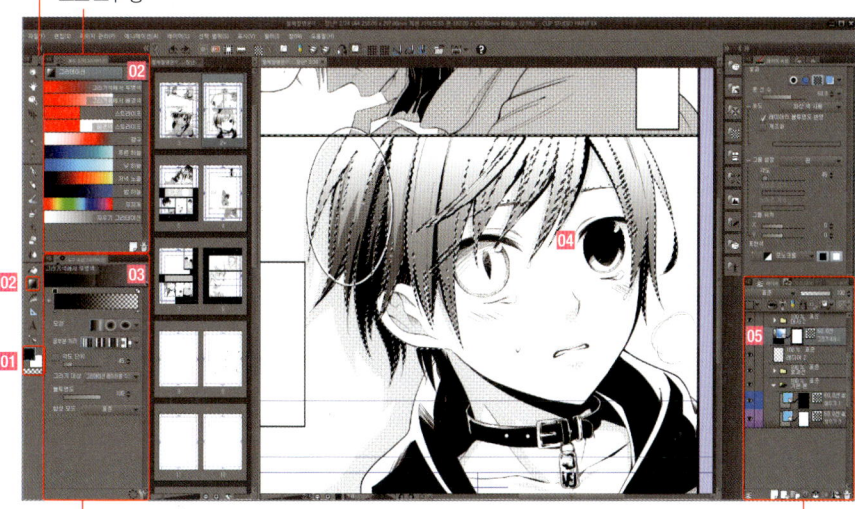

선택한 범위에 그라데이션 톤을 붙입니다.

01 그리기색을 검은색으로 선택합니다.

1 선택합니다.

POINT ▶ 그리기색에 주의

퀵 마스크를 편집할 때 Alt 키(스포이트 도구)로 색을 찍으면서 작업하면 그리기색이 빨갛게 되므로 주의합니다.

167

02 '그라데이션(グラデーション)' ⇨ '그리기색에서 투명색(描画色から透明色)' 도구를 선택합니다.

03 도구 속성에서 그리기 대상(画描対象)을 '그라데이션 레이어를 작성(グラデーションレイヤーを作成)'으로 선택합니다. 그라데이션 레이어에 붙인 톤은 '그물 설정', '톤 선 수' 등에서 차후에 변경할 수 있습니다.

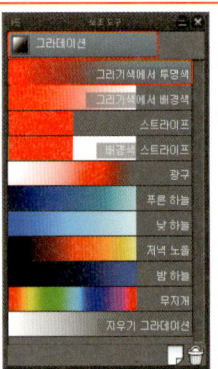

2 그리기색에서 투명색 도구를 선택합니다.

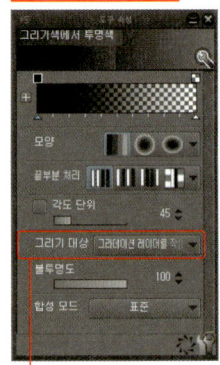

3 설정을 확인합니다.

그리기 대상: 그라데이션 레이어를 작성
※그 외의 설정은 '조작', '오브젝트' 도구의 도구 속성(p.169) 설명을 참고하세요.

04 드래그로 톤을 적용합니다.

4 드래그합니다.

05 그라데이션 레이어가 만들어집니다.
그라데이션 레이어는 톤을 적용하면 만들어지고, 여러 종류의 톤을 각각 편집할 수 있습니다.

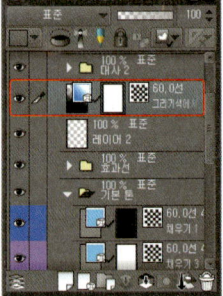

▶ **채우기**

POINT

그라데이션 톤을 '채우기(塗りつぶし)' 도구로 지울(벗길) 때는 사용자 설정으로 만든 '채우기' 도구(p.185)를 사용합니다.

TIPS 단일 레이어에 붙이기

1장의 '래스터 레이어'에 여러 개의 그라데이션 톤을 붙이는 방법(p.177)이 있습니다.

06 선택을 해제합니다.

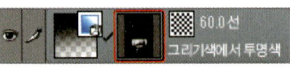

완성한 그라데이션 레이어에도 레이어 마스크를 적용(p.152)한 상태입니다. 이미 지정한 선택 범위(머리카락 부분)에만 톤이 표시됩니다(하얗게 변했습니다).

그라데이션 레이어도 톤 레이어와 마찬가지로 레이어 마스크 위에서 그리거나 지우면, 톤을 덧붙이거나 깎아낼 수 있습니다.

SECTION 5.2 ● 그라데이션 톤 붙이기

그라데이션 톤의 시작 지점·방향·폭 조절하기

'조작'➡'오브젝트' 도구를 사용해 캔버스 위에서 조절하기

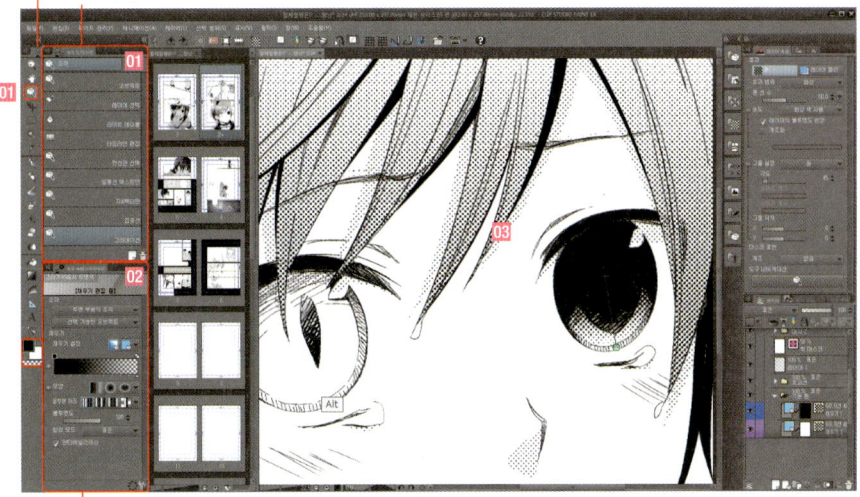

도구 창
보조 도구 창
도구 속성 창

눈동자에 그라데이션 톤을 붙여보겠습니다.

01 '조작(操作)'➡'오브젝트(オブ ゼェクト)' 도구를 선택합니다.

 '오브젝트' 도구를 선택합니다.

02 그라데이션 레이어만 조작할 수 있도록 사용자 설정(p.82/p.115)을 합니다.

사용자 설정으로 제작한 도구는 구별하기 쉬운 이름을 정해 등록합니다.

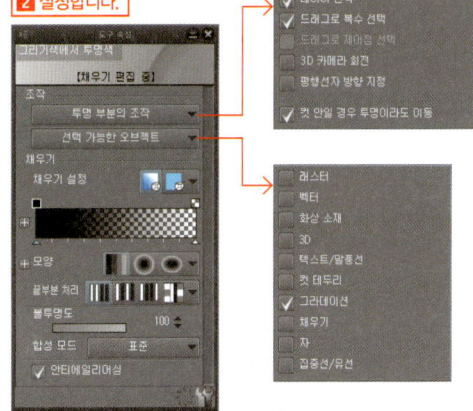 설정합니다.

03 그라데이션의 '시작 지점', '폭', '방향'은 시작점(+)과 끝점을 캔버스 위에 드래그로 조절합니다.

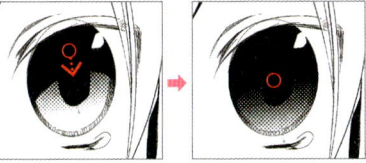

시작 지점: + 위치가 시작점입니다. 그라데이션을 드래그해 시작점을 조절합니다.

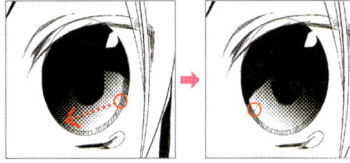

방향: 녹색 사각형을 드래그해 조절합니다.

> ▶ **그라데이션과 레이어 마스크**
>
> 그라데이션 위에 눈동자 영역을 하얗게 칠했더니 그라데이션을 움직여도 눈동자에서 벗어나지 않습니다. 레이어 마스크를 삭제하면 그림처럼 됩니다. '오브젝트' 도구의 단축 키는 Ctrl 키입니다.

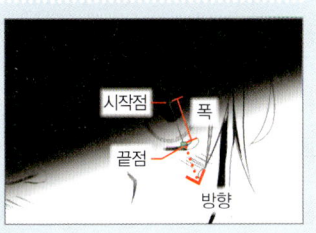

시작점 / 폭 / 끝점 / 방향

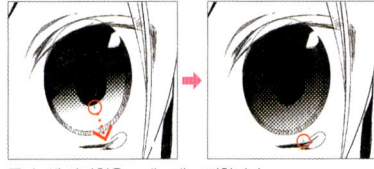

폭: 녹색 사각형을 드래그해 조절합니다.

PART 5

그라데이션 톤 선 수·그물 설정 바꾸기

레이어 속성 창에서 바꾸기

'톤 선 수', '그물 설정'은 레이어 속성 창에서 설정합니다. 그라데이션 톤의 설정도 기본 톤 설정(p.154)과 대부분 동일합니다.

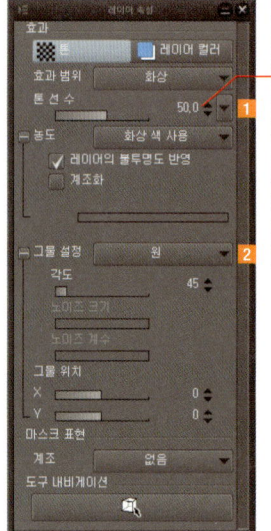

1 톤 선 수(トーン線数): 수치가 작을수록 점은 커지고 수치가 높을수록 작아집니다. 톤 선 수는 일반적으로 나열되는 수치 중에 27.5~65.0을 자주 사용합니다.

2 그물 설정(網の設定):

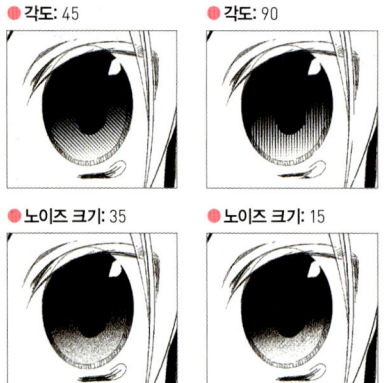

● 각도: 45
● 각도: 90
● 노이즈 크기: 35
● 노이즈 크기: 15

> **POINT** ▶ 그물 설정 '노이즈'로 크기 지정하기
>
> 크기 수치가 15 이상이면 부드러운 그라데이션으로 사라지지 않으므로 지우는 등의 처리를 합니다.
>
>
>
> 크기 16 (확대)　　깎은 상태(p.159)

그라데이션 시작 농도 바꾸기

그라데이션 편집에서 설정하기

그라데이션 레이어 설정은 '오브젝트(オブジェクト)' 도구의 도구 속성 '채우기(塗りつぶし)' 항목의 그라데이션을 더블 클릭하면 표시되는 '그라데이션 편집(グラデーションの編集)' 창에서 설정합니다.

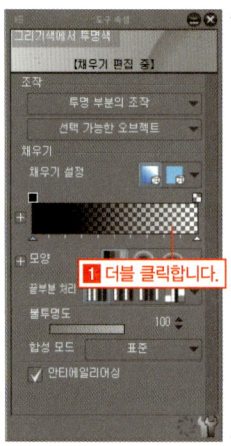

1 더블 클릭합니다.

2 '그라데이션 편집' 창이 나타납니다.

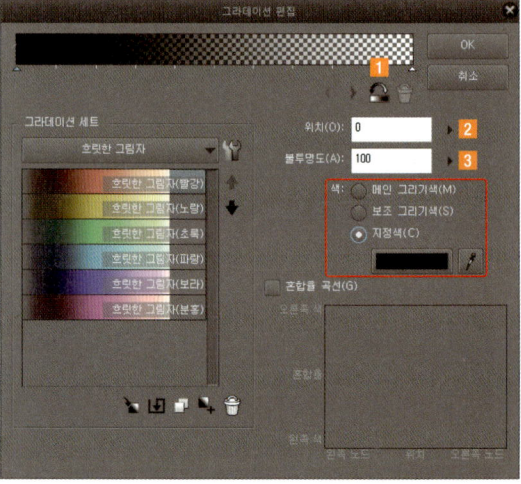

1 그라데이션을 반전시킵니다.

● 표준　　● 반전

2 3 그라데이션의 시작 위치와 시작 위치 농도를 설정합니다.

● 위치: 0, 불투명도: 100

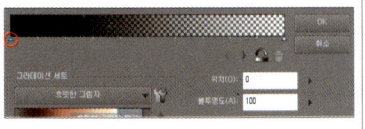 

● 위치: 0, 불투명도: 50

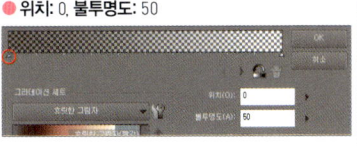 

● 위치: 25, 불투명도: 70

● 위치: 30, 불투명도: 30

선택 범위의 생성 방법 익히기

퀵 마스크 활용법

선택 범위가 제대로 지정되지 않을 때는 퀵 마스크(p.166)를 활용해보세요. 이 방법을 사용하면 어떤 형태에도 그라데이션 톤을 붙일 수 있습니다.

01 퀵 마스크를 설정합니다.

02 퀵 마스크 레이어가 표시됩니다.

03 '펜(ペン)', '마커(マーカー)', '채우기' 도구 등을 사용해 그라데이션 톤을 붙일 부분에 그립니다.

그림은 '그라데이션 ⇨ 가지/잎 2', '가지/잎 3' 도구를 사용해 그렸습니다.

1 클릭합니다.

2 퀵마스크 레이어가 만들어집니다.

3 톤을 붙일 부분을 그립니다.

04 퀵 마스크를 해제합니다.

4 클릭합니다.

05 퀵 마스크 레이어가 사라지고 선택 범위가 표시됩니다.

06 167페이지의 순서대로 선택 범위에 그라데이션 톤을 붙입니다.

5 선택 범위가 만들어집니다.

슈링크 선택 기능을 사용해 부분적으로 선택하기

올가미 선택을 사용하면 둘러싼 부분을 선택할 수 있습니다.

01 '선택 범위(選択範囲)'⇨'슈링크 선택(シュリンク選択)' 도구를 선택합니다.

1 슈링크 선택 도구를 선택합니다.

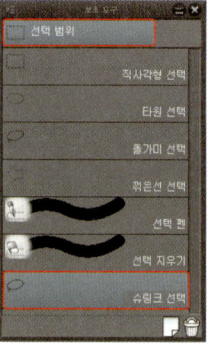

2 설정합니다.

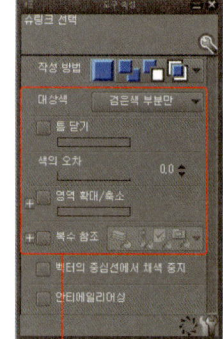

대상색: 검은색 부분만
색의 오차: 0.0
영역 확대/축소: 해제
복수 참조: 해제

슈링크 선택 도구

ComicStudio의 '올가미 선택' 도구의 '도구 오브젝트'로 '슈링크'⇨ '형태 선택'을 설정한 것과 동일한 도구입니다.

02 선택한 부분을 둥글게 둘러싸고 검은 부분(붉은색으로 보이는 부분)이 선택됩니다.

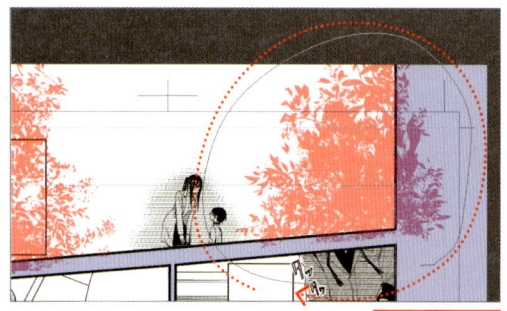

3 드래그합니다.

4 선택 범위가 만들어집니다.

03 퀵 마스크 레이어를 숨기고 그라데이션 톤을 붙입니다(p.167).

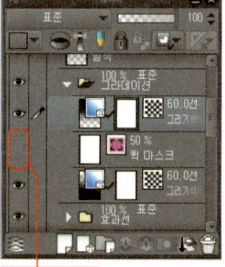

5 숨깁니다.

6 선택 범위에 톤을 붙입니다.

POINT ▶ 퀵 마스크 레이어 숨기기

퀵 마스크를 해제하면 부분 선택이 아니라 퀵 마스크로 빨간색이 표시되는 전체가 선택될 수도 있습니다.

⊞ TIPS 선택 범위 저장하기

퀵 마스크 레이어는 저장할 수 없습니다.
선택 범위를 저장하고 싶다면 선택 범위를 만든 상태로 '선택 범위' 메뉴에서 '선택 범위 스톡(選択範囲ストック)'을 선택하고 선택 범위 레이어를 만듭니다.
'선택 범위 레이어'는 그리거나 지우는 등의 편집 작업을 할 수 있습니다.

클릭하면 선택 범위가 만들어집니다.

SECTION 5.2 ● 그라데이션 톤 붙이기

여러 가지 그라데이션 톤 만들기

직선·원 그라데이션

그라데이션 도구의 도구 속성 창에 있는 '모양(1~3)'과 '끝부분 처리(4~7)'로 설정합니다.

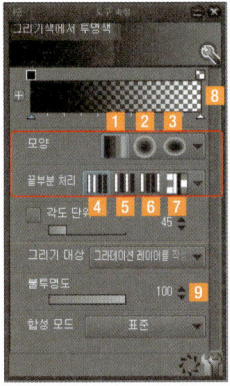

1 직선
4 반복 없음

1 직선
5 반복

1 직선
6 꺾임

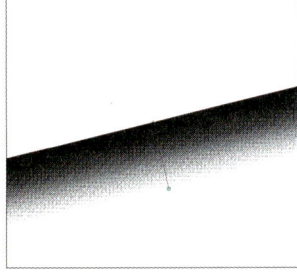
1 직선
7 그리기 없음

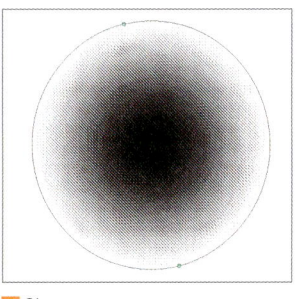
2 원
4 반복 없음

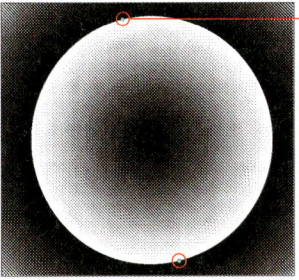
2 원
5 반복

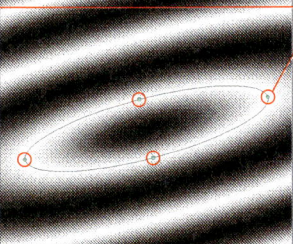
3 타원
6 꺾임

핸들을 드래그하면 띠의 폭이나 형태를 정리할 수 있습니다.

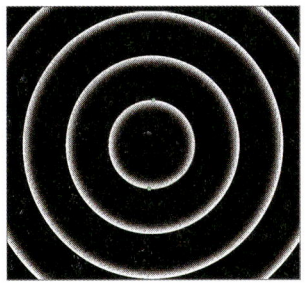
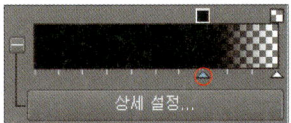

8 그라데이션의 시작 위치(p.169)를 변경하면 원의 크기를 바꾸지 않고 밑바탕 영역을 확대할 수도 있습니다. 위 그림의 시작 위치=70입니다.
농도 그래프를 더블 클릭하거나 '상세 설정(詳細設定)'을 클릭하면 나타나는 '그라데이션 편집' 창의 수치를 확인하면서 설정(p.170)할 수 있습니다.

PART 5

173

불투명도 조절하기

9 불투명도는 레이어의 불투명도와 연동됩니다. 레이어 속성 창의 '레이어의 불투명도 반영(レイヤーの不透明度を反映)'을 설정(p.155)합니다.

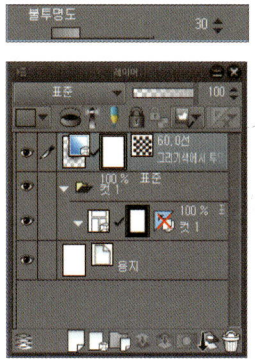
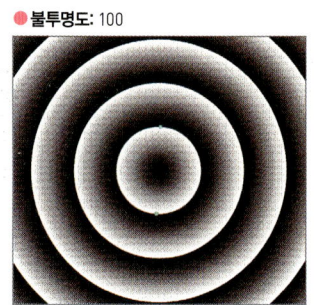
●불투명도: 100

●불투명도: 30

그라데이션 작업 시 주의할 점

그라데이션을 검은색 이외의 그리기색으로 그리면 어떻게 될까요?
그리기색을 노란색으로 지정했습니다. 그리기색을 노란색으로 그리면 불투명도가 100이라도 검은색으로 그렸을 때보다 연합니다.

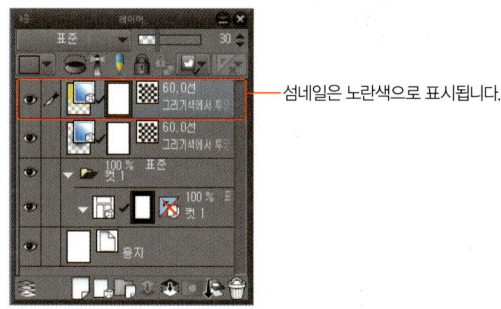
섬네일은 노란색으로 표시됩니다.

톤을 적용한 상태입니다.
해제하면 노란색 그라데이션이 됩니다.

'레이어 속성'의 '효과(効果)⇨'톤(トーン)'이 선택된 상태이므로 캔버스상에는 모노크롬 표시로 표시됩니다.
왜 연하게 표현되는 걸까요? '용지(用紙)' 레이어를 숨겨보겠습니다.
확대해보면 검은색 점 주위에 흰색 부분이 생긴 것을 볼 수 있습니다. 빨간색이나 녹색으로 그려도 흰색 부분이 나타납니다.
즉 휘도(밝기)에 따라 흰색의 면적이 나타나며, 밝은 색일수록 흰색이 많아지고 더 연해집니다.

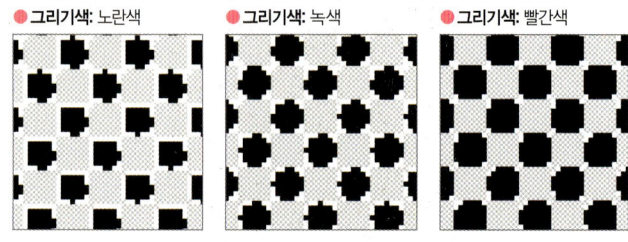
●그리기색: 노란색　●그리기색: 녹색　●그리기색: 빨간색

SECTION 5.2 ● 그라데이션 톤 붙이기

그림이 흐려지는 문제점

그리기색이 연해지면 불투명도가 모호해집니다. 100%로 설정해도 아주 검은색이 아닙니다. 흰색이 아래 레이어의 그림을 가리게 되는 문제가 발생합니다.

● 투명 부분을 하늘색으로 표시합니다.

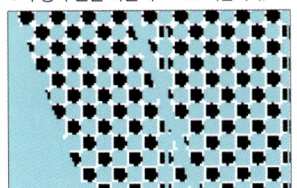

● 그리기색이 검은색 이외일 때 흰색이 아래 레이어의 그림을 숨깁니다.

이것을 막는 3가지 방법이 있습니다.

항상 검은색으로 작업하도록 사용자 설정하기

이 방법은 그리기색을 반드시 검은색이 되도록 사용자 설정을 합니다. 필자가 추천하는 방법입니다.

01 '보조 도구(サブツール)' ▷ '그리기색에서 투명색(描画色から透明色)'을 복사합니다.

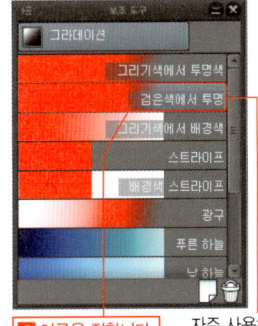

자주 사용하므로 맨 위에 두세요.

02 그라데이션 편집 창의 색 항목을 '지정색(開始の色)'으로 선택하고 검은색으로 설정합니다.

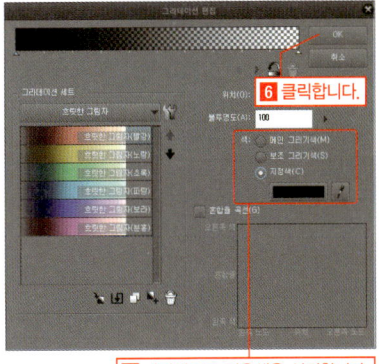

03 그리기색이 어떤 색이라도 검은색에서 투명색으로 그라데이션이 나타납니다.

항상 검은색에서 투명으로 그리는 그라데이션 도구가 만들어졌습니다.

완성한 다음 검은색으로 변경하기

검은색 이외의 색으로 그렸을 때는 나중에 그리기색을 검은색으로 변경할 수 있습니다. 변경은 '오브젝트' 도구를 이용합니다.

● '오브젝트' 도구로 그리기색 바꾸기

01 '조작(操作)'⇨'오브젝트(オブジェクト)' 도구를 선택합니다.

02 그라데이션 톤 레이어를 선택하면 그리기색이 그라데이션의 색이 됩니다.

03 이 상태로 그리기색을 검은색으로 변경하면 그라데이션이 검은색으로 전환됩니다.

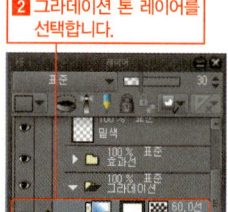
1 '오브젝트' 도구를 선택합니다.
2 그라데이션 톤 레이어를 선택합니다.

3 그리기색을 검은색으로 변경합니다.

4 그라데이션의 색이 바뀝니다.

● 그라데이션 편집 창에서 변경하기

01 02 과정은 위와 같습니다.

03 그라데이션 편집 창을 불러옵니다.

04 색(色) 항목을 지정색(指定色)으로 선택하고 검은색으로 설정합니다.

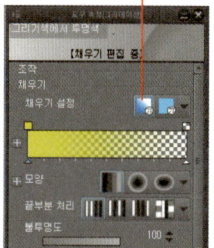
1 위의 1, 2 순서를 진행합니다.
2 더블 클릭합니다.

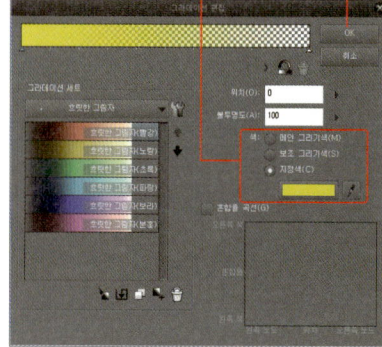
3 지정색을 검은색으로 설정합니다.
4 클릭합니다.

> **POINT** ▶ 그라데이션 편집 창으로 지정하기
>
> 지정색을 검은색으로 설정하면 그리기색을 변경해도 그대로 '검은색'을 유지합니다.

흰색이 표시되지 않도록 설정하기

흰색이 표시되지 않도록 설정할 수 있습니다. 단 이럴 때는 앞에서 설명한 불투명도가 애매한 상태가 유지됩니다. 이 방법은 레이어 속성에서 설정하는 방법과 합성 모드를 설정하는 방법이 있습니다.

● '오브젝트' 도구로 그리기색 변경하기

01 그라데이션 레이어의 레이어 속성을 확인합니다.

02 농도를 '화상 휘도(밝기) 사용(画像の輝度を使用)'으로 설정(p.186)하면 흰색은 표시되지 않습니다.

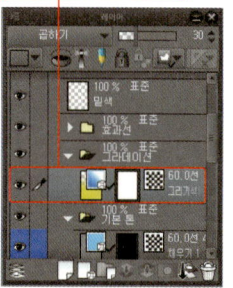
1 레이어를 선택합니다.

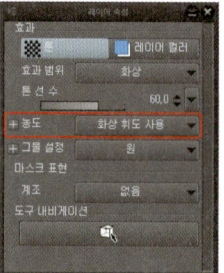
2 레이어 속성을 설정합니다.

●농도: 화상 농도 사용

●농도: 화상 휘도 사용

SECTION 5.2 ● 그라데이션 톤 붙이기

● 합성 모드 '곱하기'로 설정하기

01 그라데이션 톤 레이어를 선택합니다.
02 합성 모드를 '곱하기(乘算)'로 설정하면 흰색은 표시되지 않습니다.

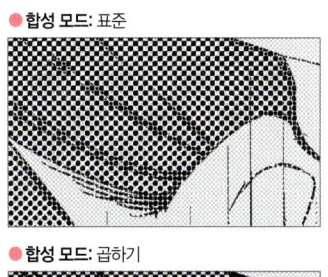
● 합성 모드: 표준

● 합성 모드: 곱하기

TIPS 합성 모드와 레이어 폴더

레이어 폴더 안에서 합성 모드를 설정할 때는 레이어 폴더의 합성 모드에도 주의합니다.

합성 모드: 표준(초기 설정)

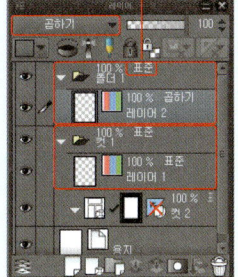

곱하기는 레이어 폴더 내에서만 영향을 미치고 아래 레이어나 레이어 폴더에는 영향을 끼치지 않습니다.

합성 모드: 통과

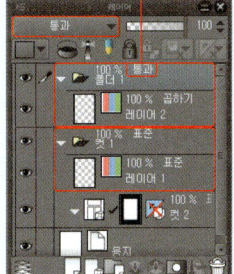

레이어 폴더 안에서의 합성 모드가 아래의 레이어와 레이어 폴더에 영향을 미칩니다.

래스터 레이어에 그라데이션 톤 붙이기

기본 톤과 같은 요령으로 래스터 레이어에 그라데이션 톤을 붙일 수 있습니다(p.163). 1장의 래스터 레이어 위에 농도, 폭, 방향이 다른 그라데이션을 붙일 수 있습니다.

선택 범위 지정하기

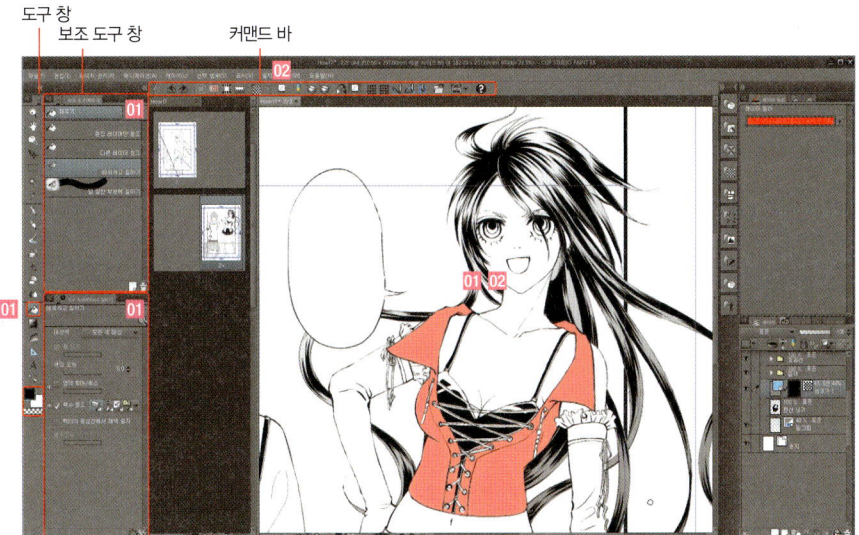

PART 5 ● 톤 작업의 기본

01 165페이지의 순서에 따라 선택 범위를 지정합니다.

02 퀵 마스크를 적용하면 '자동 선택(自由選択)' 도구로 선택 범위를 지정(p.181)합니다.

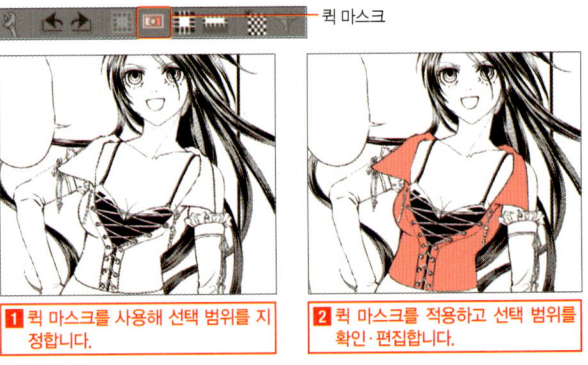

1 퀵 마스크를 사용해 선택 범위를 지정합니다.

2 퀵 마스크를 적용하고 선택 범위를 확인·편집합니다.

래스터 레이어에 그라데이션 적용하기

01 신규 래스터 레이어(ラスターレイヤー)를 만듭니다.

02 레이어 속성의 '효과(効果)' ⇨ '톤(トン)'을 선택하고 표현색을 그레이로 설정합니다.

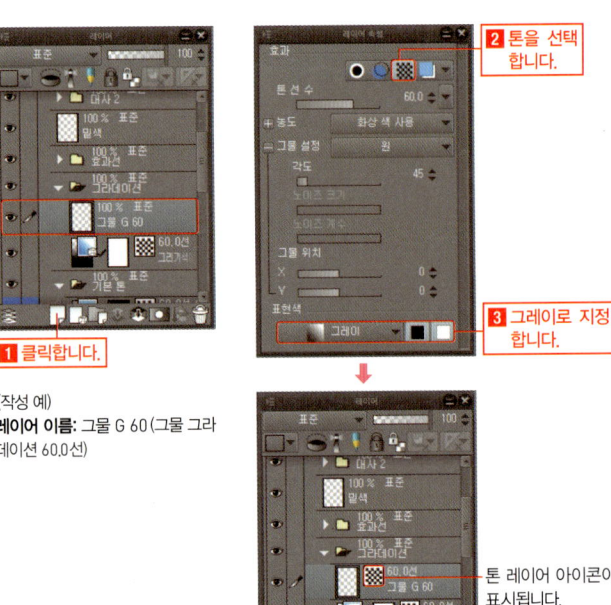

1 클릭합니다.

(작성 예)
레이어 이름: 그물 G 60 (그물 그라데이션 60.0선)

2 톤을 선택합니다.

3 그레이로 지정합니다.

톤 레이어 아이콘이 표시됩니다.

SECTION 5.2 ● 그라데이션 톤 붙이기

03 그라데이션 도구를 선택합니다.
04 그리기 대상(描画対象)을 '편집 대상 레이어에 그리기(編集対象のレイヤー)'로 설정합니다.

4 그라데이션 도구를 선택합니다.

5 설정합니다.
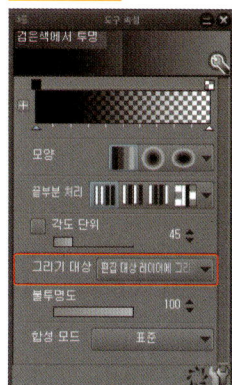

POINT ▶ 사용자 설정 도구
검은색에서 투명으로 그릴 수 있게 사용자 설정으로 만든 보조 도구(p.175)입니다.

05 그라데이션을 적용합니다.

6 드래그합니다.

'편집 대상 레이어에 그리기(編集対象のレイヤーに描画)'는 자동으로 레이어가 만들어지지 않으므로 같은 레이어상에 여러 가지 그라데이션이 겹쳐진 상태가 됩니다. 그라데이션 레이어처럼 그라데이션을 그리거나 지울 수 없습니다.

그라데이션 톤 설정 변경하기

기본 톤과 마찬가지로 레이어 속성에서 '레이어 컬러(レイヤーカラー)', '톤 선 수(トーン線数)', '그물 설정(網の設定)' 등을 설정할 수 있습니다.

1 설정합니다.
톤 선 수: 50.0
그물 설정: 선
레이어 컬러: 보라색(컬러 톤)

POINT ▶ 레이어 단위로 설정하기
'톤 선 수', '그물 설정', '각도' 등을 바꾸고 싶을 때는 그라데이션을 붙일 래스터 레이어를 구별해야 합니다.

TIPS 톤 변경하기

그물 톤, 선 톤, 노이즈 톤(기본 톤)과 그라데이션 톤은 붙인 뒤에도 변경할 수 있습니다.
변경은 '조작(操作)'⇨'오브젝트(オブジェクト)' 도구의 도구 속성 '채우기 설정(塗りつぶし設定)'에서 할 수 있습니다.

1 그물 톤 상태입니다.

 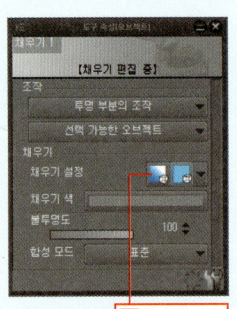

2 클릭합니다.

3 그라데이션 톤으로 바뀝니다.

 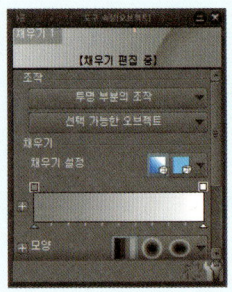

그라데이션 레이어와 래스터 레이어

마지막으로 그라데이션 레이어와 래스터 레이어의 차이를 표로 정리했습니다.

	그라데이션 레이어	래스터 레이어
그라데이션 도구 속성인 '그리기 대상'	• 그라데이션 레이어 생성	• 편집 대상 레이어에 그리기
레이어 움직이기	• '그라데이션' 도구로 드래그하면 자동으로 레이어 생성	• 그라데이션 톤용으로 준비한 레이어 위에 구별해서 붙일 수 있다
레이어 속성 창에서 편집	• 레이어 컬러(컬러 톤)/톤 선 수/그물 설정 등	• 레이어 컬러(컬러 톤)/톤 선 수/그물 설정 등
'오브젝트' 도구로 편집	• '시작 지점', '방향', '폭', '농도', '모양(직선, 원)', '끝부분 처리' 등	• 편집 불가
구별 사용의 기준과 장점	• 붙인 뒤에도 '농도', '방향', '폭' 등의 편집이 간단하다 • 레이어 마스크가 있으므로 다시 선택하기 쉽다[※1] • '레이어 마스크'를 칠하거나 지울 수 있으므로 톤을 덧붙이거나 깎을 수 있다 • 깎을 때는 수정이 간단하다[※2]	• 레이어가 하나만 있으면 되므로 데이터를 조금이라도 가볍게 만들 수 있다[※3]

※1: 다시 선택할 때는 '레이어 마스크'를 이용합니다.
※2: 부분적으로 '검은색'을 칠하면 톤을 수정하거나 다시 만들 수 있습니다.
※3: 단 '톤 선 수', '그물 설정' 등을 바꿀 때는 다른 레이어에서 작업하고, 다시 선택할 때는 '선택 범위 레이어'나 '슈링크 선택' 등을 이용합니다.

SECTION 5.3
무늬/효과 톤 붙이기

'소재(素材)' 창에 '화상 소재(画像素材)'가 나열되어 있습니다. 컬러 무늬도 모노크롬 작품의 톤으로 이용할 수 있습니다. 우선 선택 범위를 확보하고 나서 무늬 톤이나 효과 톤을 붙이면 효율적입니다.

무늬/효과 톤 붙이기

■ '자동 선택'➡'다른 레이어 참조 선택' 도구로 선택 범위 지정하기

01 '자동 선택(自動選択)'➡'다른 레이어 참조 선택(他レイヤー参照選択)' 도구 등으로 무늬 톤을 붙인 부분을 선택(p.165/p.171)합니다.

02 드래그로 선택 범위를 지정하면 선택한 영역에 점선이 표시됩니다.

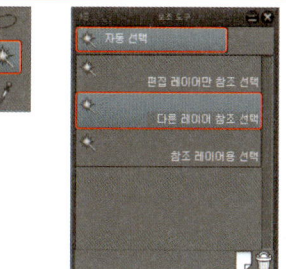

1 '다른 레이어 참조 선택' 도구를 선택합니다.

2 설정을 확인합니다.

▦ TIPS 선택 범위 단축 키

'자동 선택' 도구로 선택할 때 Shift 키를 누른 채 선택하면 선택 범위를 추가할 수 있습니다. 도구 속성의 '작성 방법(作成方法)', '추가 선택(追加選択)'을 선택하는 것과 동일합니다.

Alt 키를 누른 채 선택하면 선택 범위를 해제할 수 있습니다.

Alt + Shift 키를 누른 채 선택하면 선택 중인 부분부터 선택 범위로 지정합니다.

3 드래그합니다.

'소재' 창에서 무늬 톤 가져오기

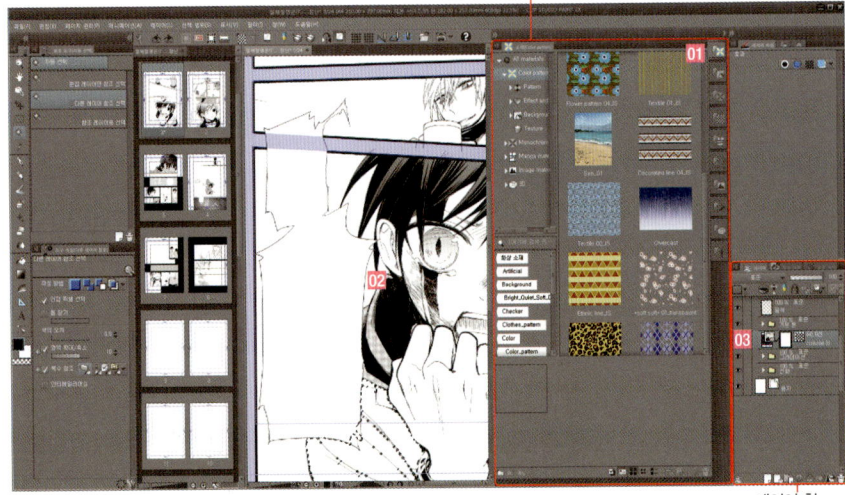

소재 창

레이어 창

01 '소재(素材)' 창을 펼칩니다. 예를 들면 'Color pattern(カラーパターン)'을 클릭합니다.

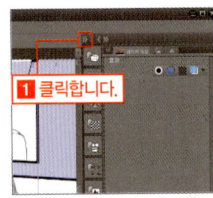 

소재의 섬네일을 크게 전환합니다.

02 소재를 캔버스로 드래그하면 선택 범위에 무늬 톤이 적용됩니다.

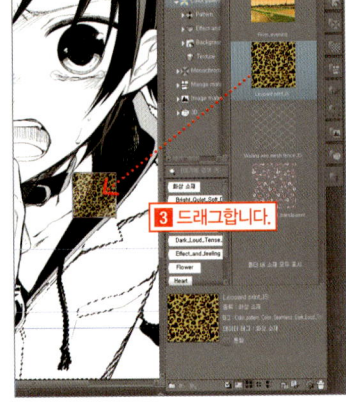

03 레이어를 확인하면 '화상 소재 레이어(画像素材レイヤー)'(p.192)에 레이어 마스크가 활성화되어 있는 상태입니다.

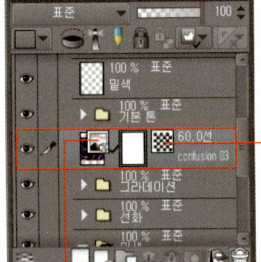

화상 소재 레이어의 레이어 아이콘

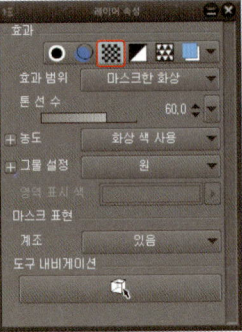

기본 표현색이 모노크롬이므로 컬러 무늬에서도 자동으로 '톤(トーン)'이 활성화되어 무늬가 톤으로 바뀝니다.

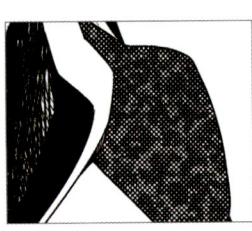

⊞ TIPS 선택한 톤 붙여 넣기

'붙여 넣기(貼り付け)' 버튼으로 붙여 넣을 수 있습니다.

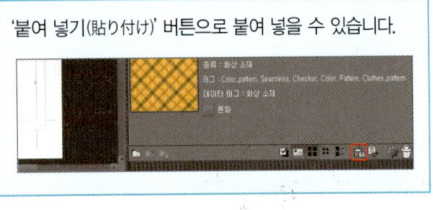

⊞ TIPS 톤 바꿔 붙이기

'편집 대상 레이어를 선택 중인 소재로 바꿔 붙이기'로 톤을 바꿔 붙일 수 있습니다.

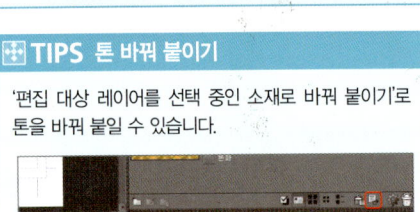

SECTION 5.3 ● 무늬/효과 톤 붙이기

빈틈 처리하기

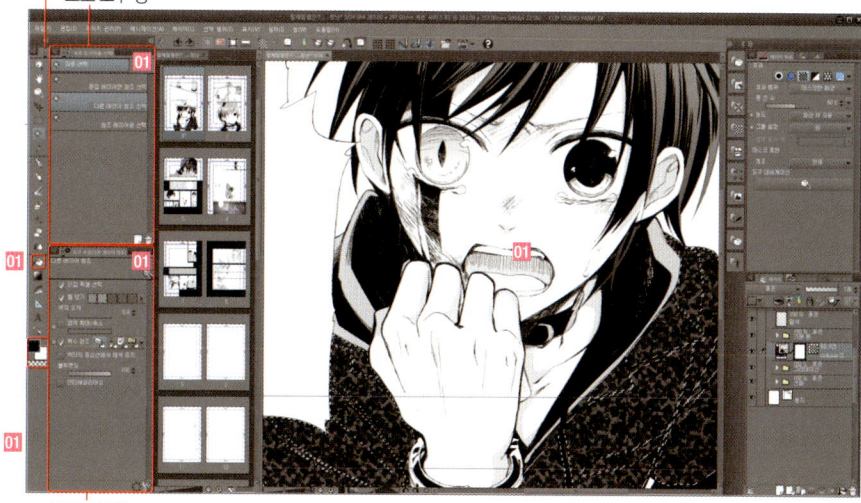

01 '채우기(塗りつぶし)' ⇨ '다른 레이어 참조(他レイヤーを參照)', '에워싸고 칠하기(囲って塗る)', '덜 칠한 부분에 칠하기(塗り残し部分に塗る)', '마커(マーカー)' 등을 사용해 톤의 빈틈을 처리합니다.

톤을 붙이면 검은색으로 채웁니다.

톤을 지울 때는 지우개로 지우거나 그리기색을 투명으로 바꾸고 칠합니다.

1 '채우기' 도구를 선택해 처리합니다.

'채우기' ⇨ '다른 레이어 참조' 도구

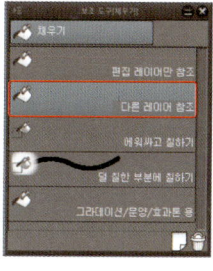 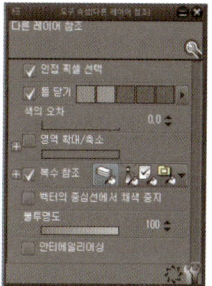

'채우기' ⇨ '에워싸고 칠하기' 도구

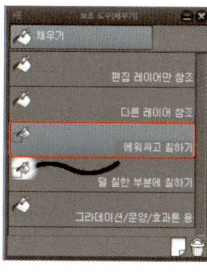 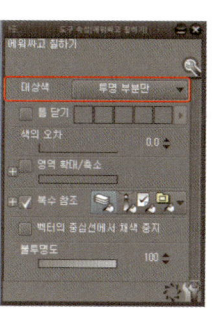

'채우기' ⇨ '덜 칠한 부분에 칠하기' 도구

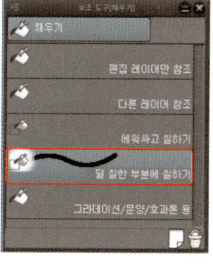 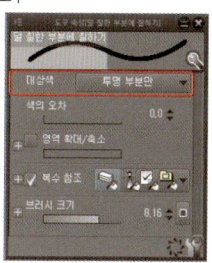

2 '마커' 도구를 선택해 처리합니다.

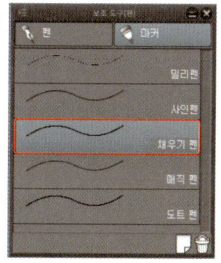 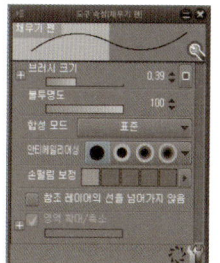

📘 TIPS '마커' 도구

여기에서는 '마커' 도구를 도구 속성에 표시되도록 설정(p.17)했습니다. 마커의 도구 속성에서 손떨림 보정은 슬라이더 표시로 변경되어 있습니다. 인디게이터 표시로 변경하는 방법은 56페이지를 참고하세요.

PART 5 ● 톤 작업의 기본

무늬/효과 톤의 크기·위치·방향 설정하기

무늬의 확대/축소·반전

화상 소재 레이어는 '조작'➡'오브젝트' 도구로 자유롭게 확대/축소/회전시킬 수 있습니다.

도구 창
보조 도구 창
도구 속성 창

01 '조작'➡'오브젝트' 도구를 사용합니다.

02 사용자 설정으로 화상 소재만을 선택, 조작할 수 있게 설정(p.82/p.115)합니다.

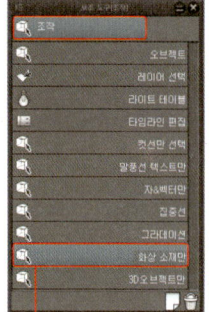

1 '오브젝트' 도구를 선택합니다.

사용자 설정 도구는 구별하기 쉬운 이름을 붙여 등록합니다.

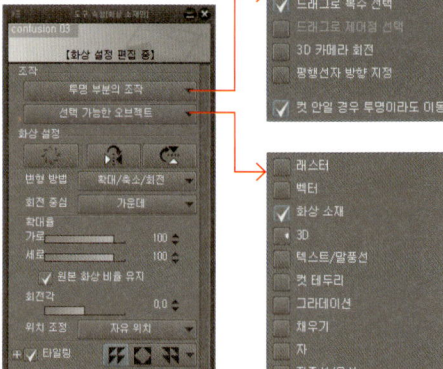

2 설정합니다.

03 캔버스 중앙에 핸들이 표시됩니다.

POINT ▶ 자유 변형

도구 속성 창의 '변형 방법(変形方法)'을 '자유 변형(自由変形)'으로 자유롭게 변형할 수 있습니다.

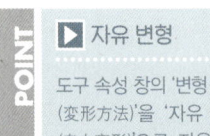

POINT ▶ 중심점

중심점은 적용된 톤의 중앙이 아니라 드롭을 한 지점에 표시됩니다.

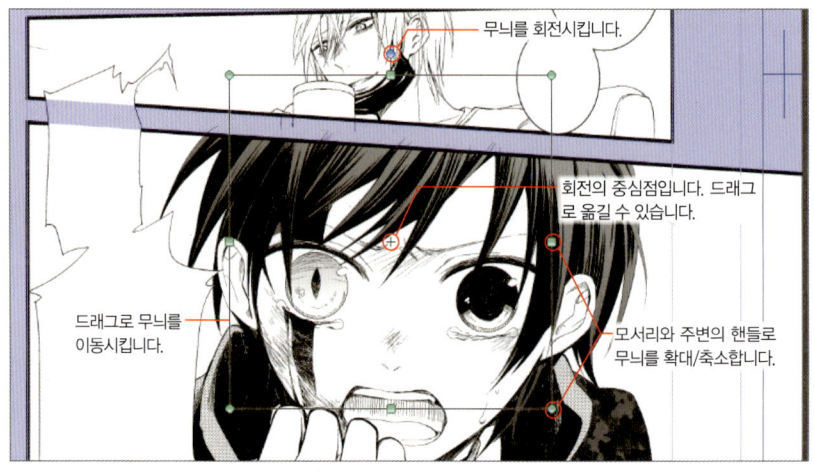

무늬를 회전시킵니다.

회전의 중심점입니다. 드래그로 옮길 수 있습니다.

드래그로 무늬를 이동시킵니다.

모서리와 주변의 핸들로 무늬를 확대/축소합니다.

184

SECTION 5.3 ● 무늬/효과 톤 붙이기

무늬를 부분적으로 지우기

무늬를 부분적으로 지울 때 '채우기(塗りつぶし)'➡'다른 레이어 참조(他レイヤーを参照)' 도구, 그리기색을 '투명'으로 선택하면 그림처럼 깨끗하게 지워지지 않습니다. 이것은 무늬가 여러 가지 색(계조)으로 구성되어 있기 때문에 색이 같은 부분만 지웁니다.

무늬 부분을 지울 때는 아래 내용처럼 사용자 설정으로 만든 '채우기' 도구를 사용하면 예쁘고 깨끗하게 지울 수 있습니다.

■ '보조 도구'➡'복수 참조' 확인

도구 창
보조 도구 창
도구 속성 창

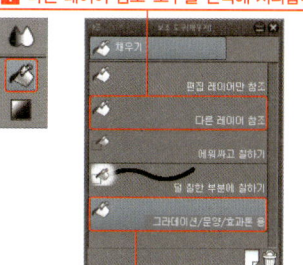

1 '다른 레이어 참조' 도구를 선택해 처리합니다.

2 설정합니다.

3 도구를 복제·저장합니다.

01 '채우기'➡'다른 레이어 참조' 도구를 복제합니다.
02 '복수 참조(複数参照)'➡'편집 레이어 참조하지 않기(編集レイヤーを参照しない)'를 선택합니다.

> **POINT ▶ 편집 레이어 참조하지 않기**
> 이것은 현재 선택 중인 레이어, 즉 무늬 톤의 레이어에 곧바로 채운다는 얘기입니다. 그라데이션 톤을 지울 때도 이 '채우기' 도구로 작업(p.168)합니다.

4 무늬를 지웁니다.

03 이 설정으로 지우면 기본 톤과 마찬가지로 닫힌 영역을 지울 수 있습니다.

● 편집 레이어 참조하지 않기
ComicStudio에서 참조 레이어 설정은 '밑그림'과 '문자'에만 해당됩니다.

무늬의 '흰색'에 주의하기

레이어 속성 창 확인하기

레이어 속성에서 무늬 톤도, 기본 톤이나 그라데이션 톤처럼 '톤 선 수(トーン線数)', '그물 설정(網の設定)' 등을 설정할 수 있습니다.

여기서 중요한 것은 '농도(濃度)' 설정입니다. 톤의 흰색 부분은 실제로도 투명이 아니라 흰색입니다. 즉 무늬 톤 아래 레이어의 작업(선이나 톤)을 가려버립니다.

농도를 '화상 휘도 사용(画像の輝度を使用)'으로 선택하고 '흰색'을 '투명'으로 변경(p.203)합니다.

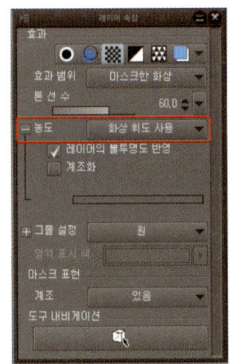

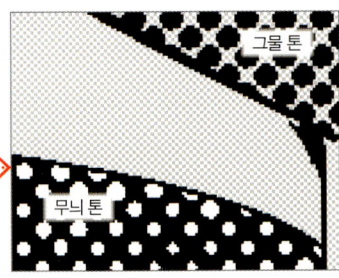

효과 톤 적용하기

효과 톤도 무늬 톤과 동일한 방식으로 작업합니다. 앞에서 설명한 무늬 톤을 붙이는 순서는 선택 범위 지정부터 시작했습니다. 이번에는 캔버스 전체에 효과 톤을 넣어보겠습니다.

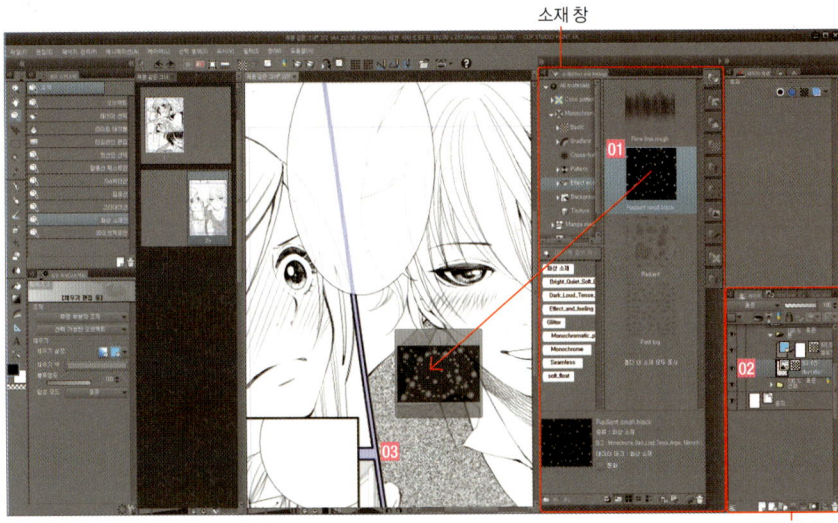

01 효과 톤을 소재 창에서 드래그로 캔버스 위에 가져옵니다.
02 이때 레이어 마스크는 만들어지지 않습니다.

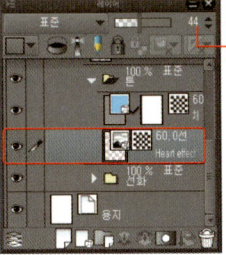

1 효과 톤을 캔버스로 드래그합니다.
2 불투명도를 낮춥니다.

POINT ▶ 선택 범위와 레이어 마스크
선택 범위를 만들고 톤을 붙이면 레이어 마스크가 자동으로 만들어집니다.

TIPS 전체를 보고 작업하기
효과 톤이나 자연물 톤 등을 보면 '이 부분을 쓰고 싶다'는 생각이 들 때가 있습니다. 선택 범위를 지정하고 붙이면 일부분만 볼 수 있습니다. 톤의 전체를 보면서 작업하기 위해 선택 범위를 지정하지 않고 붙입니다.

SECTION 5.3 ● 무늬/효과 톤 붙이기

03 레이어 불투명도를 낮춰 그림이 보이도록 합니다.

효과 톤의 크기·위치 조절하기

01 '조작(操作)'⇨'오브젝트(オブ ゼェクト)' 도구를 사용해 크기나 위치 등을 조절합니다.

1 '오브젝트' 도구를 선택합니다.

화상 소재 레이어만을 조작, 선택할 수 있도록 사용자 설정을 한 도구 (p.82/p.115)입니다.

2 크기와 위치를 조절합니다.

이 영역에 무늬가 들어가도록 조절합니다.

필요한 부분에 적용하기

레이어 창

01 레이어 마스크를 적용합니다.

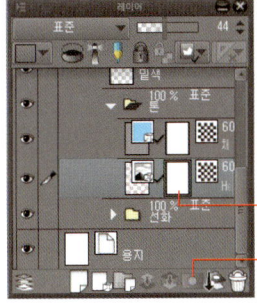

2 레이어 마스크가 만들어집니다.

1 클릭합니다.

> ▶ 선택 범위와 레이어 마스크
>
> 선택 범위를 만들지 않고 레이어 마스크를 만들면 하얀 레이어 마스크가 됩니다.

PART 5 ● 톤 작업의 기본

02 '선택 범위(選択範圍)' 메뉴에서 '전체 선택(すべてを選択)'(Ctrl+A)을 선택합니다.

03 Delete 키를 누르면 레이어 마스크는 검은색으로 채워지고 무늬를 가립니다.

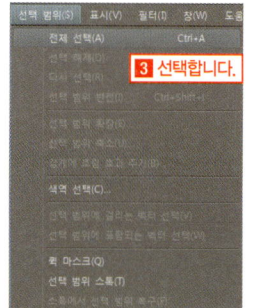

3 선택합니다.

4 레이어 마스크가 검은색으로 채워집니다.

04 톤이 필요한 부분을 검은색으로 채웁니다.

05 레이어 불투명도를 100으로 되돌립니다.

5 톤이 필요한 부분을 검은색으로 칠합니다.

6 불투명도를 100으로 되돌립니다.

무늬 깎기·흐리기

무늬를 깎거나 무늬 흐리기는 기본 톤과 마찬가지로 '레이어 마스크' 위에서 작업합니다.

레이어 창

01 무늬를 깎을 때는 레이어 마스크 위에서 '펜(ペン)' 도구와 평행선자, '데코레이션(デコレーション)' 도구(p.202) 등을 사용해 '투명(透明)'으로 채웁니다.

1 레이어 마스크를 선택합니다.

> **TIPS 다시 깎기**
> 다시 깎을 때는 '에워싸고 칠하기(囲って塗る)' 도구 등으로 검은색을 칠하고 톤을 원래대로 되돌린 다음 다시 작업할 수 있습니다.

SECTION 5.3 ● 무늬/효과 톤 붙이기

● '데코레이션'➪'그물망(톤 깎기용)' 도구로 깎은 상태(p.162)

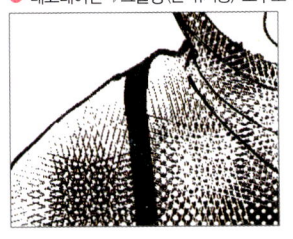

● '평행선자'를 설정하고 '펜' 도구로 깎은 상태(p.161)

이런 표현은 선화나 밑바탕 부분에 주로 흰색으로 칠한 다음 넣고 싶을 때가 있습니다. 밑바탕이나 톤을 붙인 레이어 위에 래스터 레이어를 만들고 흰색으로 그리는 것을 추천합니다. 그렇게 작업하려면 흰색으로 그린 래스터 레이어에서 톤을 깎을 때 사용한 평행선자(平行線定規)와 동일한 평행선자가 필요합니다. 평행선자를 복제하는 방법은 아래 내용을 참고하세요.

자 데이터 다루는 법

자 데이터 설정하기

선택한 레이어 위의 자 데이터는 오른쪽 그림처럼 설정합니다.

모든 설정 해제:
자는 사라지고 반응하지 않습니다.

> **ComicStudio 자 레이어**
>
> ComicStudio의 자 레이어는 '모든 레이어에서 표시'에 해당합니다. 보조자 레이어는 '편집 대상일 때만 표시'에 해당됩니다.

모든 레이어에서 표시(すべてのレイヤーで表示):
모든 레이어에서 자를 사용할 수 있습니다.
사용하지 않는 자가 더는 반응하지 않도록 설정을 해제합니다.

동일 폴더 안에서 표시(同一フォルダー内で表示):
동일 폴더 안에 있는 레이어에서 자를 사용할 수 있습니다. 배경을 그릴 때 유용합니다.

편집 대상일 때만 표시(編集対象のときのみ表示):
자를 추가한 레이어에서만 자를 사용할 수 있습니다.

● 흰색으로 선을 덧그린 상태

자 복사하기

같은 자 데이터를 다른 레이어로 복사하려면 Alt 키를 누른 채 자 아이콘을 원하는 레이어로 드래그합니다.

또는 자 데이터를 선택(p.125)하고 원하는 레이어에 복사&붙여 넣기로 복제할 수 있습니다.

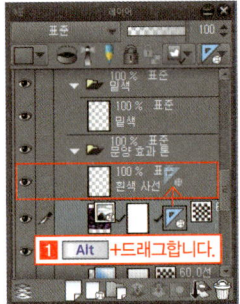

> **TIPS 레이어 마스크도 같은 방식으로 복제하기**
>
> 마찬가지로 Alt +레이어 마스크 아이콘을 드래그로 레이어 마스크를 복사할 수 있습니다.

무늬 톤 흐리게 하기

무늬 톤을 흐리게 하려면 레이어 마스크에서 표시 색을 투명으로 설정하고 칠합니다. '에어브러시(エアブラシ)'➡'부드러움(柔らか)' 도구처럼 부드럽게 칠할 수 있는 도구가 좋습니다.

● 도구 속성 설정하기

톤을 흐리게 할 때의 핵심은 도구 속성의 '효과 범위(効果範囲)'와 '계조(階調)'(p.155)입니다.

인쇄나 출력 시 계조(색)가 '없음(なし)'으로 되어 있으면, 그레이 부분이 없으므로 문제없이 출력됩니다. 계조가 '있음(あり)'으로 되어 있으면 그레이 부분에 얼룩이 발생할 수도 있습니다.

그럴 때는 선택 범위를 '마스크한 화상(マスクをした画像)'으로 설정하면 그레이 부분이 검은색 점으로 표시(p.304)됩니다.

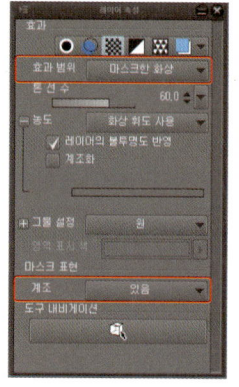

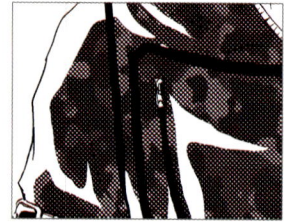

계조(색): 없음
'에어브러시'➡'부드러움' 도구로도 '마커'처럼 선명하게 지울 수 있습니다.

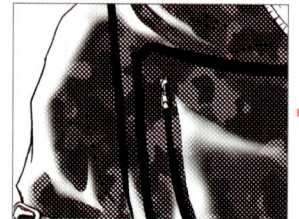

계조(색): 있음
그레이 계조로 흐리게 합니다.

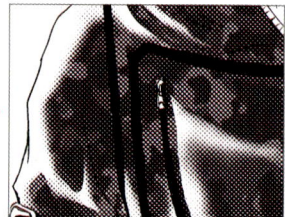

효과 범위: 마스크한 화상
그레이 부분이 검은색 점으로 표시됩니다.

톤을 흐리게 만들 때 계조(색)는 '있음'으로 선택하고, 효과 범위는 '마스크한 화상'을 선택해야 하는 것을 잊지 마세요.

● 사용하는 도구

도구에 따라서는 깎으려고 했는데 흐려질 때가 있습니다. 예를 들면 '데코레이션(デコレーション)'➡'구름 거즈(雲ガーゼ)' 도구로 깎을 때 계조(색)가 '있음'이면 그레이가 됩니다.

그레이 상태라면 인쇄나 출력 시 얼룩이 발생하거나 선화가 손상되는 등 문제 발생의 원인이 됩니다. 데이터는 반드시 2계조화(검은색과 흰색뿐인 데이터)로 설정합니다.

오른쪽 그림은 계조 '있음'을 선택하고 '데코레이션'➡'구름 거즈' 도구로 깎은 상태입니다.

이때는 계조를 '없음'으로 설정하거나 효과 범위를 '마스크한 화상'으로 선택하지 않아도 됩니다.

● '데코레이션'➡'구름 거즈' 도구로 깎은 상태

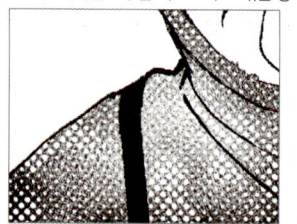

SECTION 5.4
외부 무늬 소재를 톤으로 바꾸기

'소재' 창에 있는 무늬뿐 아니라 직접 그린 무늬를 톤으로 사용할 수 있습니다. 사진 데이터나 시판되는 무늬 화상 데이터도 톤으로 이용할 수 있습니다. 즉 무늬 소재는 무한정 추가할 수 있습니다.

무늬 데이터 사용법

오른쪽 그림은 직접 만든 무늬 데이터의 jpeg 파일입니다. 이 무늬를 톤으로 사용해보겠습니다. 화상 데이터를 CLIP STUDIO PAINT로 가져오려면 '열기'와 '가져오기'를 사용합니다. 두 기능의 차이는 아래와 같습니다.

- **가져오기:** 작업 중인 캔버스상에 레이어로 불러옵니다.
- **열기:** 다른 창에서 화상 데이터로 열립니다.

먼저 '가져오기'부터 알아보겠습니다.

무늬 데이터 가져오기(화상에서 패턴)

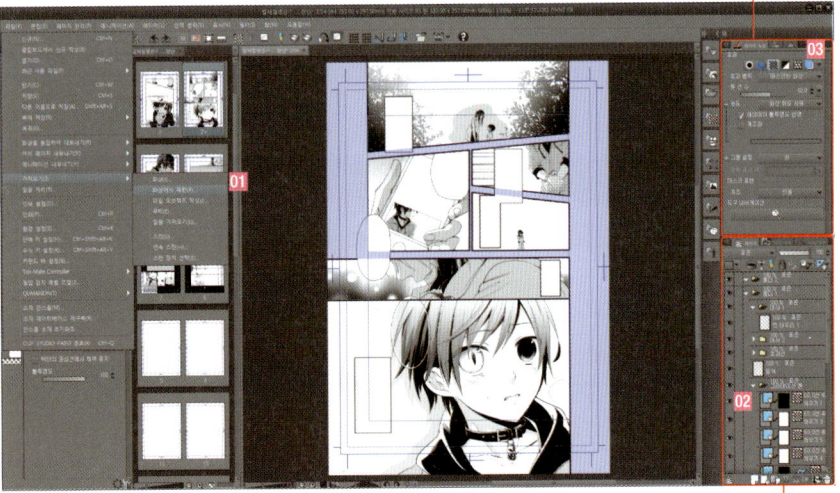

레이어 속성 창

레이어 창

01 '파일(ファイル)' 메뉴의 '가져오기(読み込み)'⇨'화상에서 패턴(画像からパターン)'을 선택하면 화상 데이터를 가져옵니다.

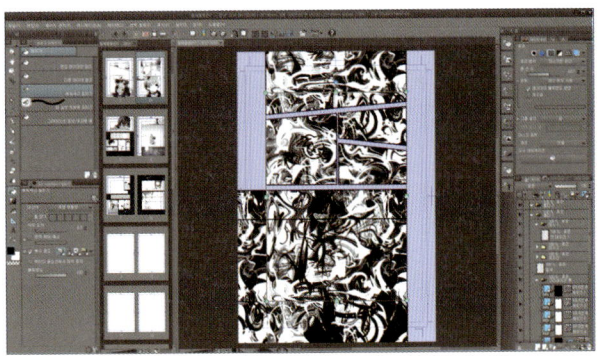

> **POINT** ▶ 소재 이용 조건에 주의
>
> 시판되는 소재집은 무료 소재라도 '상업 이용 불가'로 표시되어 있을 때가 많습니다. 그러므로 만화 작품 등에 상업적으로 사용할 수 없습니다. 반드시 사용 조건을 확인합니다.

02 가져온 소재는 '화상 소재 레이어'가 됩니다.

03 컬러 무늬지만 자동으로 '톤(トン)'이 활성화됩니다.

POINT ▶ 기본 표현색은 모노크롬

이것은 기본 표현색이 모노크롬으로 되어 있기 때문입니다. '톤' 버튼을 선택하면 컬러가 됩니다.

무늬 데이터 가져오기(화상)

'파일' 메뉴의 '가져오기(読み込み)'➪'화상(画像)'으로 가져오면 패턴이 되지 않습니다.

화상을 '가져오기'로 불러오면 패턴으로 쓸지 어떨지는 가져온 다음에 설정으로 변경할 수 있습니다.

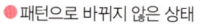

●패턴으로 바뀌지 않은 상태　　●패턴으로 설정한 상태

'조작(操作)'➪'오브젝트(オブジェクト)' 도구를 선택하고 도구 속성에서 타일링(タイリング)을 설정할 수 있습니다.

1 '오브젝트' 도구를 선택합니다.

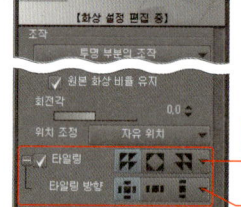

2 설정을 합니다.

타일링: (왼쪽부터) 반복, 반환, 뒤집기
타일링 방향: (왼쪽부터) 상하좌우, 좌우만, 상하만

가져온 소재는 203페이지 내용을 참고해 톤으로 만듭니다.

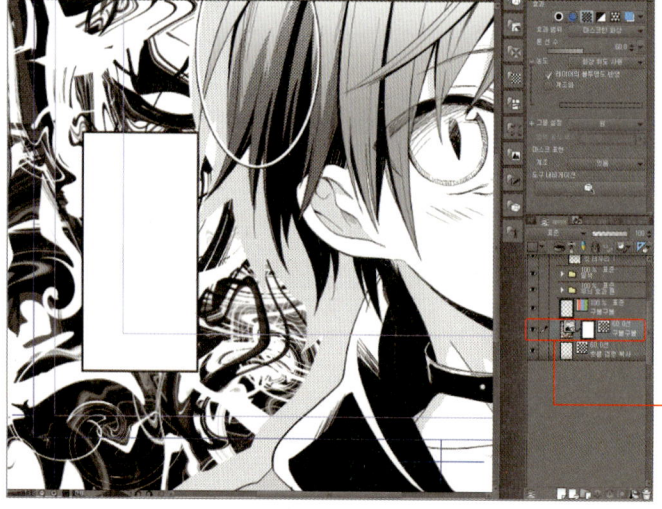

●확대한 상태

톤으로 설정되었습니다.

SECTION 5.4 ● 외부 무늬 소재를 톤으로 바꾸기

무늬 데이터 열기

무늬 데이터를 열고 복사&붙여 넣기로 작품 데이터를 붙여 넣습니다.

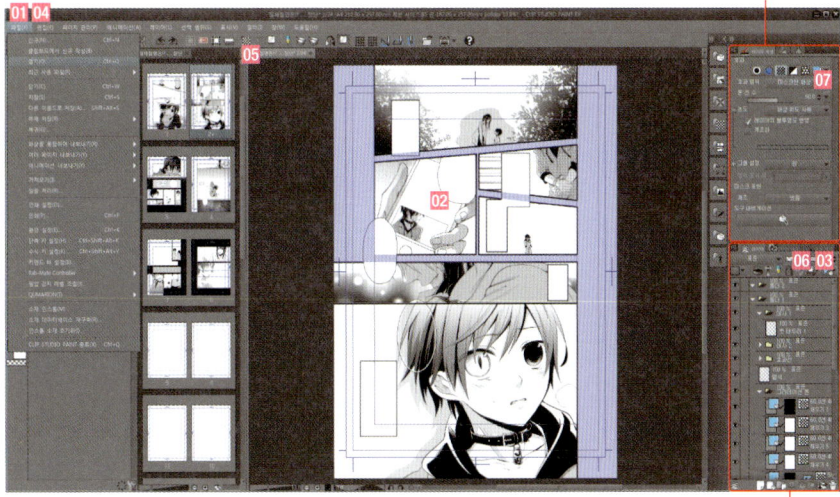

레이어 속성 창

레이어 창

01 '파일' 메뉴의 '열기(開く)'를 선택하고 화상 데이터를 불러옵니다.

02 작품 데이터와는 다른 캔버스가 됩니다.

작품 데이터   무늬 데이터

1 화상 데이터를 불러옵니다.

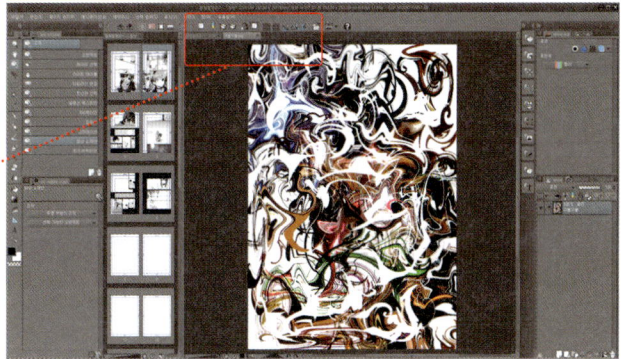

03 '화상 소재 레이어'가 아닌 래스터 레이어(ラスターレイヤー)가 되고 표현색은 컬러입니다.

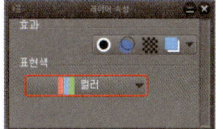

04 '편집(編集)' 메뉴에서 '복사(コピー)'(Ctrl+C)를 선택합니다.

2 복사합니다.

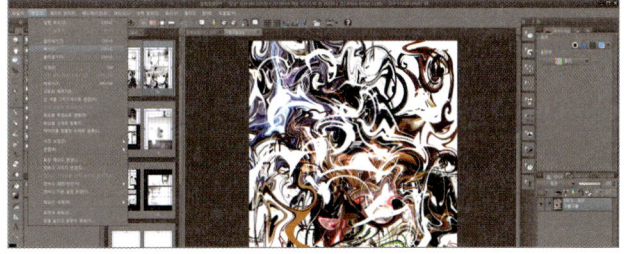

05 작품 데이터로 전환합니다.

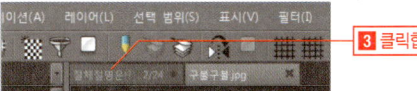

3 클릭합니다.

PART 5 ● 톤 작업의 기본

06 '편집(編集)' 메뉴에서 '붙여넣기(貼り付け)'(Ctrl +V)를 선택합니다.

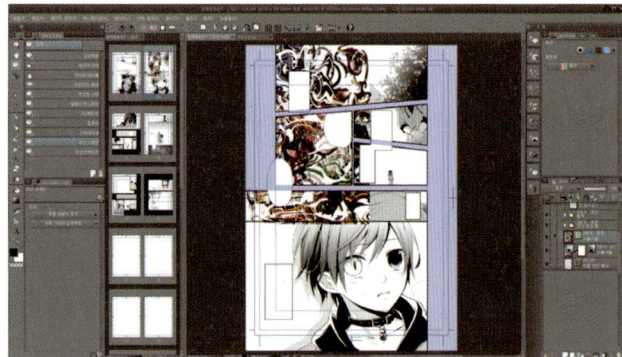
4 작품에 붙여 넣습니다.

POINT ▶ 작품 데이터에 붙여 넣기

컬러대로 붙여 넣습니다.

07 '톤(トン)'을 활성화합니다.

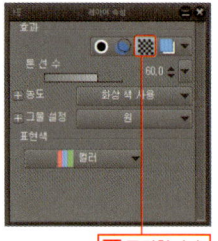
5 클릭합니다.

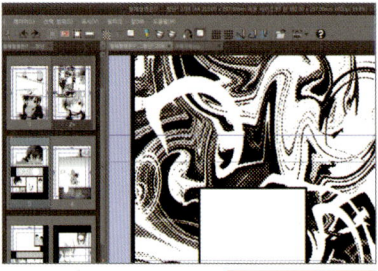
6 톤으로 바뀝니다.

08 '화상 소재 레이어'가 아니므로 크기와 위치를 맞추려면 '편집' 메뉴의 '변형(変形)'(Ctrl +T)을 사용합니다.

7 위치를 맞추고 불필요한 부분은 마스크로 가립니다.

크기나 위치를 조절한 다음 불필요한 부분을 처리합니다. 레이어 마스크를 활용하면 좋습니다. 267페이지를 참고하세요.

무늬를 톤으로 사용하려면 '화상 소재 레이어'에 있는 편이 작업하기 쉽습니다.
이후의 내용은 래스터 레이어를 화상 소재 레이어로 변경하는 방법에 대한 설명입니다.

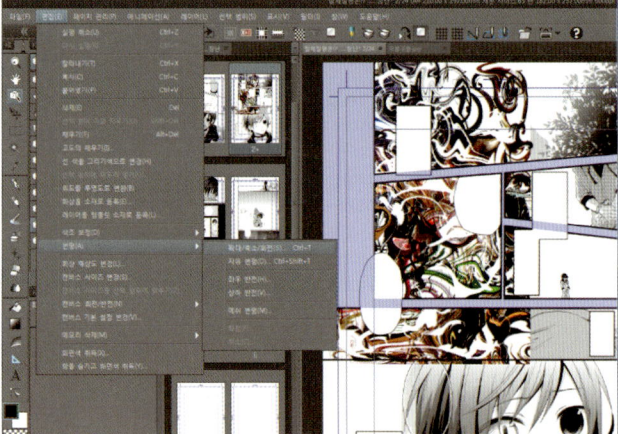

래스터 레이어를 화상 소재 레이어로 변경하기

래스터 레이어를 화상 소재 레이어로 만드는 2가지 방법입니다. 레이어 변환부터 설명하겠습니다. 또 다른 방법은 198페이지를 참고하세요.

▌레이어 변환하기

01 '레이어(レイヤー)' 메뉴에서 '레이어 변환(レイヤーの変換)'을 선택합니다.

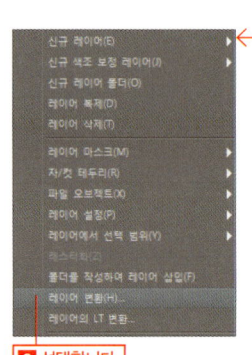
2 선택합니다.

1 클릭합니다.

SECTION 5.4 ● 외부 무늬 소재를 톤으로 바꾸기

02 종류를 '화상 소재 레이어(画像素材レイヤー)'로 설정하면 변환됩니다.

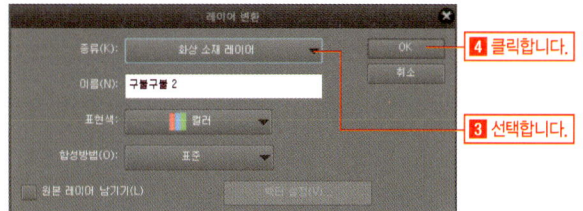

03 '타일링'(p.192)이나 '톤'(p.203)으로 설정하고 사용합니다.

● 타일링　　● 톤

무늬를 소재로 등록하기

'소재(素材)' 창에는 톤이나 그려 넣은 문자, 3D 소재 등이 나열되어 있습니다.

오른쪽 그림은 CLIP STUDIO PAINT에서 그린 무늬입니다. 이 무늬를 '소재' 창에 등록해보겠습니다.

소재 창에서 폴더 만들기

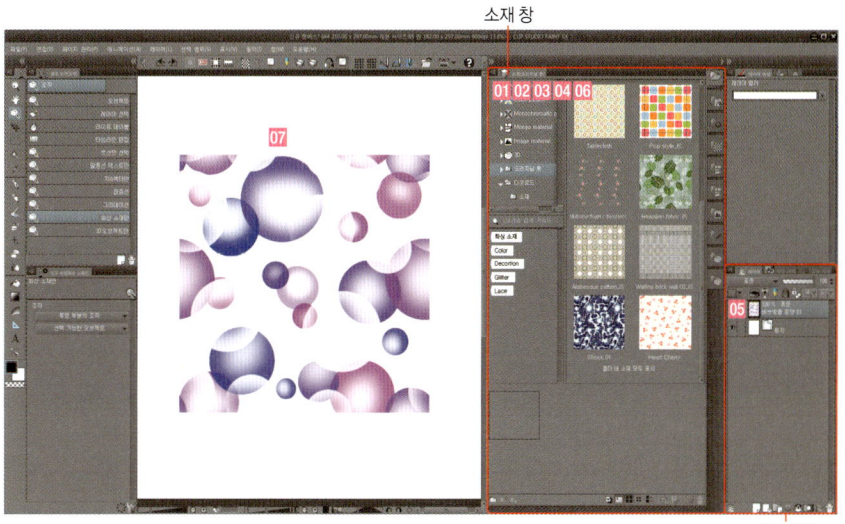

소재 창

레이어 창

PART 5 ● 톤 작업의 기본

01 소재를 저장할 폴더를 만들고, 이름을 설정합니다.

▼를 클릭하면 여닫을 수 있습니다.

02 '다운로드'를 클릭하고 폴더 태그를 만듭니다.

03 폴더명을 정합니다.

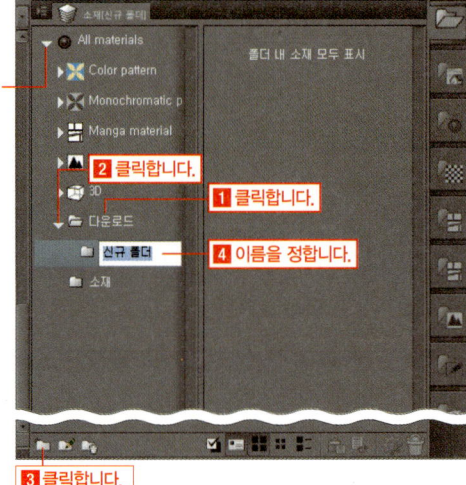

04 필요에 따라 폴더 위치를 변경합니다.

> **TIPS 신규 폴더 작성 위치**
> '신규 폴더'는 선택한 위치에 만들어집니다. 찾기 쉬운 위치에 만들고 정리는 나중에 합니다.

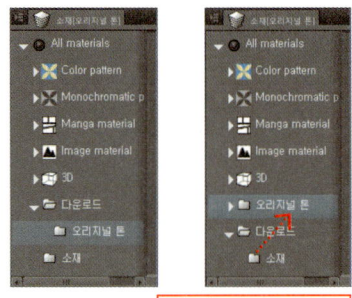

폴더 내에 폴더를 만들고 정리합니다.
그림문자 폴더도 만들었습니다.

소재 창에 등록하기

새로 만든 폴더에 소재를 등록해보겠습니다.

05 무늬 레이어를 '소재(素材)' 창의 '물컹반짝' 폴더(위에서 작성)로 드래그합니다.

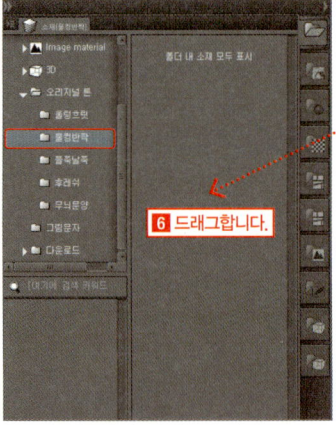
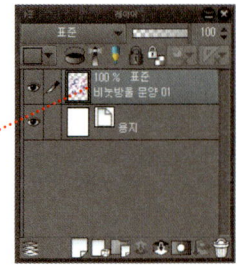

06 폴더에 소재가 등록되었습니다.

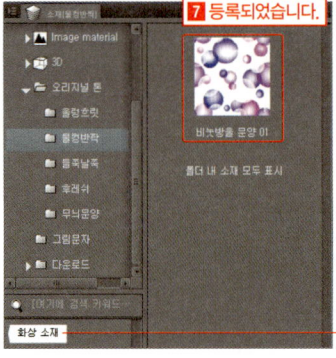

폴더에 '화상 소재' 태그가 자동으로 설정됩니다.

07 등록한 소재를 '소재' 창에서 캔버스로 드래그해 사용합니다.

이렇게 등록한 데이터는 래스터 레이어인만큼 붙여 넣을 때 모노크롬으로 설정된 래스터 레이어가 됩니다. 화상 소재 레이어를 소재 창에 등록하면 화상 소재 레이어가 톤으로 변환된 상태로 붙일 수 있습니다.

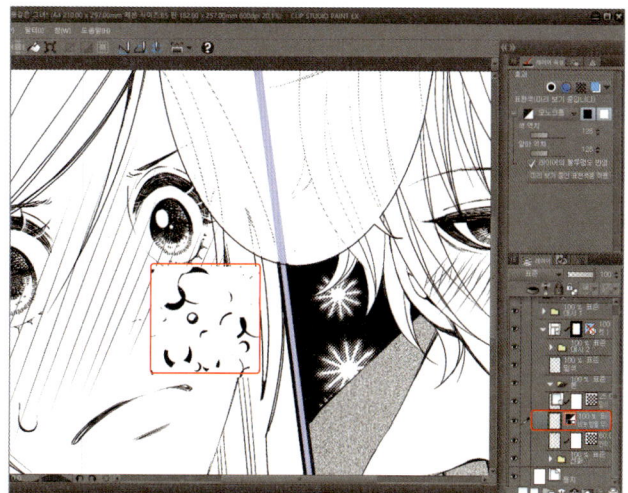

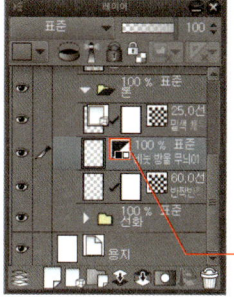 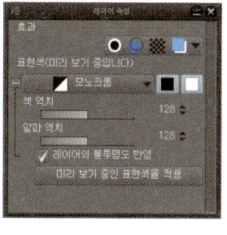

표현색을 컬러로 설정하면 컬러로 바뀝니다.

하지만 래스터 레이어를 등록해도 소재 창 내에서 설정하면('레이어 변환'을 하지 않아도) 화상 소재 레이어로 사용할 수 있게 됩니다. 이제 설정 방법을 알아보겠습니다.

소재 창에서 할 수 있는 일

소재 설정은 소재 아이콘을 더블 클릭하거나 '소재 속성 화면 표시' 버튼을 클릭하고 '소재 속성' 창에서 설정합니다.

'화상 소재 레이어'로 사용하기 위한 설정

래스터 레이어를 화상 소재 레이어로 변경하기 위한 설정은 그림의 2 와 3 입니다.

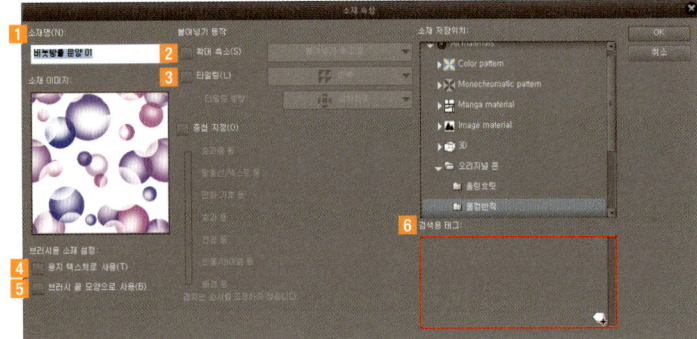
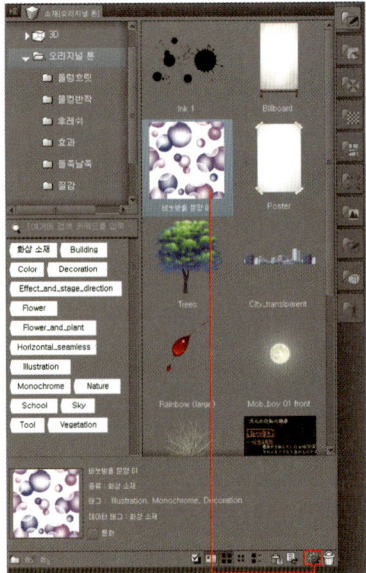

소재를 더블 클릭하거나 '소재 속성 화면 표시' 버튼을 클릭합니다.

1 **소재명(素材名)**: 소재의 명칭을 변경할 수 있습니다.

2 **확대 축소(拡大縮小)**: 활성화하면 붙여 넣을 때 확대/축소 가능한 '화상 소재 레이어'가 됩니다.

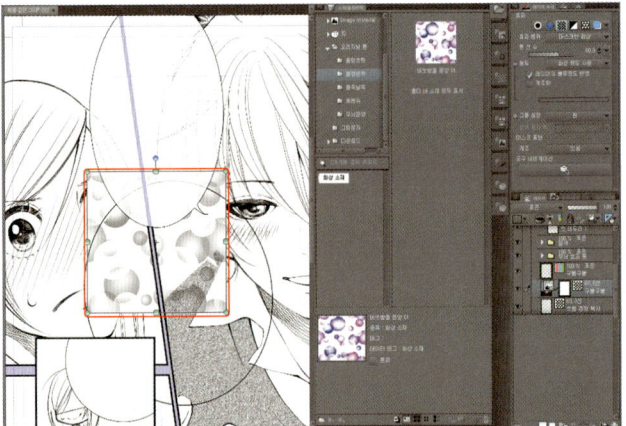

3 **타일링(タイリング)**: 활성화하면 붙여 넣을 때 타일링이 적용된 '화상 소재 레이어'가 됩니다.

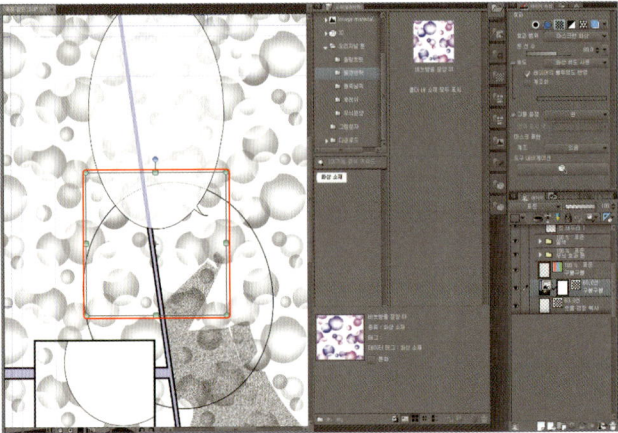

POINT ▶ 확대 축소와 타일링
두 가지 모두 해제하면 래스터 데이터가 됩니다.

SECTION 5.4 ● 외부 무늬 소재를 톤으로 바꾸기

④ **용지 텍스처로 사용(用紙テクスチャとして保存)**: 용지에 종이의 질감을 설정할 수 있습니다. 이 항목을 설정하면 텍스처로 선택할 수 있는 화상이 됩니다.

● 텍스처: 없음

● 텍스처: 있음

TIPS 채색과 함께 텍스처 사용하기

'용지 텍스처로 사용'을 설정해두면 브러시로 채색할 때 텍스처도 함께 칠하는 브러시 설정이 있습니다.

⑤ **브러시 끝 모양으로 사용(ブラシ先端形状として使用)**: 설정하면 무늬를 브러시로 사용할 수 있습니다.

무늬를 브러시로 그린 상태

POINT ▶ 브러시 설정하기

브러시 설정 방법은 219페이지를 참고하세요.

⑥ **검색용 태그**: 같은 폴더에 있는 소재에 지정된 태그가 전부 표시됩니다.
'소재 속성' 창의 태그를 클릭해 하늘색이 되면 태그가 지정됩니다. 태그 표시가 흰색이면 표시만 될 뿐 지정되지는 않습니다.
'신규 태그 추가' 버튼을 클릭하면 태그를 추가할 수 있습니다.
태그를 설정(p.200)해두면 소재를 효율적으로 찾을 수 있습니다.

POINT ▶ '브러시 모양'과 '화상 소재' 태그

'브러시 모양' 태그는 '브러시 모양으로 이용'을 설정해놓으면 자동으로 붙는 태그이므로 ⑥에는 표시되지 않습니다.

소재 창 조작하기

▌소재 위치 이동시키기

소재 위치를 이동시키려면 소재의 섬네일을 임의의 폴더에 드래그합니다.

▌소재 검출하기

소재명을 (일부) 입력합니다.

▌소재 삭제하기

소재의 섬네일을 선택한 상태로 '삭제(削除)' 버튼을 클릭합니다.

폴더 태그 삭제
선택 중인 폴더를 삭제합니다. 폴더를 삭제하면 폴더 안의 소재도 삭제됩니다. 초기 설정의 폴더는 삭제되지 않습니다.

폴더 태그명 변경
선택 중인 폴더명을 변경합니다. 초기 설정의 폴더 명칭은 바꿀 수 없습니다.

드래그해 이동시킵니다.

키워드로 검색합니다.

소재를 선택하고 클릭하면 삭제됩니다.

태그 사용하기(소재 검색)

폴더를 클릭하면 폴더 안에 등록한 소재에 지정된 모든 태그가 표시됩니다.

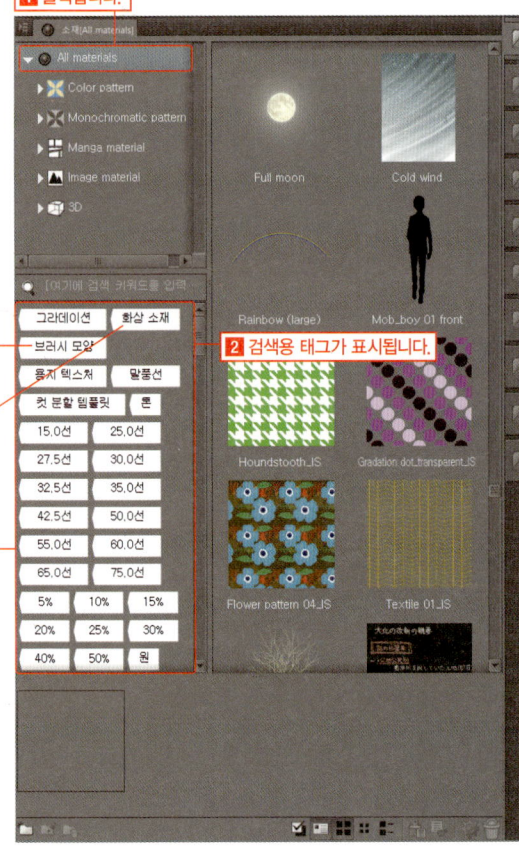

'브러시 모양으로 이용'을 설정하면, 소재가 있다면 자동으로 표시됩니다.

래스터 레이어나 화상 소재 레이어에 자동으로 지정되는 태그입니다.

'All materials' 폴더 내부의 각 폴더에 등록되는 소재에 지정되어 있는 모든 태그가 표시됩니다.

검색용 태그에 표시되는 태그를 클릭하면 태그가 지정된 소재가 표시됩니다.

예를 들어 'Color_pattern' 태그를 클릭하면 'Color_pattern' 태그가 지정되어 있는 소재만 표시됩니다.

이때 표시되는 각각의 소재에 지정되어 있는 다른 태그가 하얗게 표시됩니다.

어떤 소재에도 지정되어 있지 않는 태그는 선택 불가 상태로 표시됩니다.

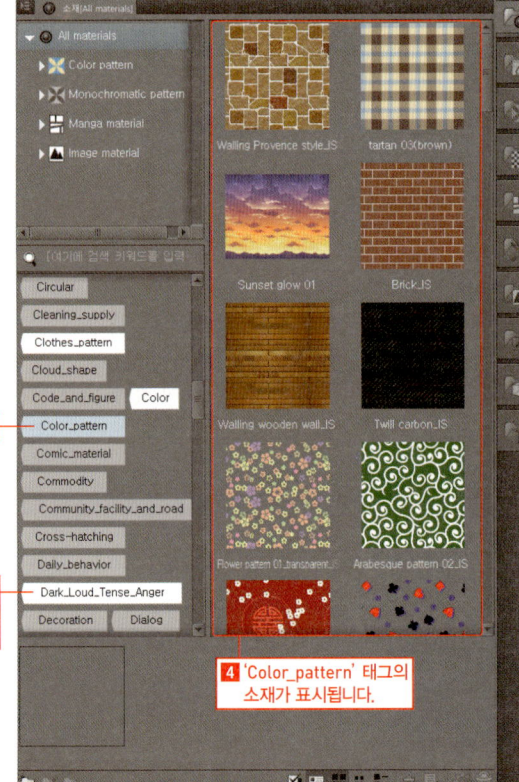

또 다른 태그를 클릭으로 선택하면 2개의 태그가 지정된 소재가 표시됩니다.

용도에 따라 다양한 태그를 설정하면 소재를 쉽게 찾을 수 있습니다.

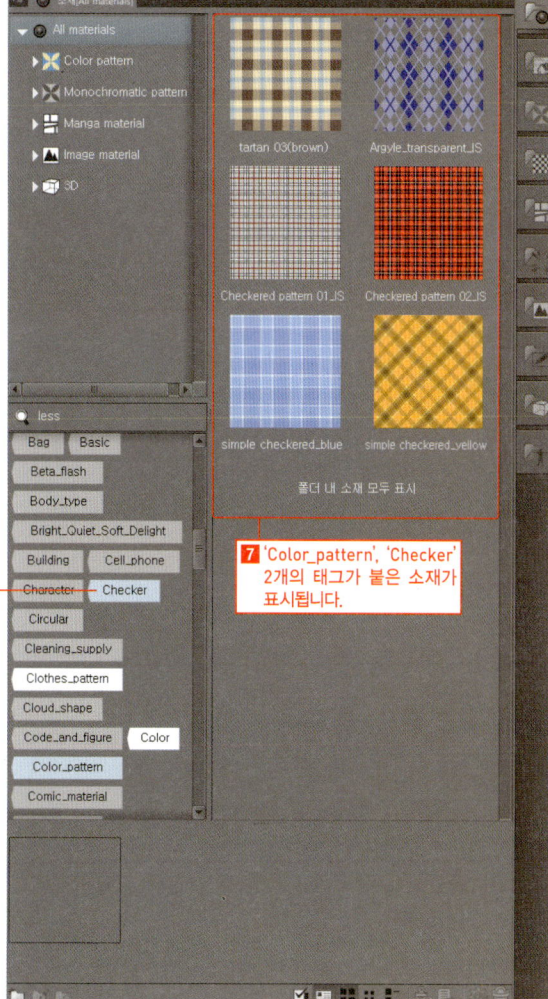

SECTION 5.5
'데코레이션'으로 화면을 화려하게 꾸미기

'데코레이션(デコレーション)' 도구로 무늬를 간단하게 그릴 수 있습니다.
꽃무늬나 효과 무늬, 자연물 등을 다양하게 조합할 수 있습니다. 오리지널 브러시를 만드는 것도 할 수 있습니다.

무늬 종류와 그리기 레이어

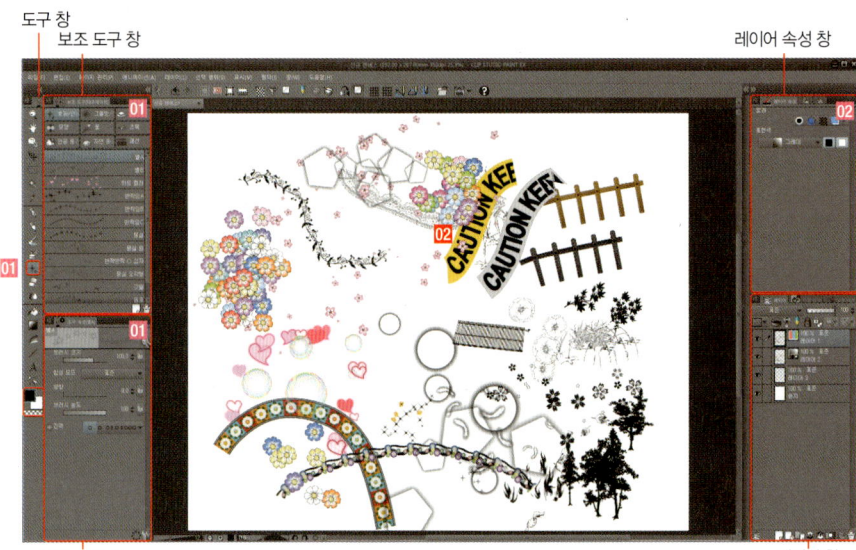

데코레이션 도구

01 '데코레이션' 도구로 그린 무늬입니다.

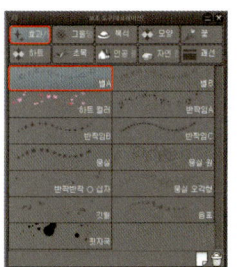

◉ ComicStudio 패턴 브러시에 해당

'데코레이션' 도구는 ComicStudio의 '패턴 브러시'에 해당하는 기능입니다.
ComicStudio의 '패턴 브러시'를 커맨드 바에 넣어두는 방법은 221페이지를 참고하세요.

SECTION 5.5 ● '데코레이션'으로 화면을 화려하게 꾸미기

02 컬러 무늬도, 그레이 무늬도 '톤(トーン)'으로 사용할 수 있습니다.

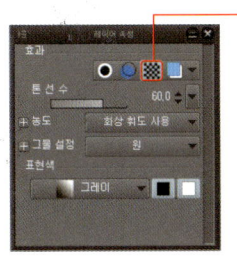
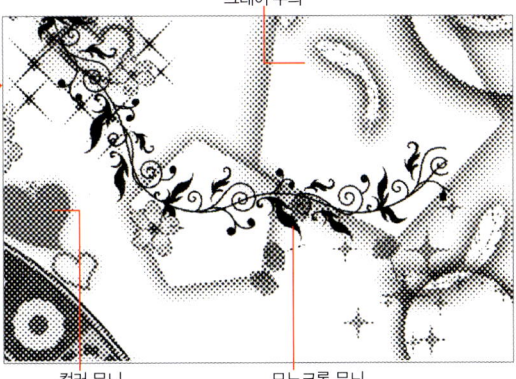

그레이 무늬

컬러 무늬   모노크롬 무늬

적절한 표현색 설정하기

무늬가 '컬러(カラー)'인지 '그레이(グレー)'인지 '모노크롬(モノクロ)'인지에 따라 레이어의 '표현색(表現色)'을 변경합니다.

톤으로 사용하려면 '표현색'을 적절하게 설정합니다.

컬러 무늬를 사용할 때 주의할 점은 '톤' 설정을 하면 '흰색'이 나타나므로 레이어 속성에서 '농도(濃度)'를 '화상 휘도 사용(画像の輝度を使用)'으로 설정하면 흰색을 투명으로 바꿀 수 있습니다.

> **POINT** ▶ 톤으로 사용할 때의 무늬와 표현색
>
> 컬러 무늬: 표현색을 컬러로 그리기, '톤' 설정
> 그레이 무늬: 표현색을 그레이로 그리기, '톤' 설정
> 모노크롬 무늬: 표현색을 모노크롬으로 그리기

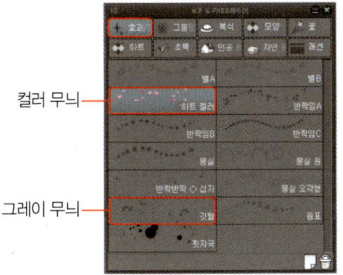

컬러 무늬

그레이 무늬

그레이 무늬는 톤 설정을 해도 흰색이 나타나지 않지만, 컬러 무늬는 색의 밝은 부분에 흰색이 나타납니다.

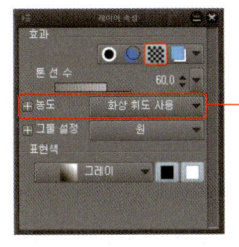
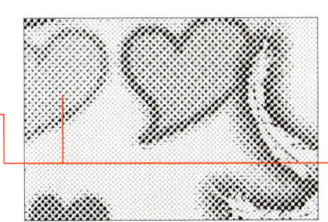

'농도'='화상 휘도 사용'을 설정하면 '흰색'이 '투명'으로 바뀝니다.

컬러의 흰색 부분은 '농도'를 '화상 휘도 사용'으로 설정해도 투명 부분이 비치지 않으므로 무늬를 덧붙일 수 있습니다.

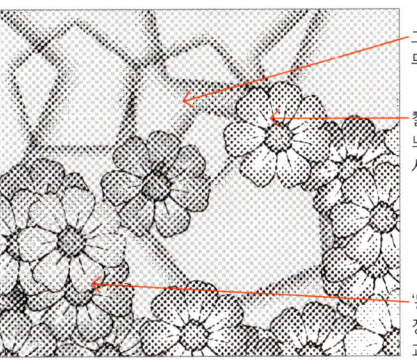

그레이 무늬는 무늬와 무늬가 투과되어 겹칠 수 있습니다.

컬러 무늬는 '흰색'이 아래의 무늬를 가립니다. '농도'='화상 색 사용'으로 설정합니다.

'농도'='화상 휘도 사용'으로 설정해도 투명 부분의 무늬가 투과되지 않습니다.

> **POINT** ▶ 덧붙일 수 있는 오리지널 브러시 제작
>
> 덧붙일 수 있는 오리지널 브러시를 만들 때는 '브러시 모양'이 투과되지 않도록 그리는 것(p.216)이 포인트입니다.

PART 5 ● 톤 작업의 기본

컬러 무늬는 '표현색'을 '컬러'로 설정하고 그리면 '그레이'로 그릴 때와는 농도가 다를 수도 있습니다.

● 컬러로 그리고 톤으로 설정한 상태

● 그레이로 그리고 톤으로 설정한 상태

컬러 무늬, 그레이 무늬는 모노크롬인 상태로 그리면 안 됩니다.

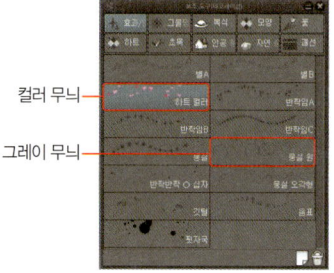

● 표현색 '모노크롬'으로 그린 상태

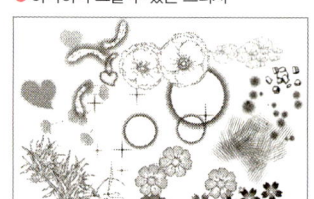

● '용지'를 숨긴 상태

컬러 무늬를 '모노크롬'에서 그리면 진한 색이 '검은색'이 되고 연한 색은 '흰색'이 됩니다. 그레이 무늬는 '검은색'으로만 표시됩니다. 특히 '흰색'은 아래의 레이어에 있는 그림을 가리므로 주의합니다.

브러시 종류

브러시 종류에는 무늬를 하나하나 그릴 수 있는 브러시와 리본처럼 이어서 그릴 수 있는 브러시가 있습니다. 하나씩 그릴 수 있는 브러시부터 설명하겠습니다.

이어서 그릴 수 있는 브러시는 212페이지를 참고하세요.

● 하나하나 그릴 수 있는 브러시

● 이어서 그릴 수 있는 브러시

무늬 크기 조절하기

무늬 크기는 도구 속성 또는 보조 도구 상세에서 조절합니다.

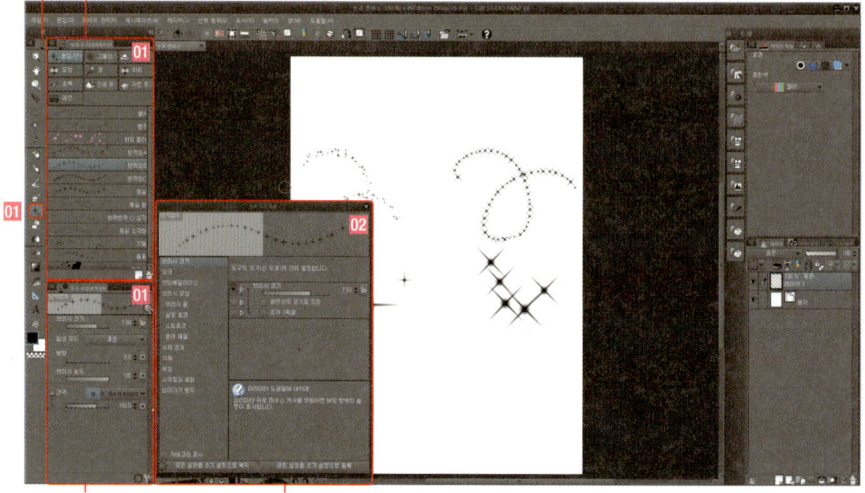

204

SECTION 5.5 ● '데코레이션'으로 화면을 화려하게 꾸미기

01 무늬 크기는 '브러시 크기(ブラシサイズ)' 또는 '입자 크기(粒子サイズ)'로 조절합니다. '살포 효과(散布効果)'를 해제했을 때는 '브러시 크기'로, '살포 효과'를 설정했을 때는 '입자 크기'로 설정합니다(아래 참조).

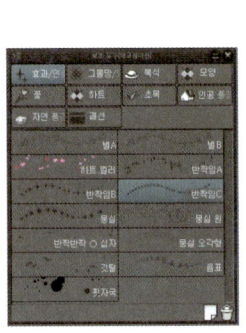
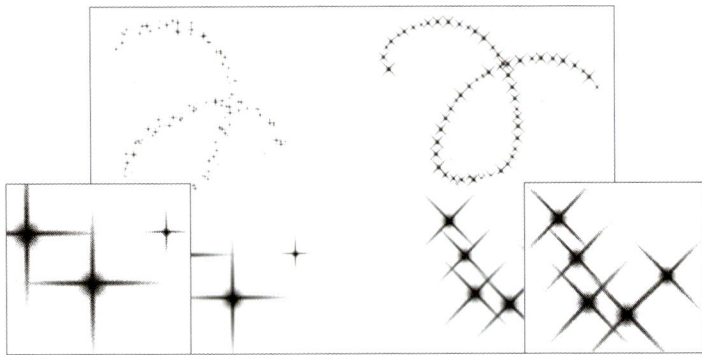

02 살포 효과 설정은 '보조 도구 상세'에서 확인할 수 있습니다.

ComicStudio 에어브러시에 해당

ComicStudio의 '패턴 브러시', '설정 정보'⇨'스타일'로 '살포 효과'를 설정하면 '에어브러시'에 해당됩니다.
'살포 효과'를 해제하면 '스탬프'로 설정한 것과 동일합니다.

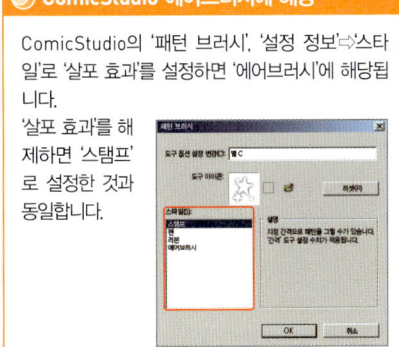

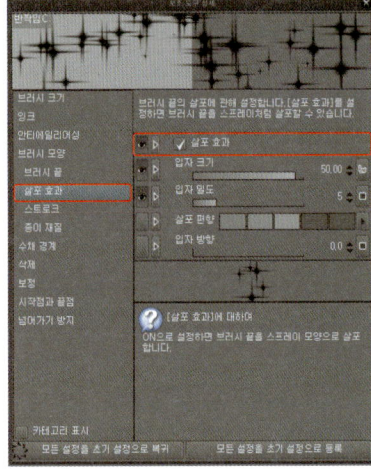

1 클릭합니다.

2 보조 도구 상세의 '브러시 모양'⇨'살포 효과'로 살포 효과의 활성/비활성을 확인합니다.

● 반짝임A (**살포 효과**: 설정)
무늬 크기는 입자 크기로 조절합니다.

● 반짝임C (**살포 효과**: 해제)
무늬 크기는 브러시 크기로 조절합니다.

살포 효과

살포 효과는 에어브러시를 떠올리면 이해하기 쉽습니다. 클릭하면 입자(무늬)가 뿌리듯이 그려집니다.

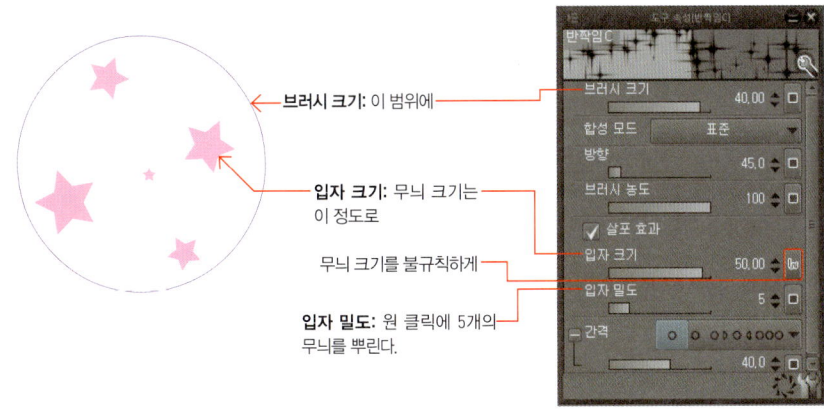

브러시 크기: 이 범위에
입자 크기: 무늬 크기는 이 정도로
무늬 크기를 불규칙하게
입자 밀도: 원 클릭에 5개의 무늬를 뿌린다.

살포 효과를 설정했을 때 브러시 크기를 키우면 무늬가 커지는 것이 아니라 분산되는 범위가 넓어집니다. 무늬를 넓은 범위에 뿌리고 싶을 때 브러시 크기를 키웁니다.

살포 효과를 해제했을 때는 원 클릭으로 하나의 무늬를 그립니다.

● 반짝임C (**살포 효과**: 해제)
무늬 크기는 브러시 크기로 조절합니다.

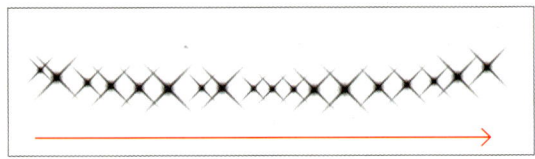

연속 클릭으로 (선을 그으면) 연속 무늬가 그려집니다.

무늬 크기 바꾸기

무늬 크기를 변경하려면 살포 효과를 해제했을 때는 '브러시 크기'의 '브러시 크기 영향 기준의 설정', 살포 효과를 설정했을 때는 '입자 크기'의 '입자 크기 영향 기준의 설정'을 설정합니다.

'반짝임C (きらめきC)'(살포 효과: 해제)를 예로 설명하겠습니다. 무늬 크기가 '랜덤'으로 설정됩니다.

1 클릭합니다.
'랜덤' 아이콘입니다.

2 확인·조절합니다.

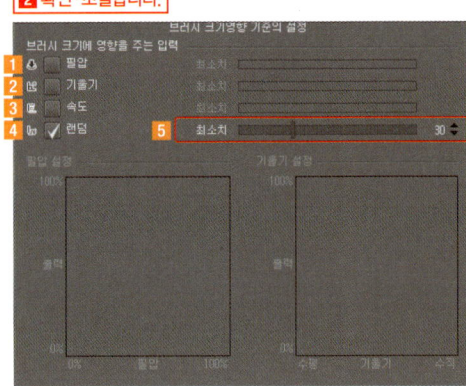

1 필압: 필압으로 무늬 크기가 변합니다. 강하게 그리면 크게, 약하게 그리면 작아집니다.

2 기울기: 펜을 기울이면 무늬 크기가 변합니다. 타블렛이 수직에 가까울수록 크게, 타블렛을 기울일수록 작아집니다.

3 속도: 속도에 따라 무늬 크기가 변합니다. 빠르게 그리면 커지고, 느리게 그리면 작아집니다.

4 랜덤: 무늬 크기가 불규칙적으로 변합니다.

5 최소치: 무늬의 최소 크기를 설정합니다.

● **브러시 크기**: 100, **최소치**: 30
가장 큰 무늬가 100, 가장 작은 무늬가 '100의 30%=30'이 됩니다.

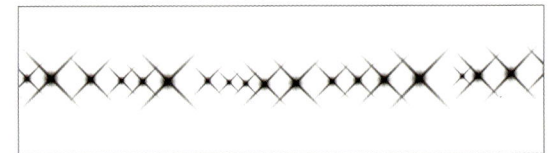

> ▶ **최소치**
>
> 최소치가 0이면 작은 무늬는 점이 됩니다. 최소치는 30 이상을 추천합니다.

> ▶ **어떤 것도 설정할 수 없을 때**
>
> 어떤 것도 설정할 수 없을 때는 무늬 크기가 일정합니다.

> ▶ **살포 효과를 설정할 때**
>
> 살포 효과를 설정할 때 무늬 크기를 변경하면 '입자 크기'가 '랜덤'으로 설정됩니다.
>
>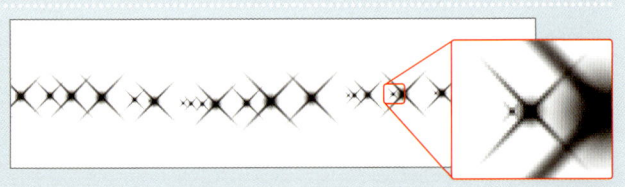

SECTION 5.5 ● '데코레이션'으로 화면을 화려하게 꾸미기

무늬 간격 조절하기

무늬 간격은 '살포 효과'를 해제했을 때는 '간격'을 고정하고 그 수치와 '고정값에 영향을 주는 입력'에서 조절합니다. '살포 효과'를 설정했을 때는 '입자 밀도'나 '살포 편향'으로 조절합니다.

살포 효과 적용 브러시

도구 속성 창을 확인합니다. '자연 풍경(自然風景)'⇨'바윗덩어리(岩塊)'를 예로 설명하겠습니다.

1 살포 효과: 해제한 상태라 무늬가 하나씩 그려집니다.

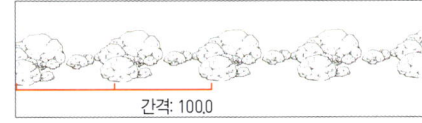
간격: 100.0

※ 초기 설정에서 살포 효과는 표시되지 않습니다.
사용자 설정으로 표시되게 만듭니다.

1 브러시를 선택합니다.

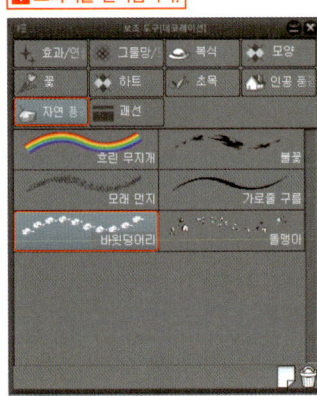

2 도구 속성 창을 확인합니다.

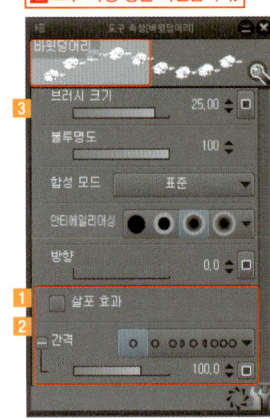

2 간격: 무늬 간격을 설정합니다.

고정: 수치에 따라 간격이 정해집니다.

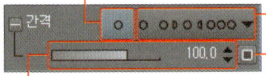

순서대로 '넓음', '보통', '좁음'을 설정합니다.
주로 '펜', '마커' 등에 사용합니다.

수치: 간격은 이 수치로 조절합니다.
'100.0'은 간격 없이 무늬가 그려집니다.

3 클릭합니다.

200.0으로 설정하면 무늬와 무늬 사이에 무늬가 하나 더 그려질 정도가 됩니다.

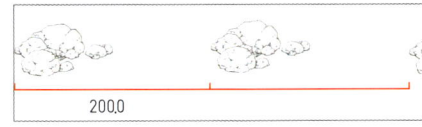
200.0

4 고정값 영향 기준의 설정 창이 나타납니다.

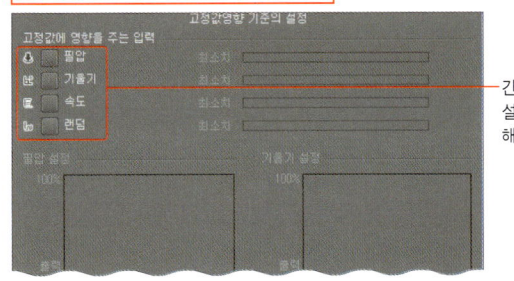

간격이 일정하도록 설정했습니다(모드 해제).

고정값에 영향을 주는 입력의 '필압'을 설정하면, '필압'이 약할 때는 무늬의 간격이 좁아지고 '필압'이 강할 때는 간격이 넓어집니다.

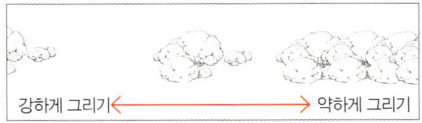
강하게 그리기 ← → 약하게 그리기

필압의 최소치를 '0'으로 하면 무늬가 겹칩니다.
최소치는 60 이상을 추천합니다.

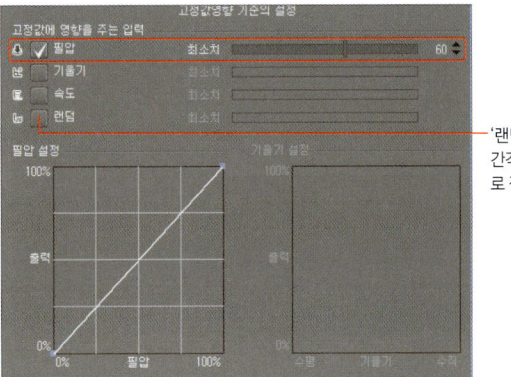

'랜덤'을 설정하면 간격이 불규칙적으로 정해집니다.

살포 효과 적용 브러시

도구 속성 창을 확인합니다. '꽃(花)'⇨'장미(薔薇)'를 예로 설명하겠습니다.

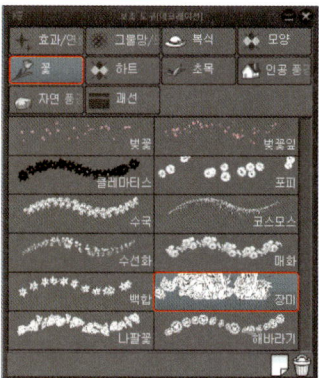
1 브러시를 선택합니다.

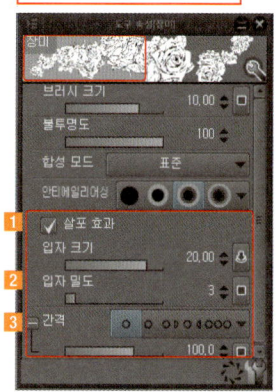
2 도구 속성 창을 확인합니다.

1 살포 효과: 설정한 상태이므로 한 번에 여러 개의 무늬가 겹쳐서 그려집니다.

※간격의 슬라이더는 초기 설정에서 표시되지 않습니다. 207페이지와 비교를 위해 표시되도록 설정했습니다.

2 입자 밀도: 무늬가 겹쳐지는 이유는 한 번에 3개의 무늬(입자 밀도: 3)를 그리기 때문입니다. 입자 밀도를 1로 바꾸면 겹치지 않습니다.

● 입자 밀도: 3

● 입자 밀도: 1

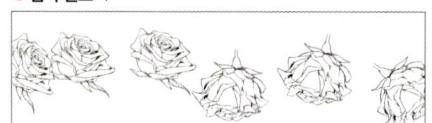

3 간격: 살포 효과를 해제한 것과 마찬가지로 간격을 고정하고 수치를 크게 하면 간격이 넓어집니다. 무늬가 살포되므로 선을 곧게 그려도 곧게 나열되지 않습니다.
살포 효과를 해제하면 곧게 나열됩니다.

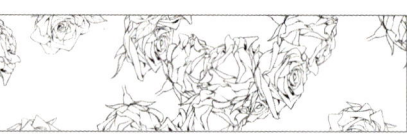

● **살포 효과:** 설정
간격: 넓음

● **살포 효과:** 해제
브러시 움직임에 따라 그려집니다.

살포 효과를 설정한 브러시 간격을 넓히고 싶을 때는 아래의 2가지 방법을 사용합니다.

01 살포 효과를 해제하고 '간격'을 넓힌 다음 원하는 위치에 하나씩 그립니다. 이 방법을 추천합니다.

● **살포 효과:** 설정
간격: 넓음

02 살포 효과를 설정하고 '브러시 크기'를 크게 조절합니다. 브러시 크기를 키우면 살포 범위가 넓어지므로 무늬가 넓게 뿌려집니다.

● **살포 효과:** 설정
브러시 크기: 크게

▶ 살포 편향

'살포 편향(散布偏向)'은 '보조 도구 상세(서브툴 상세)'⇨'살포 효과(散布效果)'에 있습니다.

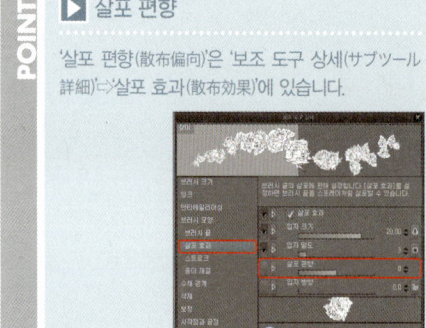

● **살포 편향:** 100
브러시 크기의 중심점에 따라 그려집니다.

● **살포 편향:** -100
브러시 크기 가득 퍼지게 그려집니다.

SECTION 5.5 ● '데코레이션'으로 화면을 화려하게 꾸미기

무늬 방향 조절하기

무늬 방향은 '살포 효과'를 해제했을 때는 '브러시 끝(ブラシ先端)'의 '방향(向き)'으로, '살포 효과'를 설정했을 때는 '살포 효과'의 '입자 방향(粒子の方向)'으로 조절합니다.

살포 효과 해제 상태의 브러시

도구 속성 창의 '방향'을 확인합니다. '자연 풍경'⇨ '바윗덩어리'를 예로 설명하겠습니다.

방향: 0.0

방향: 30.0

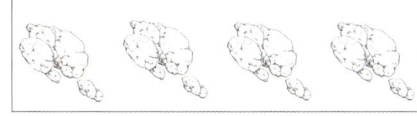

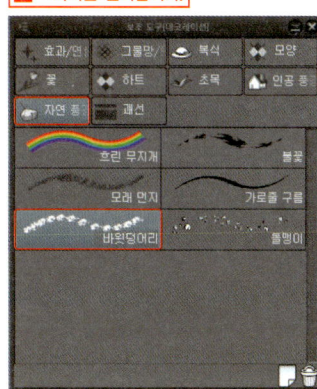

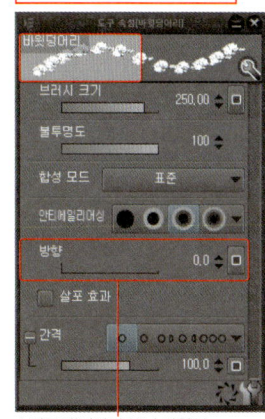

일정 방향으로 그려집니다. 방향을 뱅글뱅글 돌리려면 '방향에 영향을 주는 입력'에서 설정합니다.

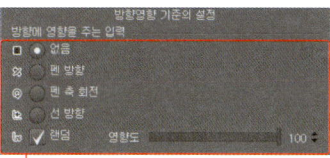

> **POINT** ▶ '펜 방향'과 '펜 축 회전'
> '펜 방향(ぺんの向き)', '펜 축 회전(ペン軸の回転)'을 지원하는 타블렛이 있을 때만 유효합니다.

영향도(影響度)를 설정하면 기본 위치를 중심으로 무늬가 회전합니다.

● **방향:** 0.0, **랜덤:** 설정, **영향도:** 100 [좌우로 100%(180도) 흔들립니다]

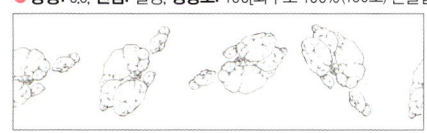

● **방향:** 0.0, **랜덤:** 설정, **영향도:** 30 (좌우로 30% 흔들립니다)

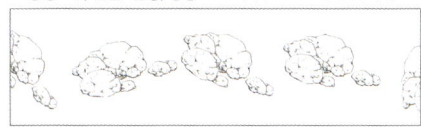

● **선 방향:** 설정, **랜덤:** 해제

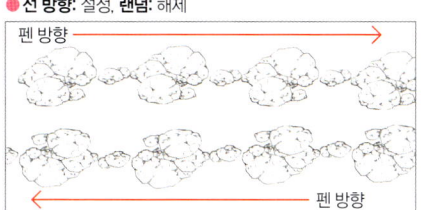

선 방향은 펜을 움직이는 방향에 따라 무늬 방향이 달라집니다.

살포 효과 적용 브러시

도구 속성 창을 확인합니다. '꽃(花)'⇨'장미(薔薇)'를 예로 설명하겠습니다.

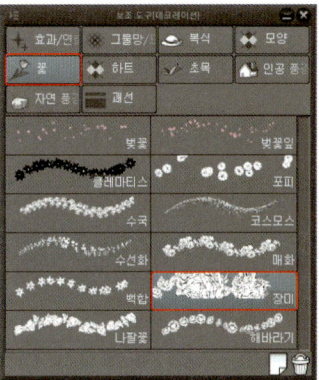
1 브러시를 선택합니다.

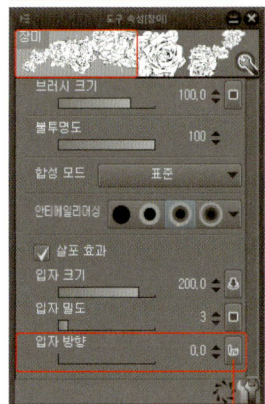
2 도구 속성 창을 확인합니다.

3 클릭합니다.

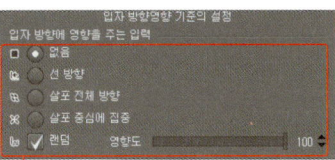
4 입자 방향 영향 기준의 설정을 합니다.

장미 방향이 180도 회전합니다.

● **입자 방향:** 0.0, **입자 방향에 영향을 주는 입력:** 랜덤, **영향도:** 100

'랜덤(ランダム)'을 해제하면 장미 방향이 정렬됩니다.

● **입자 방향:** 0.0, **입자 방향에 영향을 주는 입력:** 모드 해제

무늬 농도 바꾸기

'브러시 끝(ブラシ先端)'⇨'브러시 농도(ブラシ濃度)' 설정으로 무늬를 진하거나 연하게 그릴 수 있습니다. 무늬 농도는 살포 효과의 설정/해제와 관계없습니다.

도구 속성의 '브러시 농도'를 확인합니다. '효과/연출(效果·演出)'⇨'핏자국(血痕)'을 예로 설명하겠습니다.

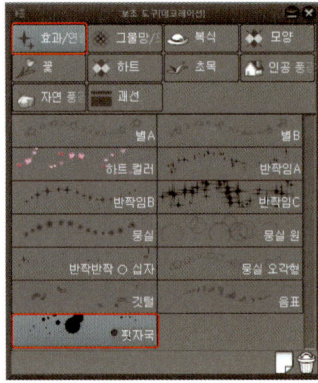
1 브러시를 선택합니다.

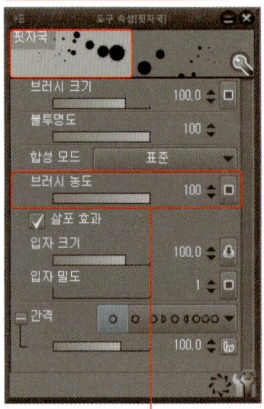
2 도구 속성 창을 확인합니다.

브러시 농도: 100, **랜덤:** 해제
가장 진한 농도로 그려집니다.

SECTION 5.5 ● '데코레이션'으로 화면을 화려하게 꾸미기

▶ 브러시 농도

초기 설정에서는 '브러시 농도'와 '살포 효과'는 표시되지 않습니다.
'브러시 농도'는 '보조 도구 상세'⇨'브러시 끝'에 있으므로 표시로 설정(p.56)합니다.

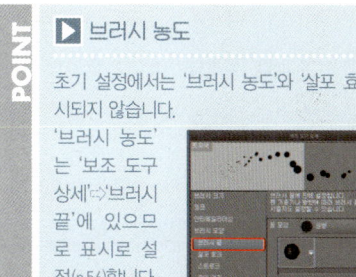

● 브러시 농도: 100

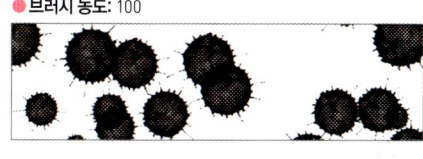

● 브러시 농도: 30

진한 무늬나 연한 무늬를 혼합해 그리려면 '브러시 농도 영향 기준의 설정'에서 '랜덤'을 설정합니다.

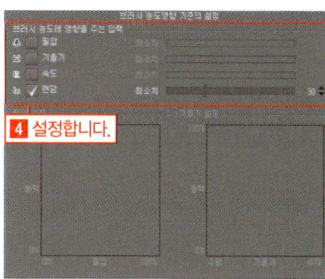

● 최소치: 30, 랜덤: 설정

'최소치'=30은, '아주 연하게 그리면 아주 진하게 그린 농도의 30%'라는 뜻입니다.

지나치게 연하면 의미가 없으므로 '30 이상'을 추천합니다.

리본 이해하기

'스트로크(ストローク)⇨리본(リボン)'을 설정하면 연속 무늬가 그려집니다.

'복식(服飾)'⇨'레이스 리본(レースリボン)'을 예로 설명하겠습니다.

먼저 도구 속성 창을 확인합니다. 초기 설정에서는 '리본'이 표시됩니다.

보조 도구 상세 창을 열고 '스트로크'⇨'리본'을 설정하면 무늬가 이어져서 그려집니다.

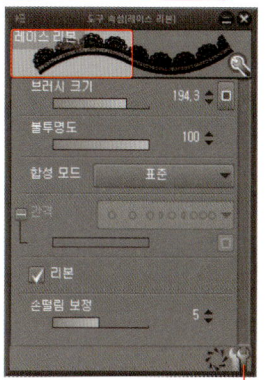

▶ 도구 속성에 표시하기

'리본'은 그리고 싶은 무늬를 이어 그릴 때 자주 사용합니다. '도구 속성'에 표시되도록 설정(p.212)합니다.

'리본(リボン)'을 설정하면 아래 그림처럼 그려집니다.

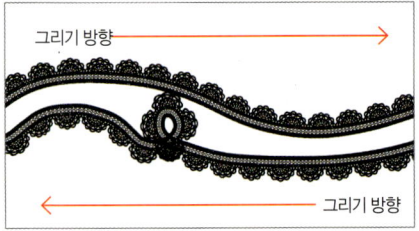

'리본'을 해제한 모습은 아래와 같습니다.

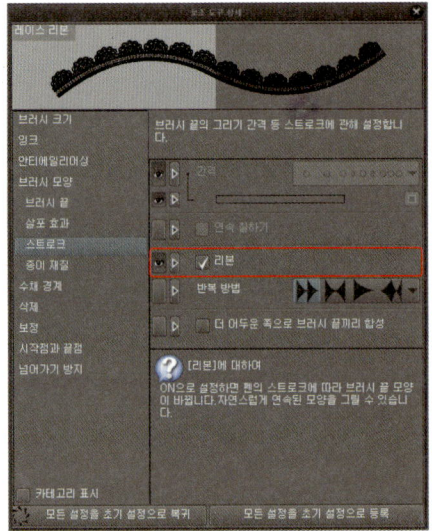

간격은 고정으로 수치를 100.0, 방향을 0.0으로 설정했습니다. 무늬 하나의 모양을 확인할 수 있습니다. 이 무늬가 이어져서 '레이스 리본(レースリボン)'이 만들어집니다.

하지만 '모양(模様)' ⇨ '꽃모양(花模様)'을 예로 '리본'을 해제한 브러시를 설정해보세요.

1 브러시를 선택합니다.　　2 도구 속성 창을 확인합니다.

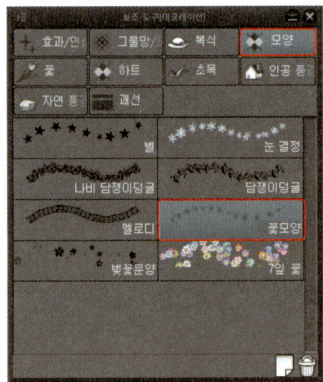 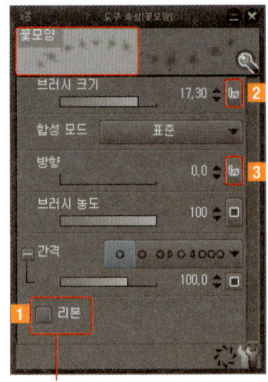

※초기 설정에서 '리본'은 표시되지 않습니다(p.211).

POINT ▶ 리본에 알맞은 브러시

'리본' 설정에 적당한 브러시와 적당하지 않은 브러시, 어느 쪽에도 적당하지 않은 브러시 등 여러 가지가 있습니다. '리본' 설정을 활용할 수 있는 오리지널 브러시(p.221)를 만드는 요령도 있습니다.

초기 설정에는 '브러시 크기(ブラシサイズ)'와 '방향(向き)'에 '랜덤(ランダム)' 하게 그려지도록 정해져 있습니다.

1의 리본을 설정하면 오른쪽 그림처럼 됩니다.

'브러시 크기'의 랜덤 2을 해제하면 브러시 형태를 알아볼 수 있게 됩니다. 이어져서 그리도록 설정해놓아 무늬 끝이 일그러집니다.

SECTION 5.5 ● '데코레이션'으로 화면을 화려하게 꾸미기

초기 설정으로 복귀 · 초기 설정에 등록

지금까지 브러시 설정을 여러 가지로 변형해보았습니다. 그러나 변형한 것보다 원래 설정이 더 좋을 경우도 있습니다. 그럴 때는 브러시를 초기 설정으로 되돌리면 됩니다.

초기 설정으로 복귀

브러시 설정을 초기 설정으로 되돌리려면 도구 속성 창의 '초기 설정으로 복귀' 버튼을 클릭합니다.

초기 설정에 등록

'초기 설정으로 복귀'는 모든 설정이 초기 상태로 되돌아갑니다. 브러시 크기나 방향 등의 수치가 초기화되고 사용자 설정으로 '도구 속성'에 표시되는 항목도 사라집니다.

자신이 좋아하는 설정을 발견했다면 '초기 설정'에 등록하고 사라지지 않도록 합니다. 필요한 부분은 초기 설정에 등록하고 저장해두세요.

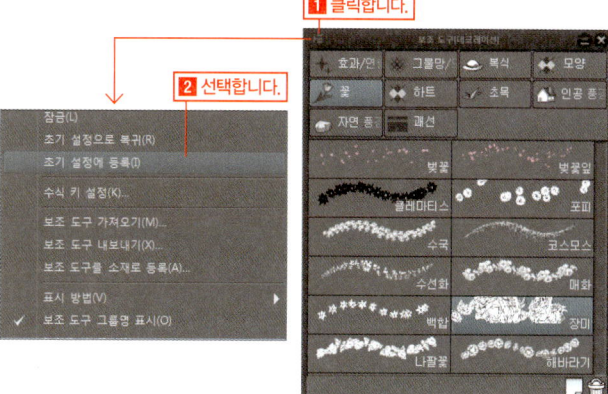

같은 무늬를 다른 그리기 설정으로 등록하기

'살포 설정(散布設定)'이 있을 때와 없을 때, 또는 양쪽 모두를 사용하려면 일일이 전환하기 귀찮을 수도 있습니다. 그럴 때는 보조 도구를 추가(p.69)하면 해결할 수 있습니다.

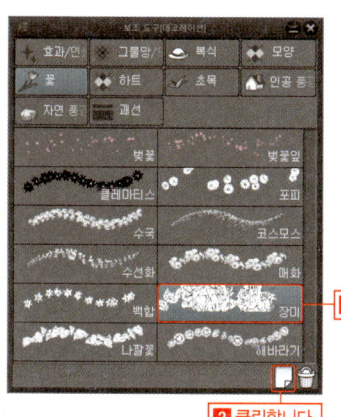

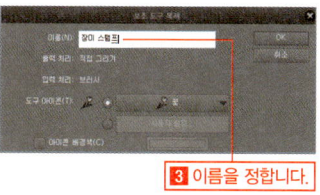

진짜 '깃털' 흩뿌리기

이제 브러시 설정은 완벽합니다. 그러면 실제로 '깃털(羽)' 브러시로 아름답게 그려보겠습니다.

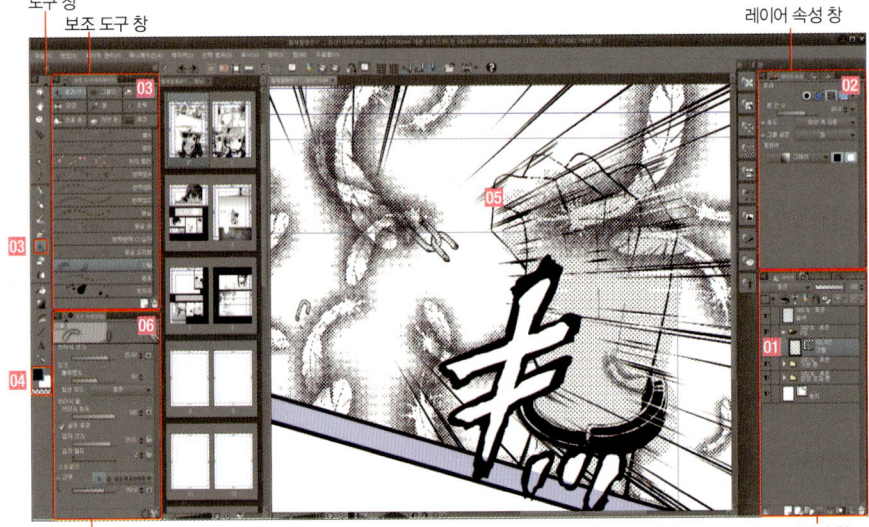

레이어 준비하기

01 신규 래스터 레이어를 만듭니다.

02 '깃털' 브러시는 그레이 무늬이므로 '표현색'을 그레이, '레이어 속성'의 '효과(効果)'⇨'톤(トーン)'을 선택(p.203)합니다.

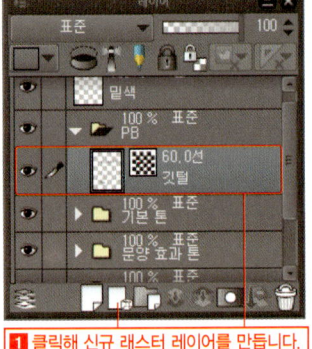
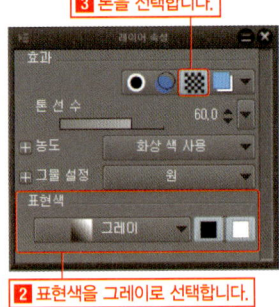

깃털 브러시로 그리기

03 '효과/연출(効果·演出)'⇨'깃털' 브러시를 선택합니다.

04 그리기색을 검은색으로 선택합니다.

05 작업을 시작합니다.

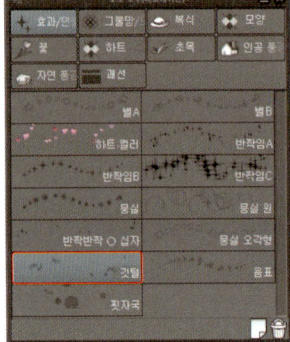

설정 바꾸고 그리기

06 깃털이 작아서 크게 만들었습니다.

살포 효과를 설정했으므로 '입자 크기(粒子サイズ)'를 변경합니다.

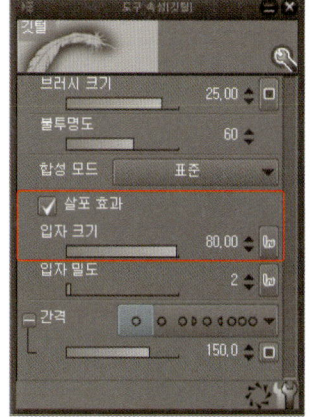

오른쪽 그림은 '입자 크기'를 15.00에서 80.00으로 설정한 상태입니다.

설정을 조금 더 바꿔보겠습니다.

오른쪽 그림은 '입자 크기' 30.00, 50.00, 80.00을 조합해 '불투명도'를 60에서 100까지 변경하고, '브러시 크기(ブラシサイズ)'를 100/'랜덤(ランダム)'의 '최소치(最小値)'를 40으로 변경하고 그린 상태입니다.

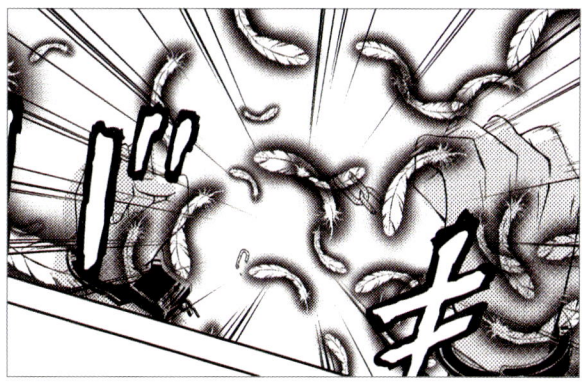

'살포 효과'를 해제하고 '브러시 크기'를 랜덤, '방향'을 랜덤으로 하면 하나씩 그려도 흩뿌려지는 깃털을 표현할 수 있습니다.

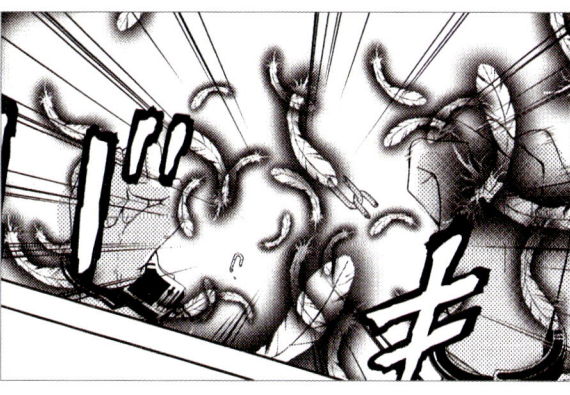

오리지널 브러시 만들기

이번에는 직접 그린 무늬를 오리지널 브러시로 만들어보겠습니다.

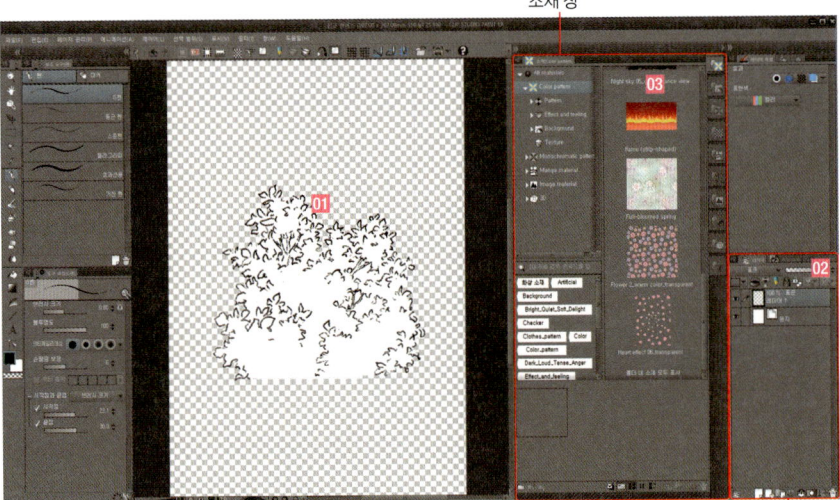

소재 창

레이어 창

브러시로 만들 무늬 그리기

01 브러시로 만들고 싶은 무늬를 그립니다.

여기에는 '흰색'도 들어가 있습니다. '투명'으로 하고 싶으면 '흰색'을 넣지 말아야 합니다. 그레이 브러시로 만들고 싶을 때는 '표현색'=그레이로 그립니다.
물론 컬러로 그린 무늬도 브러시로 만들 수 있습니다.

● **표현색**: 모노크롬

● **표현색**: 그레이

※구별하기 쉽도록 용지는 숨긴 상태입니다.

> **POINT** ▶ 도구 속성에 표시하기
>
> 연한 그레이는 투명이 아니라 흰색으로 그릴 수 있습니다. 그럴 때 '톤 설정' 상태로는 흰색이 섞이므로 농도를 '화상 휘도 사용(画像の輝度を使用)'으로 설정(p.203)합니다.
>
>

무늬를 소재로 등록하기

02 여러 레이어에 무늬를 그렸을 때는 병합시킵니다.

03 그린 무늬를 소재 창에 등록(p.196)합니다.

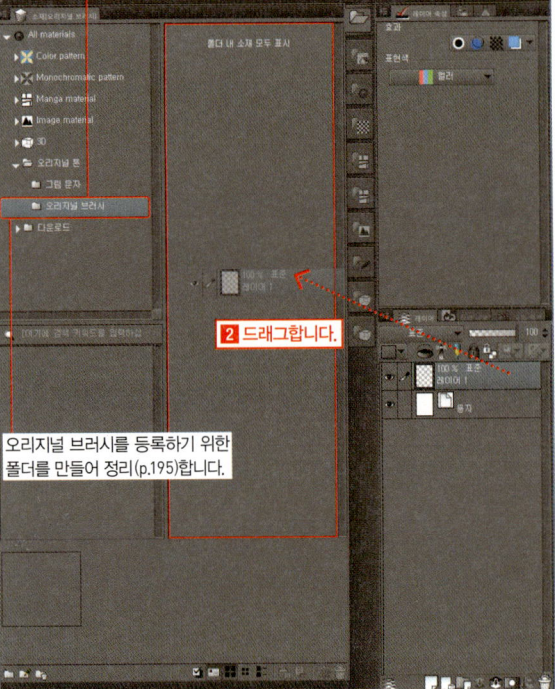

1 클릭합니다.

2 드래그합니다.

오리지널 브러시를 등록하기 위한 폴더를 만들어 정리(p.195)합니다.

SECTION 5.5 ● '데코레이션'으로 화면을 화려하게 꾸미기

▋ 무늬 선택하기

같은 레이어에 여러 개의 무늬를 그렸을 때는 각각의 무늬를 선택하고 등록합니다.

[01] 무늬를 선택하려면 '선택 범위(選択範囲)'⇨'슈링크 선택(シュリンク選択)' 도구(p.172)가 유용합니다.

> ● **ComicStudio 올가미 도구에 해당**
>
> '슈링크 선택'은 Comic Studio의 '올가미 선택' 도구의 '슈링크'에 해당합니다.

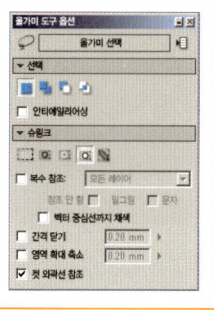

1 '올가미 선택' 도구를 선택합니다.

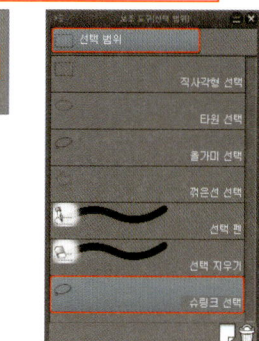

2 설정을 확인합니다.

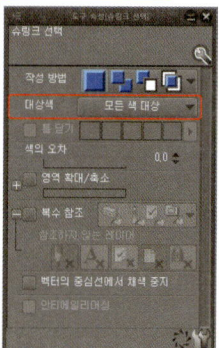

[02] 무늬의 주위를 둘러싸면 무늬를 따라 선택 범위가 지정됩니다.

3 무늬를 둘러쌉니다.

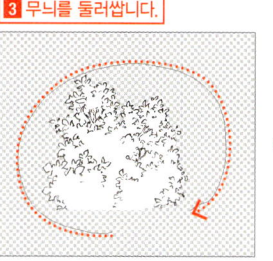

4 선택 범위가 만들어집니다.

반투명인 색도 선택합니다.

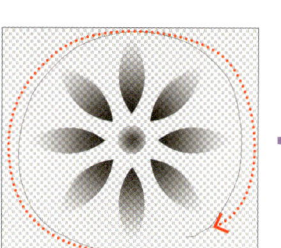

등록한 무늬 속성 확인하기

무늬를 등록하고 '소재 속성(素材のプロパティ)'에서 설정합니다. 소재명은 검색(p.199)으로 찾을 때 편리합니다.

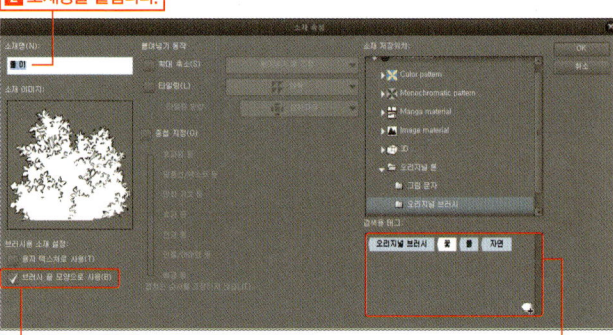

1. 더블 클릭합니다.
2. 소재명을 붙입니다.
3. '브러시 끝 모양으로 사용'을 체크합니다.

검색 상자

검색으로 찾기 쉽도록 태그도 설정(p.199)해두세요.

보조 도구를 복제하고 설정 바꾸기

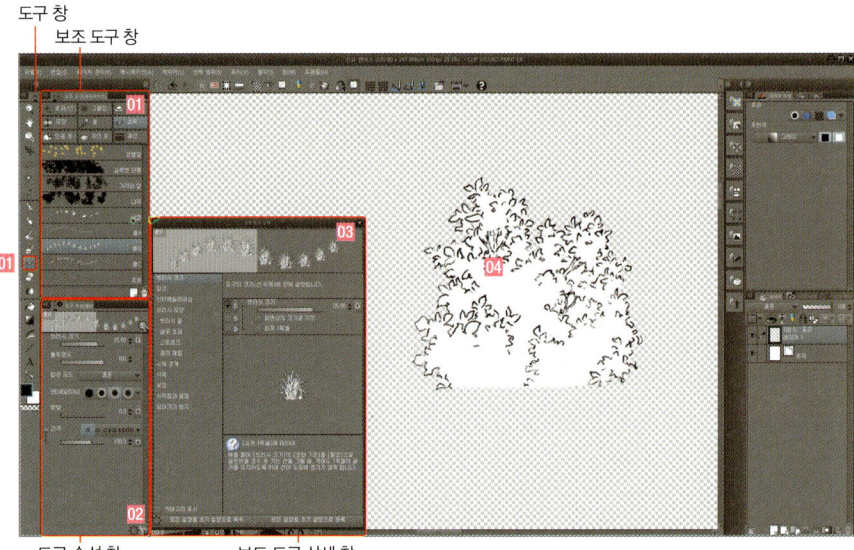

도구 창
보조 도구 창
도구 속성 창
보도 도구 상세 창

01. 오리지널 브러시 재료가 되는 브러시를 복제합니다. 여기서는 '풀B(草B)'를 복제합니다.

02. 도구 속성의 오른쪽 아래 아이콘을 클릭하면 보조 도구 상세 창이 열립니다.

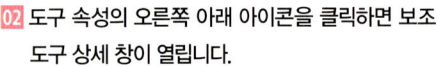
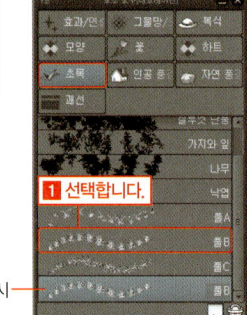

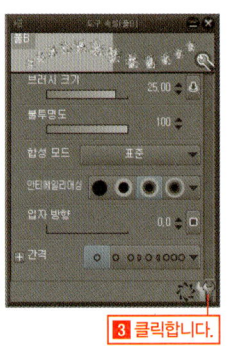

1. 선택합니다.
복제된 브러시
2. 클릭합니다.
3. 클릭합니다.

SECTION 5.5 ● '데코레이션'으로 화면을 화려하게 꾸미기

03 '브러시 끝(ブラシ先端)'⇨'끝 모양(先端形狀)'을 클릭하면 '브러시 끝 모양 선택(ブラシ先端形狀の選擇)' 창이 열립니다. 브러시로 사용할 ['브러시 끝 모양으로 사용(ブラシ先端形狀として使用)'을 설정] 무늬가 표시되므로 브러시로 사용할 무늬로 지정합니다.

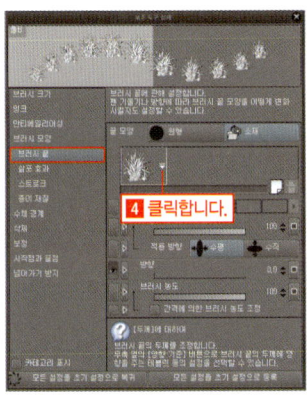 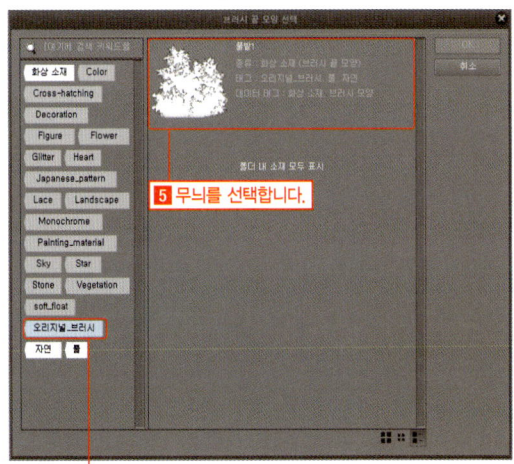

태그를 클릭하면 해당 소재만 표시됩니다. '오리지널 브러시'를 클릭하면 '오리지널 브러시' 태그로 지정한 소재만 표시됩니다.

04 그러면 '풀밭1(草むら1)'이 그려집니다.

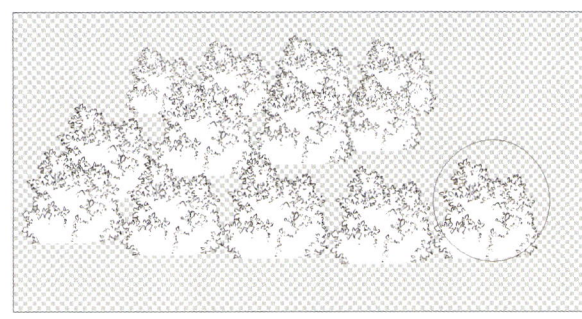

● **간격**: 90, **방향**: 랜덤(최소치: 30)

오른쪽 그림은 설정의 일부를 변경한 것입니다.

완성한 브러시는 초기 설정에 등록(p.196)해둡니다.
이런 방식으로 여러 무늬를 브러시로 사용할 수 있습니다.

▌브러시 끝 모양 설정하기

'브러시 끝'⇨'끝 모양'에 여러 무늬를 나열한 브러시가 있습니다. '하트 컬러'를 예로 들어보겠습니다.

8종의 하트가 있습니다.

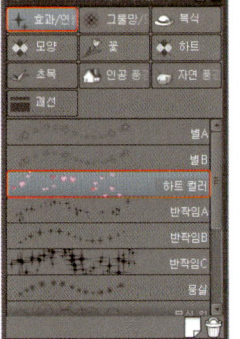 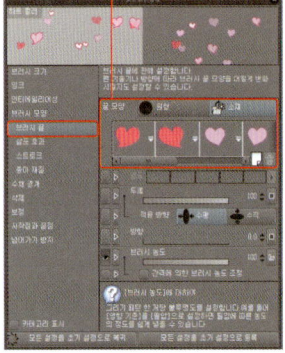

브러시 형태에는 8종류가 있고, 그렸을 때 8종류의 하트가 불규칙하게 그려집니다.

마찬가지로 219페이지의 '풀밭' 브러시도 몇 종류를 만들어 등록할 수 있습니다.

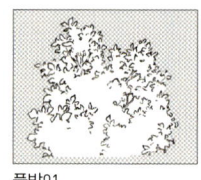
풀밭01

풀밭02

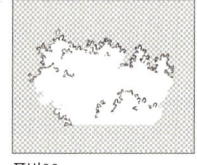
풀밭03

보조 도구 상세 창에서 브러시 끝 모양을 추가합니다.

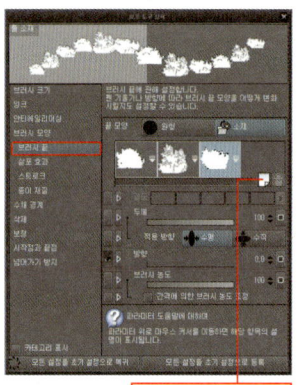

클릭으로 추가합니다.

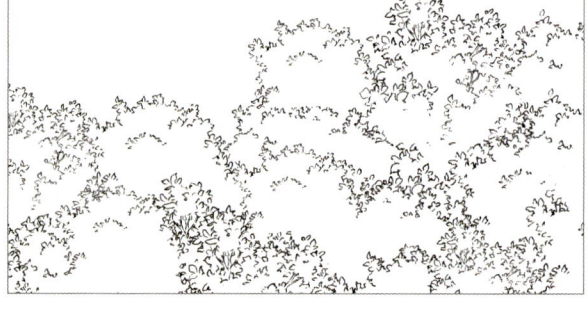

아래 2가지 브러시를 설정하면 오른쪽 그림처럼 됩니다.

꽃01

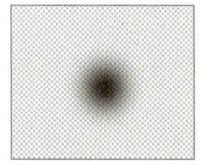
부드러운점01

SECTION 5.5 ● '데코레이션'으로 화면을 화려하게 꾸미기

▌ 리본으로 설정한 오리지널 브러시

리본 설정을 적용한 브러시를 만들고 싶다면 상하 혹은 좌우의 무늬가 이어지도록 그립니다.

● 리본 브러시 속을 흰색으로 채우고 등록했으므로 아래의 무늬가 보이지 않습니다.

◉ ComicStudio 사용자 데이터

'ComicStudio Ver4. 설정'(사용자 데이터)은 자신이 움직이지 않는 이상 내 문서(OS X는 홈 폴더 아래의 '서류')에 있습니다. 파일 위치는 ComicStudio의 '환경 설정' ⇨ '폴더 경로'에서 확인할 수 있습니다.

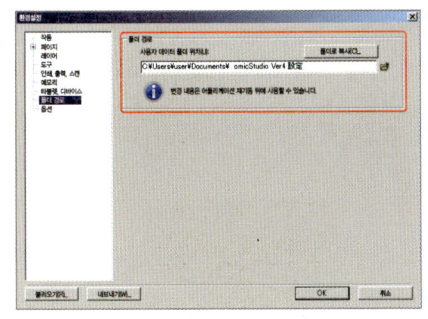

◉ ComicStudio 패턴 브러시 변환하기

ComicStudio '패턴 브러시'를 CLIP STUDIO PAINT로 변환할 수 있습니다.

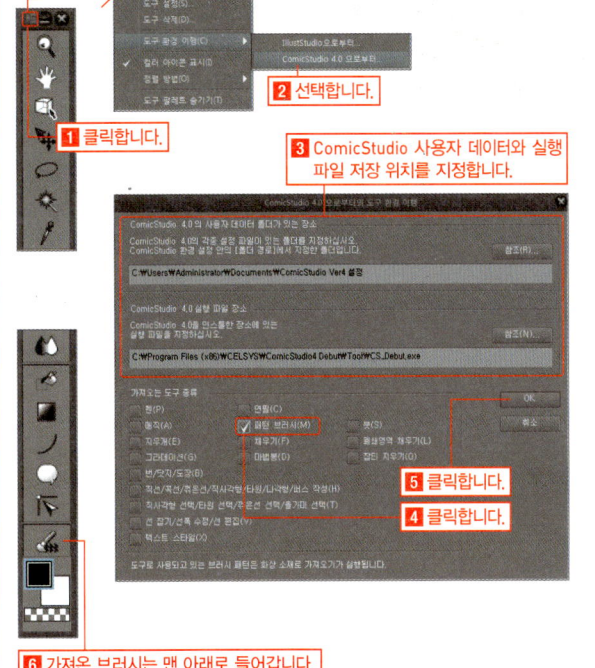

TIPS '가우시안 흐리기' 사용하기

'가우시안 흐리기'를 사용해 선이나 그린 무늬를 부드럽게 표현할 수 있습니다.
선화를 복사한 레이어를 만들고 표현색을 그레이로 설정한 다음 레이어 속성의 '효과(効果)'➡'톤(トーン)'을 선택합니다.
다음은 '필터(フィルター)' 메뉴의 '흐리기(ぼかし)'➡'가우시안 흐리기(ガウスぼかし)'를 적용합니다.
아래는 '흐리기 범위(ぼかす範囲)' 수치를 20.00으로 설정한 예입니다.

선화를 복사한 레이어

● 2장의 레이어를 겹친 모습

선화 레이어

그 외에도 이런 표현을 할 수 있습니다.

● 밑바탕을 칠한 무늬를 투명으로 그립니다.

● 흐리기 범위: 20.00

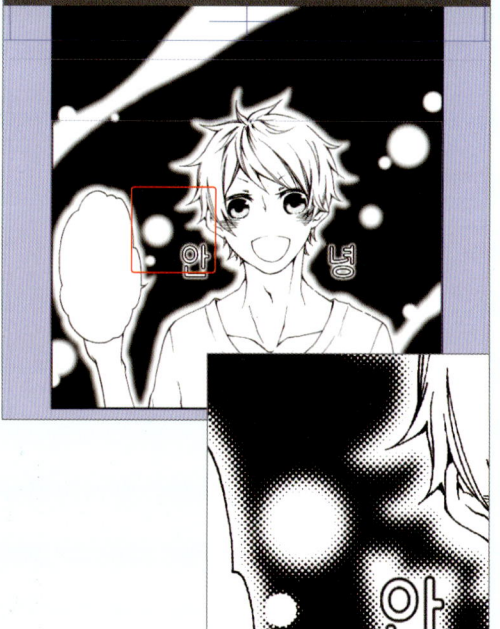

CLIP STUDIO PAINT digital comic lecture

PART 6
배경 그리기

SECTION 6.1
사진 트레이싱

PART6에서는 배경 그리는 3가지 방법인 '사진 트레이싱', '퍼스자를 이용해 그리기', '손으로 그린 배경 스캔해 완성하기'에 대해 설명하겠습니다. 제작한 '배경 소재'를 사용하는 방법도 알아보겠습니다.
사진 트레이싱으로 배경을 완성해나가는 방법부터 살펴보겠습니다.

사진 소재 열기

01 '파일(ファイル)' 메뉴의 '열기(開く)'(Ctrl+O)로 사진을 불러옵니다.

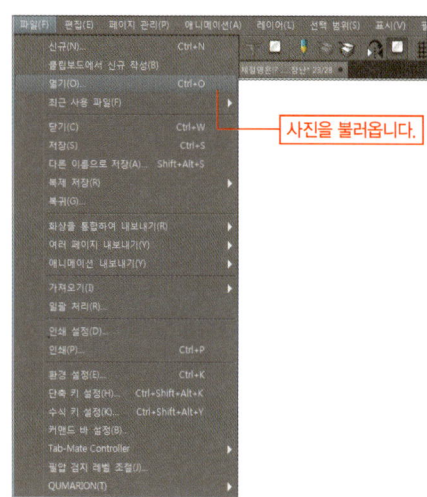

02 사진 데이터에는 용지 레이어가 없으므로 미리 만들어둡니다. '레이어(レイヤー)' 메뉴의 '신규 레이어(新規レイヤー)'⇨'용지(用紙)'를 선택합니다.

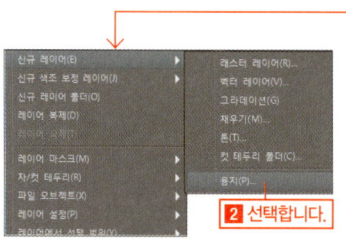

> **POINT** ▶ 사진 데이터 여는 방법
> 사진 데이터를 '열기(화상으로 열기)' 또는 '가져오기(読み込み)'('화상 소재로 캔버스 위로 가져오기, p.191)로 열 수 있습니다. 배경을 트레이싱으로 그리면 색조 보정을 사용할 가능성이 높으므로 '열기'를 사용하면 작업이 수월합니다.
> 사진 데이터의 해상도가 낮으면 그림이 작아지므로 3000pixel×2500pixel 이상이 기준입니다. '가져오기'에서 '화상 소재'를 가져오면 래스터 레이어로 변환하고 색조 보정을 하는 편이 좋습니다.

SECTION 6.1 ● 사진 트레이싱

사진 소재 변형하기

01 변형하기 전에 직선을 확인하기 위해 그리드를 표시합니다.

'표시(表示)' 메뉴에서 '그리드(グリッド)'를 선택합니다.

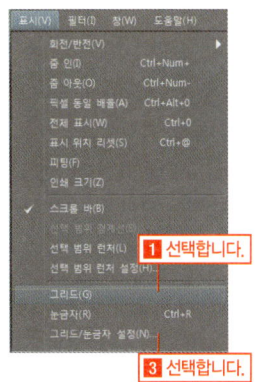

1 선택합니다.
3 선택합니다.

2 그리드가 표시됩니다.

'표시' 메뉴의 '그리드/눈금자 설정(グリッド·ルーラー設定)'으로 그리드선 수를 설정합니다.

다음으로 '환경 설정(環境設定)'의 '자/단위(定規·単位)'에서 그리드의 표시 색을 눈에 잘 띄도록 변경합니다.

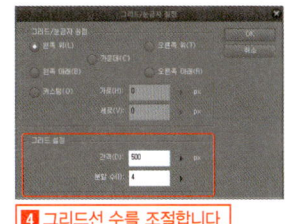

4 그리드선 수를 조절합니다.

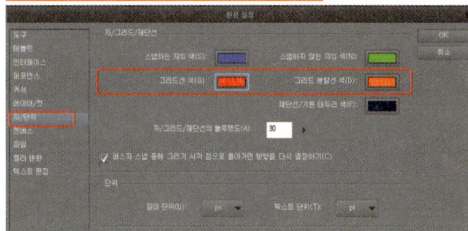

5 환경 설정에서 그리드선 색을 변경합니다.

이제 그리드가 잘 보입니다.

> **POINT** ▶ 그리드 표시, 설정
>
> '그리드 표시', '그리드/눈금자 설정'은 커맨드 바에 넣어두면(p.18) 편리합니다.

02 사진 레이어를 선택한 상태로 '편집(編集)' 메뉴의 '변형(変形)' ⇨ '자유 변형(自由変形)'(Ctrl + Shift +T)을 선택합니다. 형태를 정리했다면 Enter 키를 눌러 변형을 완료합니다.

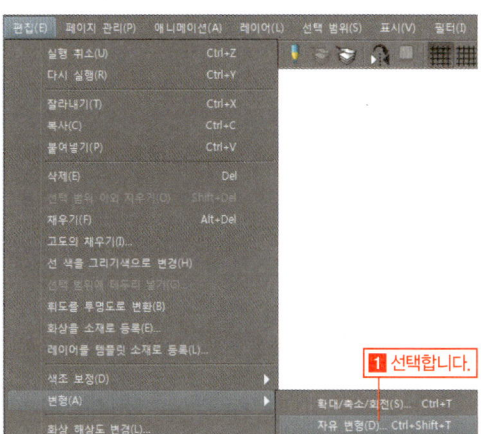

1 선택합니다.

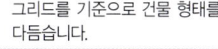

2 형태를 다듬습니다.

그리드를 기준으로 건물 형태를 다듬습니다.

3 Enter 키를 눌러 확정합니다.

PART **6**

225

사진 색 보정하기

01 '레이어(レイヤー)' 메뉴의 '신규 색조 보정 레이어(新規色調補正レイヤー)'⇨'레벨 보정(レベル補正)'을 선택합니다. 어두운 부분이 밝아집니다.

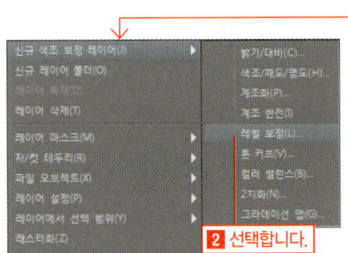

02 '색 보정 레이어'가 만들어집니다.

트레이싱 작업 시에 색 보정 레이어를 숨기거나 재조절하기 쉽게 만듭니다.

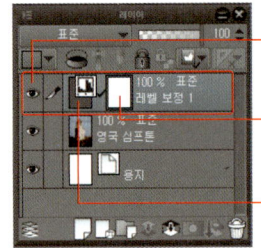

- 색조 보정 레이어를 숨기면 원래 사진 데이터로 되돌아옵니다.
- 레이어 마스크를 검은색 또는 투명으로 칠하면 색조 보정 적용을 부분적으로 조절할 수 있습니다.
- 색조 보정 레이어를 더블 클릭하면 재편집할 수 있습니다.

벡터 레이어에 그리기/지우기

벡터 레이어 작성하기

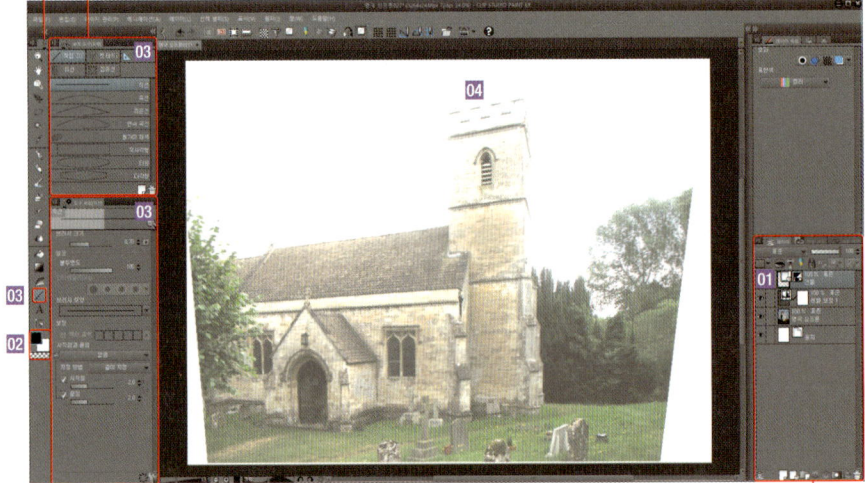

SECTION 6.1 ● 사진 트레이싱

01 신규 벡터 레이어를 만듭니다.

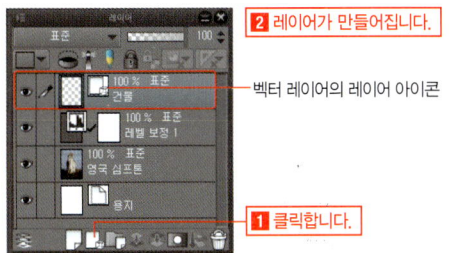

02 표현색을 모노크롬으로 바꿉니다.

> **POINT** ▶ 기본 표현색
> 사진 데이터를 열어 작업하므로 기본 표현색이 컬러가 됩니다. 신규 레이어를 만들면 자동으로 '컬러'가 됩니다.

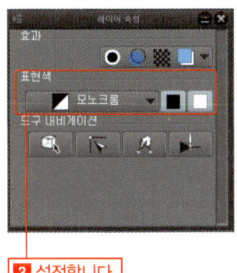 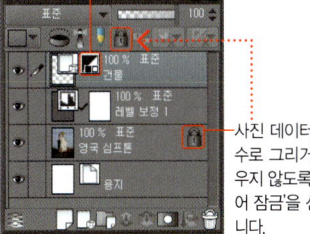

직선 도구로 그리기

03 '직선(直線)' 도구로 그립니다.
　　브러시 크기(ブラシサイズ): 1.0~2.0
　　시작점(入り)**과 끝점**(抜き): 없음

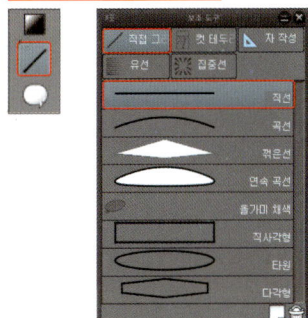 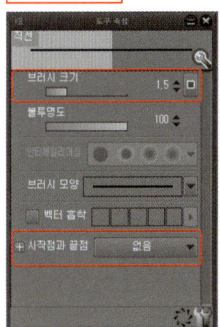

04 캔버스 위를 드래그해 직선을 그립니다.

> **POINT** ▶ 펜터치
> 여기에서는 선의 강약, 시작점, 끝점 등 펜터치는 생각하지 말고 전체적으로 동일한 두께의 선으로 그립니다. 펜터치는 아래와 같은 방법으로 표현할 수 있습니다.
> ・'펜(ペン)' 도구로 '필압(筆圧)'을 살려 그리기
> ・그린 뒤에 선의 강약 보정하기(p.235)

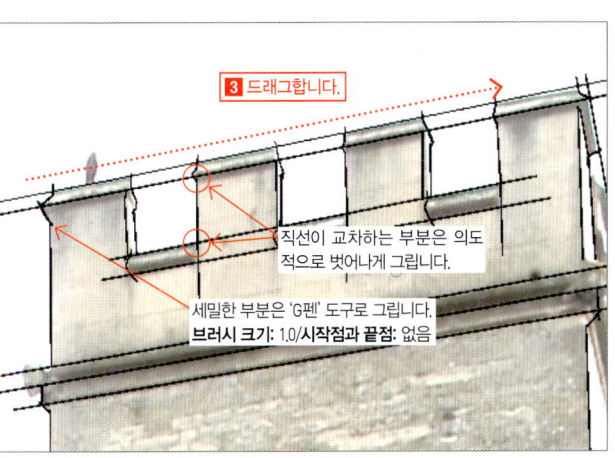

PART 6

227

PART 6 ● 배경 그리기

▌'벡터용 지우개' 도구로 지우기

벡터 레이어에서 엄청난 위력을 발휘하는 특별한 '지우개' 도구가 있습니다.

01 '지우개(消しゴム)'➡'벡터용(ベクター用)' 도구를 선택합니다.
02 도구 속성에서 '교점까지(交点まで)'를 설정합니다.

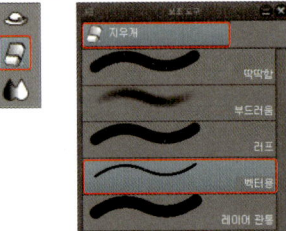
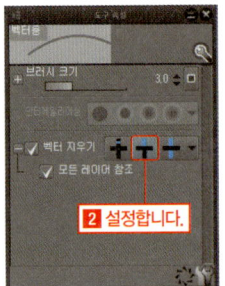

03 벗어난 선을 움직이면 선이 교차한 지점까지 지웁니다.

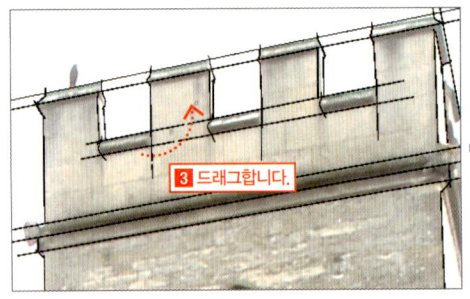 

이 '교점까지'를 사용하면, 빌딩의 창문이나 나열한 선도 간단히 지울 수 있습니다.

> **POINT** ▶ 두 점을 직선으로 잇기
> '펜(ペン)', '마커(マーカー)', '지우개' 등 그리기 도구는 클릭→ Shift +클릭으로 두 점을 직선으로 연결합니다.

SECTION 6.1 ● 사진 트레이싱

벡터용 지우개

'벡터용 지우개'는 ComicStudio의 '벡터 레이어'로 사용하는 '지우개' 도구의 '부분 삭제', '교점 삭제', '선 삭제'와 동일한 기능입니다.

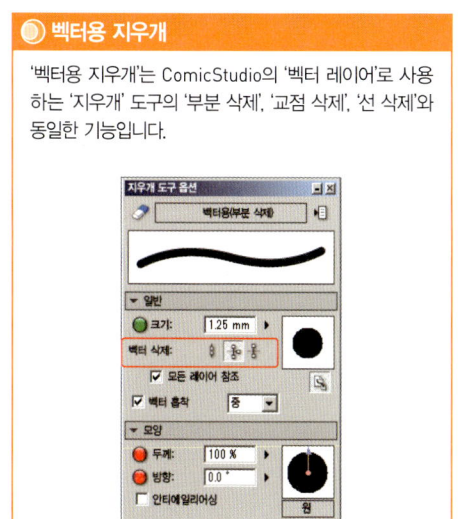

4 벗어난 선이 한번에 사라집니다.

선과 선의 좁은 빈틈도 한 번에 지울 수 있습니다.

그 외에 '벡터용'은 오른쪽 이미지처럼 사용합니다.

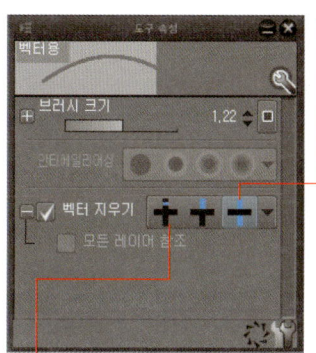

지우고 싶은 부분을 지웁니다(부분 삭제).

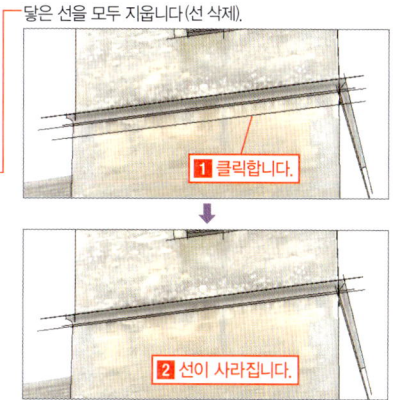

닿은 선을 모두 지웁니다(선 삭제).

1 클릭합니다.

2 선이 사라집니다.

'곡선', '타원' 도구로 그리기

도구 창
보조 도구 창
도구 속성 창

01 곡선(曲線) 도구로 그립니다.

　브러시 크기: 1.0~2.0
　시작점과 끝점: 없음

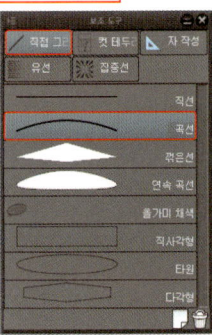
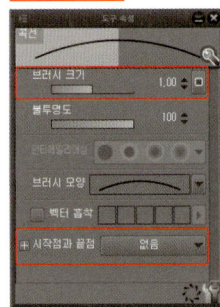

02 선을 긋습니다. 펜을 떼면 선이 따라옵니다.

● '타원' 도구로 그릴 때의 포인트

　'타원(楕円)' 도구로 원형인 사물을 그리는 방법은 다음과 같습니다.

　신규 벡터 레이어를 만든 다음 표현색은 모노크롬을 선택합니다.

> **▶ 벡터 레이어에 그리기**
>
> 원을 그린 다음 위치를 움직여 변형하기 위해 신규 벡터 레이어를 만들고 다른 레이어에 그립니다.

01 '타원' 도구로 그립니다.

　브러시 크기: 1.0~2.0
　중심부터 시작(中央から開始): 설정

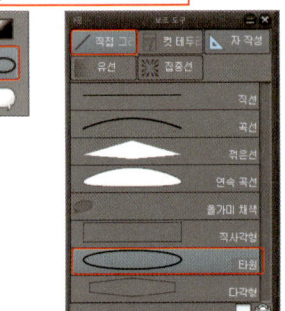
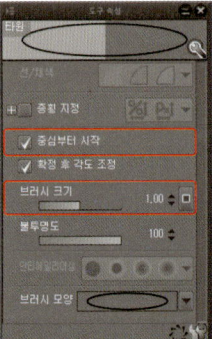

SECTION 6.1 ● 사진 트레이싱

02 드래그로 원을 그립니다.

Shift 키를 누른 채 드래그하면 동그란 원을 그릴 수 있습니다.

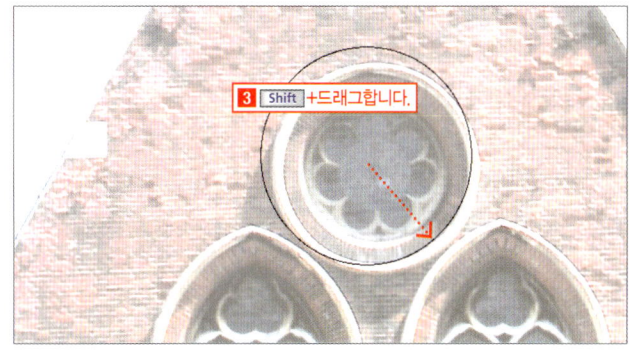

03 '레이어 이동(レイヤー移動)' 도구를 선택합니다.

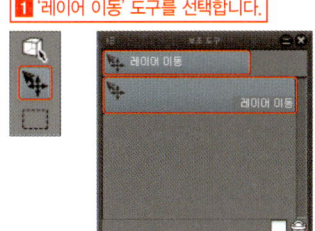 

04 원을 이동시켜 위치에 맞게 조절합니다.

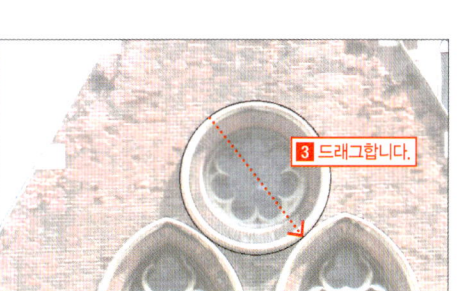

05 레이어를 복제하고 원을 축소합니다.

Ctrl +T로 축소할 수 있습니다. Alt 키를 누른 채 드래그하면 중심점을 기준으로 확대/축소할 수 있습니다. Enter 키를 누르면 완성입니다.

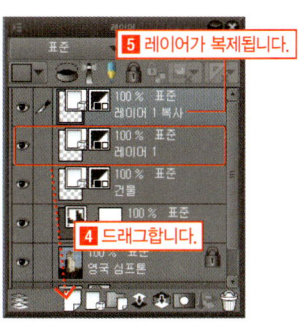 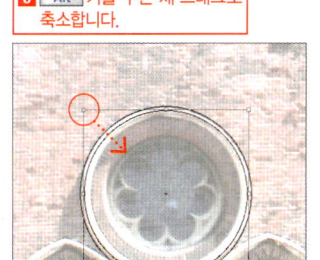 

06 마찬가지로 원을 그려 넣습니다.

07 필요에 따라 아래 레이어에 전사하거나 레이어를 결합시켜 조절합니다.

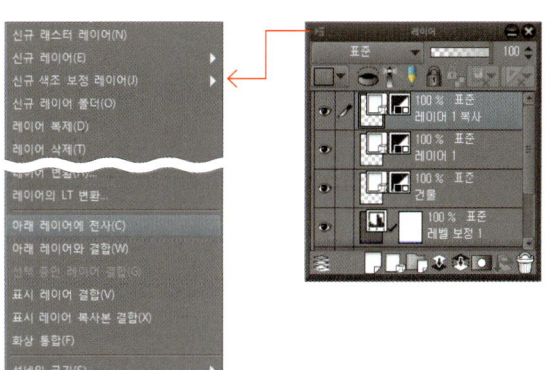

PART 6 ● 배경 그리기

08 '지우개(消しゴム)'⇨'벡터용(ベクター用)'⇨'교점까지(交点まで)'(p.228)로 불필요한 부분을 지웁니다.

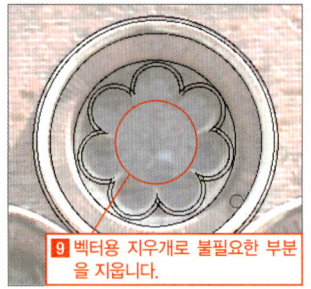

9 벡터용 지우개로 불필요한 부분을 지웁니다.

같은 것을 그릴 때는 '레이어 복제(レイヤー複製)'가 편리합니다.

이런 과정을 거쳐 건물 트레이싱을 완성합니다.

잎에 가려진 부분도 그렸습니다.

기와나 지붕은 다른 레이어에 그리고 선의 강약 등으로 터치를 거쳤습니다.

깊이에 따라 앞쪽과 뒤쪽을 각각의 레이어에 그렸습니다. 앞쪽을 숨겨도 그림이 남아 있습니다.

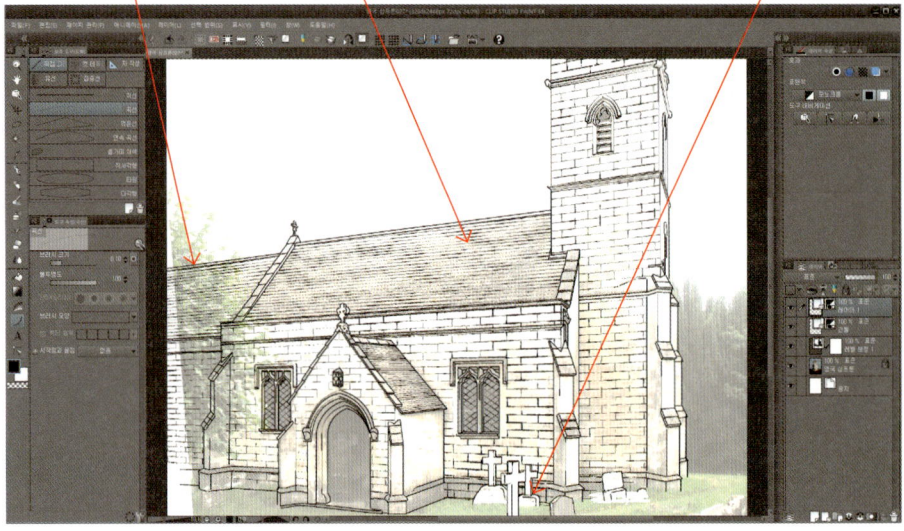

벡터 레이어로 줄기와 가지 그리기

도구 창
보조 도구 창
도구 속성 창
레이어 창

SECTION 6.1 ● 사진 트레이싱

나무는 다른 레이어에 그립니다. 줄기와 가지, 잎을 다른 레이어에 그려두면 사계절을 다 표현할 수 있습니다.

01 나무줄기를 그릴 벡터 레이어를 작성합니다. 표현 색은 모노크롬입니다.

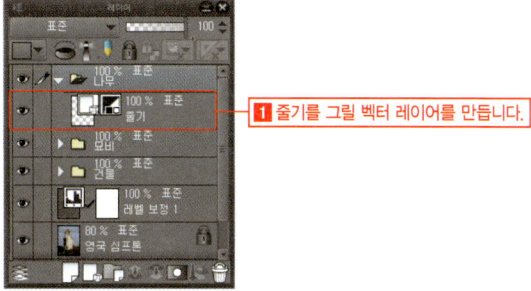

02 '펜(ペン)'⇨'G펜(Gペン)' 도구로 그립니다.

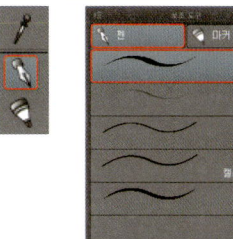

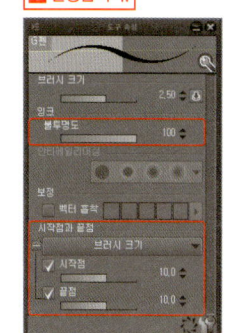

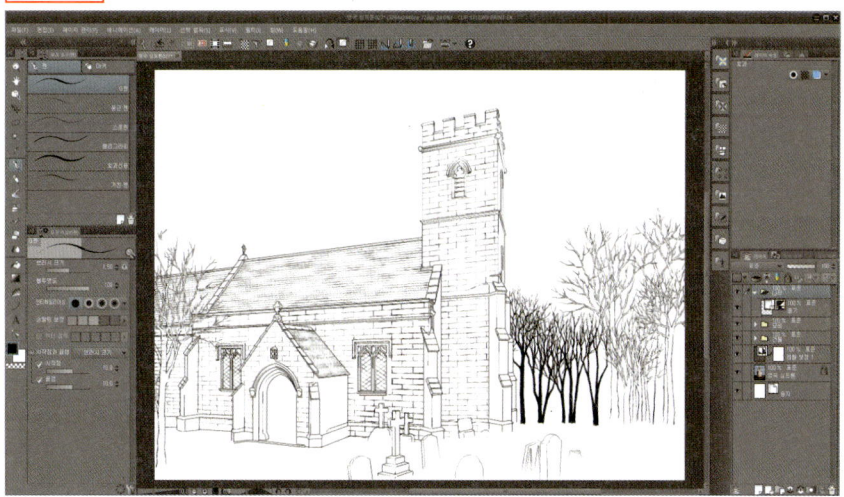

래스터 레이어에 잎 그리기

잎은 세밀한 선으로 그려야 하므로 새 래스터 레이어를 만들어 그립니다.

01 잎을 그릴 래스터 레이어(ラスターレイヤー)를 작성합니다. 그리기색은 모노크롬입니다.

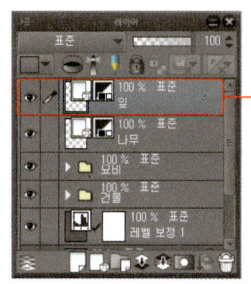

> **POINT** ▶ 그레이를 사용한 경우
>
> 출력이나 인쇄 시 그레이가 있는 부분은 얼룩이나 번짐이 생긴 것처럼 됩니다. 그레이를 사용했다면 톤으로 변경(p.302)합니다.

02 'G펜(Gペン)' 도구 외에도 '데코레이션(デコレーション)'으로 그리는 방법도 있습니다.

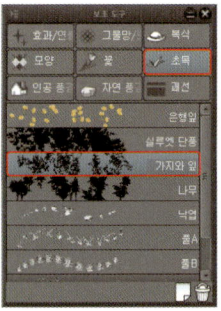

2 'G펜' 도구 또는 '데코레이션' 도구로 그립니다.

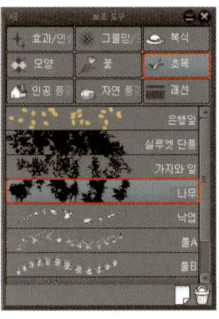

216페이지의 순서대로 만든 오리지널 데코레이션 브러시를 사용합니다.

잎 부분을 완성했습니다.

데코레이션으로 그린 잎입니다.

'G펜' 도구로 그린 잎입니다.

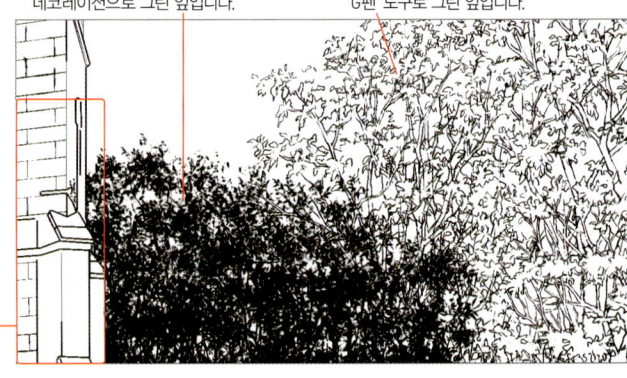

나무 전체를 그리고 레이어 마스크로 가렸습니다.

사진 트레이싱을 완료했습니다.

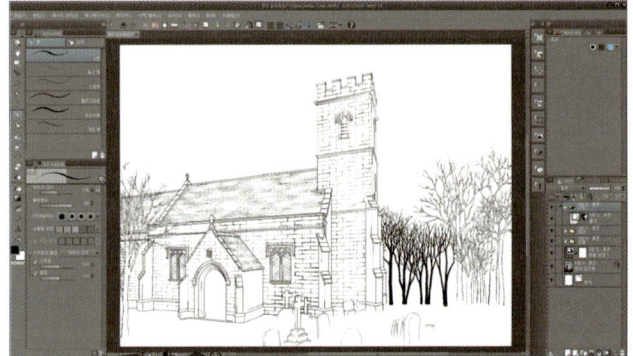

벡터 레이어에 그린 선의 두께 조절하기

벡터 레이어에 그린 선은 차후에 두껍게 또는 가늘게 가공할 수 있습니다. '선 수정(線修正)⇨선폭 수정(線幅修正)'이나 '벡터선폭 다시 그리기(ベクター線幅描き直し)' 도구 등을 사용합니다.

▌ '선폭 수정' 도구로 선을 가늘게 하기

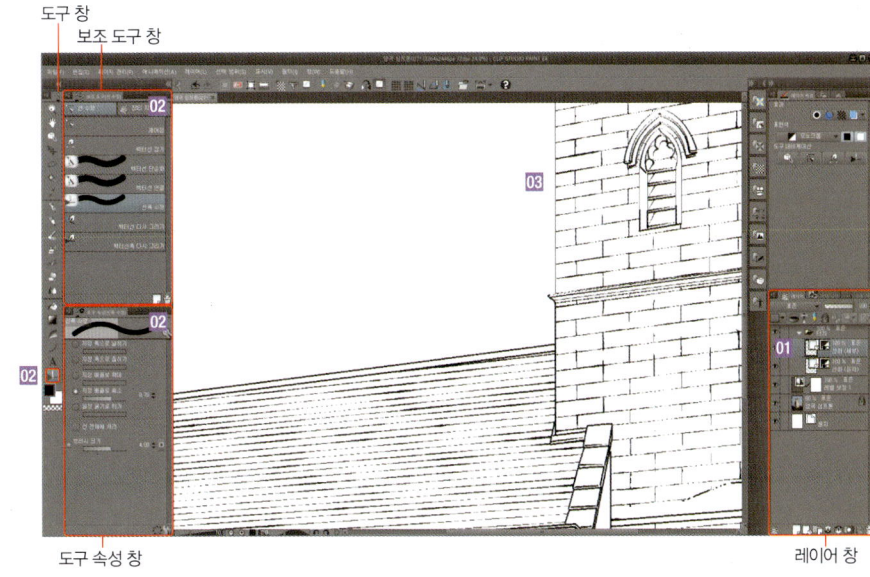

도구 창
보조 도구 창
도구 속성 창
레이어 창

01 구별하기 쉽도록 선의 두께를 조절한 벡터 레이어만 표시합니다.

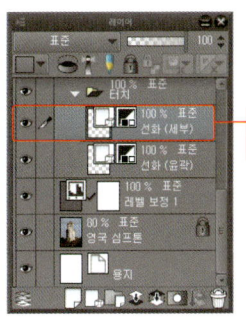

1 선화를 조절할 벡터 레이어만 표시되도록 합니다.

02 '선 수정'⇨'선폭 수정' 도구를 선택합니다.

'지정 배율로 축소(指定倍に縮小)'를 0.70으로 설정합니다. 이 설정은 0.70배씩 선을 가늘게 합니다.

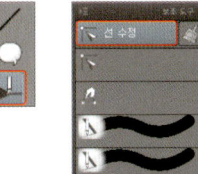
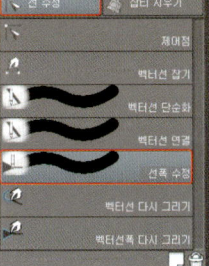

2 '선폭 수정' 도구를 선택합니다.

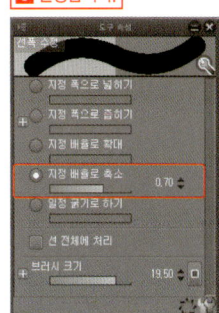

3 설정합니다.

가늘게 만들고 싶은 선 위를 덧그리면 선이 가늘어집니다.

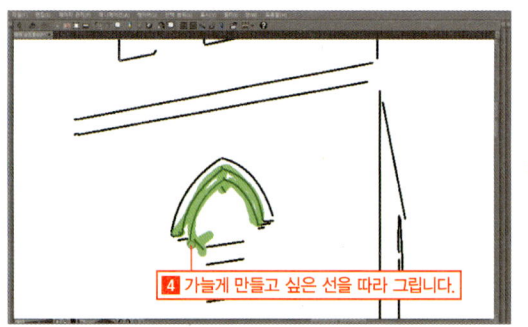 

이 작업을 반복해 전체의 선폭을 조절할 수 있습니다.
윤곽선이나 두께를 나타내는 선의 두께를 변경하고
싶을 때는 각각의 레이어에 그리면 처리하기 쉽습니다.

올가미 도구 만들기

ComicStudio의 '선폭 수정' 도구의 '올가미'에 해당하는 것으로 '커스텀 보조 도구 작성'에서 만들 수 있습니다.

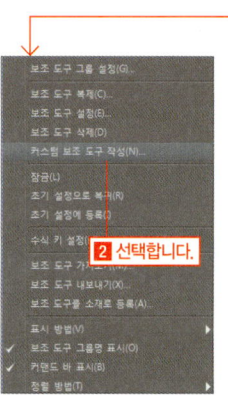 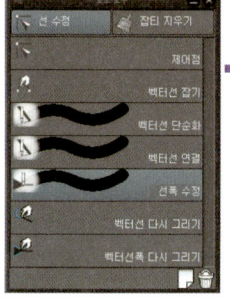 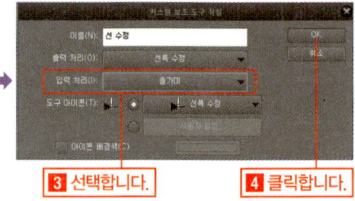

'벡터선폭 다시 그리기' 도구 사용하기

01 '선 수정(線修正)' ⇨ '벡터선폭 다시 그리기(ベクター線幅描き直し)' 도구를 선택합니다.

02 '브러시 크기(ブラシサイズ)'를 0.2로 설정합니다.
여기에서 지정한 크기로 다시 그릴 수 있습니다.

 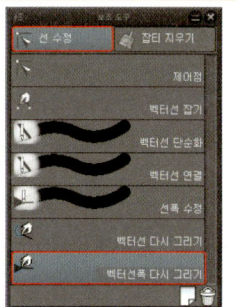 

벡터선폭 다시 그리기

ComicStudio에는 '선폭 다시 그리기'에 해당하는 기능이 없습니다.

03 가늘게 하고 싶은 선 위에 덧그립니다. 이때 가장 가까운 제어점을 보고 드래그하면, 가장 가까운 제어점에서 설정한 선폭에 맞게 조절됩니다.

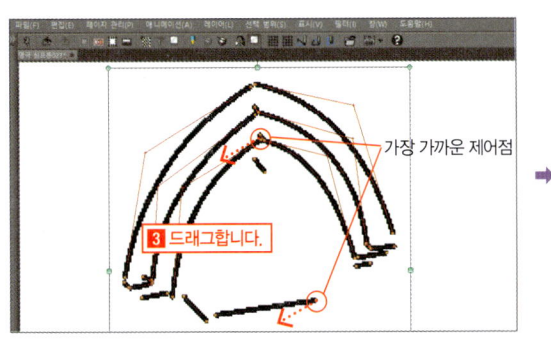

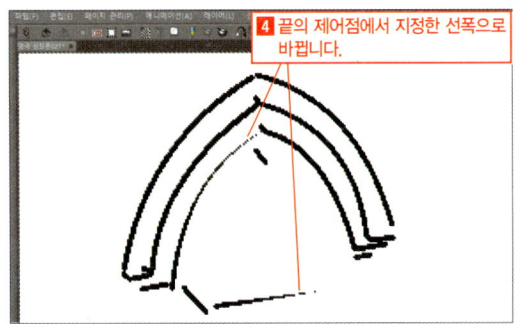

톤 적용을 마치고 완성한 배경입니다.

SECTION 6.2
'퍼스자'를 이용해 그리기

퍼스자는 소실점을 설정하는 투시도에 따라서 선을 그릴 수 있는 도구입니다. 퍼스자를 이용하면 투시도에 어긋나지 않고 안정적인 배경을 그릴 수 있습니다. 완성도 높은 그림을 목표로 펜터치를 연습합시다.

퍼스자 설정하기

배경을 그리기 위해 벡터 레이어를 사용합니다.

래스터 레이어에 밑그림 그리기

벡터 레이어에 그리기 전에 래스터 레이어에 밑그림을 그립니다.

01 '레이어 설정(レイヤー設定)'⇨'밑그림 레이어 설정(下描きレイヤーに設定)'으로 러프 스케치를 밑그림으로 설정합니다.

'밑그림 레이어 설정'은 커맨드 바에 넣어두면(p.18) 편리합니다.

밑그림이 방해되지 않도록 불투명도를 50 정도로 낮춥니다.

POINT ▶ '밑그림' 레이어

'밑그림'으로 설정한 레이어는 채우기, 선택 범위 지정, 인쇄, 출력 등의 대상에서 제외할 수 있습니다.

02 밑그림을 구별하기 쉽도록 표현색 또는 레이어 속성을 설정해둡니다.

밑그림을 구별하기 쉽도록 표현색을 컬러로 선택하고 레이어 속성에서 레이어 컬러를 설정합니다.

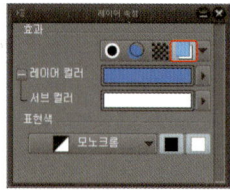

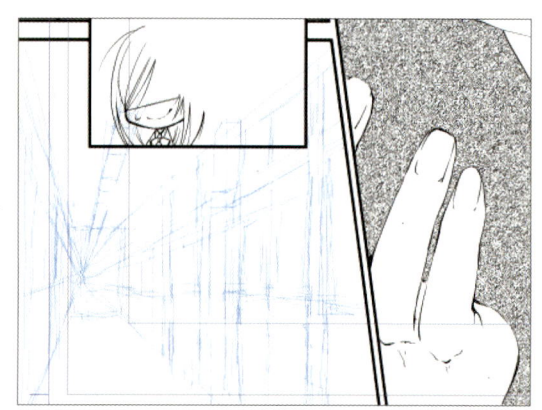

● 밑그림을 컬러로 표시하기

이 방법은 ComicStudio '컬러 표시' 기능에 해당합니다.

SECTION 6.2 ● '퍼스자'를 이용해 그리기

벡터 레이어에 '퍼스자' 설정하기

03 신규 벡터 레이어를 만들고 레이어 메뉴의 '자/컷 테두리(定規·コマ枠)' ⇨ '퍼스자 작성(パース定規の作成)'을 선택하고 퍼스자를 만듭니다.

'퍼스자 작성'은 커맨드 바에 넣어두면(p.18) 편리합니다.

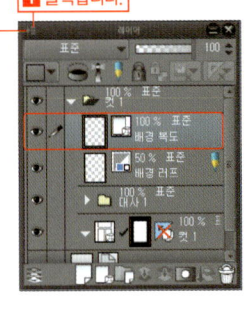
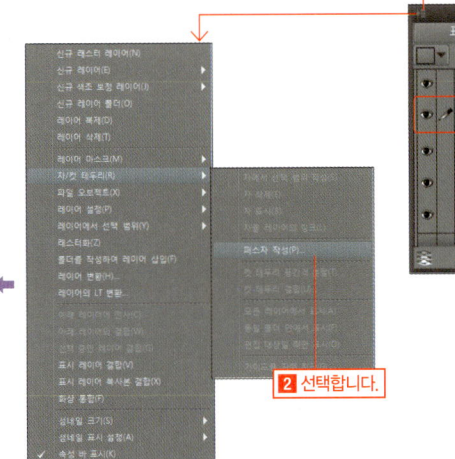
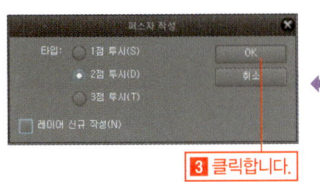

04 캔버스 중앙에 2점 투시도의 퍼스자가 만들어졌습니다.

'조작(操作)' 도구로 자를 클릭하면 핸들/조작점이 표시됩니다.

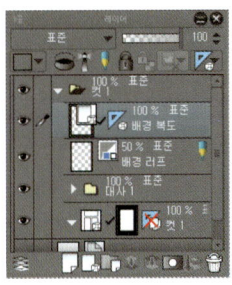
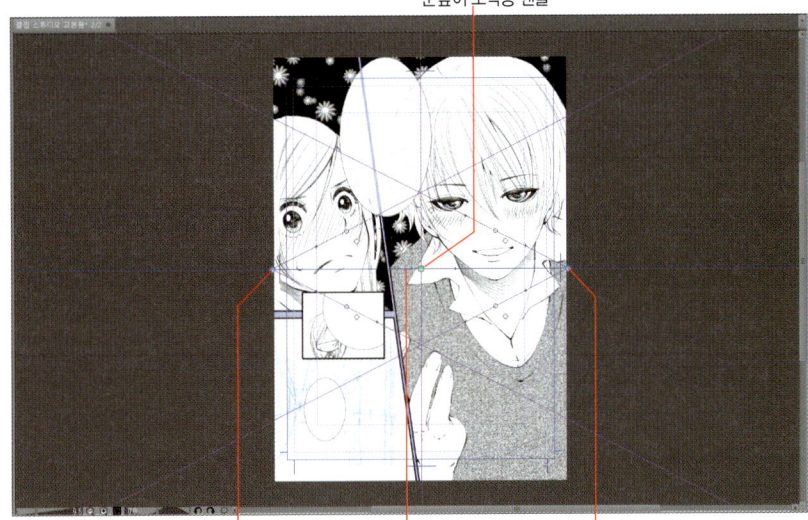

퍼스자를 밑그림에 맞추기

05 퍼스자를 움직일 때는 '조작' 도구를 사용합니다.

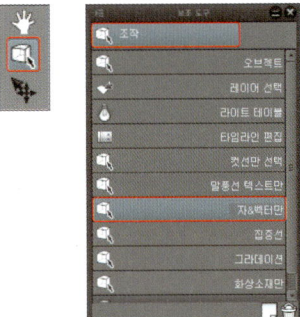
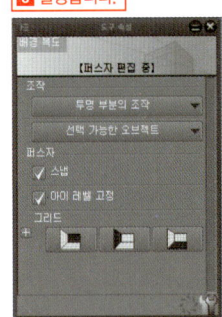

캔버스 위에서 자를 움직이면 자동으로 자 아이콘을 클릭한 상태(선택한 상태)가 됩니다.

▶ '조작' 도구

'조작' ⇨ '자&벡터' 도구는 자 데이터만 조작할 수 있도록 한 오리지널 보조 도구입니다. 작성 방법은 115페이지를 참고하세요.

▶ 도구 선택

도구 속성이 '퍼스자 편집 중(パース定規編集中)'일 때 자를 선택하면 표시됩니다. 선택하면 레이어 아이콘에 검은색 테두리가 생깁니다.

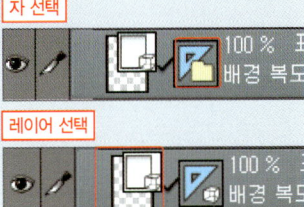

239

06 눈높이용 핸들을 위아래로 움직여 일치시킵니다. 계속 소실점을 좌우로 움직여 일치시킵니다.

07 가이드를 밑그림과 겹치게 배치합니다. 마찬가지로 오른쪽 소실점과 가이드도 일치시킵니다.

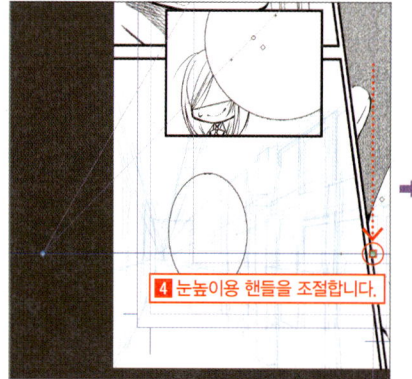

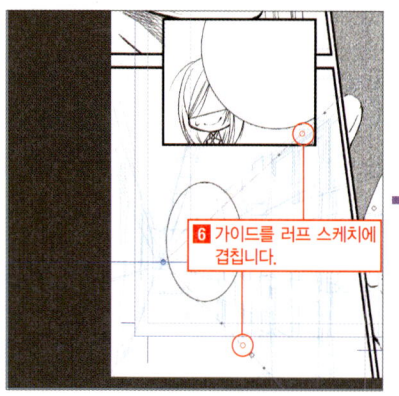

POINT ▶ 눈높이와 소실점

눈높이는 상하로, 소실점은 좌우로 움직일 수 있습니다. 소실점을 움직일 때 눈높이가 상하로 흔들리지 않도록 초기 설정에서는 '아이 레벨 고정'으로 되어 있습니다. 눈높이를 기울이고 싶다면 '아이 레벨 고정'을 해제합니다.

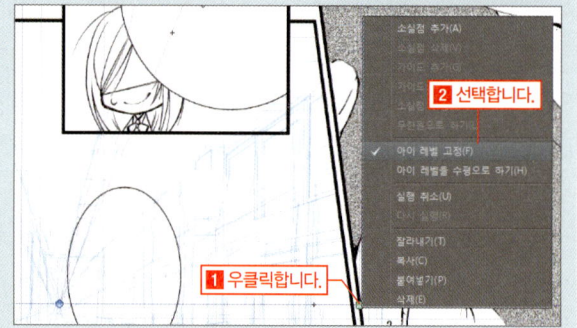

가이드선 추가하기

01 가이드선을 추가할 수 있습니다. 가이드선을 추가하면 좌우 소실점에서 선이 어디까지 이어지는지 기준이 되고 그리기 쉽습니다.

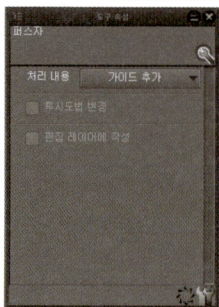

SECTION 6.2 ● '퍼스자'를 이용해 그리기

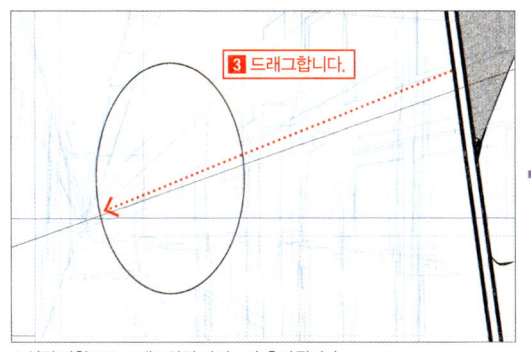
소실점 방향으로 드래그하면 가이드가 추가됩니다.

창틀이나 천장에 맞도록 가이드를 추가합니다.

'퍼스에 스냅'을 사용해 선 그리기

'퍼스에 스냅'이란 적당히 선을 그리면 퍼스자에 따라서 선이 그려지는 기능입니다.

특수 자에 스냅

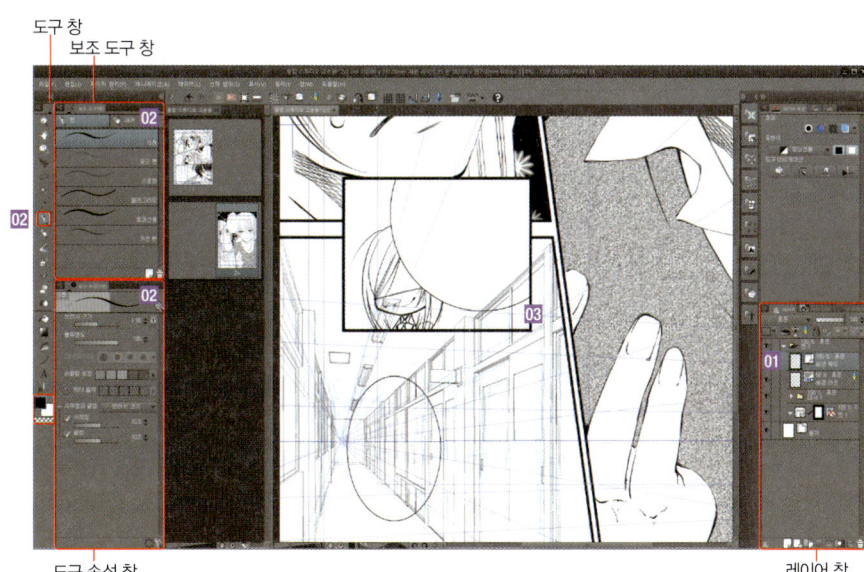

'G펜' 도구로 선을 그리고/'지우개'➡'벡터용'으로 지우기

01 '레이어 설정(レイヤー設定)'➡'밑그림 레이어 설정(下描きレイヤー設定)'으로 러프를 밑그림으로 설정합니다.

02 도구 속성 창에서 펜 설정을 합니다.
　　브러시 크기: 1.5
　　브러시 크기 영향 기준의 설정: 필압

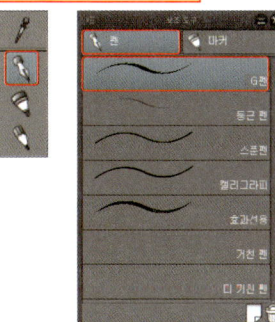

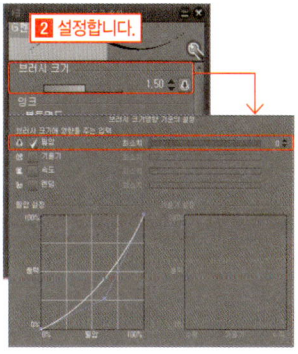

PART 6 ● 배경 그리기

03 펜션을 넣습니다.

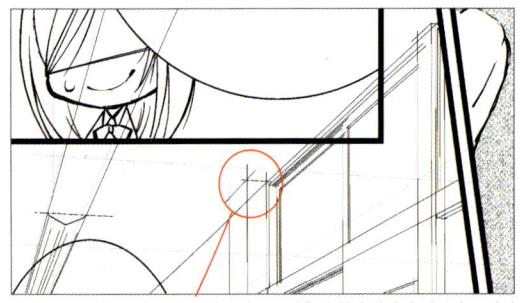 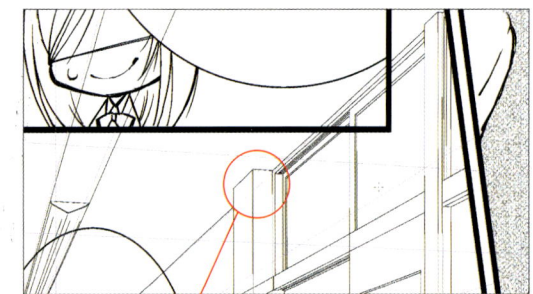

사진 트레이싱과 마찬가지로 선의 각도를 맞추기 쉽지 않다면 일부러 교차되게 그립니다.

교차되어 벗어난 부분은 '벡터용'⇨'교점까지' 지우개(p.228)로 지웁니다.

✥ TIPS 도형 도구도 '자에 스냅' 걸기

타원이나 직사각형, 직선 등의 도형 관련 도구도 '자에 스냅'을 사용하면 투시도에 맞게 그릴 수 있습니다.

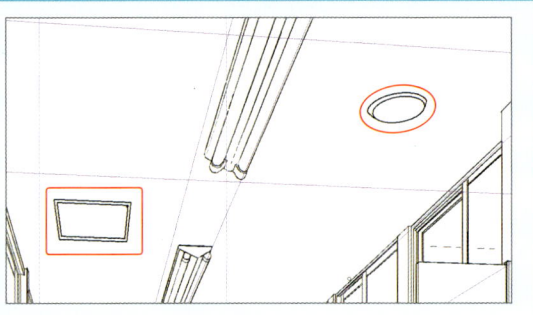

✥ TIPS 투시도에 맞게 선을 그릴 때

투시도와 관련 없는 선을 그릴 때는 '자에 스냅'을 해제합니다.

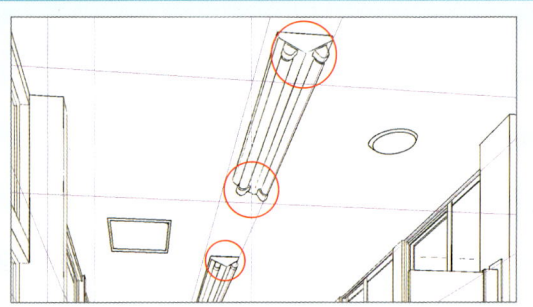

▍퍼스자를 다른 레이어에서도 스냅으로 설정하기

다른 레이어에 만들고 부분적인 것들을 그릴 때는 해당 레이어에서도 앞서 만든 '퍼스자'에 스냅을 설정할 수 있습니다.

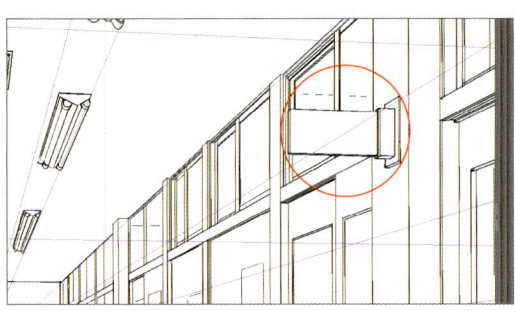

SECTION 6.2 ● '퍼스자'를 이용해 그리기

관련된 레이어를 폴더에 정리하고 자 설정은 '동일 폴더 안에서 표시(同一フォルダー内で表示)'를 선택합니다. 이렇게 하면 폴더 내의 모든 레이어에 스냅이 걸립니다.

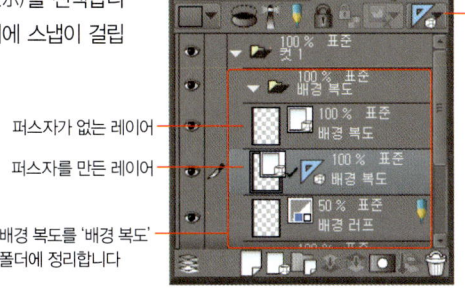

퍼스자가 없는 레이어
퍼스자를 만든 레이어
배경 복도를 '배경 복도' 폴더에 정리합니다

동일 폴더 안에서 표시:
폴더 내에 있는 모든 레이어가 자에 스냅의 영향을 받습니다.

말풍선으로 가려진 부분이나 컷을 벗어난 곳도 그립니다.
이렇게 하면 배경을 다른 장면으로 복사해 사용할 수 있습니다.

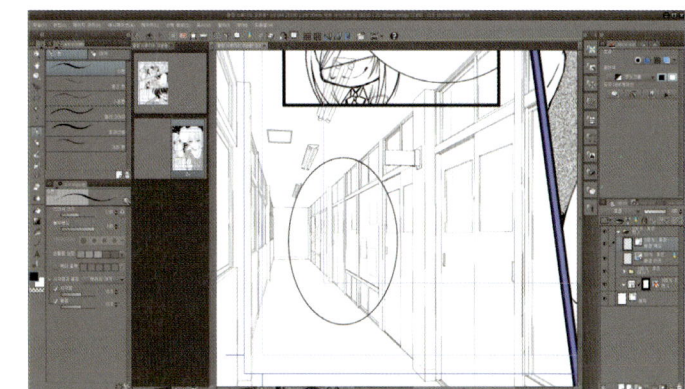

오른쪽 그림은 배경에 톤을 붙인 모습입니다.
불필요한 부분이 있다면 레이어 마스크로 가리면(p.256) 됩니다.

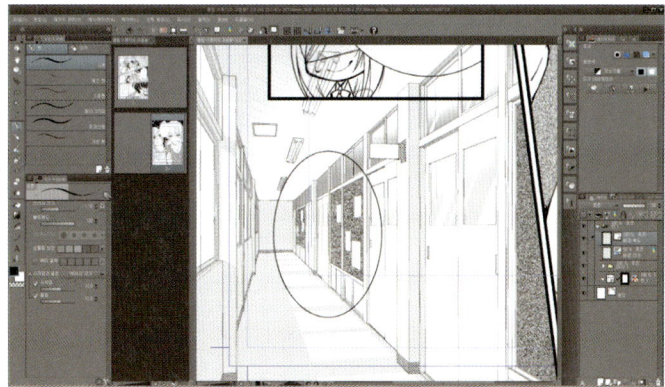

기억해두면 편리한 자 사용 테크닉

소실점이 달라 가이드에 맞추기 어려울 때

왼쪽의 소실점이 캔버스 밖으로 벗어나 있어 화면에 들어오지 않습니다. 표시 배율을 낮추면 러프 스케치에 맞추기 어렵습니다.
이 표시 상태에서 '+' 마크를 드래그하면 소실점을 움직일 수 있습니다.

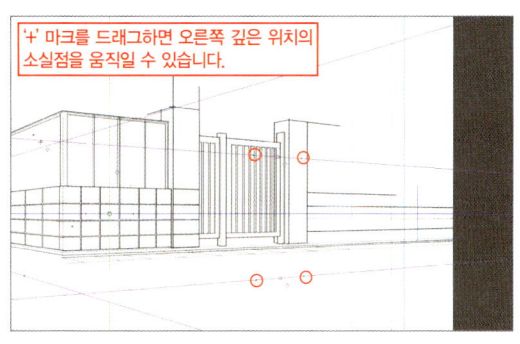

'+' 마크를 드래그하면 오른쪽 깊은 위치의 소실점을 움직일 수 있습니다.

PART 6

243

PART 6 ● 배경 그리기

▎특정 자에만 스냅 걸기

'조작(操作)' 도구로 ◈를 클릭하면 표시 색이 녹색이 되고 스냅이 해제됩니다. 조작 도구의 단축 키는 Ctrl 키입니다.

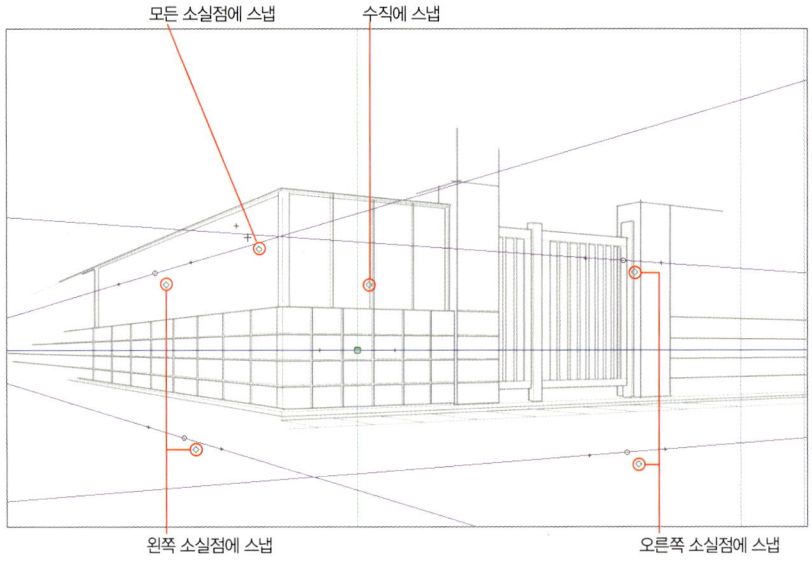

모든 소실점에 스냅
수직에 스냅
왼쪽 소실점에 스냅
오른쪽 소실점에 스냅

▎자 데이터 삭제하기

자 아이콘을 휴지통으로 드래그합니다.
또는 자를 선택한 상태로 Delete 키를 누르면 삭제됩니다.

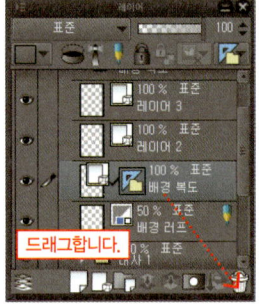

자를 삭제합니다.
드래그합니다.

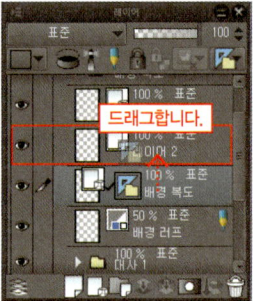

자를 다른 레이어로 옮깁니다.
드래그합니다.

▎다른 레이어 이동하기

자 아이콘을 드래그합니다.

▎자 데이터 복제하기

Alt 키를 누른 채 자 아이콘을 드래그합니다.

▎자 데이터 숨기기

'자의 표시 범위 설정(定規の表示範囲を設定)' 아이콘을 클릭하고 나타나는 모든 항목에 체크를 해제합니다. 또는 Shift 키를 누른 채 자 아이콘을 클릭합니다.

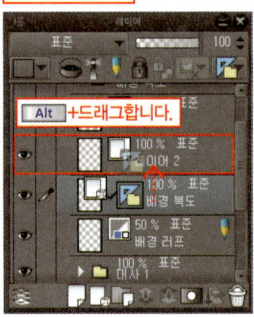

자를 복제합니다.
Alt +드래그합니다.

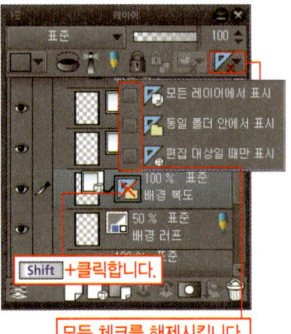

자를 숨깁니다.
모든 레이어에서 표시
동일 폴더 안에서 표시
편집 대상일 때만 표시
Shift +클릭합니다.
모든 체크를 해제시킵니다.

SECTION 6.3
손으로 그린 배경 스캔하기

디지털에서 만화를 제작하는 과정을 크게 2가지로 나누면, 모든 작업을 디지털 환경에서 작업하는 방법과 펜선 넣기까지 손으로 작업하고 원고를 스캔한 다음 후반 작업은 디지털로 처리하는 방법이 있습니다. SECTION 6.3에서 설명하는 내용은 배경 이외에도 손으로 그린 원고를 스캔해 선화로 사용할 수 있습니다.

손으로 그린 원고 준비하기

스캔할 손그림 원고의 핵심

01 농도가 진한 잉크 사용하기

잉크가 연하면 '색조 보정(色調補正)'을 할 때 수치를 높일 수 없습니다. 즉 선이 두꺼워집니다. (p.248)

02 러프, 밑그림 얇게 그리기

얇게 그리면 지우개로 지우지 않아도 됩니다. 지우지 않아도 되니(=선이 가늘어지지 않으니) 작업하기 쉽습니다.

> **POINT ▶ 밑그림의 화소**
>
> 밑그림을 그릴 때 분홍색이나 오렌지색 샤프로 그리면 좋습니다. 분홍색이나 오렌지색은 '색조 보정'에서 날려버릴(지울) 수 있으므로 지우개로 지우지 않아도 됩니다.

손그림 원고 스캔하기

스캐너 기동하기

01 '파일(ファイル)' 메뉴의 '가져오기(読み込み)'➪'스캔(スキャン)'을 선택합니다.

> **POINT ▶ 캔버스 열어두기**
>
> 스캐너를 기동하기 전에 '캔버스'를 준비합니다. 캔버스가 없으면 '스캔'이 활성화되지 않아 선택할 수 없습니다.

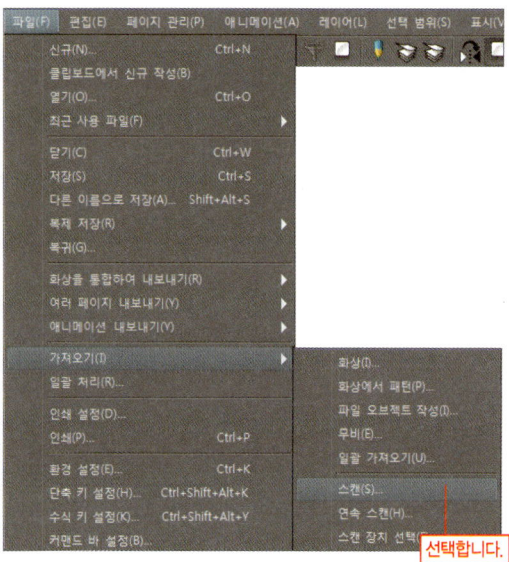

선택합니다.

스캐너 설정

스캐너 설정 항목은 아래의 3가지입니다.

1 이미지 타입: 컬러 또는 그레이
(8bit)

2 해상도: 600dpi
600dpi와 1200dpi는 스캔으로 넘어오는 선에 다소 차이가 있습니다. 단, 잉크 농도에 따라 상당히 달라집니다.

3 스캔 범위: 원고 전체
일부가 아니라 전체를 스캔하는 편이 위치나 크기를 맞추기 쉽습니다.

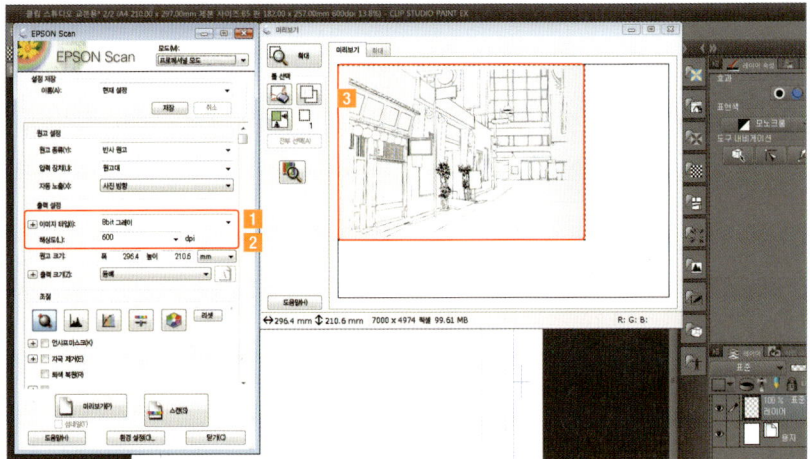

스캔이 끝나면 데이터를 '화상 소재 레이어'로 가져오게 됩니다.
배경 소재로 만들 때는 해상도 크기를 가급적 크게 설정합니다.

SECTION 6.3 ● 손으로 그린 배경 스캔하기

스캔한 원고 래스터화하기

■ '톤' 설정을 해제하고 래스터화하기

스캔한 '화상 소재 레이어(画像素材レイヤー)'는 '효과(効果)'➪'톤(トーン)'을 선택한 상태입니다. 기본 표현색이 모노크롬(p.192)이기 때문입니다.

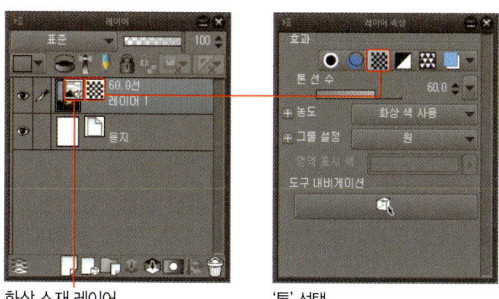
화상 소재 레이어   '톤' 선택

01 '톤' 선택을 해제합니다.

1 클릭합니다.

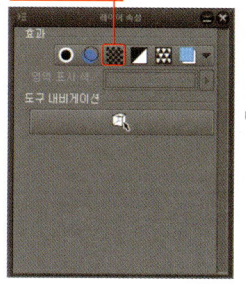 ➡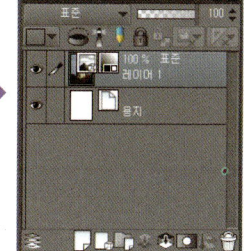

02 레이어를 래스터화합니다.

2 클릭합니다.　　　　　　　　　　　　4 래스터화됩니다.

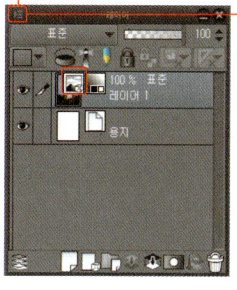 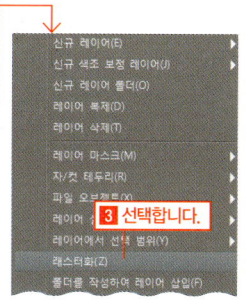 ➡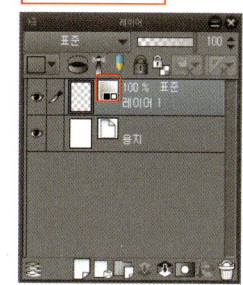

3 선택합니다.

⊞ TIPS 래스터화 버튼을 커맨드 바에 등록해두자

'래스터화(ラスタライズ)'는 자주 사용하므로 커맨드 바에 넣어두세요(p.18).

래스터화하지 않고 '화상 소재 레이어' 그대로도 '레이어 속성'➪'감색 표시(減色表示)'로 선화를 조절할 수 있습니다.

감색 표시를 클릭합니다.

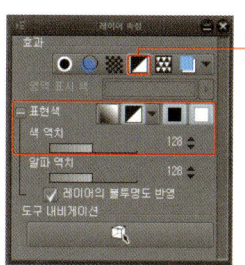

PART 6

247

선화 조절하기

'선화 조절'이란 선화를 2계조(= 흑백 2가지 색만 있는 상태)화시켜 선의 두께를 조절한다는 의미입니다.

여기서는 대표적인 방법 2가지를 알아보겠습니다. '색조 보정'을 사용하는 방법과 레이어 속성으로 조절하는 방법입니다.

> **POINT ▶ 선화의 2계조화**
>
> 스캔한 선화는 아주 새까만 색이 아니라 그레이입니다. 선화를 그레이 상태로 두면 인쇄나 출력 시 선이 흐려지거나 톤으로 바뀌고 얼룩져 보이는 등 문제 발생의 원인이 됩니다.

■ '색조 보정', '밝기/대비' 사용법

01 '편집(編集)' 메뉴의 '색조 보정(色調補正)' ⇨ '밝기/대비(明るさ・コントラスト)'를 선택합니다.

> **POINT ▶ 선화 2계조화하기**
>
> 선화를 흑백 2계조화하면 그 외에 '계조화(階調化)', '레벨 보정(レベル補正)', '톤 커브(トーンカーブ)', '2치화(2値化)'를 이용할 수 있습니다.
> 각각 2계조화의 계산 방법과 다르므로 미묘하게 차이가 나는 결과를 얻습니다.

1 선택합니다.

02 선을 확대하고 확인합니다. 축소한 상태에서는 선의 상태를 확인할 수 없습니다.

밝기: 적절하게
대비: 100

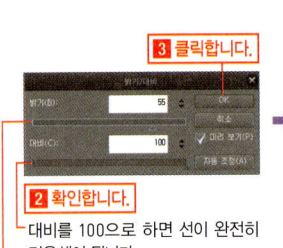

3 클릭합니다.
2 확인합니다.

대비를 100으로 하면 선이 완전히 검은색이 됩니다.
밝기를 높이면 선이 가늘어집니다.

'용지(用紙)'를 숨긴 상태입니다.

03 'OK'를 클릭하면 선화가 2계조화됩니다.

4 2계조화됩니다.

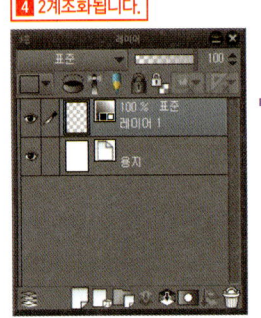

04 레이어 속성 창에서 표현색을 모노크롬, '검은색만 표시(黒のみ表示)'로 설정합니다.

그레이 데이터를 모노크롬으로 설정했기 때문에 모노크롬 아이콘이 표시됩니다.

흰색을 숨긴 상태이므로 '보이지 않는 색이 있습니다'라는 경고(붉은 테두리)가 나타납니다.

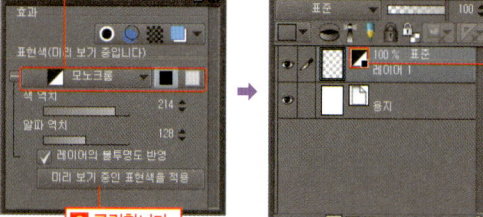

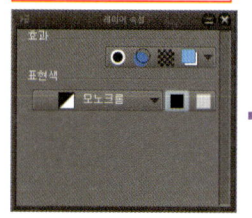

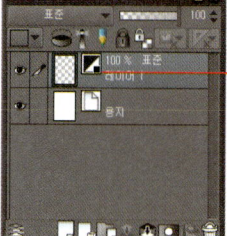

검은색 이외의 색이 있다는 경고 표시입니다.

05 '미리 보기 중인 표현색을 적용(プリビュー中の表現色を適用)'을 클릭하고 실제로 검은색뿐인 화상으로 만듭니다.

레이어 아이콘의 경고가 사라집니다. 왼쪽 POINT를 참고하세요.

▶ 검은색만 표시와 흑백 표시

기본 표현색이 모노크롬이므로 본래의 이 모노크롬을 나타내는 레이어 아이콘은 표시되지 않습니다. 레이어 속성의 '흰색 표시'를 클릭하고 모노크롬 상태로 되돌리면 모노크롬을 나타내는 레이어 아이콘이 사라집니다(p.61).

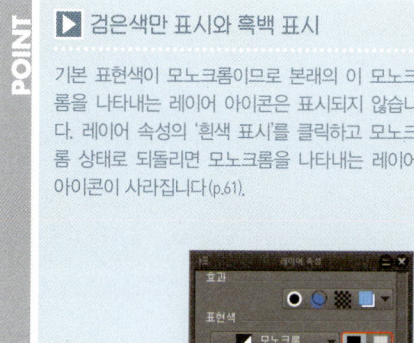

선화를 완성했습니다.

선화를 확대하면 군데군데 티끌이 보입니다. 이제부터 이 티끌을 제거(p.251)하겠습니다.

레이어 속성 설정 방법

레이어 속성 창
레이어 창

01 레이어 속성 창에서 표현색을 '검은색만 표시'로 설정합니다.

02 그레이가 사라지고 검은색만 표시됩니다. 이때 레이어 아이콘에 붉은 테두리 표시가 생깁니다.

붉은 테두리는 '보이지 않지만, 흰색이 있다'는 경고입니다.

03 선의 두께를 '색 역치(色の閾値)'로 조절합니다. 수치를 낮추면 선이 가늘어지고 높이면 선이 두꺼워집니다.

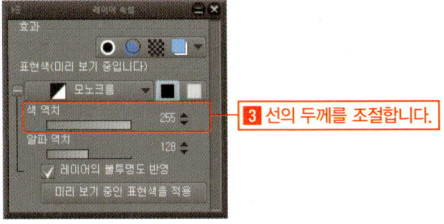

04 선의 두께를 조절했다면 '미리 보기 중인 표현색을 적용(プリビュー中の表現色を適用)'으로 흰색을 지웁니다.

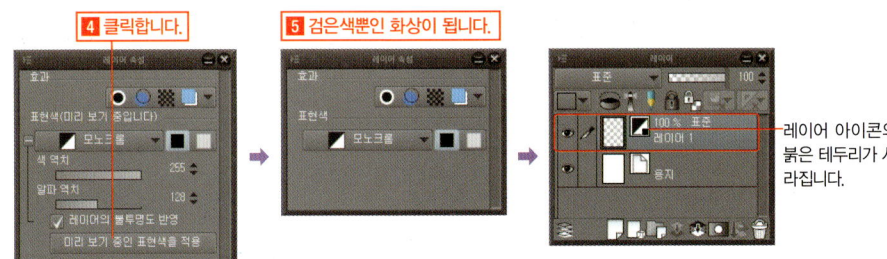

레이어 아이콘의 붉은 테두리가 사라집니다.

선화를 완성했습니다.
선화를 확대하면 군데군데 티끌이 보입니다.
티끌을 제거하겠습니다.

선화의 잡티 지우기

'잡티 지우기' 필터 사용하기

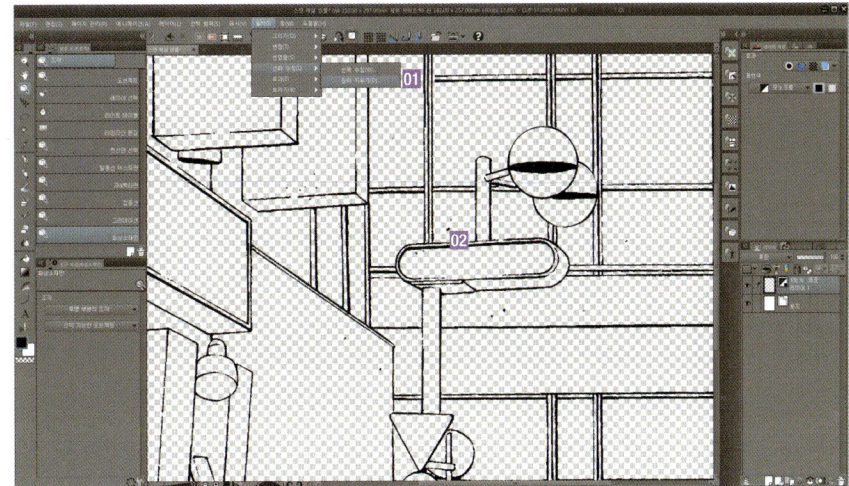

01 '필터(フィルター)' 메뉴의 '선화 수정(線画修正)'➡'잡티 지우기(ごみ取り)'를 선택합니다.

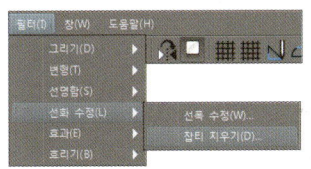

▶ 잡티 지우기 필터

'잡티 지우기' 필터는 모노크롬 2계조의 화상에 유효합니다. 표현색이 컬러나 그레이라도 모노크롬 2계조인 데이터가 있다면 유용합니다.

모드: 불투명한 점 지우기(이때의 '불투명'=검은색입니다)
잡티 크기: 적설하게(어느 정도 크기의 점을 지울지 설정합니다)

02 투명색을 선택합니다.

'잡티 지우기' 도구 사용하기

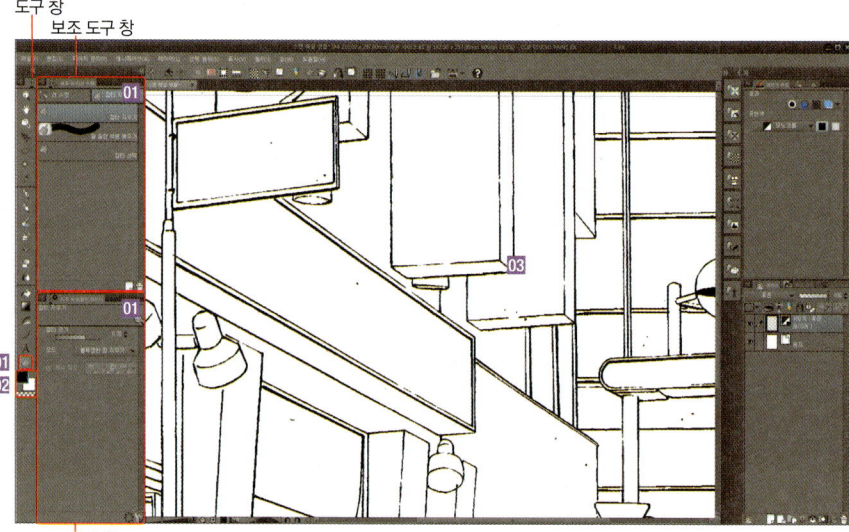

01 '선 수정(線修正)'⇨'잡티 지우기(ごみ取り)' 도구를 사용합니다.
    잡티 크기: 적절하게
    모드: 불투명한 점 지우기

02 그리기색을 투명으로 바꿉니다.

03 잡티를 둘러싸고 드래그하면 잡티가 지워집니다.

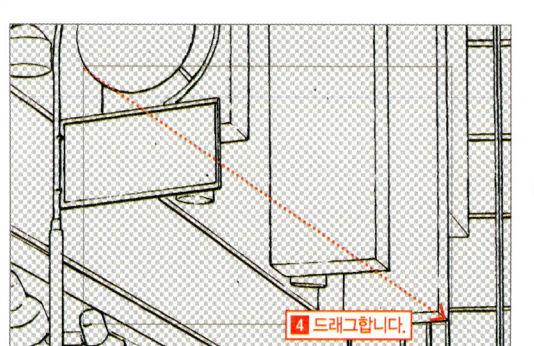

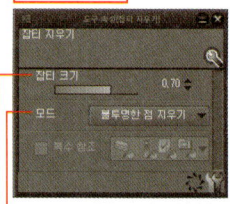

톤 작업을 한 배경 데이터를 완성했습니다.

완성한 배경을 '작품'으로 저장해두세요.

배경 화집을 만들어두면 작품 전체의 완성도가 높아집니다.

잡티 지우기 필터

ComicStudio '잡티 지우기' 필터에 해당하는 기능입니다.

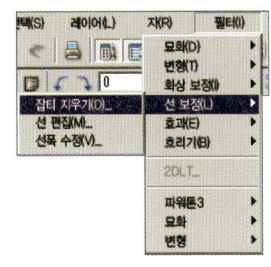

잡티 지우기 도구

ComicStudio '잡티 지우기' 도구처럼 '올가미'로 티끌을 에워싸고 지우는 보조도구를 사용자 설정(p.236)으로 만들 수 있습니다.

 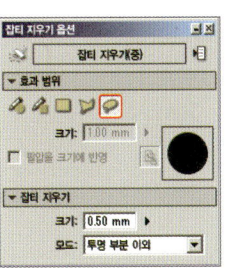

PART 6 ● 배경 그리기

SECTION 6.4
배경 데이터 사용하기

배경 소재는 레이어 폴더에 정리해두고 복사&붙여 넣기로 작품에 삽입할 수 있습니다. 불필요한 부분은 '삭제'하는 것이 아니라 '마스크'로 숨깁니다. SECTION 6.4에서는 배경 소재를 사용하는 방법에 대해 설명하겠습니다.

배경화 데이터를 작품에 복사하기

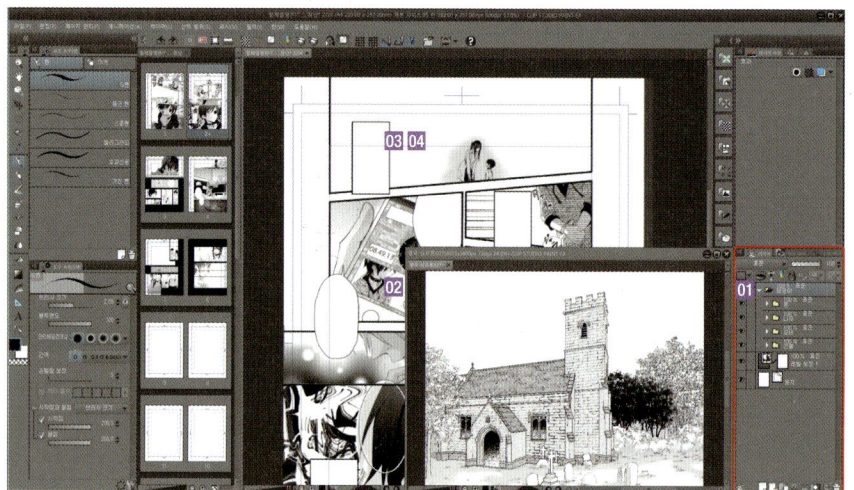

레이어 창

배경화 데이터 준비·복사하기

01 배경화 데이터 레이어를 전부 레이어 폴더에 넣습니다.

02 '배경01' 레이어를 선택하고, '편집(編集)' 메뉴에서 '복사(コピー)'(+C)를 선택합니다.

POINT ▶ 레이어 폴더에 정리하기

배경 데이터를 레이어 폴더별로 작품에 복사하기 위해 미리 정리해둡니다.

1 배경을 레이어 폴더에 정리합니다.

2 레이어 폴더를 선택합니다.

3 복사합니다.

SECTION 6.4 ● 배경 데이터 사용하기

레이어 복사&붙여 넣기

03 작품 데이터를 표시하고 '편집' 메뉴의 '붙여 넣기 (貼り付け)'(Ctrl+V)를 선택합니다.

04 작품에 배경을 붙여 넣습니다.
그레이로 보이는 영역이 넓어졌습니다.

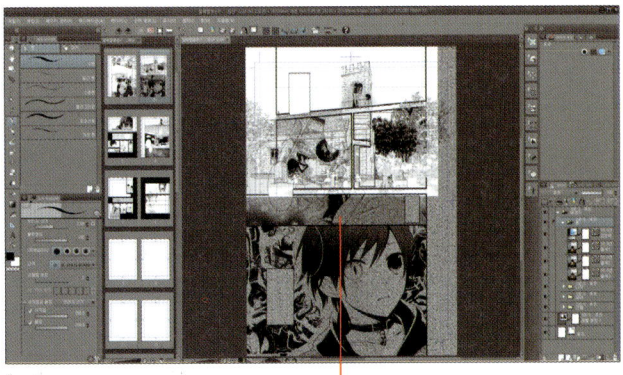

4 작품 데이터를 열고 붙여 넣습니다.

원래 캔버스(=사진 크기)를 벗어나는 부분은 레이어 마스크가 검은색으로 칠해지지 않기 때문에 톤이 보입니다.

레이어 마스크의 하얀 부분이 톤이 없는 부분입니다. 즉 그레이로 보입니다.

크기 조절하기

확대/축소로 크기 조절하기

01 '편집' 메뉴에서 '자유 변형(自由変形)'▷'확대/축소 (拡大・縮小)'(Ctrl+T)를 선택합니다.

> **POINT** ▶ 선 두께는 고정으로 확대/축소
>
> 선화는 극단적으로 축소하면 무척 가늘어집니다. 벡터 레이어에 그린 선은 두께를 바꾸지 않고 축소할 수 있습니다. 여기서도 선의 두께를 변경하지 않고 축소했습니다.

02 크기 위치를 맞추고 결정(Enter 키)합니다.

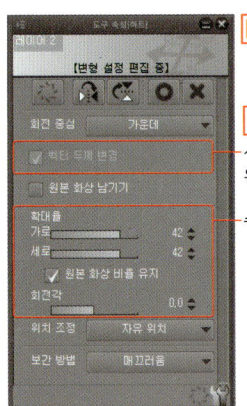

1 '자유 변형'⇨'확대/축소'를 선택합니다.

2 설정합니다.
선 두께를 바꾸지 않고 확대/축소합니다. 왼쪽의 POINT 설명을 참고하세요.
수치로 입력할 수도 있습니다.

3 드래그합니다.

4 Enter 키로 결정합니다.

불필요한 부분을 마스크 적용하기

필요 없는 부분은 지우는 것이 아니라 '레이어 마스크'로 숨깁니다. '레이어 마스크'는 '레이어 폴더'에도 만들 수 있습니다.

필요한 부분 선택하기

01 '직사각형 선택(長方形選択)', '올가미 선택(投げなわ選択)', '꺾은선 선택(折れ線選択)' 도구 등으로 필요한 부분을 선택합니다.
여기에서는 '직사각형 선택' 도구를 사용했습니다.

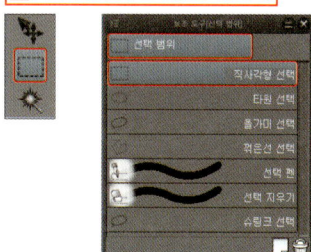

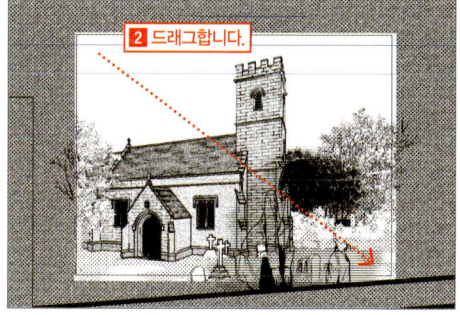

레이어 마스크 만들기

02 배경의 레이어 폴더에 레이어 마스크(p.267)를 만듭니다.

03 마스크된 부분이 가려져 보이지 않습니다.

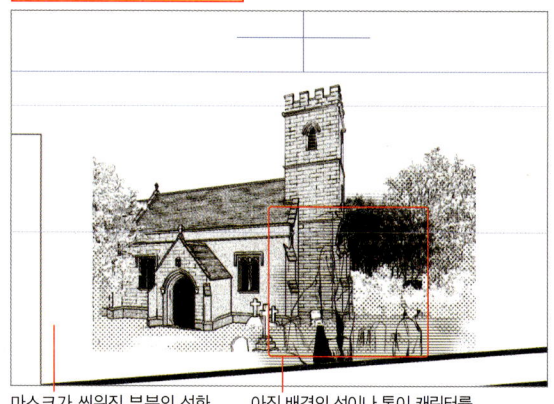

SECTION 6.4 ● 배경 테이터 사용하기

미세한 부분을 투명으로 칠해 처리하기

04 그리기색을 투명으로 하고 '마커(マーカー)'⇨'채우기 펜 (塗りつぶしペン)'으로 캐릭터 부분을 칠하고 배경을 숨깁니다.

6 채우기 펜을 선택합니다.

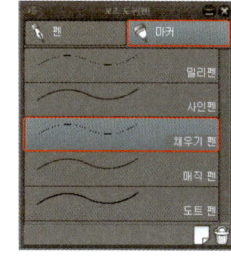

7 배경화를 숨깁니다.

5 그리기색을 투명으로 선택합니다.

▶ 도구&보조 도구 툴의 사용자 설정
마커는 자주 사용하므로 도구 창에 표시되도록 합니다.

▶ 레이어 마스크
'레이어 마스크'는 '투명'으로 칠하면 '검게' 채워지고, 검은 부분은 화상에 마스크가 적용(p.152)됩니다.

배경 주위를 적당히 흐리게 하기

배경 주위의 그림이 갑자기 사라진 그림을 적당히 흐리게 합니다.

05 그레이를 표현하기 위해 레이어 속성의 '효과(効果)'⇨'톤(トーン)'을 선택하고 '마스크 표현(マスクの処理)'⇨'계조(階調)'를 '있음(あり)'으로 설정(p.190)합니다.

06 그레이 부분을 톤으로 바꾸고 표시하기 위해 '효과 범위(効果範囲)'를 '마스크한 화상(マスクした画像)'으로 선택합니다.

07 '에어브러시(エアブラシ)'⇨'부드러움(柔らか)' 도구로 선화의 색을 투명으로 하고 레이어 마스크를 흐리게 합니다.

1 '배경01' 레이어 속성을 설정합니다.

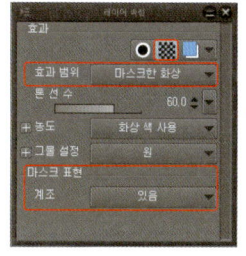
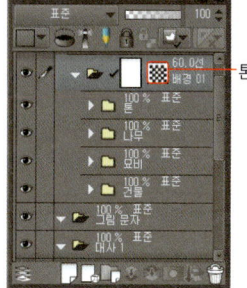

톤으로 변경됩니다.

3 '에어브러시' 도구를 선택합니다.

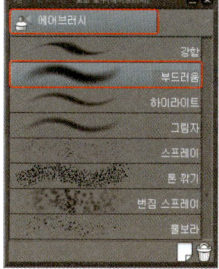

2 그리기색을 투명으로 선택합니다.

4 레이어 마스크를 흐리게 합니다.

톤: 해제

톤: 설정

PART 6 ● 배경 그리기

✥ TIPS 레이어 폴더와 레이어 마스크 각각 움직이기

레이어 폴더와 레이어 마스크는 각각 움직이거나 확대/축소할 수 있습니다.

레이어 폴더만 선택하기

링크를 해제하고 레이어 폴더를 선택하면 레이어 폴더만 확대/축소/회전할 수 있습니다.
배경을 움직여도 '레이어 마스크'는 움직이지 않으므로 다시 칠하지 않아도 됩니다.

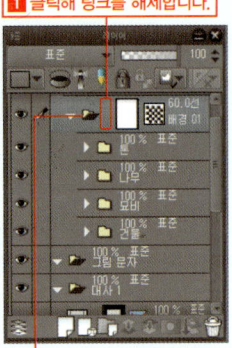

1 클릭해 링크를 해제합니다.
2 레이어 폴더를 선택합니다.

배경을 움직인 상태입니다. 레이어 마스크는 움직이지 않으므로 배경이 캐릭터를 가리는 일은 없습니다.

레이어 마스크만 선택하기

레이어 마스크를 선택한 상태에서는 레이어 마스크 아이콘에 검은색 테두리가 표시됩니다. 이때는 레이어 마스크를 이동/확대/축소/회전시킬 수 있습니다.

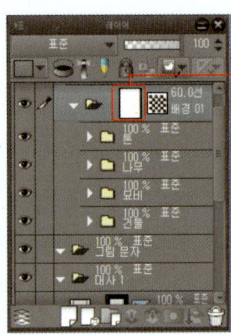

레이어 마스크를 선택하고 조작합니다.

◉ CLIP STUDIO PAINT의 레이어 마스크와 ComicStudio의 마스킹 레이어

CLIP STUDIO PAINT에서 여러 개의 레이어에 그린 것을 한 번에 숨길 때는 '레이어 폴더'에 '레이어 마스크'를 설정하고 처리합니다.
한편 ComicStudio에서는 '레이어 폴더'에 '레이어 마스크'를 설정하고 처리합니다. ComicStudio의 '마스킹 레이어'는 '레이어 폴더' 내부에만 영향을 미칩니다. 그러므로 '흰색'으로 숨기는 것보다 편리합니다.

CLIP STUDIO PAINT의 '레이어 폴더'는 초기 설정으로 합성 모드가 '표준'으로 되어 있기 때문에 '곱하기(乘算)' 등의 합성 모드나 색조 보정 레이어는 '레이어 폴더' 내부에만 영향을 미칩니다.
합성 모드를 '통과(通過)'로 하면 아래에 있는 모든 레이어가 영향(p.177)을 받습니다.

● 마스킹 레이어에서 칠하면 다른 레이어를 선택 중일 때는 폴더 내부의 화상에 마스크가 적용됩니다.

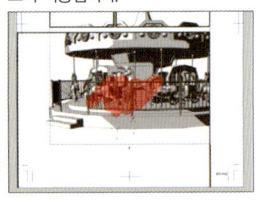 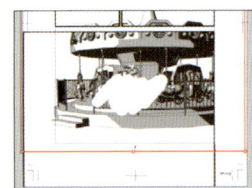

CLIP STUDIO PAINT digital comic lecture

PART 7

3D·LT 변환

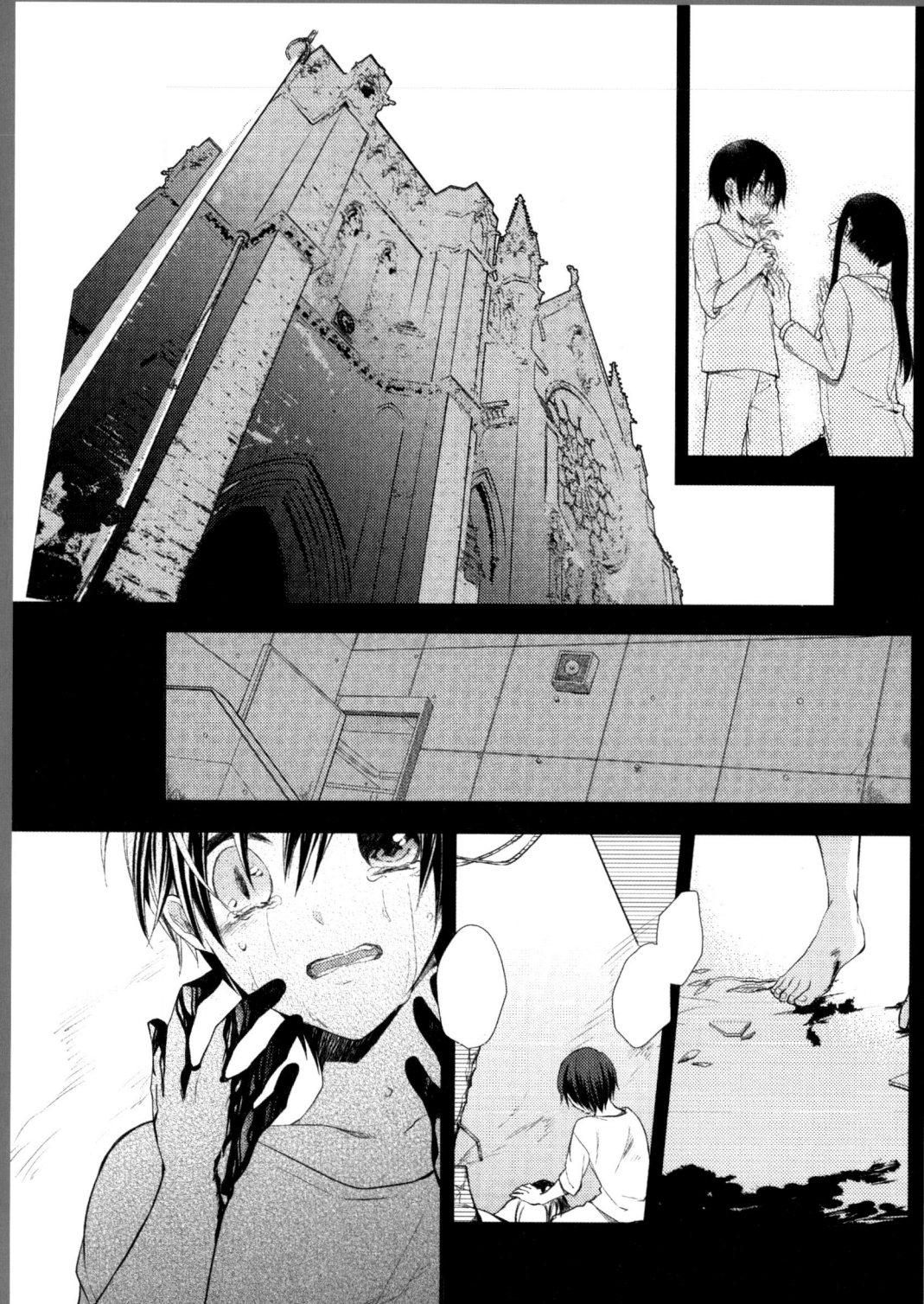

SECTION 7.1
3D 데이터 이용하기

CLIP STUDIO PAINT는 3D 데이터 소재를 제공합니다. '창작 활동 응원 사이트 CLIP'에서도 3D 소재를 찾을 수 있습니다. SECTION 7.1에서는 3D 소재의 기본 조작 방법에 대해 알아보겠습니다.

3D 소재를 캔버스에 가져오기

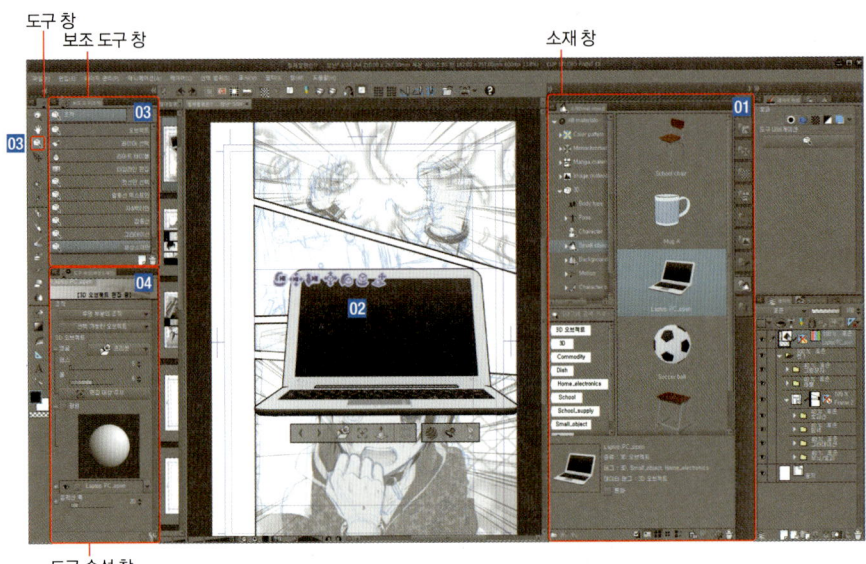

01 '소재(素材)' 창에서 '3D'⇨'소품(Small object)'⇨'Home_electronics'⇨'노트북(Laptop PC)'을 캔버스로 드래그합니다.

02 캔버스로 3D 소재를 불러옵니다.

> **POINT ▶ 오브젝트 여러 개 불러오기**
> 여러 오브젝트를 동일한 3D 공간으로 가져오는 방법은 270페이지를 참고하세요.

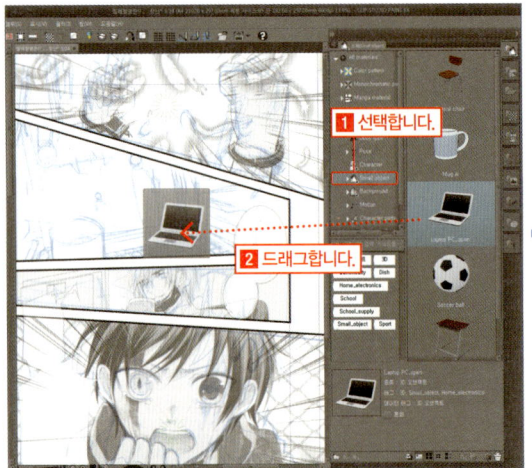
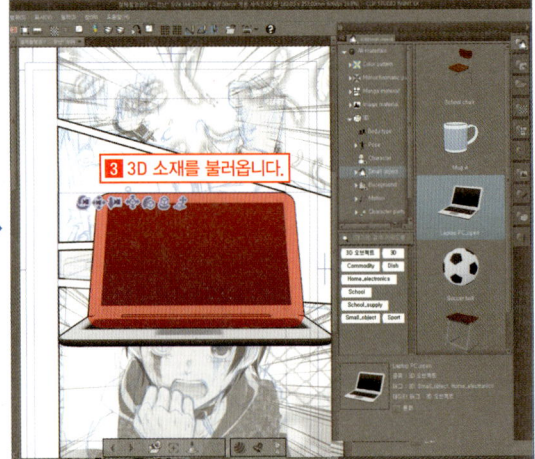

SECTION 7.1 ● 3D 데이터 이용하기

03 '조작(操作)'➡'오브젝트(オブジェクト)' 도구로 3D 오브젝트를 움직입니다.

4 '오브젝트' 도구를 선택합니다.

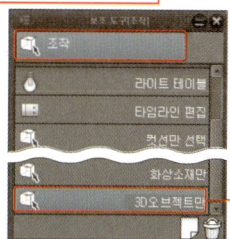

3D 데이터만 조작할 수 있도록 사용자 설정으로 만든 '오브젝트' 도구입니다.

04 3D 데이터만 조작할 수 있도록 사용자 설정으로 새로운 도구(p.82/p.115)를 만듭니다.

5 설정합니다.

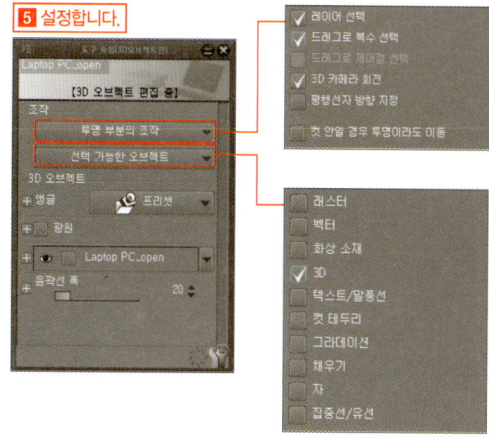

3D 소재 조작하기

3D 오브젝트 조작

3D 오브젝트 조작은 앵글을 움직이는 방법과 오브젝트를 움직이는 방법이 있습니다. '크기'는 오브젝트 크기에 맞게 조절합니다. 방향이나 위치는 '앵글'로 조절합니다.

● 앵글 움직이기

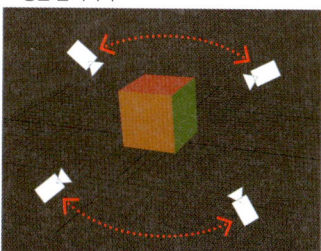

앵글을 움직이면 지면도 움직이는 것처럼 보입니다.

● 오브젝트 움직이기

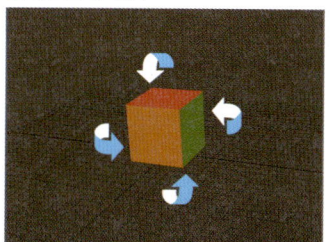

오브젝트를 움직여도 지면은 움직이지 않고 오브젝트만 움직이는 것처럼 보입니다.

크기, 방향, 위치 조절하기

도구 창
보조 도구 창
도구 속성 창

01 '오브젝트 크기(オブジェクトスケール)'로 크기를 조절합니다.

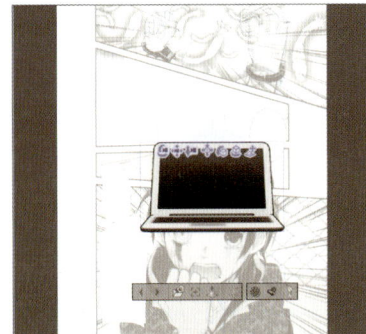
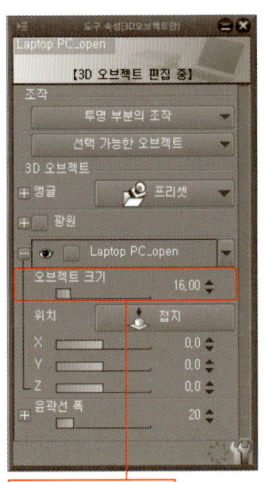

1 크기를 조절합니다.

02 방향을 조절합니다.

앵글을 회전시키거나 방향을 변경합니다. 오브젝트가 없는 곳을 드래그하면 앵글을 회전시킬 수 있습니다.

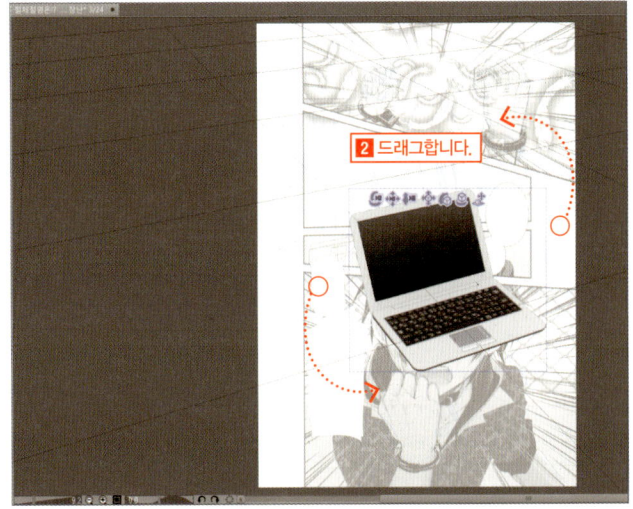

2 드래그합니다.

SECTION 7.1 ● 3D 데이터 이용하기

03 위치를 조절합니다.

위치를 조절할 때 앵글을 움직입니다(p.268).

앵글을 상하좌우로 움직이기: 버튼을 클릭한 채 상하좌우로 드래그합니다.

앵글을 앞뒤로 움직이기: 버튼을 클릭한 채 앞뒤로 드래그합니다.

3 드래그합니다.

> **POINT ▶ 앵글을 움직여 위치 조절하기**
>
> 오브젝트를 움직이면 지면(기준이 되는 지점)에서 떠 버리게 됩니다. 여러 개의 오브젝트를 나열할 때 지면이 어딘지 모르면 배치하기 어려우므로 오브젝트는 가능한 한 움직이지 않습니다.

04 퍼스를 조절합니다.

퍼스는 보통 '0'으로 지정되어 있습니다. 여기에서는 '0'으로 진행하겠습니다.

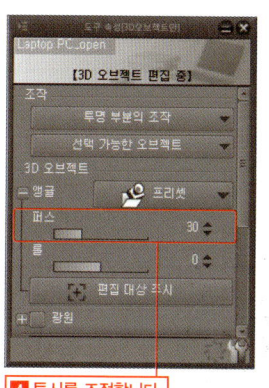

4 투시를 조절합니다.

● 퍼스: 0

● 퍼스: 30

05 '광원(光源)'을 조절합니다.

광원을 선택하고 커서를 공 위에 올려놓은 다음 드래그로 광원을 조절합니다.

5 클릭합니다.

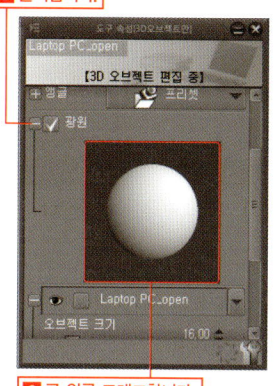

6 공 위를 드래그합니다.

배치가 끝났다면 오브젝트를 LT 변환으로 선화와 톤으로 변경(p.292)합니다.

● **ComicStudio의 3D LT에 해당하는 기능**

'LT 변환'은 ComicStudio EX의 3D LT 기능에 해당하는 렌더링 도구입니다.

주변 물건 그려 넣기

그리드를 이용해 그려 넣기

주변 물건을 그려 넣을 때는 3D 공간의 그리드를 이용합니다.

01 초기 설정에서는 그리드가 비활성화되어 있으므로 그리드를 설정합니다.

그리드가 비활성화 상태입니다.

POINT ▶ 그리드 표시

그리드는 '동일 폴더 안에서 표시(同一フォルダー内で表示)'로 설정(p.189)되어 있습니다.

1 클릭해 표시합니다.

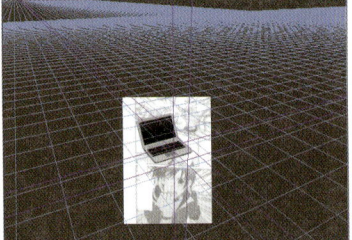

02 폴더 안의 그리드를 이용해 그려 넣습니다. 먼저 레이어 폴더를 만듭니다. 그다음 그려 넣기용 벡터 레이어를 만듭니다.
그 벡터 레이어와 3D 레이어를 레이어 폴더로 드래그해 넣습니다.

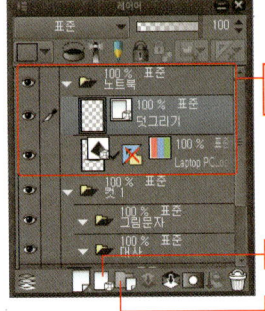

4 완성된 레이어 폴더에 3D 레이어와 벡터 레이어를 넣습니다.

3 벡터 레이어를 만듭니다.

2 레이어 폴더를 만듭니다.

SECTION 7.1 ● 3D 데이터 이용하기

03 3D 그리드에 스냅을 걸기 위해 '특수 자에 스냅(特殊定規にスナップ)'을 활성화시킵니다.

04 그려 넣기용 벡터 레이어에 'G펜(Gペン)' 도구나 '지우개(消しゴム)'➡'벡터용(ベクター用)' 도구 등으로 그림을 그려 넣습니다(p.241).

● 'G펜' 도구

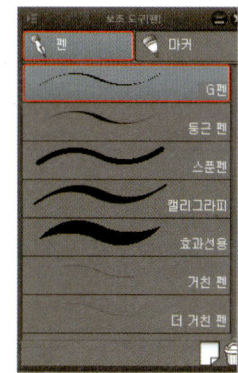

● '벡터용' 도구

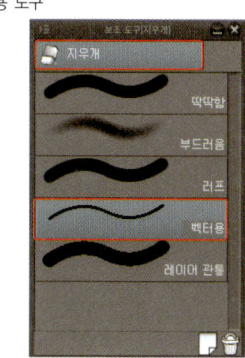

3D 그리드에 스냅

ComicStudio의 '3D LT'에서도 3D 공간의 그리드에 스냅을 걸고 선을 그릴 수 있습니다.

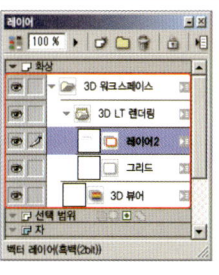

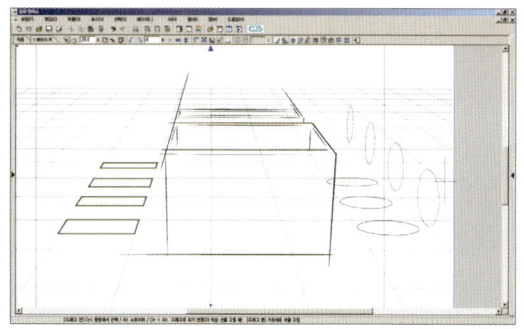

TIPS 그리드가 표시되고 있을 때의 도구 속성 창

그리드가 표시되고 있을 때는 도구 속성 창에 표시되는 항목이 바뀝니다.

● 3D 오브젝트 선택 시

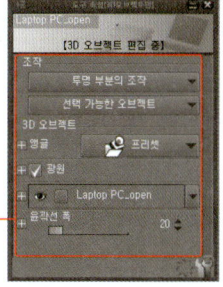

3D 오브젝트 소재를 조작하는 항목이 나열됩니다.

● 그리드 선택 시

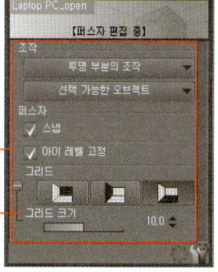
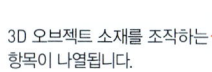

그리드를 조작하는 항목이 나열됩니다.

그리드 크기: 그리드 간격을 조절할 수 있습니다.

265

불필요한 부분 마스크 적용하기

아래 그림은 'LT 변환'(p.292)을 실행하고 리터치로 그림을 완성한 상태입니다. 컷에서 벗어난 불필요한 부분은 지우는 것이 아니라 마스크로 처리합니다.

선택 범위 작성하기

01 '선택 범위(選擇範圍)'➡'꺾은선 선택(折れ線選擇)' 도구로 선택합니다.

1 '꺾은 선 선택' 도구를 선택합니다.

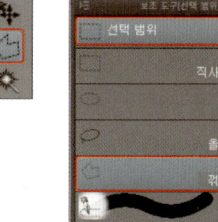
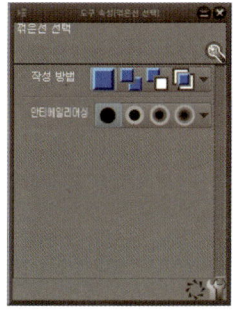

02 필요한 부분을 선택합니다.

2 클릭을 반복해 둘러싸고 선택합니다.

SECTION 7.1 ● 3D 데이터 이용하기

레이어 마스크 작성하기

03 배경을 추가한 레이어와 'LT 변환'으로 자동 생성된 '레이어 폴더'가 하나의 폴더에 들어 있는 것을 확인합니다.

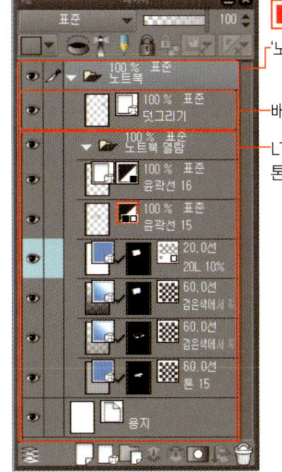

1 레이어 폴더에 정리합니다.
'노트북'에 연관된 레이어를 정리한 레이어 폴더
배경을 그려 넣은 벡터 레이어
LT 변환으로 자동으로 만들어진 레이어 폴더/톤은 그라데이션으로 변경(p.288)

> ● **마스킹 레이어**
>
> ComicStudio에서 불필요한 부분을 숨기는 기능은 '마스킹 레이어'(p.258)가 담당합니다.

04 정리된 레이어 폴더를 선택하고 레이어 마스크(p.256)를 만듭니다.

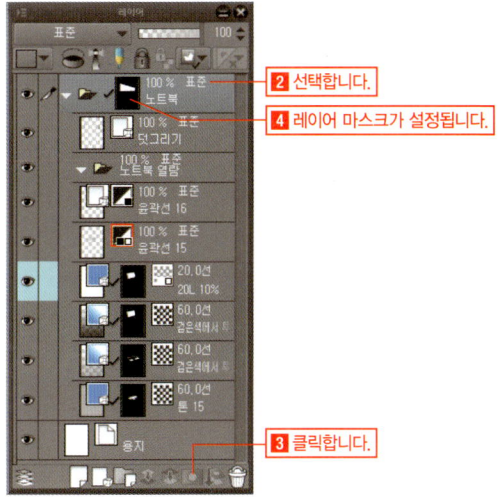

2 선택합니다.
4 레이어 마스크가 설정됩니다.
3 클릭합니다.

05 레이어 마스크에 의해 컷에서 벗어난 부분이 가려집니다.

5 벗어난 부분이 가려집니다.

말풍선 내부는 흰색으로 채워져 있어 말풍선 레이어 아래에 위치시키면 배경이 보이지 않습니다.

267

SECTION 7.2
3D 오브젝트 기본 조작법 익히기

3D 오브젝트를 조작하기 위해 기본적으로 알아야 하는 포인트 몇 가지에 대해서 설명하겠습니다.

3D 오브젝트 조작 도구

이동 조작 도구

캔버스 위에 3D 데이터를 가져오면 조작 도구가 표시됩니다.

각 아이콘을 클릭한 상태로 전후좌우 드래그하면 그것에 따라 오브젝트가 움직입니다.

'3D 소재 바닥면에 스냅'은 오브젝트가 3D 공간 위를 미끄러지듯이(상하로 흔들리지 않고) 움직이게 합니다.

다른 오브젝트 가까이로 가져가면 부딪치지 않도록 오브젝트를 피해 움직입니다.

앵글을 이동(p.263) 시킵니다. / 오브젝트를 이동/회전시킵니다. / 3D 소재를 바닥에 스냅 설정합니다.

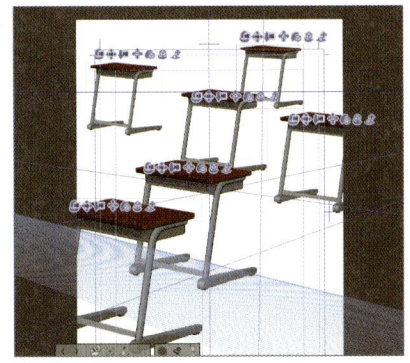

오브젝트 런처

1 이전/다음 3D 오브젝트 선택

오브젝트가 여러 개 있을 때 버튼을 클릭하면 순서대로 선택됩니다. 직접 오브젝트를 클릭해 선택할 수 있습니다.

오브젝트가 여러 개 겹쳐 있어 직접 클릭하기 어려울 때 편리하게 사용할 수 있습니다.

1 클릭합니다.
2 오브젝트가 순서대로 선택됩니다.

2 앵글

앵글을 프리셋에서 선택할 수 있습니다. 앵글을 선택하면 오브젝트 위치가 달라지는 것처럼 보이지만, 오브젝트는 움직이지 않습니다. 앵글 위치만 달라집니다.

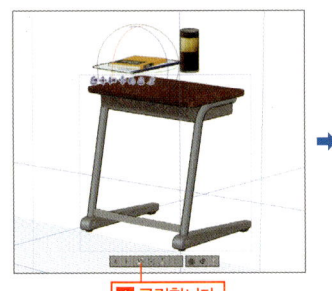 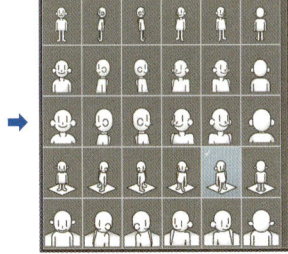

1 클릭합니다.
2 앵글을 선택합니다.

3 편집 대상 주시

선택 중인 오브젝트가 3D 공간의 중심점에 표시됩니다.

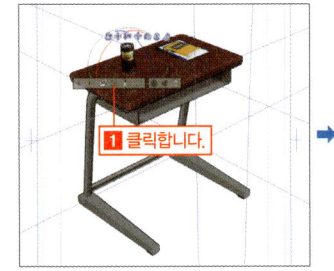 

4 바닥면에 설치

선택 중인 오브젝트를 3D 공간의 바닥면으로 이동시킵니다.

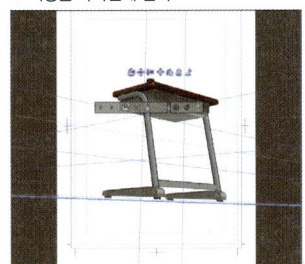 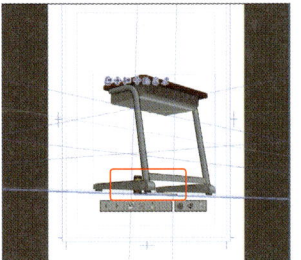

5 초기 포즈

선택 중인 오브젝트를 초기 포즈로 되돌립니다. 앵글 위치는 달라지지 않습니다.

6 매터리얼 프리셋

다른 색이나 질감의 오브젝트를 선택할 수 있습니다.
※일부 3D 소재만입니다.

 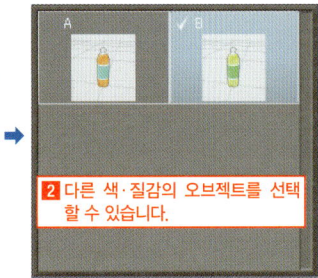

7 회전 프리셋

3D 오브젝트가 회전한 상태의 프리셋을 선택할 수 있습니다.

8 가동 파츠 프리셋

3D 소재에 따라서 부분적으로 움직일 수 있는 것이 있습니다. 이 버튼을 클릭하고 슬라이더로 부분적으로 움직일 수 있습니다.

 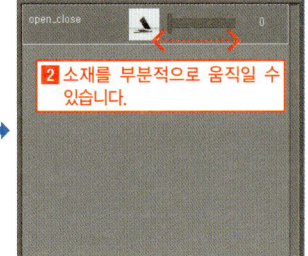

여러 개의 3D 오브젝트 소재를 같은 3D 공간으로 가져오기

오브젝트를 여러 개 나열할 때는 동일한 3D 공간으로 가져옵니다.
'소재' 창에서 드래그로 가져오면 아래 그림처럼 같은 3D 공간으로 가져오거나 다른 3D 공간으로 가져갈 때가 있습니다.

같은 3D 공간으로 가져온 상태로, 하나의 레이어 위에 여러 개의 오브젝트가 있습니다.

● 같은 3D 공간에 있는 상태

 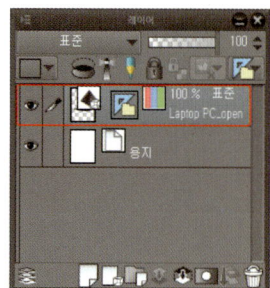

각각의 3D 공간으로 가져온 상태로, 레이어가 오브젝트별로 나눠집니다.

● 각각의 3D 공간에 있는 상태

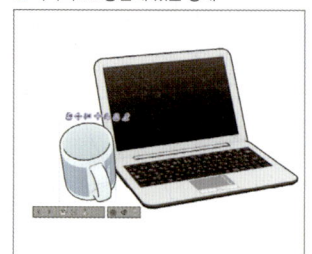 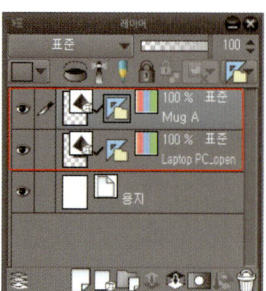

같은 3D 공간(레이어) 위로 가져오기 위해 3D 레이어를 선택한 상태로 3D 소재를 드래그합니다.

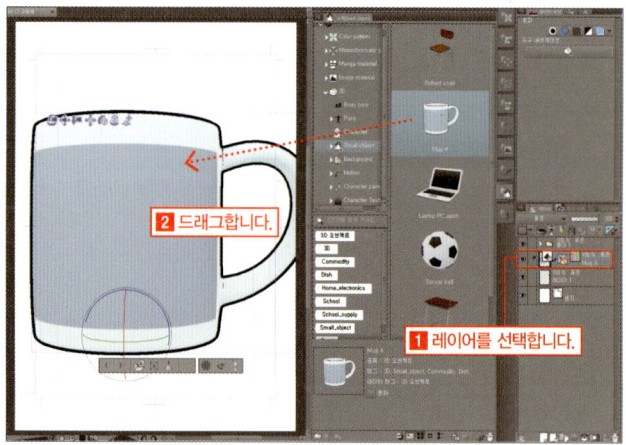

컷 테두리 폴더가 있을 때

컷 테두리 폴더가 있을 때는 3D 오브젝트 소재를 드래그하면 '컷 테두리 폴더' 안으로 들어갑니다.

즉, 3D 레이어에 넣고 싶어도 목적의 3D 레이어가 컷 테두리 폴더 안에 없을 때는 3D 오브젝트는 제멋대로 컷 테두리 폴더로 들어갑니다.

이럴 때는 해당 레이어를 일시적으로 컷 테두리 폴더 안에 넣고 3D 오브젝트 소재를 가져옵니다

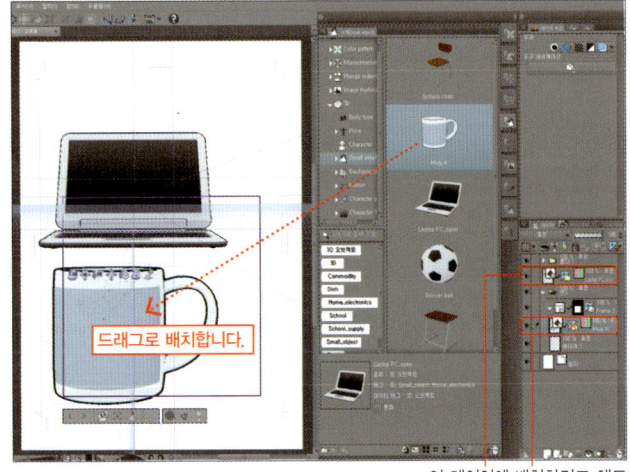

이 레이어에 배치하려고 해도 컷 테두리 폴더에 배치됩니다.

3D 오브젝트 삭제하기

선택한 3D 오브젝트에 조작 핸들이 표시됩니다.
3D 오브젝트를 선택(클릭)하고 Delete 키를 누르면 지워집니다.

여러 개의 3D 오브젝트 동시에 이동시키기

앵글 움직이기

조작 도구의 버튼을 클릭하고 상하좌우로 드래그합니다.

레이어 움직이기 (3D 공간의 중심점 움직이기)

'레이어 이동(レイヤー移動)' 도구로 레이어를 움직입니다.

이동 대상을 '레이어'로 설정합니다.

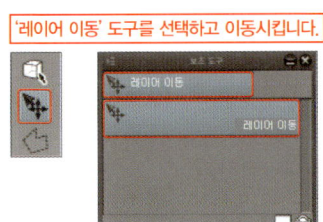 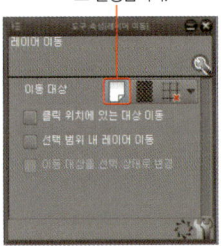

오브젝트를 부분적으로 움직이기

예를 들어 노트북이라면 모니터 부분으로 커서를 가져가면 모니터 부분이, 본체 부분으로 커서를 가져가면 본체 부분이 붉게 표시됩니다.

이렇게 부분적으로 붉게 표시되는 3D 오브젝트는 붉게 되는 부분을 따로 움직일 수 있습니다.

핸드폰을 접거나 노트북의 모니터 부분을 접을(p.269) 수 있습니다.

파트별로 움직일 수 있습니다.

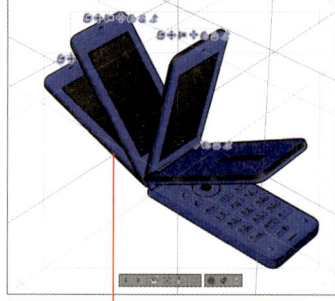
클릭하고 슬라이더로 조절할 수 있습니다.

▶ 부분만 움직일 때 주의할 점

부분적으로 움직일 때는 오브젝트가 흩어지지 않도록 조심합니다.

3D 포즈 소재 움직이기

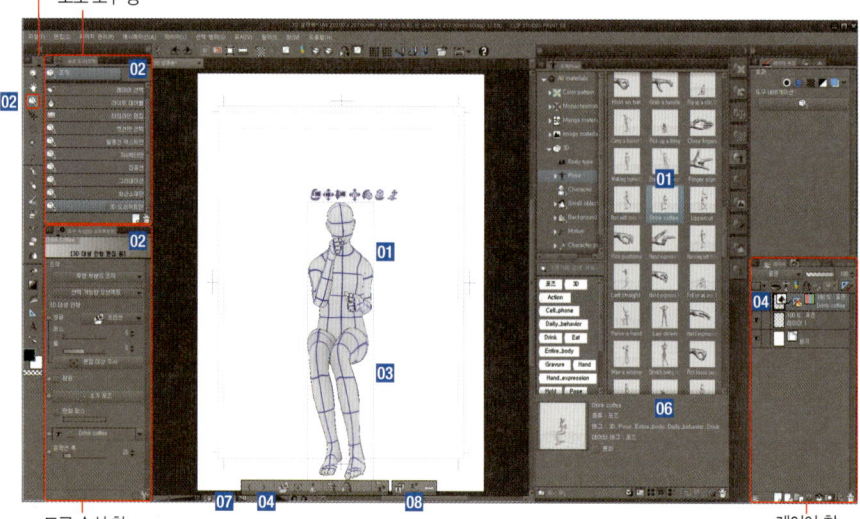

SECTION 7.2 ● 3D 오브젝트 기본 조작법 익히기

'소재' 창에는 여러 가지 포즈의 3D 소재가 있습니다. 실제로 움직여보겠습니다.

01 포즈 폴더에서 캔버스 위로 3D 소재를 드래그&드롭으로 가져옵니다.

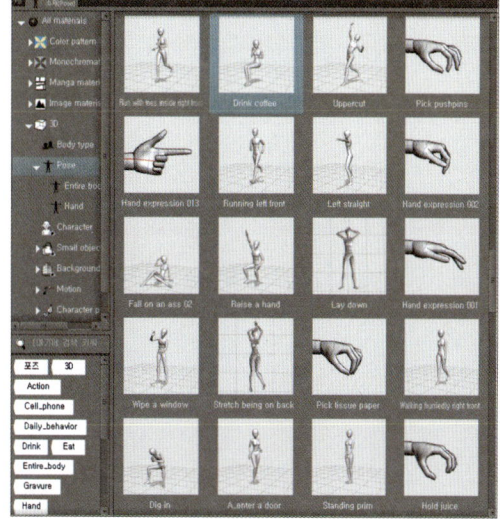

02 '조작(操作)'⇨'오브젝트(オブジェクト)' 도구로 팔이나 다리 등을 파트별로 움직일 수 있습니다.

1 3D 오브젝트를 선택합니다.

2 '오브젝트'⇨'3D 오브젝트만'을 선택합니다.

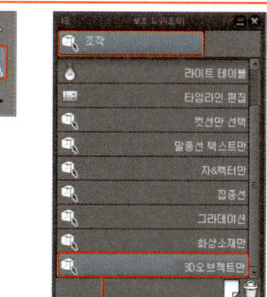
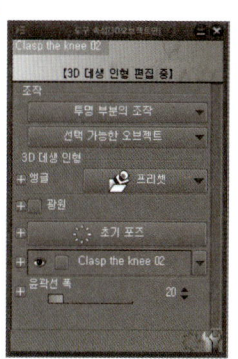

3D 오브젝트만 조작하는 '오브젝트' 도구(p.261)입니다.

03 포인터를 가져가면 부분적으로 붉게 표시됩니다. 이 붉은 부분을 드래그하면 움직일 수 있습니다.

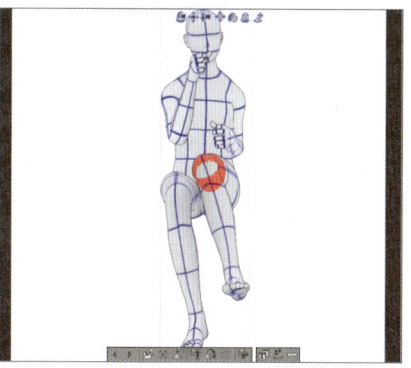

▶ 노란색 ■가 표시될 때

3D 오브젝트에 노란색 ■가 표시됩니다. 이것은 해당 부분이 잠겨 있다는 뜻입니다. 오른쪽 예에서는 무릎이 잠겨 있으므로 무릎 각도에는 변함이 없고 다리만 움직입니다.

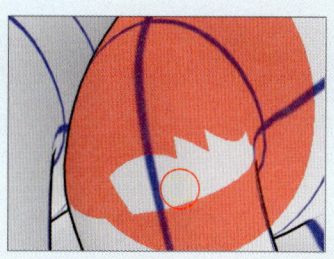
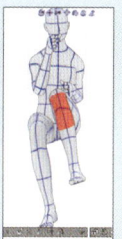
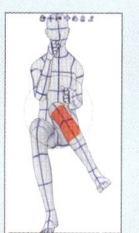
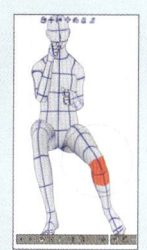

포즈 등록하기

마음에 드는 포즈를 소재 창에 등록해두겠습니다.

04 '포즈 저장(ポーズ登録)'을 클릭합니다.

05 이름을 정하고 저장할 폴더를 지정합니다. 검색용 태그도 저장하고 'OK'를 클릭(p.199)합니다.

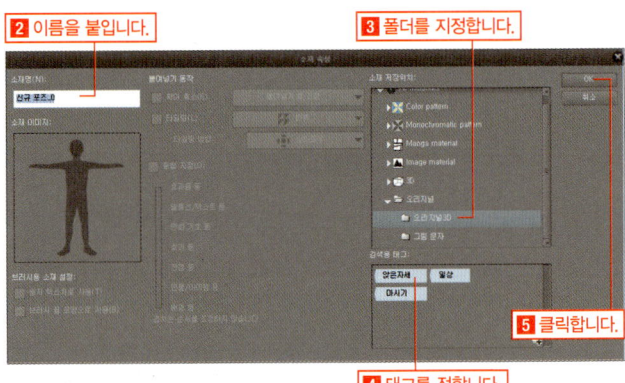

06 소재 창에 등록됩니다.

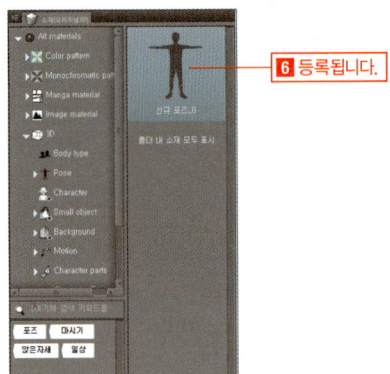

등록한 소재 배치하기

등록한 소재는 드래그해서 캔버스로 가져올 수 있습니다.

이 방법으로 캐릭터의 포즈를 간단히 변경할 수 있습니다. 물론 등록한 포즈 소재뿐 아니라 원래 소재에 있는 포즈도 이용할 수 있습니다.

SECTION 7.2 ● 3D 오브젝트 기본 조작법 익히기

▌프리셋 사용하기

구도를 정할 때는 미리 준비한 카메라 앵글을 사용하면 편리합니다.

07 앵글의 프리셋을 선택한 다음 구도를 정합니다.

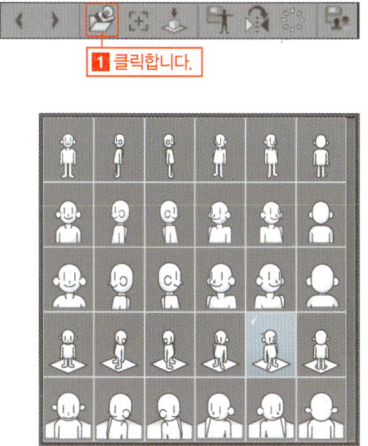
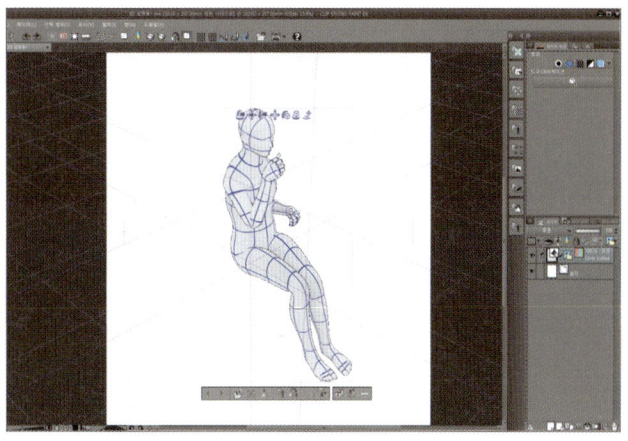

사용자 설정의 체형을 만들 수도 있습니다.

08 체형 조절 버튼과 파트의 미세 조절 버튼을 사용해 체형을 설정합니다.

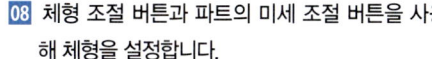

체형과 실체 치수를 간단히 조절합니다.   체형을 상세히 조정합니다.   각 부위 수치를 상세히 조정합니다.

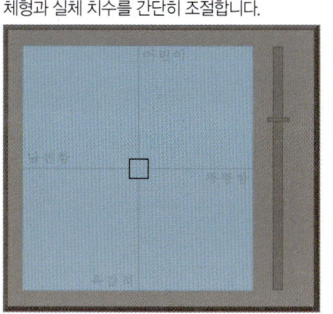
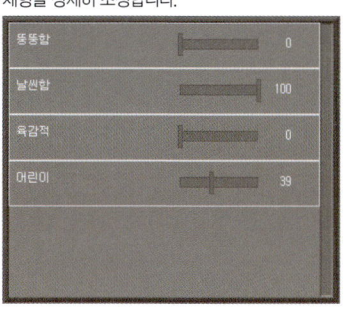
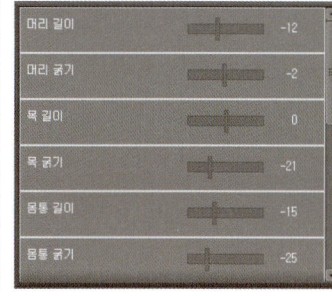

오브젝트 선택하고 조작하기

오브젝트를 선택하고 움직여보겠습니다.

01 3D 오브젝트를 배치한 레이어를 선택합니다.

02 '조작(操作)' ⇨ '오브젝트(オブジェクト)'의 '3D 오브젝트만'을 사용합니다.

사용자 설정으로 3D만 조작할 수 있는 보조 도구(p.261)를 만듭니다.

03 보도 도구 상세 창이 열립니다.

보조 도구 상세를 사용자 설정(p.56)으로 '위치', '회전' 등 오브젝트 움직임을 조절하는 수치가 표시되도록 합니다.

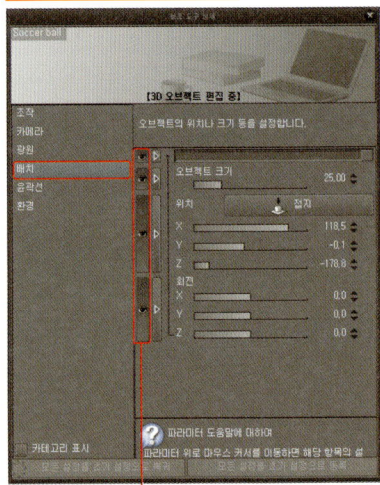

도구 속성에서 표시되도록 설정합니다.

04 오브젝트를 선택하고 수치를 조절합니다.

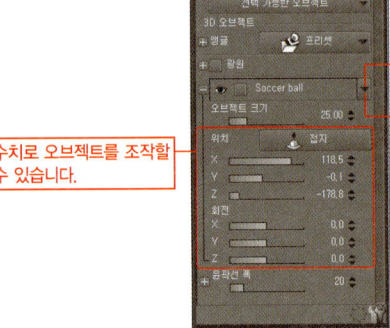
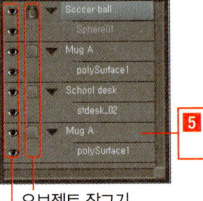

오브젝트 잠그기
오브젝트 표시/숨기기를 전환할 수 있습니다.

SECTION 7.3
사진 데이터를 LT 변환하기

'LT 변환'이란 선을 선화와 톤으로 분류하는 기능입니다. 구체적으로 말하면 사진 데이터에서 선화를 추출하고 그림자 등의 톤 부분을 만들어주는 기능입니다. 그리기 보조 도구로 무척 뛰어난 기능입니다. LT 변환 기능은 CLIP STUDIO PAINT EX에서만 제공하는 기능입니다.

사진 데이터를 불러와 조절하기

사진 데이터를 캔버스 위로 가져오기

캔버스 위에 사진 데이터를 가져오는 방법에는 2가지가 있습니다.

- '파일' 메뉴의 '열기'로 열고 만화 작품에 복사&붙여 넣기(p.193).

- '파일' 메뉴의 가져오기 화상으로 화상 소재 레이어로 가져와 (변형한 다음) 래스터화하기(p.191/p.247).

사진 데이터를 가져옵니다.

사진 데이터 변형하기

사진 데이터를 확대/축소/회전시키면서 구도를 정리(p.255)합니다.

사진 데이터를 확대/축소/회전시켜 조정합니다.

> **POINT** ▶ 변형
>
> 변형은 편집 메뉴의 변형→확대/축소/회전을 사용합니다. 단축 키는 Ctrl +T입니다.

라인 추출하기

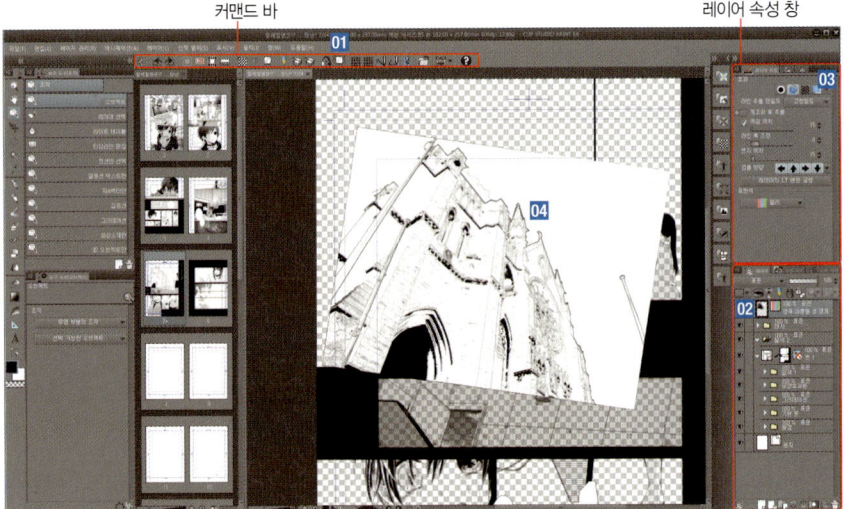

커맨드 바 / 레이어 속성 창 / 레이어 창

▍'라인 추출' 선택하기

01 작업하기 쉽도록 '용지(用紙)'를 숨겨둡니다.

사용자 설정으로 커맨드 바에 넣어둔 용지를 표시하는 버튼(p.18)입니다.

1 클릭해 숨깁니다.

02 사진 데이터 레이어를 선택합니다.

03 '효과(効果)' ▷ '라인 추출(ライン抽出)'을 활성화합니다.

 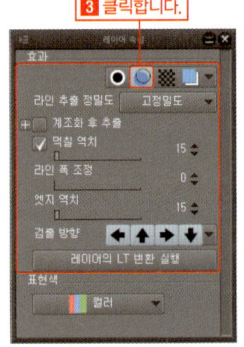

2 선택합니다. **3** 클릭합니다.

04 사진 데이터에서 선화가 추출·표시됩니다.

4 사진 데이터가 선화로 바뀝니다.

이렇게 사진 데이터에서 256계조로 윤곽선을 추출합니다.

SECTION 7.3 ● 사진 데이터를 LT 변환하기

라인 추출 설정 확인하기

1 라인 추출 정밀도

추출한 선의 표시 품질을 설정합니다. 표시 배율을 작게 하면 차이가 현저합니다. '고정밀도'를 선택합니다.

●라인 추출 정밀도: 고속   ●라인 추출 정밀도: 고정밀도

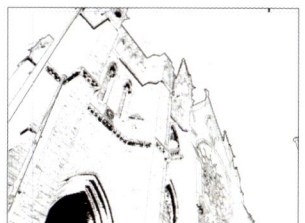
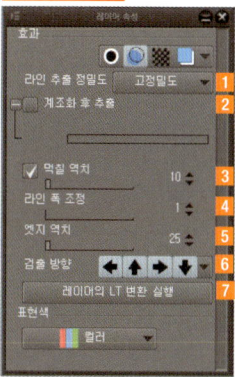

라인 추출 설정

2 계조화 후 추출

사진 데이터를 계조화한 다음 선화를 추출합니다.

●4계조로 설정하고 추출한 모습

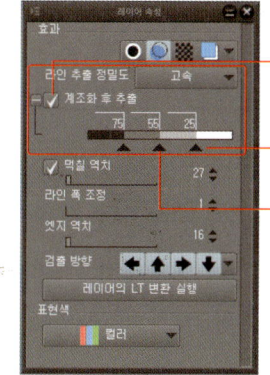

선택하면 계조화로 추출합니다.

그래프 아래를 클릭하면 계조가 추가됩니다.
현재는 4계조(밑바탕 제외)로 설정한 상태입니다.

▲를 그래프 아래로 드래그하면 계조가 삭제됩니다.

이후의 예는 계조화를 해제한 상태를 기준으로 설명하겠습니다.

3 먹칠 역치

밑바탕을 칠할 영역을 설정합니다. 수치를 높일수록 사진의 어두운 부분이 밑바탕이 되어갑니다.

●먹칠 역치: 10, 라인 폭 조정: 1 ●먹칠 역치: 40, 라인 폭 조정: 1
 엣지 역치: 10   엣지 역치: 10

4 라인 폭 조정

선의 두께를 설정합니다.

●먹칠 역치: 10, 라인 폭 조정: 0 ●먹칠 역치: 10, 라인 폭 조정: 5
 엣지 역치: 10   엣지 역치: 10

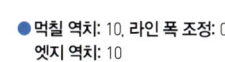

5 엣지 역치

엣지를 검출하는 역치를 설정합니다. 수치가 낮을수록 엣지를 가늘게 검출합니다.

● 먹칠 역치: 10, 라인 폭 조정: 5
엣지 역치: 10

● 먹칠 역치: 10, 라인 폭 조정: 5
엣지 역치: 30

6 검출 방향

엣지로 검출하는 방향을 설정합니다.

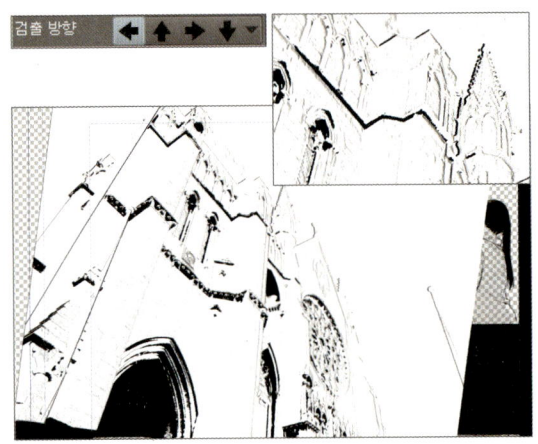

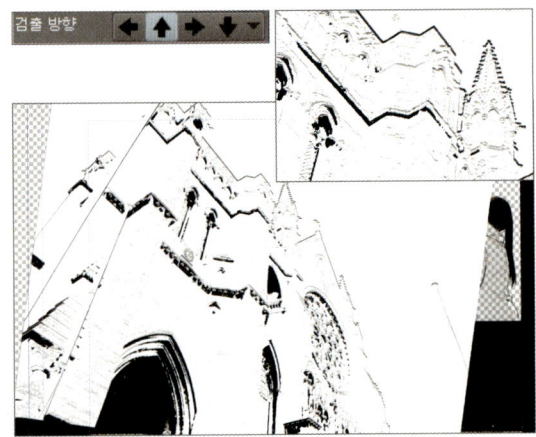

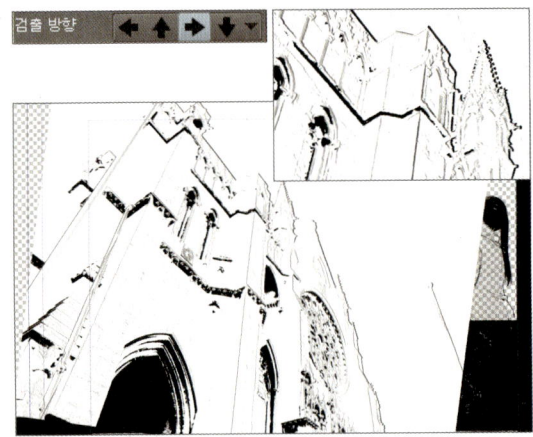

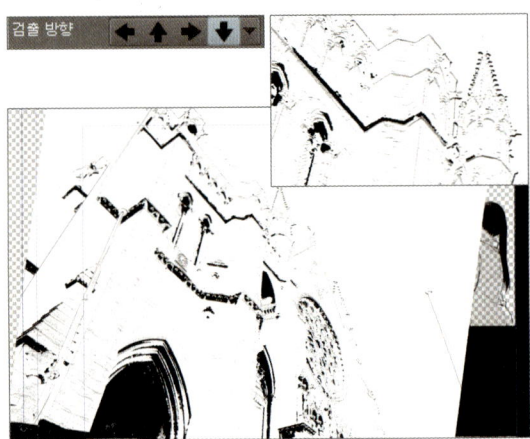

지금까지의 설정은 미리 보기만으로 레이어는 사진 데이터 상태입니다. '7 레이어의 LT 변환 실행'에 의해 선화 레이어와 톤 레이어가 만들어집니다.

레이어의 LT 변환 실행하기

레이어의 LT 변환 실행

7 레이어의 LT 변환 실행

클릭하면 '레이어의 LT 변환(レイヤーのLT変換)' 설정이 열립니다.

각 항목을 설정하고 'OK'를 클릭하면 사진 데이터가 선화와 톤으로 분리됩니다.

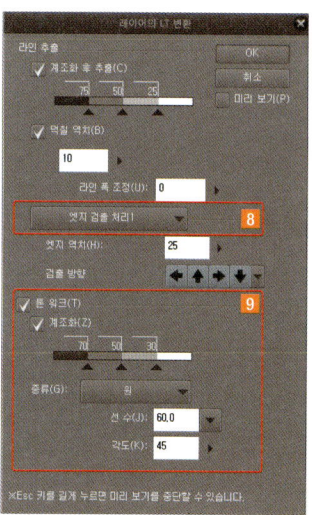

> **POINT** ▶ '레이어의 LT 변환' 설정
>
> **8, 9** 이외는 레이어 속성에도 있는 동일한 항목입니다. 레이어 속성에서 설정한 수치가 먼저 반영됩니다.

이대로 'OK'를 클릭하고 LT 변환을 실행해보겠습니다. 오른쪽 그림처럼 레이어가 만들어집니다.

LT 변환으로 만들어진 레이어 ──

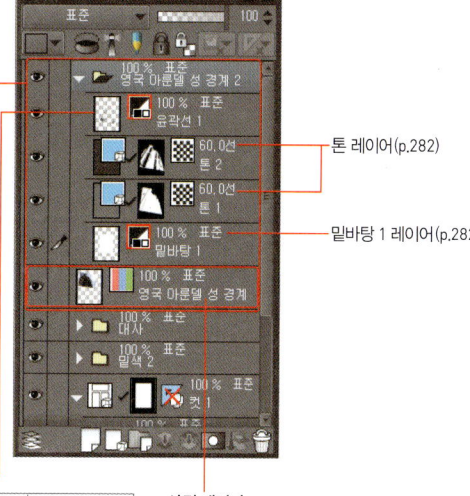

톤 레이어(p.282)
밑바탕 1 레이어(p.282)

윤곽선 1
선화와 밑바탕 레이어입니다. 모노크롬 2계조인 상태입니다.

사진 데이터
원래의 사진 데이터 레이어는 자동으로 숨겨집니다. LT 변환 결과가 만족스럽지 않다면 다시 할 수도 있습니다(p.282).

> **TIPS** 레이어 메뉴에서 실행
>
> '레이어(レイヤー)' 메뉴의 '레이어의 LT 변환(レイヤーのLT変換)'을 선택해도 설정 창이 열립니다.

톤

9 에서 톤을 2장 설정하고 렌더링한 결과입니다. 물론 레이어 속성 또는 톤 워크에서 '농도', '톤 선 수', '그물 설정' 등을 자유롭게 조절할 수 있습니다.

밑바탕 1
사진 데이터의 영역만큼이 흰색으로 채워집니다.

✚ TIPS 256계조에서 톤으로 변경하기

'계조화'를 설정하면 256계조(256색)에서 톤으로 변경됩니다.

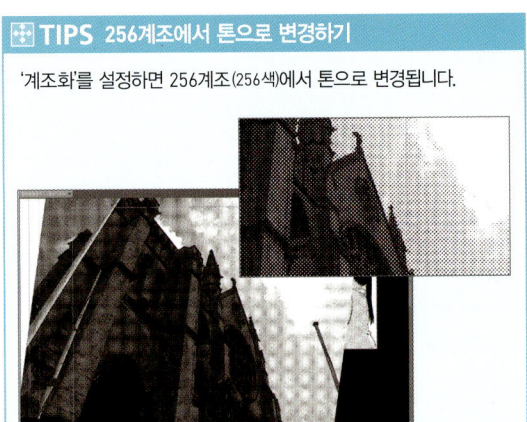

LT 변환 재실행하기

원래 사진 데이터를 선택하면 레이어 속성에 '라인 추출(ライン抽出)'이 선택되어 있는 상태가 됩니다. 이 설정 수정의 기준입니다.

281페이지 POINT 내용처럼 '레이어의 LT 변환(レイヤーのLT変換)'에 있어 레이어 속성에는 없는 2가지 항목이 있습니다(8, 9).

그 2가지 항목을 알아보겠습니다.

▶ POINT 레이어 속성과 '레이어의 LT 변환' 설정

'레이어의 LT 변환'으로 수치를 변경했다면 레이어 속성에 그 수치가 반영되지 않습니다. 즉 어떤 수치로도 LT 변환을 실행했는지 알 수가 없습니다. LT 변환을 다시 실행하면 수치는 레이어 속성에서 설정하고 '레이어의 LT 변환'으로는 아무 설정도 하지 않는 편이 좋습니다.

8 엣지 검출 처리1/엣지 검출 처리2

세밀한 선을 추출할 때는 엣지 검출 처리2가 더 유용합니다.

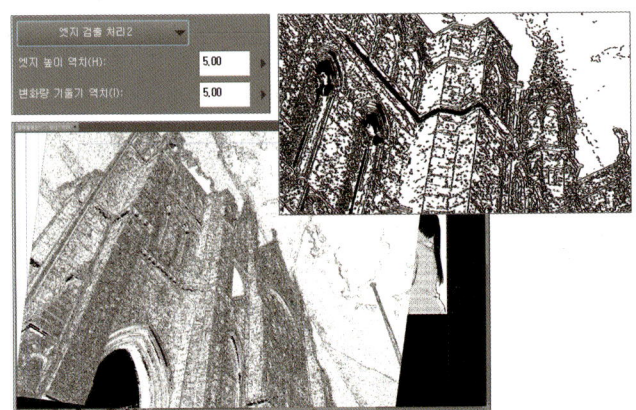

SECTION 7.3 ● 사진 데이터를 LT 변환하기

2D LT/3D LT 재실행

ComicStudio의 2D LT/3D LT를 재실행하려면 만들어진 레이어 폴더를 더블 클릭하면 됩니다.

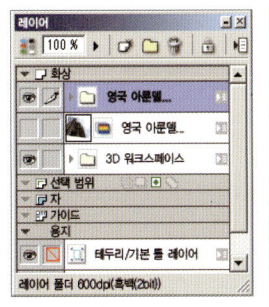

9 톤 워크

톤 워크는 아래 그림대로 설정합니다.

농도를 설정합니다. 수치를 클릭하고 직접 입력합니다.

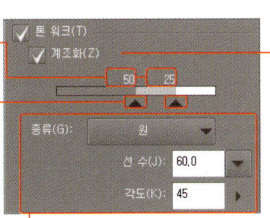

■를 좌우로 드래그해 톤을 적용할 영역을 설정합니다. 왼쪽으로 움직이면 영역이 좁아지고 오른쪽으로 움직이면 넓어집니다.
그래프 아래를 클릭하면 계조가 추가(10계조까지)됩니다.
■를 아래로 드래그하면 계조를 삭제할 수 있습니다.

계조화: 활성화하면 계조 설정으로 톤의 매수가 정해집니다.

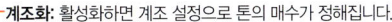

종류/선 수/각도
레이어 속성에서 설정하는 '그물 설정', '톤 선 수', '각도'와 동일합니다.

계조화를 해제하면 그레이 사진과 같은 상태의 톤(256계조)이 됩니다.

POINT ▶ 설정 조절

'농도', '종류', '선 수', '각도'는 'OK'를 클릭한 다음에도 레이어 속성에서 설정할 수 있습니다. 여기에서는 '톤의 면적을 어느 정도로 할지'를 생각하면서 조절(p.154)합니다.

미리 보기

미리 보기를 활성화하면 변환했을 때의 상태를 미리 확인할 수 있습니다. 미리 보기는 표시되기까지 시간이 걸릴 수도 있습니다.

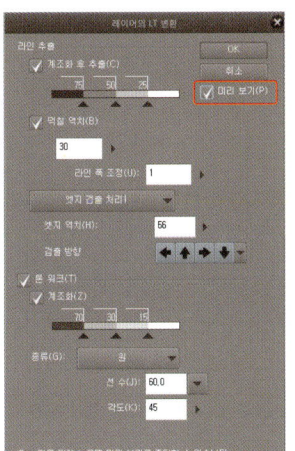

● 윤곽선 1

● 톤 3장

PART 7

283

리터치하기

'LT 변환'은 설정한 수치에 따라 결과가 달라집니다. 사진 데이터의 상태(질)에도 영향을 받습니다. 여러 번 반복하면 좋은 결과를 얻을 수 있습니다.

퀄리티를 향상하기 위해 리터치를 하겠습니다.

도구 창
보조 도구 창
도구 속성 창
레이어 창

선화 덧그리기

01 레이어를 리터치할 수 있는 상태로 변경합니다.

> **POINT ▶ 사진 데이터 트레이싱으로 선화 만들기**
> 사진 데이터 트레이싱으로 선화를 만드는 방법은 224페이지를 참고하세요.

> **POINT ▶ 리터치용 레이어 만들기**
> LT 변환을 여러 번 반복할 것을 가정해 별도의 레이어에서 작업할 것을 추천합니다.

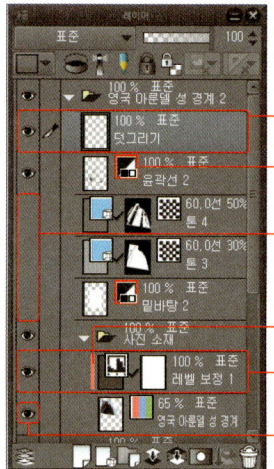

- 리터치는 다른 레이어를 만들어 작업합니다.
- 추출된 선화는 그레이이므로 2계조화(p.248)합니다.
- 톤과 밑바탕은 숨깁니다.
- 클리핑으로 설정(p.296)합니다.
- '색조 보정 레이어' ⇨ '레벨 보정'으로 사진 데이터가 밝아지도록 조절합니다.
- 사진 데이터 레이어를 표시로 설정하고 사진 레이어의 라인 추출은 해제(p.278)합니다.

02 '직선(直線)', '곡선(曲線)', '꺾은선(折れ線)', '직사각형(長方形)' 도구 등으로 선을 더해줍니다.

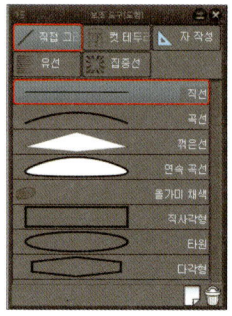
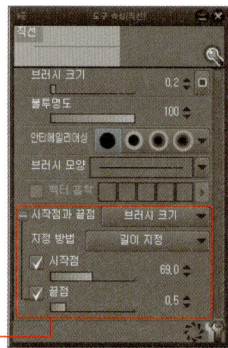

여기서는 '시작점'과 '끝점'도 설정했습니다.

SECTION 7.3 ● 사진 데이터를 LT 변환하기

● LT 변환의 선화와 밑바탕

● 덧그리기

● 조합한 상태

잡티 지우기

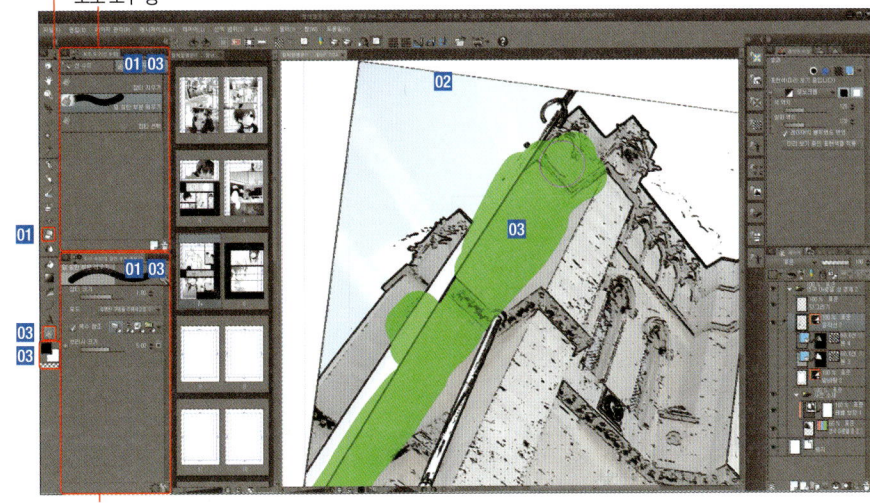

01 '지우개(消しゴム)' ⇨ '러프(ざっくり)' 도구로 불필요한 선을 지웁니다.

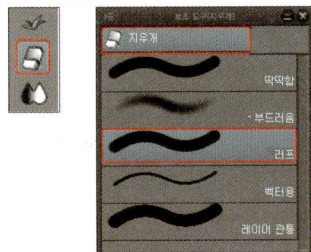

02 직선 부분을 지울 때는 Shift 키가 편리(p.228)합니다.

03 그리기색을 투명으로 선택하고, '잡티 지우기(ごみ 取り)'⇨'덜 칠한 부분 메우기(塗り残し埋め)' 도구로 미세한 잡티를 지웁니다.

5 그리기색을 투명으로 선택합니다.

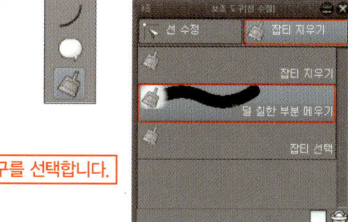
4 '잡티 지우기' 도구를 선택합니다.

6 미세한 잡티를 지워나갑니다.

'잡티 크기'=1.00으로 설정하면 큰 잡티를 지울 수 있고, 1.00 이하면 작은 잡티를 지울 수 있습니다.

밑바탕 '빈틈' 메우기

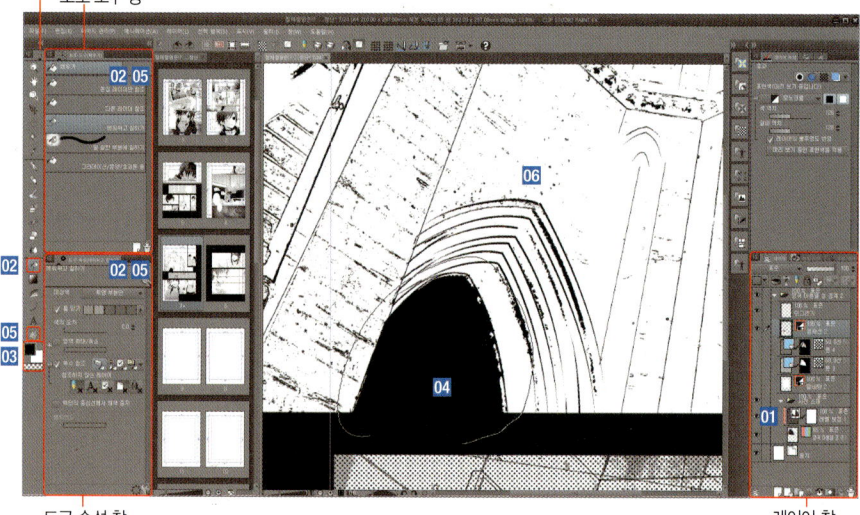

도구 창 / 보조 도구 창 / 도구 속성 창 / 레이어 창

01 사진 데이터 레이어는 숨겨두고 작업합니다.

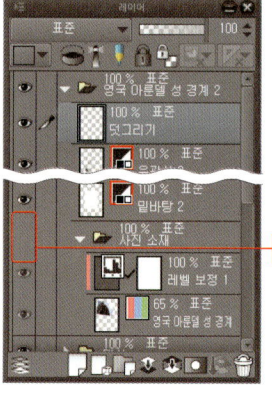
1 숨깁니다.

POINT ▶ 숨겨두고 작업하는 이유

사진 데이터 레이어를 숨기는 이유는 '에워싸고 칠하기(囲って塗る)'나 '잡티 지우기'로 '복수 참조(複数参照)/모든 레이어(すべてのレイヤー)'를 설정(p.103)하기 위해서입니다. '사진 소재'의 레이어 폴더를 숨긴 상태이므로 폴더에 포함되어 있는 레이어도 보이지 않습니다.

SECTION 7.3 ● 사진 데이터를 LT 변환하기

02 넓은 빈틈은 '채우기(塗りつぶし)' ⇨ '에워싸고 칠하기' 도구로 채웁니다.

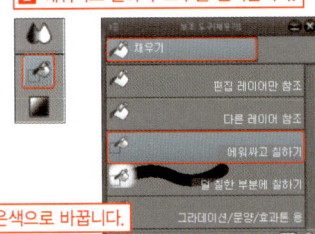
 '에워싸고 칠하기' 도구를 선택합니다.
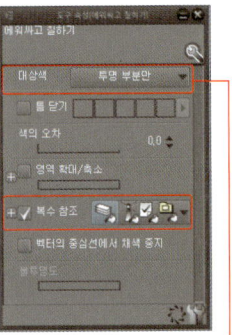

03 그리기색을 검은색으로 설정합니다.  그리기색을 검은색으로 바꿉니다.

구멍은 투명이므로 대상색을 '투명 부분만'으로 선택합니다.

04 칠하면 안 되는 부분에 주의하면서 빈틈을 채웁니다.

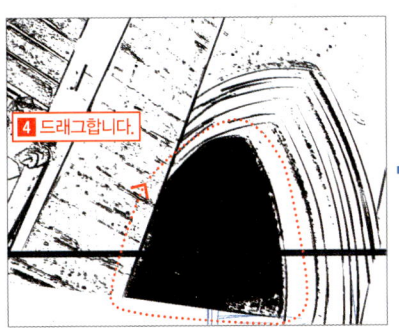
4 드래그합니다.
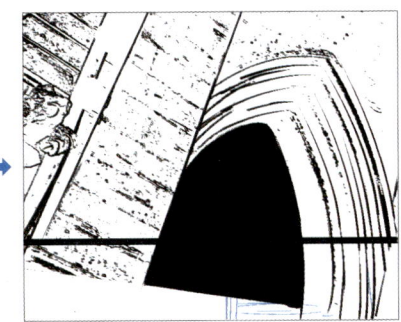

05 미세한 빈틈은 '잡티 지우기' ⇨ '덜 칠한 부분 메우기' 도구로 채워나갑니다.

5 '덜 칠한 부분 메우기' 도구를 선택합니다.
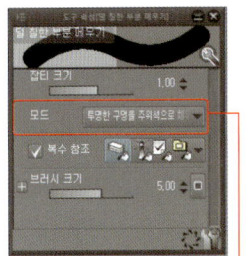

'모드'는 '투명한 구멍을 주위색으로 채우기'를 선택합니다.

06 대충 칠해도 작은 빈틈만 사라지므로 안심해도 됩니다.

287

톤 다시 붙이기

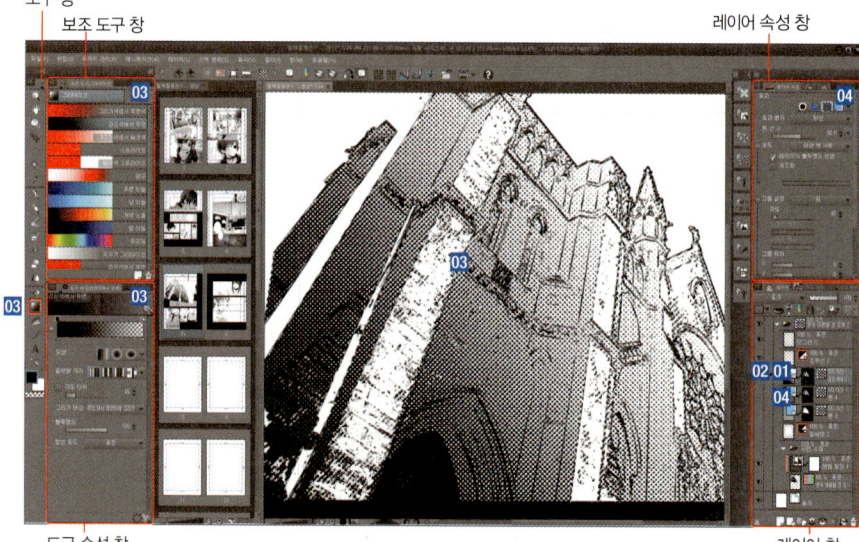

톤도 붙일 필요가 없는 부분에 붙어 있거나 빈틈이 생긴 곳이 있으면 '에워싸고 칠하기(囲って塗る)'나 '잡티 지우기(ごみ取り)'로 그 부분을 수정합니다.

 →

그러면 일부 톤을 그라데이션 톤으로 바꿔서 붙여보겠습니다.

01 톤 레이어를 이용해 선택 범위를 지정합니다.

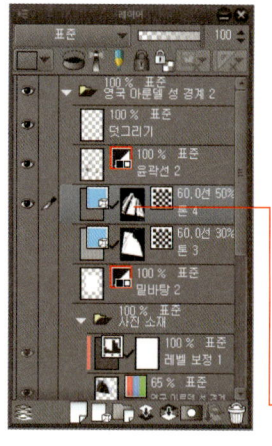 

1 Ctrl 키를 누른 채 레이어 마스크를 클릭합니다.

2 선택 범위를 지정합니다.

POINT ▶ 선택 범위 만들기

'레이어(レイヤー)' 메뉴의 '레이어에서 선택 범위(レイヤーから選択範囲)'에서도 동일하게 선택 범위를 지정할 수 있지만 '레이어에서 선택 범위'를 사용하면 톤이 붙어 있는 영역이 아닌 톤의 점 하나하나가 선택됩니다.

SECTION 7.3 ● 사진 데이터를 LT 변환하기

02 톤을 숨기거나 삭제합니다.

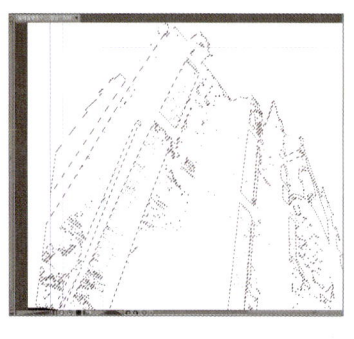

03 '그라데이션(グラデーション)'➡'검은색에서 투명(黒から透明)' 도구로 톤을 붙입니다.

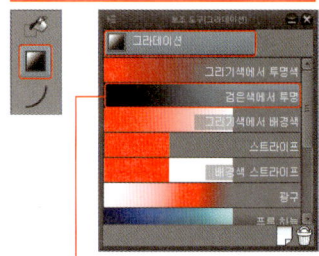

반드시 검은색→투명이 되도록 사용자 설정으로 만든 보조 도구(p.175)입니다.

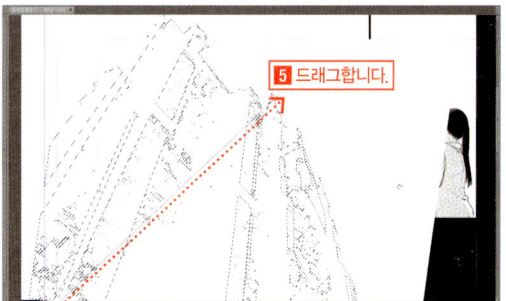

'원(그물)', '60선'의 그라데이션 톤이 되었습니다.

톤을 1장 더 설정합니다.

04 '원(그물)', '60선', '농도 25%'의 톤을 완성했습니다.

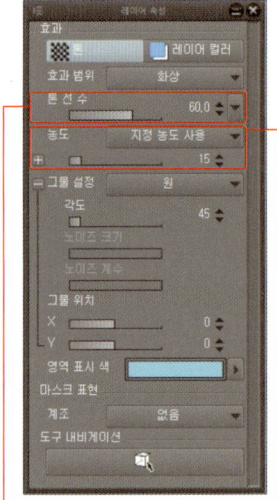

톤 선 수: 그물 톤과 겹쳐서 붙일 때는 선 수를 일치(p.157)시킵니다.
농도: 15%로 설정합니다. 겹쳐서 붙일 때는 연한 편이 좋습니다.

● **농도**: 15%　　　　　● **그물 설정**: 노이즈

불필요한 부분을 레이어 마스크로 가리면 완성(p.256)입니다.

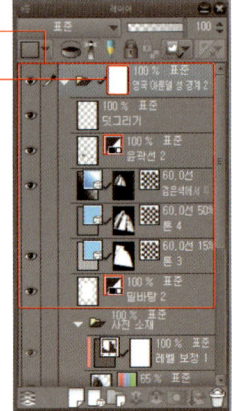

LT 변환과 리터치를 정리한 레이어 폴더

레이어 마스크로 숨긴 부분

라인 추출 설정 자세히 배우기

'LT 변환'을 실행한 데이터를 여러 개 조합하면 좋은 결과를 얻을 수 있습니다.

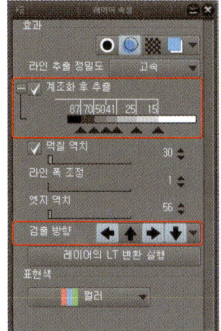  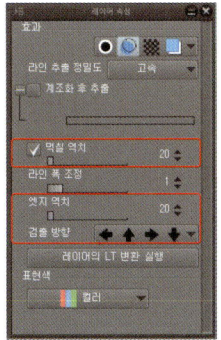 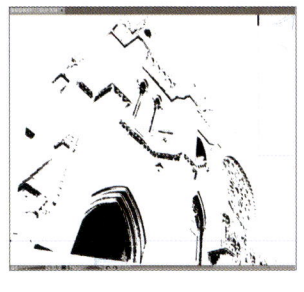

예를 들면 2개의 설정을 조합하면

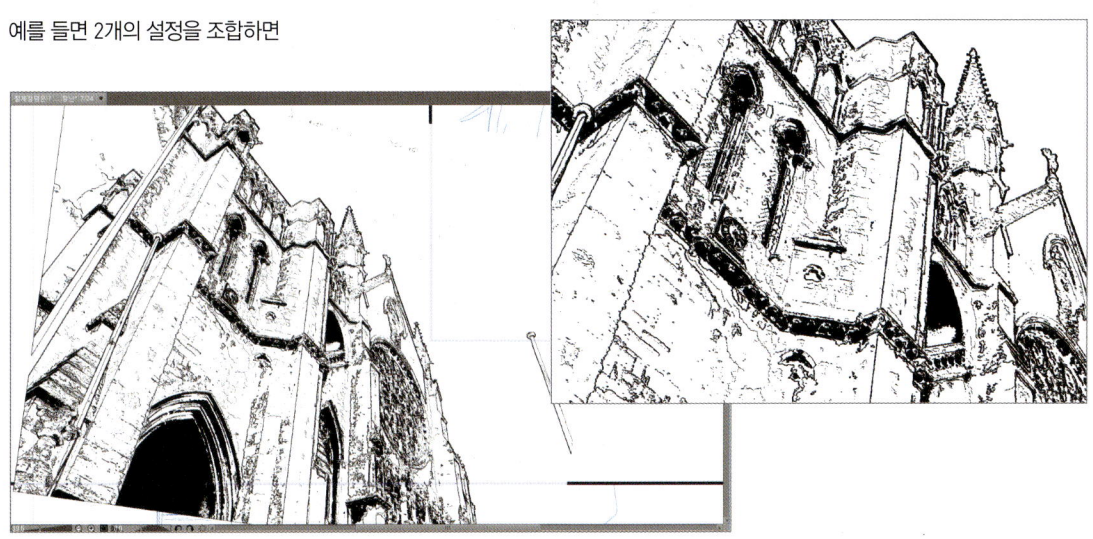

리터치를 하지 않아도 이 정도 결과물을 얻을 수 있습니다.

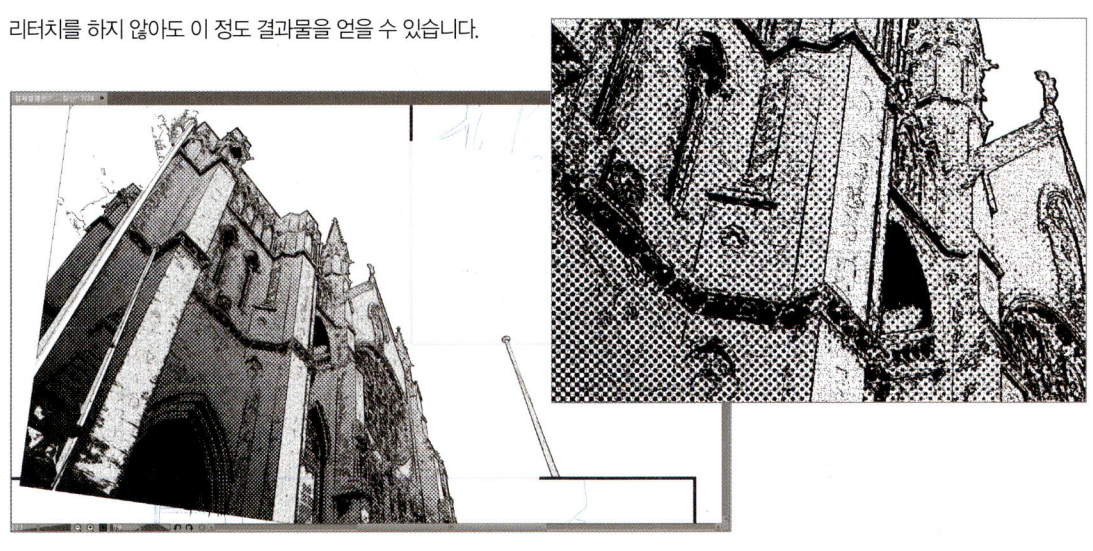

SECTION 7.4
3D 데이터를 LT 변환하기

'LT 변환'이란 그림을 선과 톤으로 분리하는 기능입니다. 3D 오브젝트 소재를 'LT 변환'하면 선화와 그림자 등을 톤으로 바꿔줍니다. 그림 작업의 보조 도구로 무척 뛰어난 기능입니다. LT 변환 기능은 CLIP STUDIO PAINT EX에서만 제공됩니다.

3D 오브젝트를 LT 변환

라인 추출 설정하기

3D 오브젝트 데이터를 미리 배치해두었습니다(p.260).

01 3D 오브젝트 레이어를 선택합니다.

02 레이어 속성의 '효과(効果)' ➪ '라인 추출(ライン抽出)'을 클릭합니다.

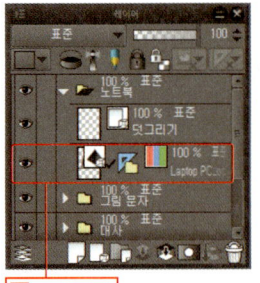
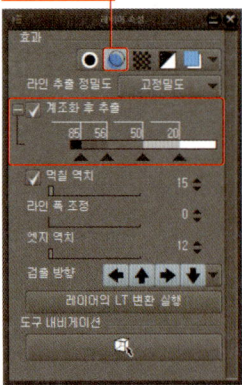

03 미리 보기가 표시됩니다.

'계조화 후 추출'을 적절하게 설정하면 선명한 선화를 추출할 수 있습니다.

SECTION 7.4 ● 3D 데이터를 LT 변환하기

■ LT 변환 실행하기

04 '레이어의 LT 변환 실행(レイヤーLT変換を実行)'을 클릭합니다.

05 '레이어의 LT 변환' 설정 창이 나타납니다.

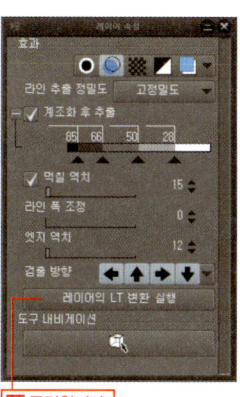

1 클릭합니다.

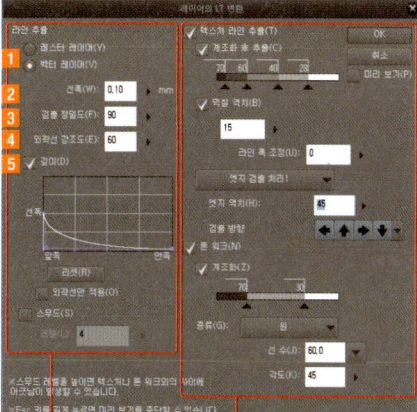

2 설정이 표시됩니다.

라인 추출:
3D 오브젝트의 요철에 따라 선화를 추출합니다.

텍스처 라인 추출:
텍스처란 3D 오브젝트 표면에 붙어 있는 그림(사진)을 말합니다. 이제부터 선화를 추출하겠습니다. 노트북에 키보드의 문자를 그림으로 붙여 넣었습니다. 각 설정 항목은 사진 데이터의 LT 변환(p.281)을 참고하세요.

라인 추출 설정은 아래와 같습니다.

1 래스터 레이어/벡터 레이어

어떤 설정을 해도 선화 추출 결과에는 거의 차이가 없지만, 선화를 추출한 뒤에 선의 두께를 바꾸는 등의 선을 수정할 수 있는 점 때문에 벡터 레이어(p.226)를 추천합니다.

● 래스터 레이어로 추출

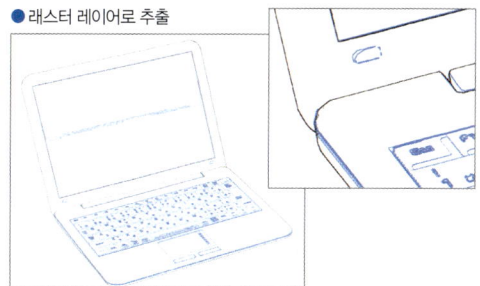

2 선폭

추출한 선의 두께입니다.

● 벡터 레이어로 추출

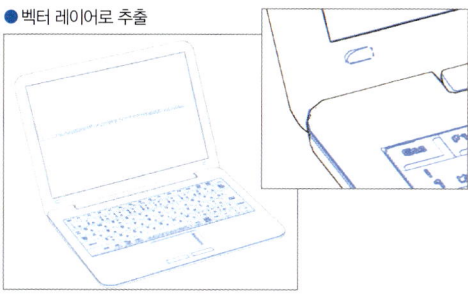

3 검출 정밀도

오브젝트의 요철 각도에 의해 선화의 추출을 조절합니다. 수치를 높일수록 각도가 날카로운 요철을 추출합니다.

● 검출 정밀도: 50   ● 검출 정밀도: 90

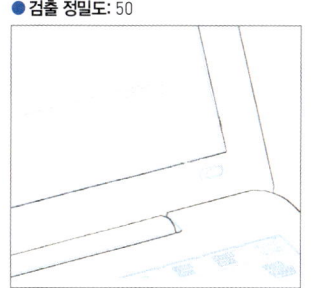

4 외곽선 강조도

외곽선을 두껍게 만듭니다.

●외곽선 강조도: 0　　　　●외곽선 강조도: 60

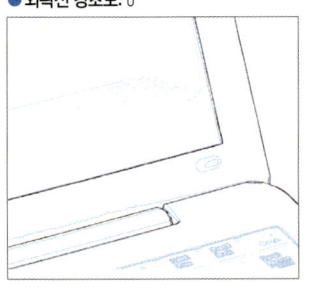
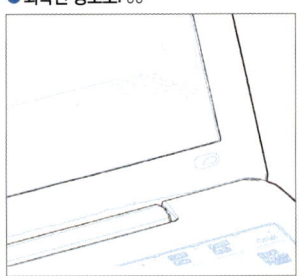

5 깊이

앞쪽 선은 두껍게, 안쪽 선은 가늘게 하는 설정입니다.

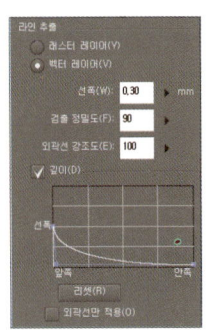
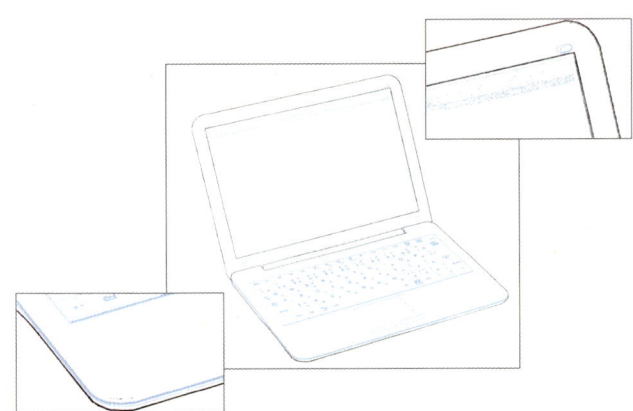

06 'OK'를 클릭하면 LT 변환이 실행됩니다.

07 필요에 따라 선화를 리터치(p.284)하거나 톤을 붙여서 수정(p.288)합니다.

이제 불필요한 부분을 레이어 마스크로 숨기면 완성(p.267)입니다.

SECTION 7.4 ● 3D 데이터를 LT 변환하기

⊞ TIPS 256계조로 LT 변환(톤으로 변환)하기

도구 속성에서 광원을 설정(p.263)하고 LT 변환을 실행할 때 '톤 워크', '계조화'를 해제하면 오브젝트 전체가 256계조의 톤(p.283)이 됩니다.
광원을 설정하지 않아도 '계조화'를 해제하면 256계조의 톤이 되지만 광원은 자유롭게 움직일 수 없습니다.

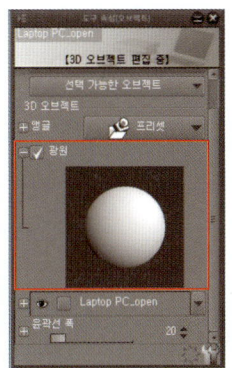
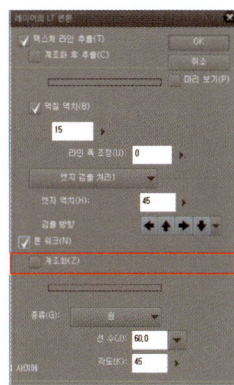

⊞ TIPS 톤의 무늬에서 선화 추출하기

톤의 무늬도 LT 변환으로 선화를 추출할 수 있습니다.

●무늬

●LT 변환 후(선화)

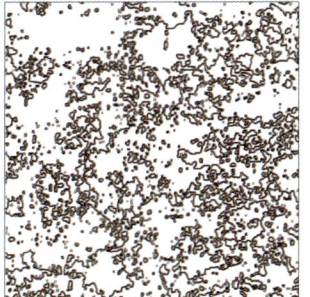

●LT 변환 후(톤)

●무늬

●LT 변환 후(선화)

●LT 변환 후(톤)

PART 7 ● 3D · LT 변환

✥ TIPS 클리핑 작업하기

클리핑을 적용하면 완성한 뒤에도 아래 레이어에 그린 영역에만 반영됩니다. 컬러 작품을 작업할 때 자주 사용하는 기능입니다.

레이어를 선택하고 '아래 레이어에서 클리핑' 아이콘을 클릭하면 클리핑이 적용됩니다.

아래 그림의 피부, 머리카락을 클리핑한 상태를 예로 살펴보겠습니다. 피부, 머리카락은 각각 다른 레이어에 그렸습니다.

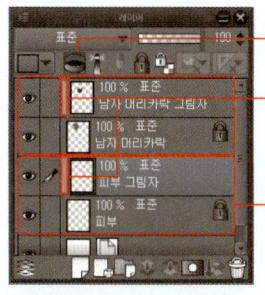

1 레이어를 선택하고 클릭합니다.

클리핑 적용 여부를 표시하는 아이콘

2 레이어가 클리핑되었습니다.

● 클리핑 전

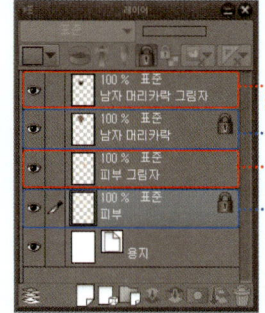

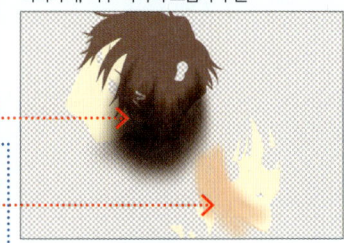

머리카락, 피부 각각의 그림자 부분

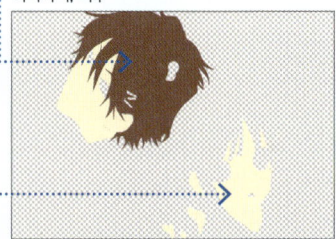

머리카락, 피부

● 클리핑 후

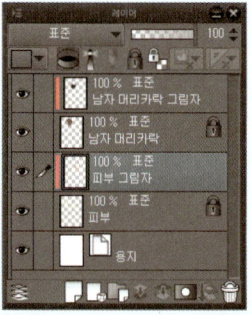

클리핑을 적용하면 아래 레이어에서 칠해진 영역만 볼 수 있습니다.

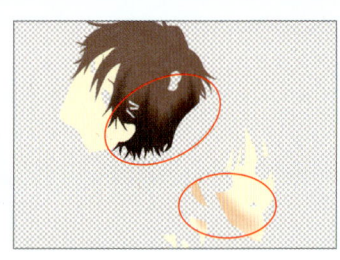

오른쪽 사진은 레벨 보정(p.226)한 예입니다.
클리핑을 적용한 아래의 사진 레이어만 레벨 보정이 반영되었습니다.

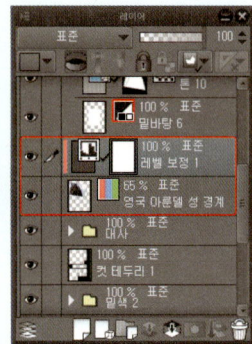

CLIP STUDIO PAINT digital comic lecture

PART 8
인쇄 · 저장(출력)

SECTION 8.1
작품 인쇄하기

톤을 붙인 모노크롬 작품을 현실적으로 정확하고 깨끗하게 인쇄할 수 있는 프린터는 많지 않습니다. 즉 톤을 붙인 부분에 얼룩이 생기거나 선화가 두꺼워지는 현상이 발생합니다. 시판되는 프린터에서 인쇄하는 것은 입고용 원고를 만들기 위한 것이 아니라 잘못된 부분은 없는지 확인하기 위한 수단이라고 여기면 됩니다.

작품 인쇄

인쇄 설정 확인하기

01 '파일(ファイル)' 메뉴에서 '인쇄 설정(印刷設定)'을 선택합니다.

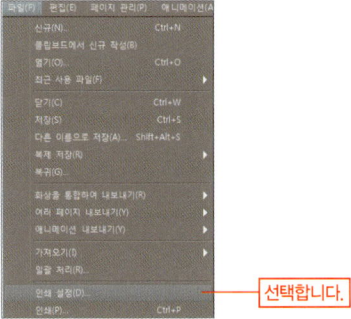

02 '인쇄 설정' 창이 나타납니다. 각 항목을 다시 한 번 확인합니다.

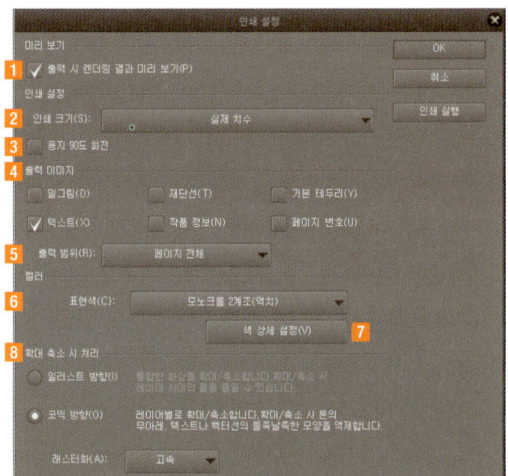

1 출력 시 렌더링 결과 미리 보기 (出力時にレンダリング結果をプレビューする)

설정하면 인쇄 시('인쇄'를 OK했을 때)에 인쇄 내용을 확인하는 창이 열립니다. 여러 페이지를 한 번에 인쇄할 때는 미리 보기를 이용할 수 없습니다.

> 💡 **미리 보기**
>
> ComicStudio에서는 '인쇄 설정'⇨'인쇄 이미지 표시'로 캔버스 상태로 인쇄 결과를 확인합니다.

SECTION 8.1 ● 작품 인쇄하기

2 인쇄 크기(印刷サイズ)

실제 치수(実寸)
데이터의 실제 크기로 인쇄합니다.

용지에 맞추어 확대 축소(用紙に合わせて拡大縮小する)
용지 크기에 맞춰 인쇄합니다.

픽셀 동일 배율(ピクセル等倍)
화상의 픽셀과 화면의 픽셀을 1:1 비율로 인쇄합니다.

봉철(袋とじ)
용지 1장에 2페이지가 인쇄됩니다. 용지 바깥쪽에 철을 할 수 있는 표시가 인쇄됩니다.

좌우 양면(見開き)
용지 1장에 양면으로 인쇄됩니다.

3 용지 90도 회전(用紙を90度回転する)
용지를 세로 방향으로 인쇄합니다.

4 ~ 8
'출력' 설정 6 ~ 9, 11과 동일합니다(p.301~ p.303).

인쇄하기

01 '인쇄 설정'에 있는 '인쇄 실행(印刷実行)'을 클릭합니다.

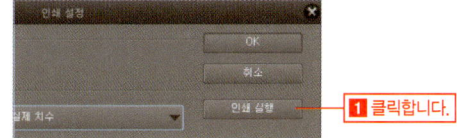

02 '인쇄' 창이 나타납니다.

  1 이름
    프린터를 선택합니다.

  2 속성
    컬러를 흑백으로 설정합니다. 컬러 프린터는 컬러 설정인 상태로 인쇄하면 시안색이 섞여 인쇄 결과가 번진 느낌이 들 때가 있습니다.

  3 인쇄 범위
    인쇄하는 범위를 지정합니다.

03 '확인' 클릭하면 인쇄가 시작됩니다.

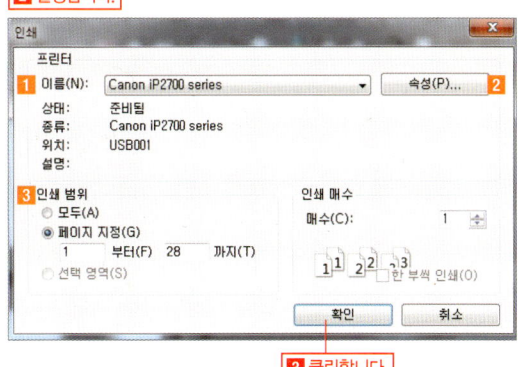

SECTION 8.2
인쇄용 데이터로 내보내기

CLIP STUDIO PAINT EX는 모든 페이지를 한 번에 인쇄하거나 내보낼 수 있습니다. PRO에서는 1페이지씩 저장됩니다. 책으로 만들었을 때나 데이터를 전송할 때 작품이 의도한 대로 만들어질 수 있도록 주의해야 할 점을 설명하겠습니다.

인쇄용 데이터로 내보내기

모든 페이지 한 번에 내보내기

01 '파일(ファイル)' 메뉴의 '내보내기(書き出し)' ⇨ '일괄 내보내기(一括書き出し)'를 선택합니다.

※CLIP STUDIO PAINT 1.5.4버전에서는 '파일(ファイル)' 메뉴의 '여러 페이지 내보내기(複数ページ書き出し)' ⇨ '일괄 내보내기(一括書き出し)'입니다.

> **ComicStudio에서 내보내기**
> ComicStudio는 '작품 창'에서 내보내기를 실행하면 모든 페이지를 한 번에 처리할 수 있습니다. '페이지 창'에서의 내보내기는 현재 열린 페이지만 처리됩니다.

1 선택합니다.

> **POINT ▶ 인쇄용 데이터**
> 여기에서는 톤을 점으로 설정했을 때 인쇄용이라고 합니다. 지금은 데이터를 전송용 작품도 인쇄용과 동일하게 톤을 점으로 저장합니다. 향후에는 데이터를 전송할 때 톤을 점이 아닌 그레이 상태로 저장하는 것이 표준어 될 것으로 예상됩니다. 그레이로 설정하면 얼룩이 생길 염려도 없고 전송용 데이터에 채색할 때도 그레이로 되어 있는 편이 작업하기 쉽습니다.

02 '일괄 내보내기' 설정 창이 나타납니다.

1 내보낼 폴더(書き出し先のフォルダー)
내보낼 데이터를 어디에 저장할지 결정합니다.
초기 설정에서는 '내 문서'입니다. '참조(参照)'를 클릭하면 내보내기 위치를 설정할 수 있습니다.

2 파일 형식(ファイル形式)
편집부나 인쇄 회사 등에 따라서 지정된 파일 형식이 다르므로 입고처의 기준에 따릅니다. 대부분은 'psd(Photoshop Document)'로 입고(p.304)합니다.

화상을 통합하여 내보내기(画像を統合して書き出す)
일반적으로 화상은 통합해서 입고합니다.

텍스트를 파일로 내보내기(テキストをファイルに書き出す)
텍스트 데이터를 txt 형식의 파일로 내보냅니다.

3 이름(名前)
내보낼 데이터의 파일명이 '이름'+'페이지 번호'로 표시됩니다. '작품 정보'의 '작품명'이 입력되어 있으면 자동으로 작품명이 포함(p.49)됩니다.

2 내보내기 설정을 합니다.

3 클릭합니다.

● 내보내기 파일 형식

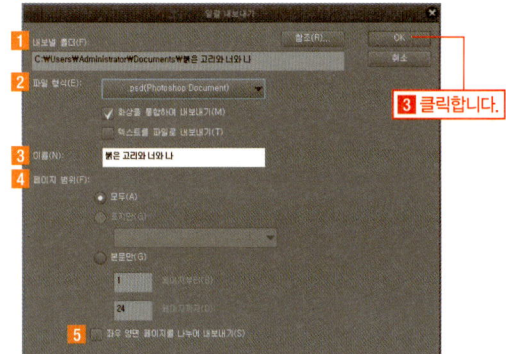

● '텍스트를 파일로 내보내기(テキストをファイルに書き出し)'로 저장된 텍스트 파일

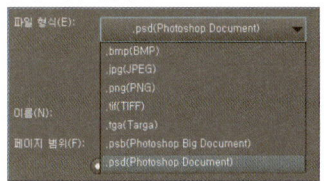

SECTION 8.2 ● 인쇄용 데이터로 내보내기

4 페이지 범위(ページ範囲)

몇 페이지부터 몇 페이지까지 인쇄를 내보낼지 범위를 지정합니다.

5 좌우 양면 페이지를 나누어 보내기(見開きページを分けて書き出す)

좌우 양면 페이지는 펼친 채로 나누지 않고 내보낼 것을 추천(p.48)합니다.

03 'OK'를 클릭하면 'psd 내보내기 설정(psd書き出す設定)'이 열립니다.

6 출력 이미지(出力イメージ)

내보내지 않을 항목은 체크를 해제합니다.

밑그림(下描き)

레이어 설정에서 밑그림으로 설정한 레이어를 내보내기에서 제외시킵니다.

재단선(トンボ)/텍스트(テキスト)

입고처 기준에 따릅니다.

기본 테두리(基本枠)

일반적으로 필요하지 않습니다.

작품 정보(作品情報)

작품 정보(p.49)를 재단선 바깥쪽(=인쇄 범위 밖)에 게재합니다.

페이지 번호(ノンブル)

'게재 잡지의 몇 페이지인가'를 표시합니다. 일반적으로 페이지 번호는 페이지를 배치 작업할 때 넣으므로 필요하지 않습니다.

7 출력 범위(出力範囲)

출력 범위는 주로 '페이지 전체(ページ全体)', '재단선의 재단 여백까지(トンボの裁き落しまで)' 중에 1가지입니다. 입고처 기준을 따릅니다.

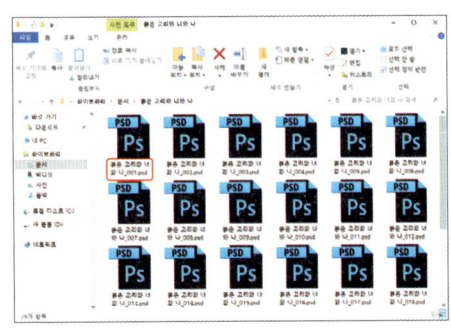

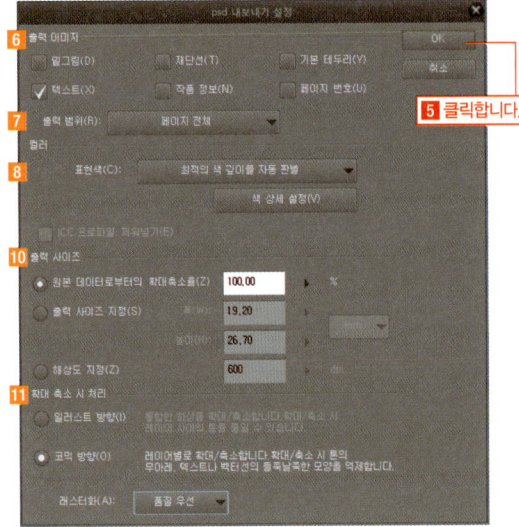

4 psd 파일 내보내기 설정을 합니다.

5 클릭합니다.

▶ 작품 정보

작품 정보는 출력 범위가 '페이지 전체'일 때만 유효합니다. '표시(表示)⇨작품 정보(作品情報)'를 설정해야만 출력할 수 있습니다.

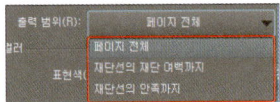

● 페이지 전체: 원고용지 크기

● 재단선의 재단 여백까지: 책 크기+여백

● 재단선의 안쪽까지: 책 크기

POINT ▶ 출력 범위

상업지의 만화 편집부에서는 '페이지 전체(ページ全体)'를 지정할 때가 많다고 합니다. 인쇄소에서 입고할 때는 보통 '재단선의 재단 여백까지(トンボの裁き落しまで)'입니다. 디자인업계에서는 '재단선의 재단 여백까지'가 상식입니다.

8 표현색(表現色)

모노크롬 작품의 표현색은 '모노크롬 2계조'를 선택합니다.

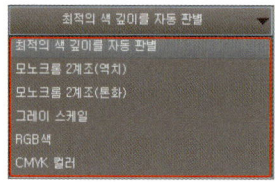

최적의 색 깊이를 자동 판별(最適な色深度を自動判別)

컬러 표시가 있을 때는 컬러로, 그레이 표시가 있을 때는 그레이로 내보내기가 됩니다.

모노크롬 2계조(역치)[モノクロ2階調(閾値)]

흑백 2가지 색으로 내보냅니다. 그레이 부분이 있을 때는 농도에 따라 흰색이나 검은색으로 바뀝니다.

모노크롬 2계조(톤화)[モノクロ2階調(トーン化)]

흑백 2가지 색으로 내보냅니다. 그레이 부분이 있을 때는 60선의 그물 톤이 됩니다.

그레이 스케일(グレースケール)

컬러 부분과 그레이 부분이 있을 때는 그레이로 내보냅니다.

RGB색

컬러로 제작된 작품으로 web이나 스마트폰, 태블릿으로 내보낼 때 설정합니다.

CMYK 컬러

컬러로 제작된 작품으로 인쇄할 때 선택합니다.

POINT ▶ '모노크롬 2계조'로 내보내기 전에

2계조화로 인해 자신이 생각지 못한 데이터(표현)가 될 때가 있습니다. 작업을 끝낸 작품 테이터는 그레이나 컬러 표시가 되지 않도록 해두는 것이 철칙(p.304)입니다.

POINT ▶ '그레이 스케일'로 입고

인쇄 회사에 따라 모노크롬 작품에 대해 '그레이 스케일로 입고해주세요'라고 할 때가 있습니다.
그때는 '모노크롬 2계조'로 내보내기를 하고 다시 한 번 연 다음 '그레이 스케일'로 내보내기를 합니다.
처음부터 '그레이 스케일'로 내보낸 데이터를 입고했을 때 그레이 레이어가 있다면, 인쇄 시에 톤에 얼룩이 생기거나 선이 우툴두툴해지는 원인이 됩니다. '모노크롬 2계조'로 내보낸 데이터의 얼룩 여부부터 확인합시다.

9 색 상세 설정(色の詳細設定)

클릭하면 설정 창이 나타납니다.

재단선(トンボ)/기본 테두리(基本枠)

컬러를 '모노크롬 2계조'로 선택하면 어떤 설정을 해도 '검은색'으로 내보냅니다.

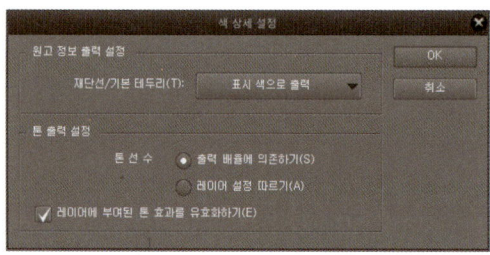

톤 선 수(トーン線数)

● 출력 배율에 의존하기

원고를 ½ 크기로 저장한 상태입니다. 60선 그물 톤의 점이 그림 크기에 따라 작아집니다. 즉 선 수가 증가합니다.

● 레이어 설정 따르기

원고를 ½ 크기로 저장한 상태입니다. 60선 그물 톤의 점은 60선 그대로이므로 점이 크게 보입니다.

레이어에 부여된 톤 효과를 유효화하기

설정하면 톤으로 내보낼 수 있습니다. 컬러를 모노크롬 2계조로 설정하면 그레이나 컬러 부분도 60선의 그물 톤이 됩니다.

해제하면 컬러나 그레이로 만들어진 데이터는 레이어 속성의 설정으로 톤이 변경되었다고 해도 톤이 아닌 그레이가 됩니다.

● 레이어에 부여된 톤 효과를 유효화하기: 해제

10 출력 사이즈(出力サイズ)

내보낼 데이터 사이즈를 지정합니다.

원본 데이터로부터의 확대축소율

B5로 작업한 데이터를 B5로 내보낼 때는 100%입니다.

출력 사이즈 지정

출력할 데이터 사이즈를 지정할 수 있습니다.

> **POINT ▶ 데이터 확대축소율**
>
> '신규(新規)⇒'제본(완성) 크기[(製本(仕上がり)サイズ)]'로 '재단선의 재단 여백까지/확대율(拡大率)=100%'로 저장하면 B5 크기의 데이터가 됩니다.
> 예) A4 크기→B4 크기로 저장하면=120%
> B4 크기→A4 크기로 저장하면=82%

11 확대 축소 시 처리(拡大縮小時の処理)

컬러 작품은 '일러스트 방향(イラスト向き)', 모노크롬 작품은 '코믹 방향(コミック向き)'을 선택합니다.

래스터화

'래스터화(ラスタライズ)'=모노크롬 작품은 '품질 우선(品質優先)' 설정을 추천합니다. 내보내기에 다소 시간이 걸립니다.

> **POINT ▶ 래스터화**
>
> 톤의 점, '벡터 레이어(ベクターレイヤー)'에 그린 선, '말풍선 레이어(フキダシレイヤー)'나 '텍스트(テキスト)' 등 래스터 데이터가 아닌 것을 저장할 때 래스터화됩니다.

04 설정을 끝내고 'OK'를 클릭하면 내보내기가 시작됩니다.

6 저장을 시작합니다.

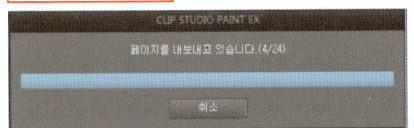

05 내보낸 데이터에 톤의 얼룩이 없는지, 선화가 매끄럽지 못한 부분이 없는지 CLIP STUDIO PAINT로 불러와 다시 확인합니다.

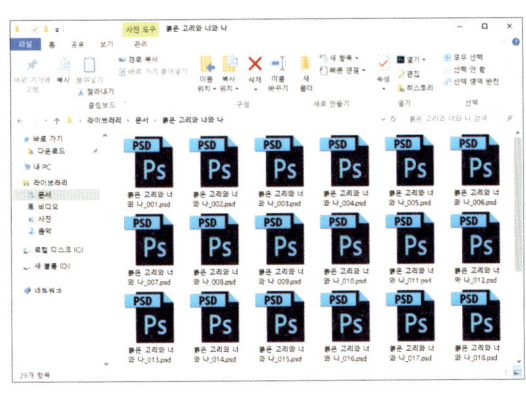

한 페이지만 내보내기

한 페이지만 내보내는 방법에는 2가지가 있습니다.

● 일괄 내보내기 설정 창에서 페이지 지정하기

01 '파일(ファイル)' 메뉴의 '내보내기(書き出し)'⇨'일괄 내보내기(一括に書き出し)'로 페이지를 지정합니다.

※CLIP STUDIO PAINT 1.5.4버전에서는 '파일' 메뉴의 '여러 페이지 내보내기'⇨'일괄 내보내기'입니다.

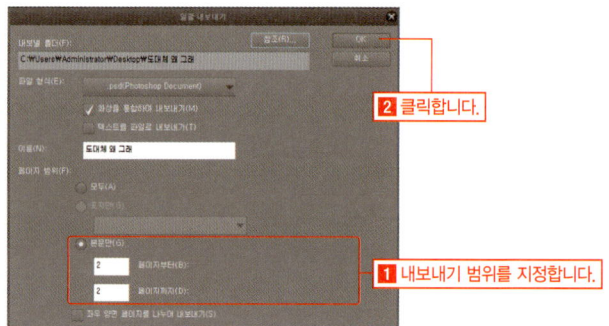

페이지 지정 뒤의 설정은 모든 페이지 내보내기 설정과 동일합니다(p.300).

● 다른 이름으로 저장하기

01 '파일(ファイル)' 메뉴에서 '다른 이름으로 저장(別名で保存)'(Ctrl + Alt +S)을 선택합니다.

02 파일 형식을 지정하고 저장합니다.

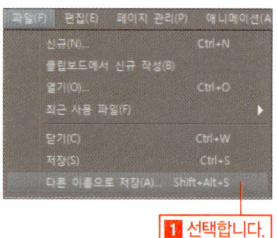

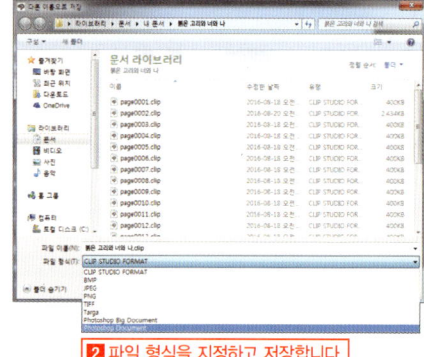

> **POINT** ▶ '화상을 통합하여 저장'
>
> '다른 이름으로 저장'은 레이어를 저장한 상태로 저장됩니다. 화상을 통합하고 싶을 때는 '화상을 통합하여 저장(画像を統合して保存)'을 선택합니다.
> ※CLIP STUDIO PAINT 1.5.4버전에서는 명칭이 '화상을 통합하여 내보내기(画像を統合して書き出し)'로 변경되었습니다.

✦ TIPS 지정 형식으로 저장하기

'지정 형식으로 저장'은 CLIP STUDIO PAINT 형식(.lip), CLIP STUDIO PAINT(최적화) 형식(.lip), Photoshop 형식(.psd), Photoshop 대용량 형식(.psb)을 선택할 수 있습니다.
CLIP STUDIO PAINT(최적화) 형식(.lip)으로 저장하면 용량이 줄어들기도 합니다. 물론 데이터는 손상되지 않습니다.
Photoshop 대용량 형식(.psb)은 Photoshop CS 이후 버전에서만 지원됩니다.
높이와 폭이 3만 픽셀 이상이거나 파일 용량이 2GB를 넘어간다면 Photoshop 대용량 형식(.psb) 또는 TIFF 형식(4GB까지)으로 저장하면 좋습니다.
※CLIP STUDIO PAINT 1.5.4에서는 명칭이 '화상을 통합하여 내보내기'로 통합되었습니다.

내보내기를 할 때 그대로 저장되지 않는 데이터

데이터에 컬러나 그레이 부분이 있으면(=2계조화되지 않은), 얼룩의 원인이 됩니다. 내보내기 전에 확대해 컬러나 그레이 부분이 없는지 확인합니다.

그레이가 있다는 것은 다음 같은 상태를 말합니다.

01 무늬나 그라데이션이 톤으로 바뀌지 않았을 때

02 '데코레이션(デコレーション)'이나 '에어브러시(エアブラシ)'로 그린 부분이 톤으로 바뀌지 않았을 때

03 무늬 톤이나 그라데이션 톤에 흰 부분이 생겼을 때

※알아보기 쉽도록 배경을 그레이로 채운 상태입니다. 즉 그레이: 투명, 검은색: 흑·백, 흰색: 흰색입니다.

SECTION 8.2 ● 인쇄용 데이터로 내보내기

04 선화나 톤이 흐려졌을 때
05 선화가 선명하지 않을 때 (안티에일리어싱이 적용된 상태)

이런 데이터들을 모노크롬 2계조로 내보내면 60선의 그물 톤으로 저장됩니다.

반투명이나 흰색 부분의 점은 작아집니다. 예를 들어 30선으로 하고 싶었거나, 선 톤이나 노이즈 톤으로 하고 싶어도 그렇게 할 수 없습니다.

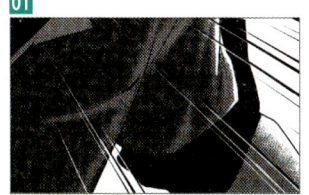

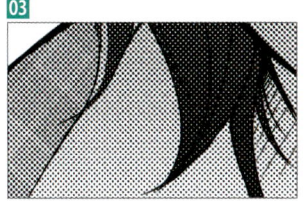

각각의 대처 방법

01 02 레이어 속성 창의 '효과(効果)'⇨'톤(トン)'을 선택해 톤으로 만듭니다 **1** (p.203).

03 흰 부분이 생겨도 상관없도록 레이어 속성 창의 '농도(濃度)'를 '화면 휘도(밝기)를 사용(画面の輝度を使用)'으로 설정 **2** 해둡니다.

04 다음과 같은 원인일 수 있습니다.
- 검은색이나 흰색으로 그린 레이어의 불투명도가 100%가 아니었다 **3** .
→ 불투명도를 기본 100%로 설정합니다.
- 검은색이나 흰색으로 그릴 때 펜의 불투명도가 100%가 아니었다 **4** .
→ 표현색을 모노크롬으로 하고 선화의 두께를 조절하거나 **5** (p.250), 레이어 속성 창의 '효과'⇨'톤'을 선택하고 톤으로 변경 **1** 합니다.

05 다음과 같은 원인일 수 있습니다.
- 선을 그리는 레이어의 표현색을 그레이로 선택했거나 '펜'으로 그릴 때 '안티에일리어싱'을 설정 **6** 한 상태였다.
- 선을 그리는 레이어의 표현색을 그레이로 선택하고 선화를 흐리게 만들었다 **7** .
- 선화 레이어의 불투명도가 100%가 아니었다 **3** .

이럴 때 대응은 04 와 같습니다.

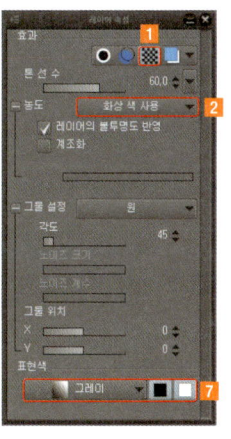
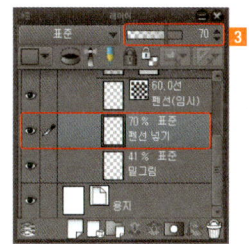
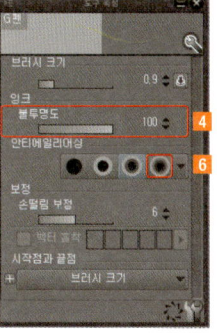
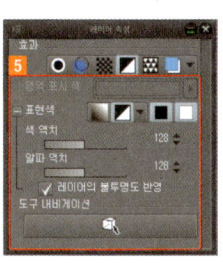

▶ 불투명도
단, 의도적으로 불투명도를 이용해 톤으로 만들었다면 그때는 해당되지 않습니다 (p.163).

▶ 표현색
표현색이 모노크롬이라면 불투명도가 낮은 펜으로 그려도 검은색 100%로 그려집니다.

SECTION 8.3
동인지용 데이터로 내보내기

동인지 제본용 데이터를 저장할 수 있습니다. 데이터를 내보내는 방법은 동일하지만, 인쇄소에 따라서 입고용 데이터 규격이 다르므로 입고 방법을 확인합니다. 동인지 입고 지원 기능은 CLIP STUDIO PAINT EX에서만 제공됩니다.
※일부 기능은 일본판에서만 사용할 수 있습니다.

동인지용 데이터 내보내기

표지·작품 정보 설정하기

01 '페이지 관리(ページ管理)' 메뉴에서 '작품 기본 설정 변경(作品基本設定を変形)'을 선택합니다.

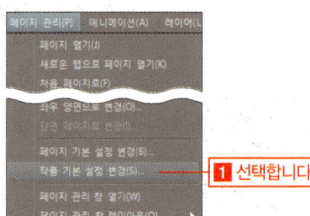

02 '표지(表紙)'와 '페이지 번호(ノンブル)'를 설정합니다.

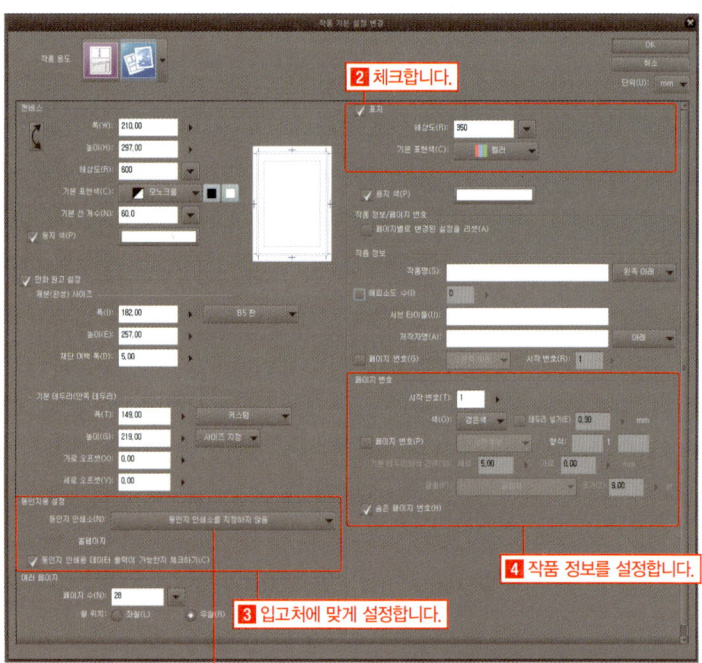

POINT ▶ 동인지용 설정
'동인지 인쇄용 데이터 출력이 가능한지 체크하기(同人誌印刷用データ出力が可能にチェックする)'를 설정하면 데이터에 문제가 있을 때 경고가 표시(p.307)됩니다.

대표적인 몇 군데 동인지 인쇄소를 지정할 수 있습니다.

※ 3 항목은 일본판에서만 제공하는 기능입니다.

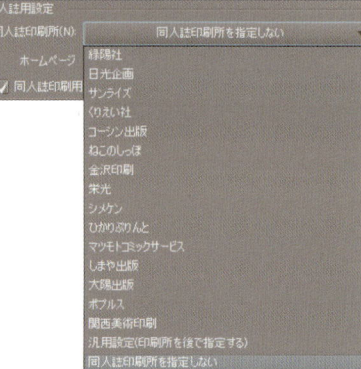

TIPS 표지·작품 설정
동인지를 제본하기 위해 '표지', '페이지 번호'는 '신규'로 원고용지를 만들 때도 설정(p.42)할 수 있습니다.

SECTION 8.3 ● 동인지용 데이터로 내보내기

03 앞표지, 앞표지(뒷면), 뒤표지, 뒤표지(앞면)가 설정되었습니다.

출력하기

01 '파일(ファイル)' 메뉴에서 '제본 출력(製本出力)' ⇨ '동인지 인쇄용 데이터 출력(同人誌印刷用データ出力)'을 선택합니다.

 **POINT** ▶ **경고·확인 창이 표시되었을 때**

'동인지 인쇄용 데이터 출력'을 선택했을 때 표지나 페이지 번호가 설정되어 있지 않으면 '경고·확인' 표시가 나타나기도 합니다. '취소(キャンセル)'한 다음 표지, 페이지 번호를 설정하세요.

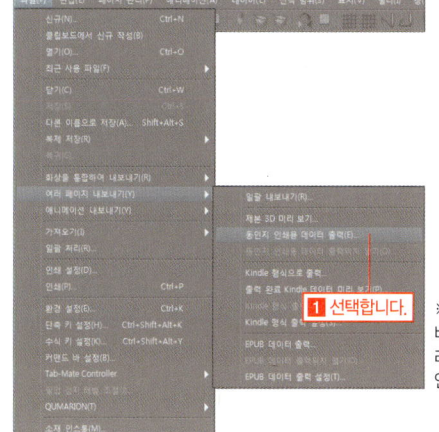

※CLIP STUDIO PAINT 1.5.4 버전에서는 '파일' 메뉴의 '여러 페이지 내보내기' ⇨ '동인지 인쇄용 데이터 출력'입니다.

02 동인지 제본 확인용 리스트가 표시됩니다. '동인지 인쇄용 입고 데이터 출력' 설정 창을 일단 닫습니다.
'확인'란을 확인하고 문제가 있다면 섬네일 더블 클릭으로 해당 페이지를 열고 수정합니다.

 POINT ▶ **표시 원래대로 되돌리기**

표시를 원래대로 되돌리려면 '페이지 관리' 메뉴의 '제본 표시(製本表示)' ⇨ '제본 리스트 표시(製本リスト表示)' 설정을 해제합니다.

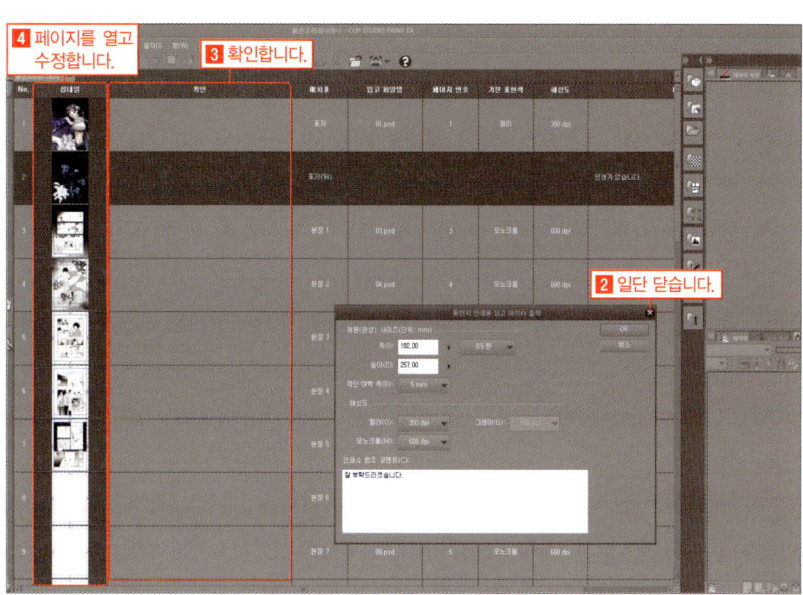

PART 8

307

PART 8 ● 인쇄·저장(출력)

03 다시 한 번 '파일(ファイル)' 메뉴에서 '제본 출력(製本出力)'⇨'동인지 인쇄용 입고 데이터 출력(同人誌印刷用データ出力)'을 선택합니다.

※CLIP STUDIO PAINT 1.5.4버전에서는 '파일' 메뉴의 '여러 페이지 내보내기'⇨'동인지 인쇄용 데이터 출력'입니다.

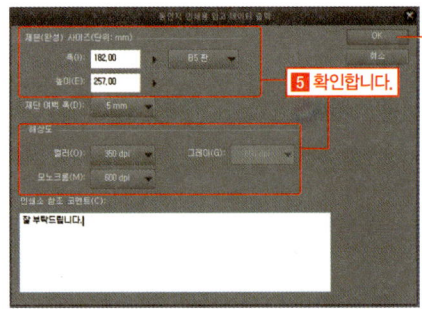

제본(완성) 사이즈: 동인지는 보통 B5입니다.
해상도: 600dpi 또는 1200dpi로 설정합니다. 작업한 캔버스가 600dpi라도 1200dpi로 지정하고 출력(p.303)합니다.

04 'OK'를 클릭하면 출력됩니다.

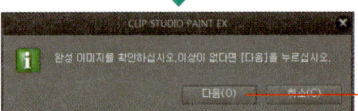

▋출력 데이터 확인 (※일본판에서만 사용 가능한 기능)

출력한 데이터는 CLIP STUDIO에서 확인할 수 있습니다.

01 '출력한 데이터 확인(出力済みデータを確認)'을 클릭합니다. 위의 그림 순서 **8** 입니다.

02 CLIP STUDIO를 켠 후에 **2** 에서 출력한 데이터를 불러옵니다.

> **POINT** ▶ 출력한 데이터
> 출력한 데이터는 CLIP STUDIO에서 언제든 접속할 수 있습니다.

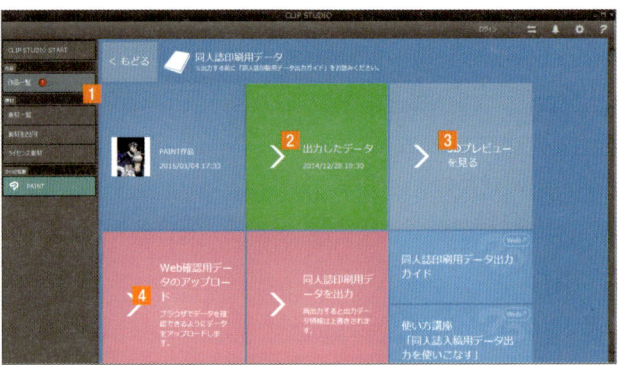

1 작품 일람(作品一覧)
클릭하면 완성한 작품의 일람이 표시됩니다.

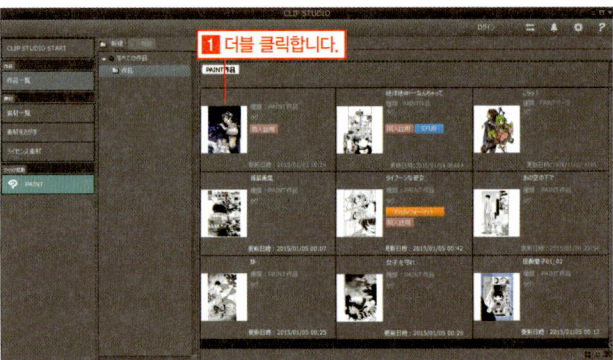

작품을 더블 클릭하면 메뉴가 표시됩니다.

CLIP STUDIO PAINT에서 작품을 그릴 수도 있습니다. 작품 데이터 아이콘을 더블 클릭으로 불러올 수 있습니다.

이 부분으로도 동인지 인쇄용 데이터나 Kindle용 데이터를 만들 수 있습니다. CLIP STUDIO PAINT에서 작품을 열어둔 상태에서도 출력할 수 있습니다.

SECTION 8.3 ● 동인지용 데이터로 내보내기

2 출력한 데이터(出力したデータ)
동인지용으로 출력한 데이터를 모아두었습니다.

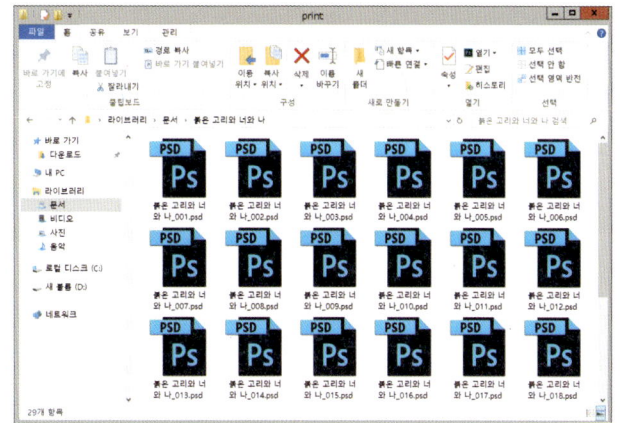

3 3D 미리 보기(3Dプレビュー)
제본했을 때의 이미지를 3D로 확인할 수 있습니다.

※ '파일' 메뉴의 '여러 페이지 내보내기'⇨'제본 3D 미리 보기'입니다.

4 Web 확인용 데이터 업로드
(Web確認用のデータアップロード)
작품을 브라우저에서 표시한 상태로 페이지를 넘기면서 볼 수 있습니다.

SECTION 8.4
ebook용 데이터로 저장하기

CLIP STUDIO PAINT EX에는 Kindle용 데이터나 EPUB용 데이터를 만드는 기능이 있습니다. 예를 들면 CLIP STUDIO PAINT의 데이터는 '원고', Kindle용 데이터나 EPUB 형식 데이터는 '서적'입니다. 만화를 그린 개인이 서적 형태의 데이터를 만들 수 있는 시대가 되었습니다.

Kindle 형식으로 저장하기

출력 설정 확인하기

01 '파일(ファイル)' 메뉴의 'Kindle 형식으로 저장(Kindleフォーマットで保存)'▷'Kindle 형식 출력 설정(Kindleフォーマットで出力設定)'을 선택합니다.

※CLIP STUDIO PAINT 1.5.4버전에서는 '파일' 메뉴의 '여러 페이지 내보내기'▷'Kindle 형식 출력 설정'입니다.

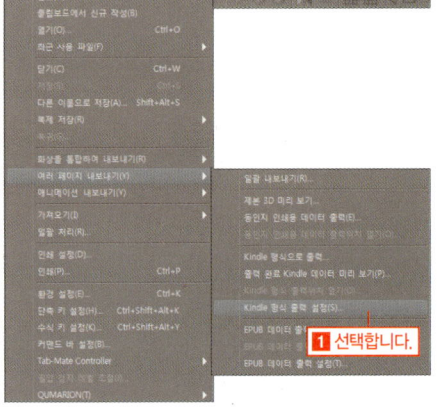

02 Kindle에서의 출력 사이즈를 확인합니다.

03 '파일' 메뉴의 'Kindle 형식으로 저장'▷'Kindle 형식으로 출력'을 선택합니다.

※CLIP STUDIO PAINT 1.5.4버전에서는 '파일' 메뉴의 '여러 페이지 내보내기'▷'Kindle 형식으로 출력'입니다.

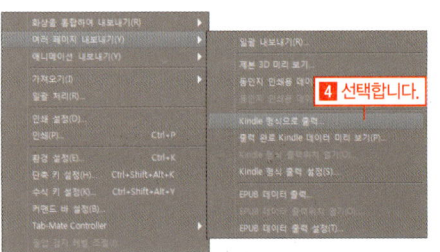

04 '타이틀(作品名)', '타이틀 음독표기(サブタイトル)', '저자명(作者名)'을 입력하고 'OK'를 클릭합니다.

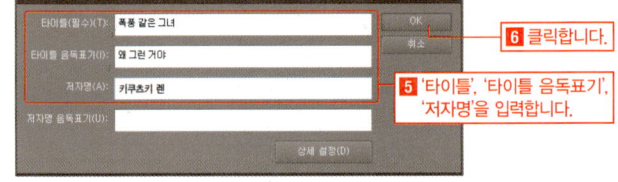

05 출력 완료 확인 창이 표시됩니다. '출력 완료 데이터 확인(出力済みデータを確認)'을 클릭하고 데이터를 확인합니다.

Kindle 다이렉트 퍼블리싱(KDP) 페이지를 불러옵니다. KDP는 http://kdp.amazon.co.jp를 참고하세요.
※일본판에서만 지원합니다.

SECTION 8.4 ● ebook용 데이터로 저장하기

06 CLIP STUDIO가 열리고 출력 데이터를 확인할 수 있습니다.
※일본판에서만 지원합니다.

Kindle 스토어로 업로드합니다.
내보내기를 재실행합니다.
Kindle 미리 보기 도구를 인스톨합니다.
Kindle 미리 보기 도구로 표시를 확인할 수 있습니다.

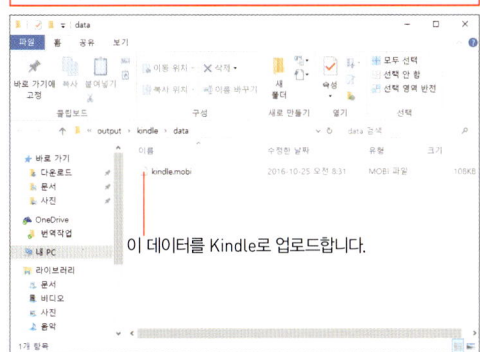

9 Kindle 데이터를 확인합니다.
※한글판에서는 '파일' 메뉴의 '여러 페이지 내보내기'⇨'Kindle 형식 출력 위치 열기'로 출력한 파일이 저장되어 있는 폴더를 불러올 수 있습니다.

이 데이터를 Kindle로 업로드합니다.

> POINT ▶ 저장한 데이터
> 출력한 데이터는 CLIP STUDIO에서 언제든 접속할 수 있습니다.

EPUB 형식으로 저장하기

출력 데이터 설정

01 '페이지 관리(ページ管理)' 메뉴에서 '작품 기본 설정 변경(作品基本設定を変更)'을 선택하고 표지·페이지 번호를 설정합니다.

> POINT ▶ 작품 기본 설정
> 표지·페이지 번호 설정은 44페이지와 49페이지를 참고하세요.

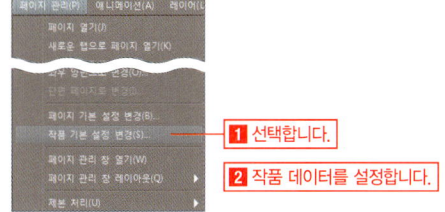

1 선택합니다.
2 작품 데이터를 설정합니다.

02 '파일' 메뉴의 '제본 출력(製本出力)'⇨'EPUB 데이터 출력 설정(EPUBデータ出力設定)'을 선택합니다.

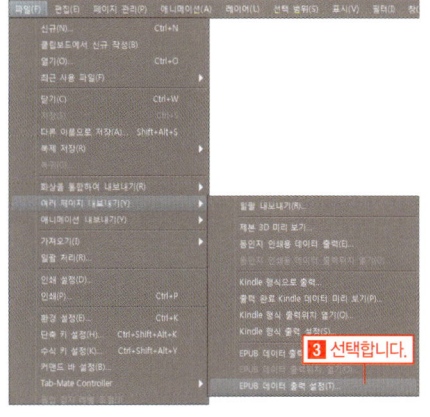

3 선택합니다.
4 출력 설정을 합니다.

출력·확인하기

01 '파일' 메뉴의 '제본 출력(製本出力)'⇨'EPUB 데이터 출력(EPUBデータ出力)'을 선택하고 EPUB 데이터를 저장합니다.

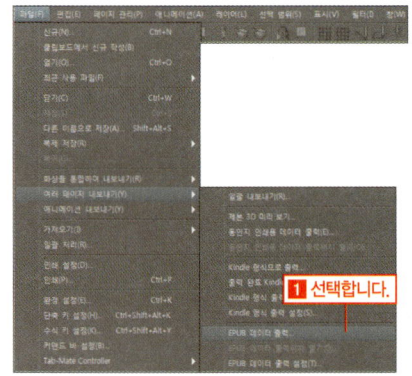

1 선택합니다.

02 출력이 완료되면 알림 창이 나타납니다. '출력 완료 데이터 확인(出力済みデータを確認)'을 클릭하고 데이터를 확인합니다.

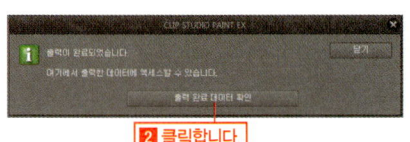

2 클릭합니다.

03 CLIP STUDIO가 열리고 출력 데이터를 확인할 수 있습니다.

재출력할 수 있습니다.

3 더블 클릭합니다.

4 EPUB 데이터 출력을 확인합니다.

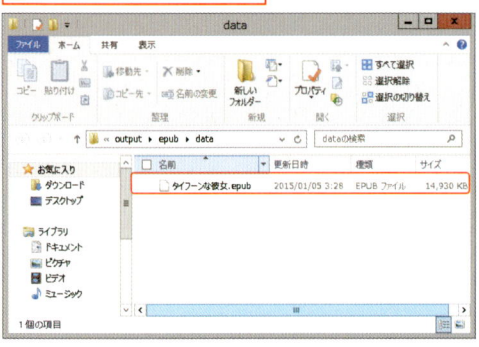

> **출력한 데이터**
>
> 출력한 데이터는 CLIP STUDIO에서 언제든 접속할 수 있습니다.

CLIP STUDIO PAINT digital comic lecture

PART 9
컬러 일러스트의 기본

SECTION 9.1
선화 그리기

CLIP STUDIO PAINT는 모노크롬 작품뿐 아니라 컬러 작품도 제작할 수 있습니다. SECTION 9에서는 컬러 작품을 완성하기까지의 일반적인 작업 순서를 설명하겠습니다. 먼저 신규 캔버스를 만들고 작업에 들어가겠습니다.

일러스트 작업용 창 설정하기

창의 정렬을 컬러 작품 작업 모드로 변경합니다.

1 컬러써클(カラーサークル)
2 컬러 슬라이더(カラースライダー)
3 컬러 세트(カラーセット)
4 중간색(中間色)
5 유사색(近似色)
6 컬러 히스토리(カラーヒストリー)

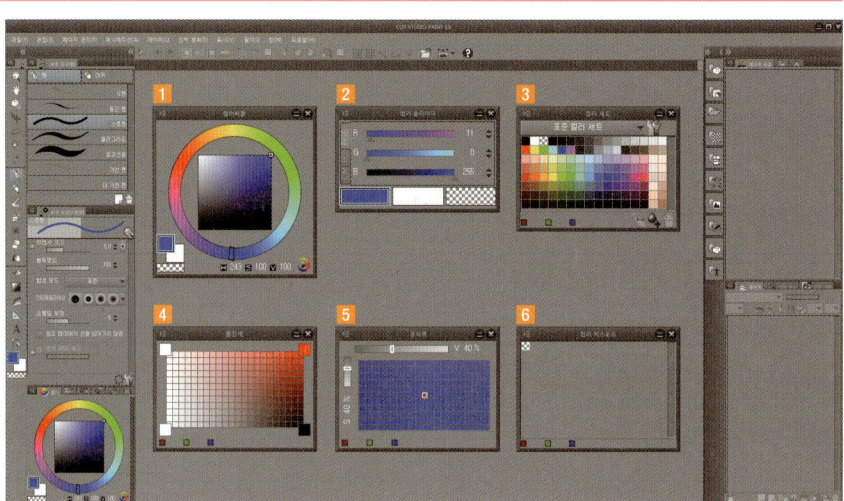

'창(ウインドウ)' 메뉴에서 위의 창을 선택합니다.

컬러 제작에 필요한 창을 팔레트 독에 정리하고, 워크스페이스를 등록합니다.

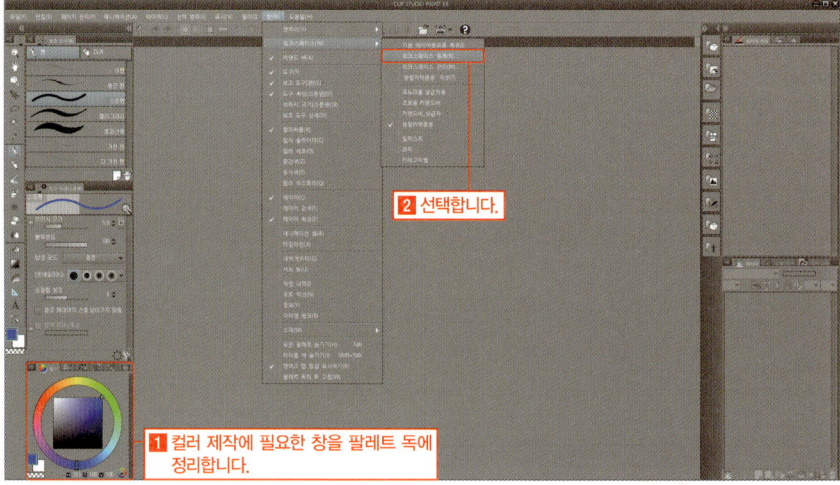

1 컬러 제작에 필요한 창을 팔레트 독에 정리합니다.
2 선택합니다.

▣ **TIPS 창 정리**
창의 배치·정리는 PART1(p.12)을 참고하세요.

▣ **TIPS 워크스페이스**
워크스페이스 등록은 21페이지를 참고하세요.

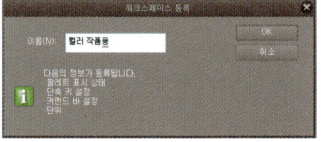

3 컬러 제작용 워크스페이스를 등록합니다.

SECTION 9.1 ● 선화 그리기

신규 캔버스 만들기

▌ 컬러 작품용 캔버스를 새로 만듭니다.

01 '파일(ファイル)' 메뉴에서 '신규(新規)'를 선택합니다.

02 일러스트 작품에 맞게 설정합니다.

이때 2가지 포인트는 해상도를 350dpi(또는 300dpi)로, 기본 표현색을 컬러로 지정하는 것입니다.

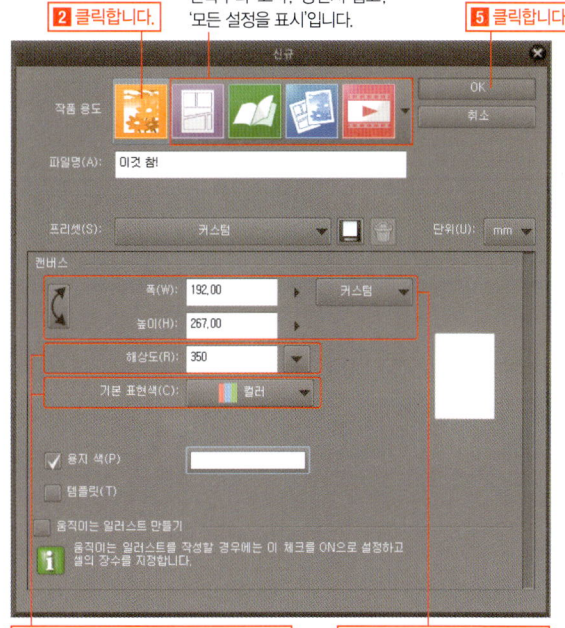

왼쪽부터 '코믹', '동인지 입고', '모든 설정을 표시'입니다.

✣ TIPS 캔버스 크기

동인지 표지라면 B5 크기로 지정하고 여백을 계산한 수치를 입력합니다. 여기서는 여백을 5mm로 설정(p.43)했습니다.

✣ TIPS 일러스트 작품의 해상도

만화에서도 일러스트에서도 컬러 작품은 300dpi 또는 350dpi입니다.

03 'OK'를 클릭하면 캔버스가 만들어집니다.

기본 표현색을 컬러로 설정했기 때문에 신규 레이어가 표현색이 컬러인 상태로 만들어집니다.

PART 9

315

선화 그리기

커맨드 바

레이어 창

밑그림 그리기

01 '펜(ペン)', '마커(マーカー)', '초크(チョーク)' 도구 등으로 밑그림(p.62)을 그립니다.

'펜', '마커'로는 명확한 선을 그릴 수 있습니다.

● 'G펜'

● '밀리펜(ミリペン)'

'연필(鉛筆)', '초크'로는 부드러운 선을 그릴 수 있습니다.

● '연한 연필(薄い鉛筆)'

● '파스텔(パステル)'

POINT ▶ '시작점'과 '끝점' 설정

'펜', '마커', '연필', '초크'에서는 '시작점(入り)'과 '끝점(抜き)' 항목이 표시되지 않지만 설정(p.56)할 수 있습니다.

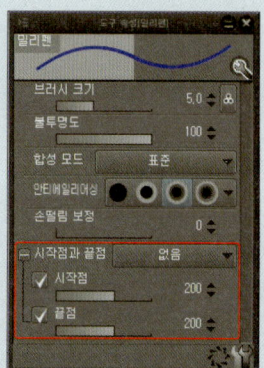

● 시작점과 끝점: 설정

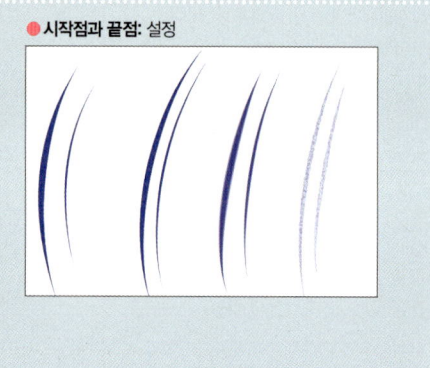

SECTION 9.1 ● 선화 그리기

02 그림을 그릴 때 캔버스의 회전(Shift + Space), 좌우 반전 표시를 병행해서 사용하면 편리합니다. 좌우 반전 표시 버튼은 커맨드 바에 넣어둡니다(p.18).

좌우 회전 버튼을 커맨드 바에 넣어둡니다.

03 밑그림을 완성했습니다.

선화 다듬기/펜선 넣기

04 밑그림을 '밑그림 레이어(下描きレイヤー)'로 설정 (p.65)하고 흐리게 보이도록 설정합니다.

3 밑그림을 흐리게 보이도록 설정합니다.

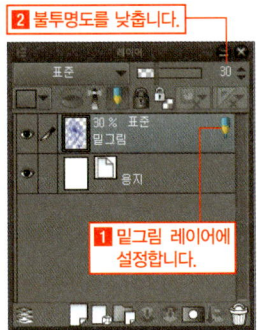

2 불투명도를 낮춥니다.

1 밑그림 레이어에 설정합니다.

> **POINT** ▶ 펜선 넣기
> 펜선 넣기 순서나 테크닉은 66페이지를 참고하세요.

05 펜선을 넣습니다. 선화는 'G 펜(Gペン)', '진한 연필(濃い鉛筆)' 도구 등을 많이 사용합니다.

4 펜선을 넣습니다.

POINT ▶ 선화의 색

선화의 색을 부분적으로 바꾸고 싶을 때는 완성 작업 시에 처리(p.343)합니다. 여기서는 검정색 1가지 색으로만 그립니다.

SECTION 9.2
밑바탕 칠하기

밑바탕 칠하기입니다. 밑바탕 칠을 한 레이어는 차후 작업에서 선택 범위를 지정할 때 이용합니다. 밑바탕 작업 시 실수가 있으면 나중에 수정하기가 어렵습니다. 322페이지를 참고로 빈틈이 없도록 작업합니다.

밑바탕 칠하기

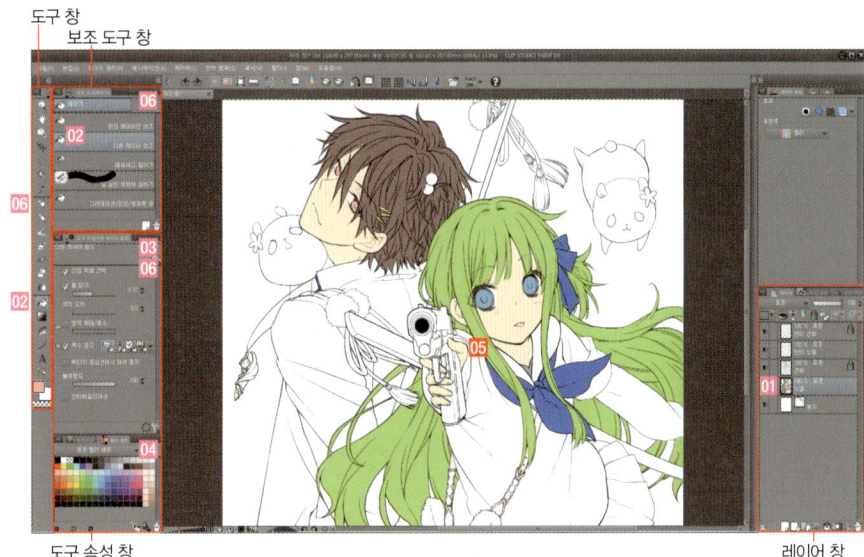

'노멀 레이어'를 만들고 색 채우기

01 신규 레이어를 만듭니다.
레이어 이름을 '노멀'로 설정했습니다.

1 채우기용 레이어를 만듭니다.

02 '채우기(塗りつぶし)'⇨'다른 레이어 참조(他レイヤーを参照)' 또는 사용자 설정으로 만든 톤용 '채우기' 도구를 사용합니다.

 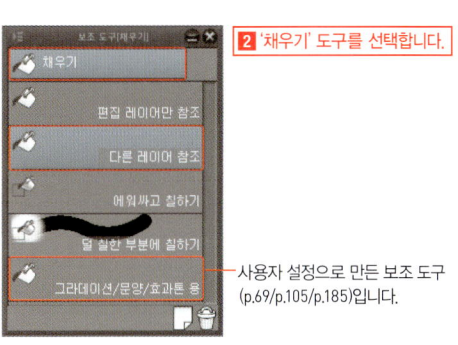

2 '채우기' 도구를 선택합니다.

사용자 설정으로 만든 보조 도구 (p.69/p.105/p.185)입니다.

03 도구 속성에서 설정을 확인합니다.

'영역 확대/축소(領域拡縮)'를 적절하게 확대합니다.

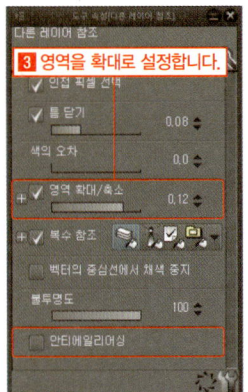

● 영역 확대/축소: 해제   ● 영역 확대/축소: 0.12

선화의 가장자리나 덜 지워진 부분은 채워지지 않습니다.   선을 0.12mm 덮으면서 채워집니다.

POINT ▶ 영역 확대/축소
모노크롬 작품에서는 영역 확대/축소를 해제한 상태(p.100)로 작업합니다.

POINT ▶ 색의 오차
도구 속성의 '색의 오차(色の誤差)'를 0으로 설정했으므로 조금이라도 색에 차이가 있는 부분은 채색되지 않습니다(p.104). 선화가 완전한 검정색이 아니므로(안티에일리어싱을 적용한 상태) 색에 차이가 생겨 선화 가장자리는 채색되지 않습니다.

색의 경계가 흐려지지 않도록 채색해야 하므로 안티에일리어싱을 해제합니다.

● 안티에일리어싱: 해제   ● 안티에일리어싱: 설정

04 색을 정합니다.

POINT ▶ 색 선택
채색을 끝내고 전체 균형을 보면서 색을 조절할 수 있으므로 고민하지 말고 칠하세요.

4 적당한 색을 선택합니다.

05 클릭으로 색을 채웁니다.

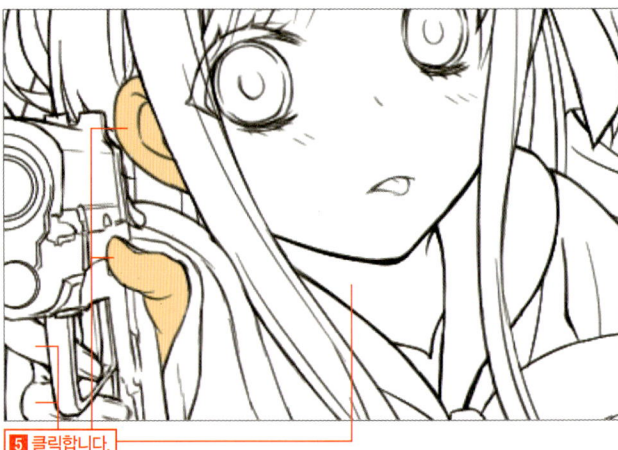

POINT ▶ 선화의 가장자리
선화의 가장자리는 빈틈이 있어 깨끗하게 채워지지 않지만 그대로 전체를 채워나갑니다.

5 클릭합니다.

SECTION 9.2 ● 밑바탕 칠하기

06 구멍이 있어 채워지지 않은 부분은 '마커(マーカー)' 도구로 선을 그려서 채웁니다. 모노크롬 작품의 밑바탕이나 톤과 같은 방식(p.101)으로 작업합니다.

6 '마커'를 선택합니다.

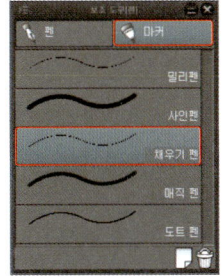

여기서는 '채우기 펜'을 씁니다.

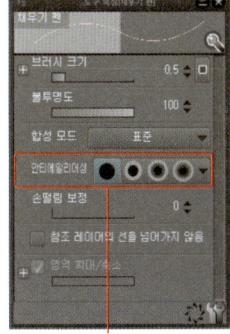

설정을 해제합니다.

POINT ▶ '마커' 도구
사용자 설정으로 변경한 마커가 도구 창에 있는 상태(p.17)입니다.

POINT ▶ 필압 설정
'채우기 펜(べた塗りペン)', '매직 펜(マジックペン)' 도구는 필압의 영향을 받지 않고 동일한 두께로 그릴 수 있습니다. 필압으로 크기를 조절하고 싶을 때는 '브러시 크기에 영향을 주는 입력(ブラシサイズ影響元設定)'에서 '필압(筆圧)'을 설정(p.54/p.206)합니다.

7 빈틈은 선을 그려서 막은 다음 칠합니다.

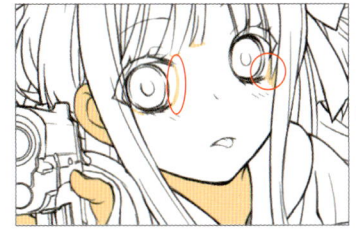 ➡

전체적으로 채색을 완료했습니다.

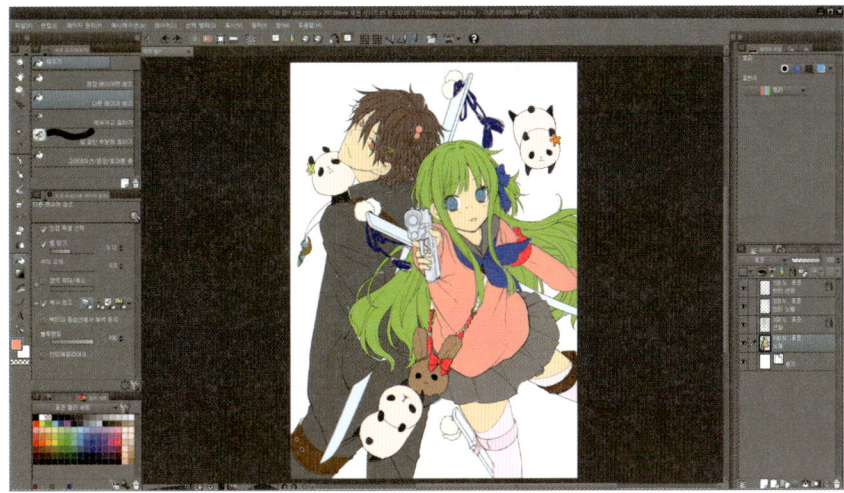

작은 틈이 많으므로 수정해나가겠습니다.

미세한 구멍 채우기

07 남아 있는 구멍을 '채우기(塗りつぶし)'➪'에워싸고 칠하기(囲って塗る)' 도구로 작업합니다.

 **1** '에워싸고 칠하기' 도구를 선택합니다.

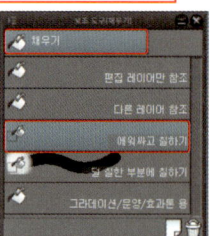
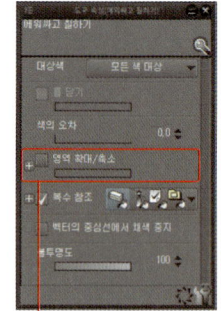

설정을 해제합니다.

2 Alt 키를 누르고 '스포이트' 도구로 분홍색을 찍습니다.

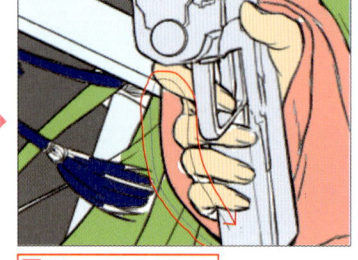

3 칠할 구역을 둘러쌉니다.

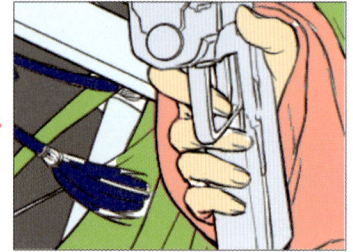

4 분홍색이 선을 벗어나서 피부까지 침범했습니다.

정확하게는 선을 벗어난 것이 아니라 선이 흐린 부분도 채색하기 때문에 벗어난 것처럼 보입니다.

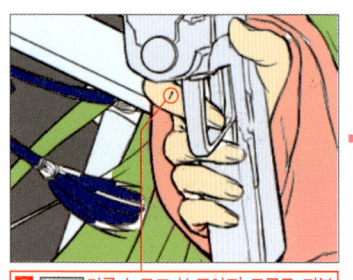

5 Alt 키를 누르고 '스포이트' 도구로 피부색을 찍습니다.

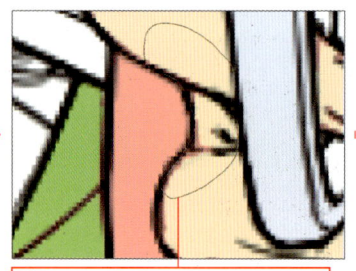

6 선을 따라서 침범한 분홍색을 둘러쌉니다.

7 분홍색이 피부색으로 바뀝니다.

이처럼 빈틈을 메우기 위해서는 먼저 벗어나도록 칠한 다음 그 벗어난 부분을 다시 수정합니다.

8 먼저 벗어나도록 칠합니다.

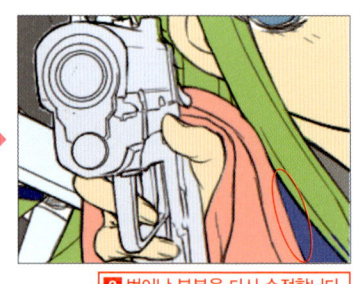

9 벗어난 부분을 다시 수정합니다.

비교적 곧은 부분은 선을 따라 그리지 말고 양 끝을 둘러쌉니다.

시작점과 끝점은 자동으로 직선으로 이어져 칠해집니다.

여기부터 시작

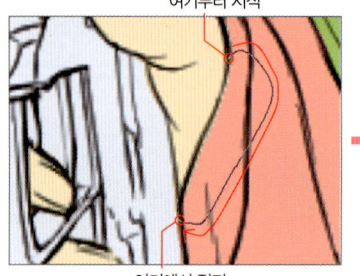
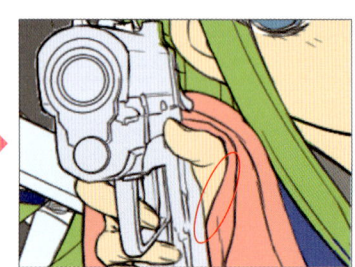

여기에서 정지

SECTION 9.2 ● 밑바탕 칠하기

08 선화 레이어를 숨기면 정리되지 않은 선 아래의 빈틈을 확인할 수 있습니다.

POINT ▶ 거칠게 칠해져 빈틈이 생긴 부분을 거듭 수정하는 이유

왜 굳이 한 번은 벗어나도록 칠하는 이유는 선화의 아랫부분을 칠하기 위해서입니다. 이후 작업에서 채색한 것은 밑바탕이 되므로 작은 빈틈도 생기지 않도록 주의합니다. 선 아래에도 색이 들어가게 칠합니다.

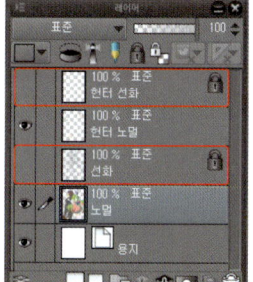

10 선화를 숨깁니다.

● 벗어난 부분을 처리하지 않은 상태

선화의 아랫부분은 채색되지 않았습니다.

● 벗어난 부분을 처리한 상태

한 번은 벗어나게 칠하면 선화의 아랫부분에도 색이 들어갑니다.

09 빈틈 처리가 끝나면 선화 레이어를 숨기고, 남은 미세한 구멍을 '에워싸고 칠하기'나 '마커(マーカー)'⇨채우기 펜(べた塗りペン)'으로 수정합니다.

10 노멀(선택 범위용)을 완성했습니다. '선택 범위용'이란 추가로 채색 작업을 할 때 이 밑바탕 부분을 이용해 선택 범위를 지정하기 때문입니다(p.326).

● 노멀(선택 범위용)

SECTION 9.3
색 조절·색 변경

지금까지 적당한 색으로 작업했습니다. 이제 전체적인 균형을 보고 색을 정리하겠습니다. 그라데이션의 바탕도 칠합니다. 선택 범위용 노멀 레이어가 있으므로 언제든 색을 바꿀 수 있지만, 이번 단계 색 조절이 그림의 완성도에 큰 영향을 미칩니다.

노멀 레이어 색 조절하기

노멀 레이어를 원래 쓰고 싶었던 색으로 변경합니다.

01 **선화 레이어를 숨기고 노멀 레이어만 표시합니다.**
이렇게 하면 선화에 방해받지 않고 채색 작업을 할 수 있습니다.

02 '채우기(塗りつぶし)' ⇨ '편집 레이어만 참조(編集レイヤーのみ参照)' 도구를 사용합니다.

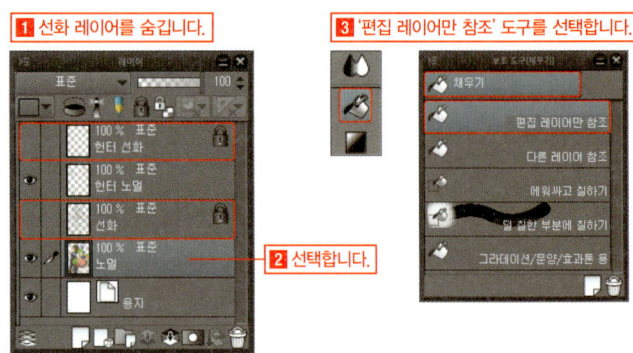

SECTION 9.3 ● 색 조절·색 변경

03 도구 속성의 설정을 확인합니다.

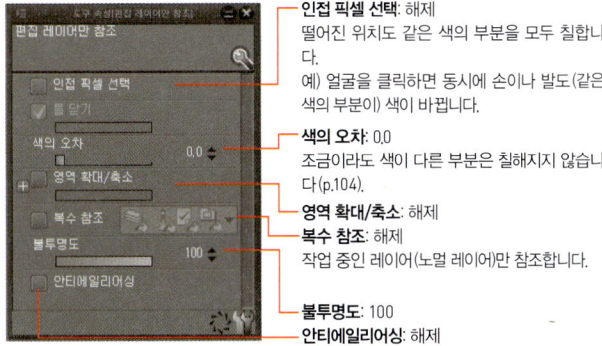

4 설정합니다.

인접 픽셀 선택: 해제
떨어진 위치도 같은 색의 부분을 모두 칠합니다.
예) 얼굴을 클릭하면 동시에 손이나 발도(같은 색의 부분이) 색이 바뀝니다.

색의 오차: 0.0
조금이라도 색이 다른 부분은 칠해지지 않습니다 (p.104).

영역 확대/축소: 해제

복수 참조: 해제
작업 중인 레이어(노멀 레이어)만 참조합니다.

불투명도: 100

안티에일리어싱: 해제

04 컬러써클 창으로 색을 선택합니다.

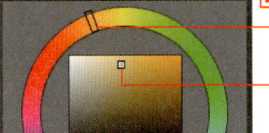

5 색을 선택합니다.

클릭 또는 드래그로 색을 선택합니다.

클릭 또는 드래그로 사용할 색을 선택합니다.

05 변경할 부분을 클릭합니다.

6 클릭합니다. **7** 색이 변경됩니다.

06 다시 채색합니다.

그라데이션 추가하기

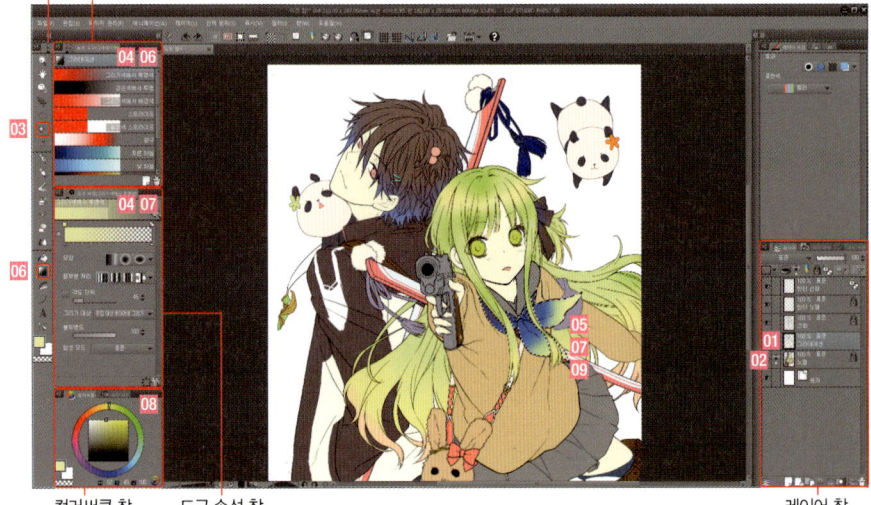

도구 창
보조 도구 창
컬러써클 창   도구 속성 창   레이어 창

여기서는 옷의 라인이나 그라데이션의 바탕 등을 칠해보겠습니다.

그림과 같은 느낌이 되도록 색을 넣습니다.

● 그라데이션을 넣은 레이어만 표시한 상태   ● 용지 레이어를 숨긴 상태

선택 범위 지정

01 노멀 레이어 위에 신규 레이어를 만듭니다.

> **POINT** ▶ 신규 레이어
> 레이어 이름을 '그라데이션(덧칠)'이라고 정했습니다. 이후 작업은 이 레이어에서 진행하겠습니다.

02 노멀 레이어를 참조 레이어로 설정하고 레이어 잠금을 클릭합니다.

1 신규 레이어를 만듭니다.
2 노멀 레이어 위에 위치시킵니다.

4 '참조 레이어로 설정'을 클릭합니다.
3 노멀 레이어를 선택합니다.

편집 레이어로 설정(p.103)됩니다.
노멀 레이어는 지저분해지지 않도록 잠가두겠습니다. 이 레이어에서 더는 작업하지 않습니다.

SECTION 9.3 ● 색 조절·색 변경

03 '그라데이션(덧칠)' 레이어를 다시 선택하고 자동 선택 도구로 선택 범위를 지정합니다.

04 여기서는 사용자 설정으로 새로 만든 보조 도구인 '참조 레이어만 참조'를 만든 상태입니다.

> **POINT** ▶ 참조 레이어만 참조
> 편집 레이어를 참조하지 않으면 작업 중인 그라데이션을 칠한 레이어를 무시하고 참조 레이어만 조회하고 선택 범위를 지정합니다. 328페이지 POINT를 참고하세요.

5 자동 선택 도구를 선택합니다.

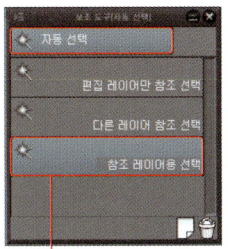

6 사용자 설정을 적용합니다.

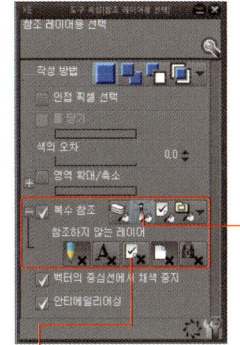

사용자 설정으로 만든 보조 도구는 초기 설정으로 등록(p.69)해둡니다.

편집 레이어를 참조하지 않음 / 편집 레이어를 참조

05 그라데이션을 적용할 부분을 선택합니다.

7 선택 범위를 지정합니다.

그라데이션 채색

06 '그라데이션(グラデーション)' ⇨ '그리기색에서 투명색(描画色から透明色)' 도구를 선택합니다.

07 도구 속성을 확인합니다.

8 '그리기색에서 투명색' 도구를 선택합니다.

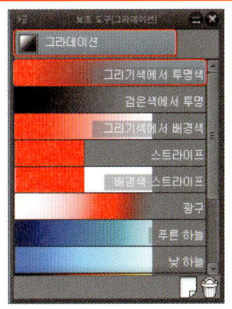

9 설정합니다.

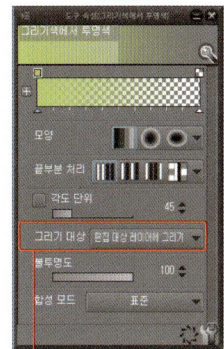

그라데이션은 현재 선택 중인 레이어에 칠해야 하므로 '편집 대상 레이어(編集対象のレイヤー)'로 설정합니다.

08 색을 선택합니다.

10 색을 선택합니다.

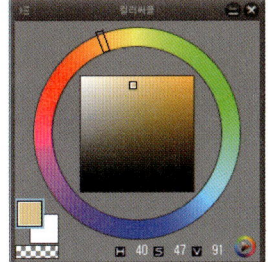

PART 9 ● 컬러 일러스트의 기본

09 드래그로 그라데이션을 그립니다.

> **POINT** ▶ 선택 범위 참조
> '노멀' 레이어를 참조해 선택 범위를 지정하기 때문에 선화의 가장자리에 거친 빈틈이 생기지 않습니다. 327페이지를 참고하세요.

11 드래그합니다.

이렇게 선택 범위를 지정하고 나서 그라데이션을 그리는 순서대로 색을 더해나갑니다.

● 선택 범위 지정

'참조 레이어만 참조'로 선택 범위를 지정하기 위해 작업 중인 그라데이션 레이어에['그라데이션(덧칠)']를 선택한 상태를 유지해도 괜찮습니다.

● 그라데이션

그라데이션 전체에 '그리기색에서 투명색(描画色から透明色)'을 사용합니다.

노란색·녹색을 넣습니다.

↓

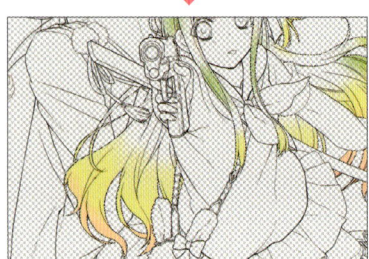

겹친 다음 분홍색을 넣습니다.

다른 레이어에서 옷의 라인이나 무늬 등도 그려 넣었습니다.

SECTION 9.4
그림자 채색·명암 표현

그림자는 그림자가 생기는 부분을 의식하면서 검은색만으로 칠합니다. 그림자 형태를 잡았다면 본래의 색으로 다시 칠합니다. 그림자 형태를 정확히 잡아낼 수 있게 되면 그림의 완성도가 올라갑니다. 여기에 적절한 명암 표현을 더해 부드러움을 표현합니다.

그림자 부분 검게 칠하기

그림자는 먼저 검은색으로만 형태를 잡고 그 뒤에 각각의 색에 알맞게 변경합니다.

그림자 형태 잡기

01 그림자를 칠하기 위해 신규 레이어를 만들고 불투명도를 50으로 낮춥니다. 레이어 명칭은 '그림자 1(임시)'이라고 합니다. '그라데이션(덧칠)'은 잠가둡니다.

02 검은색으로만 작업하므로 표현색은 모노크롬으로 설정합니다.

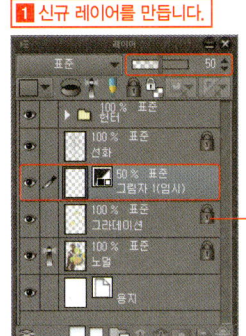

PART 9 ● 컬러 일러스트의 기본

03 '마커(マーカー)'⇨'채우기 펜(べた塗りペン)' 도구나 '채우기(塗りつぶし)' 도구 등을 사용합니다.

● '마커'⇨'채우기 펜' 도구

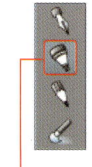
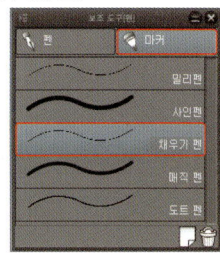

사용자 설정으로 '마커' 도구를 도구 창에 표시(p.17)되도록 했습니다.

● '채우기'⇨'다른 레이어 참조' 또는 '에워싸고 칠하기' 도구

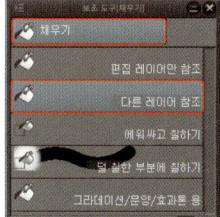
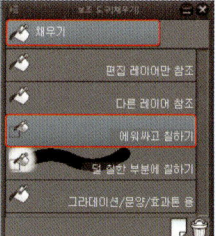

3 그림자를 칠할 도구를 선택합니다.

> **POINT ▶ 사용하는 도구**
> 표현색을 모노크롬으로 설정하고 검은색만으로 작업하므로 '채우기 펜'이 아니라도 크게 문제되지 않습니다.

> **POINT ▶ 안티에일리어싱 설정**
> 그림자를 칠할 때 윤곽이 명확하도록 안티에일리어싱을 해제합니다. 여기에 표현색을 모노크롬으로 설정한 이유 중 하나는 필연적으로 '안티에일리어싱(アンチエイリアス)'이 해제되기 때문입니다.

04 그림자색을 검은색으로 변경합니다.

4 그리기색을 검은색으로 합니다.

05 그림자를 그립니다.

그림자 선을 그리고 노멀 레이어에 칠했을 때와 마찬가지로 '채우기'로 그림자 부분을 칠합니다.

↓

[Alt] 키를 사용해 검은색과 투명을 찍으며 '채우기 펜'으로 선화 가장자리의 빈틈이나 벗어난 부분을 수정합니다.

06 그림자 채색을 마쳤습니다.

색은 생각하지 말고 그림자 형태만 생각하고 그렸습니다. 다음은 색을 선택하겠습니다. 검은색으로 칠한 그림자 부분을 각각의 색으로 다시 칠합니다.

※알기 쉽도록 그림자를 진하게 표시했습니다.

> **POINT ▶ 스포이트 도구 설정**
> 이때 '스포이트(スポイト)' 도구는 '레이어에서 색 취득(レイヤーから色を取得)'을 선택한 상태 (p.336)입니다.

SECTION 9.4 ● 그림자 채색·명암 표현

그림자 색 바꾸기

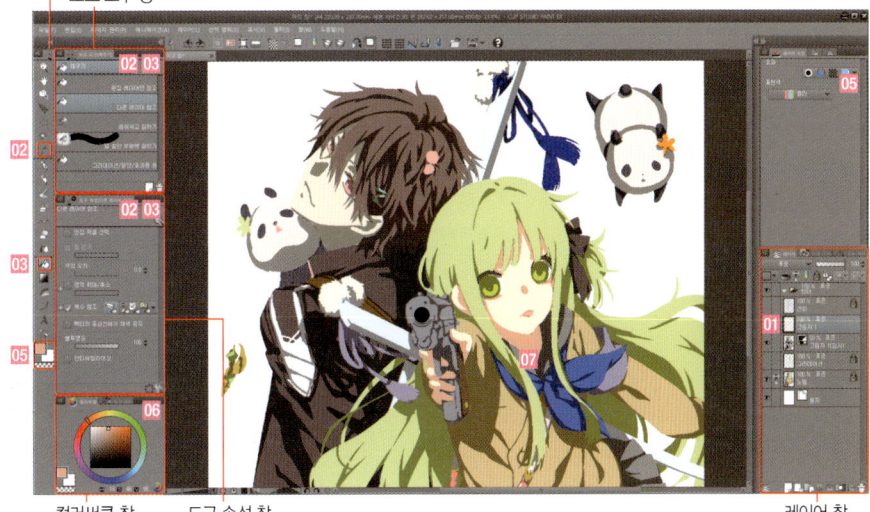

도구 창 / 보조 도구 창 / 컬러써클 창 / 도구 속성 창 / 레이어 창

01 신규 레이어를 만들고 이름을 '그림자 1'로 합니다.

02 '스포이트' 도구로 노멀 레이어의 색을 찍으면서 작업합니다. 스포이트 도구는 '표시색 취득(表示色を 取得)'으로 설정한 상태입니다.

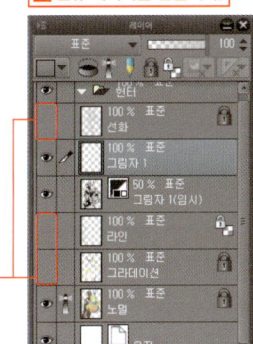

'선화', '그라데이션(덧칠)', '라인'은 숨긴 상태로 작업합니다.

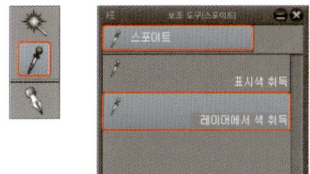

03 '채우기(塗りつぶす)'⇨'다른 레이어 참조(他レイヤー参照)' 도구를 사용합니다.

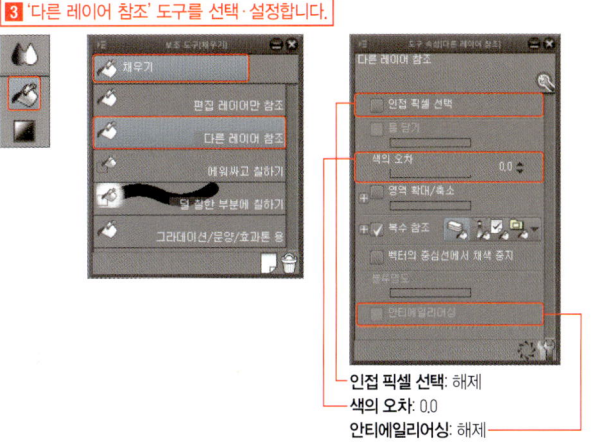

인접 픽셀 선택: 해제
색의 오차: 0.0
안티에일리어싱: 해제

피부의 그림자 색을 채색해보겠습니다.

04 키를 누른 채 피부색을 클릭해 색을 가져옵니다.

05 그리기색에 피부색이 표시됩니다.

5 가져온 색이 그리기색에 표시됩니다.

4 Alt 키를 누르고 '스포이트' 도구로 색을 가져옵니다.

06 피부색의 그림자 색을 조절합니다.

6 색을 조절합니다.

살짝 오렌지색으로 가져갑니다.
살짝 어둡게 만듭니다.

07 피부의 그림자 부분을 클릭합니다.
'인접 픽셀 선택(隣接ピクセルをたどる)' 설정을 해제한 상태로 한 군데를 클릭하면 피부의 그림자가 전부 채워집니다.

7 클릭해 채웁니다.

08 이런 방식으로 모든 그림자 색을 변경했습니다.

SECTION 9.4 ● 그림자 채색·명암 표현

그림자 1의 음영 표현

도구 창
보조 도구 창
커맨드 바
컬러써클 창
도구 속성 창
레이어 창

'그림자 1' 레이어에 채색이 끝났으므로 먼저 검은색으로 작업한 '그림자 1(임시)'은 삭제합니다. 이후의 작업은 '그림자 1' 레이어에서 하겠습니다.

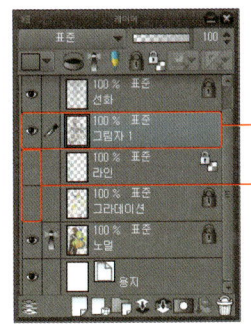

'그림자 1(임시)' 레이어를 지우고 '그림자 1' 레이어를 선택해서 작업하겠습니다.

'그라데이션', '라인'의 각 레이어는 숨긴 채 작업합니다.

01 '그림자 1' 레이어에 음영 표현을 더합니다.

02 '레이어에서 선택 범위 작성(レイヤーから選択範囲を作成)' 버튼으로 선택 범위를 지정합니다.

※사용자 설정으로 커맨드 바에 '레이어에서 선택 범위 작성' 버튼이 표시(p.18)되도록 했습니다.

3 클릭합니다.   **1** 클릭합니다.

2 선택 범위를 지정합니다.   **4** 선택 범위 경계선이 표시되지 않습니다.

POINT ▶ 선택 범위 지정

음영 작업으로 그림자 형태가 달라지지 않도록 주의하면서 그림자 부분을 선택합니다.

POINT ▶ 선택 범위 경계선 숨기기

선택 범위를 표시하는 점선이 음영을 작업하는 데 방해가 되므로 '선택 범위 경계선 표시(選択範囲の境界を表示)'로 선택 영역의 점선을 숨깁니다.

TIPS 선택 범위 스톡

선택 범위 저장 기능 중에 '선택 범위 스톡(選択範囲をストック)'이 있습니다. 선택 범위 스톡을 클릭하면 '선택 범위 1' 레이어가 만들어집니다. 이것을 클릭하면 '그림자 1'의 형태대로 선택 범위가 만들어집니다.
이것은 ComicStudio의 '선택 범위 레이어(選択範囲レイヤー)'에 해당하는 기능입니다.

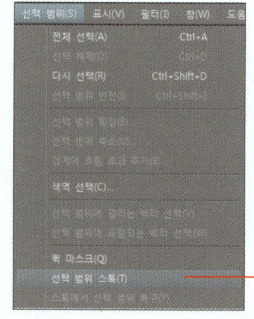

3 선택 범위 1 레이어가 만들어집니다.
4 레이어 아이콘을 클릭하면 선택 범위가 생깁니다.
1 선택 범위를 지정합니다.
2 선택합니다.

03 '에어브러시(エアブラシ)⇨부드러움(柔らか)' 도구를 사용하면 부드럽게 채색할 수 있습니다.

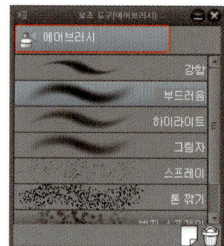

5 에어브러시 도구를 선택·설정합니다.
6 그리기색을 투명으로 선택합니다.

04 그리기색은 투명으로 선택하고 작업합니다.

05 음영을 표현합니다.

POINT ▶ 자기 그림자와 다른 그림자

'자기 그림자'란 물체 자체의 요철에 의한 그림자입니다. 요철에 따라서 부드럽게 음영 표현을 합니다.
'다른 그림자'란 자신 이외 물체에 의해 생긴 그림자입니다. 이 부분은 최소한의 음영 표현을 합니다. 물체에서 멀어질수록 그림자가 연해집니다.

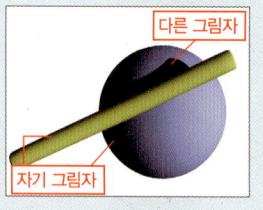

다른 그림자
자기 그림자

7 음영 표현을 넣습니다. ○자기 그림자, ○다른 그림자

채색 조절하기

전체 음영 표현을 마쳤다면 '그라데이션(덧칠)', '라인' 레이어를 표시하고 그림자 색을 조절합니다.
오른쪽 그림은 '그라데이션(덧칠)'에서 노란색을 넣었는데 그림자 색이 어울리지 않습니다.
노란색의 그림자 색으로 다시 칠해보겠습니다.

SECTION 9.4 ● 그림자 채색·명암 표현

06 '투명 픽셀 잠금(透明ピクセルをロック)'을 설정합니다.

07 '마커(マーカー)' ➪ '채우기 펜(ベタ塗りペン)' 도구를 사용합니다.

08 색은 노란색의 그림자 색을 선택합니다.

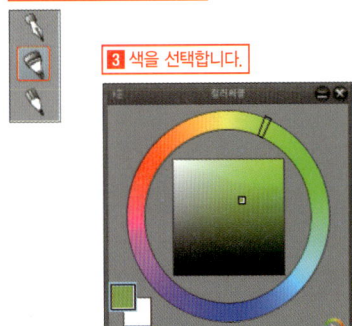

09 그림자 색으로 변경합니다.

이렇게 처음에는 색을 고민하지 않고 음영 작업에 집중하고 끝난 다음에, 색을 다시 설정하는 방식으로 작업하면 색과 음영 표현을 각각 처리할 수 있으므로 작업이 한결 수월해집니다.

● '선화', '그림자 1'만 표시한 상태

● 모든 레이어를 표시한 상태

※알기 쉽도록 투명 부분을 파랗게 표시했습니다.

10 '선택 범위(選択範囲)' 메뉴에서 '선택 해제(選択を解除)'를 선택합니다.

'선택 범위 경계선 표시(選択範囲の境界を表示)'를 해제한 상태이므로 다시 클릭해 활성화시킵니다.

'선택 범위의 경계선 표시'(p.18)를 활성화시킵니다.

그림자 2의 채색·음영 표현

도구 창
보조 도구 창
컬러써클 창
도구 속성 창
레이어 창

그림자의 진한 부분을 덧칠합니다. 덧칠은 (검은색으로 칠하지 않고) 처음부터 적절한 색으로 칠합니다.

01 신규 레이어를 만듭니다.

02 레이어에 칠한 색을 찍어가면서 작업하기 위해 '스포이트(スポイト)⇨레이어에서 색 취득(レイヤーから色を取得)' 도구를 선택합니다.

1 신규 레이어를 만듭니다.

2 '레이어에서 색 취득' 도구를 선택·설정합니다.

 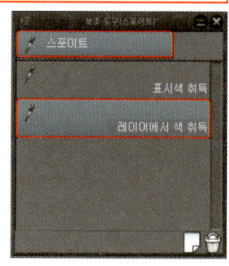

03 '채우기 펜(べた塗りペン)' 도구를 선택하고 색을 채워나갑니다.

1 '채우기 펜' 도구를 선택합니다.

2 색을 선택합니다.

3 칠합니다.

04 어느 정도 그림자를 넣었다면 Alt 키를 누르고 '스포이트'로 찍어가면서 '그림자 2'의 색과 '투명'을 가져와 선화의 경계나 그림자의 형태를 다듬습니다.

SECTION 9.4 그림자 채색·명암 표현

05 음영 표현을 넣고 '그림자 2'를 완성합니다.

● '선화', '그림자 1'만 표시한 상태

● 모든 레이어를 표시한 상태

여러 개 레이어를 사용하면서 그림자에 조금씩 색을 덧칠합니다.

● '선화'와 덧칠한 레이어를 표시한 상태

● 모든 레이어를 표시한 상태

SECTION 9.5
반사광·하이라이트 넣기

그림자를 완성했다면 반사광의 색과 하이라이트를 넣습니다. 반사광 색은 파란색과 빨간색을 떠올리면 다듬기 쉽습니다. 하이라이트는 노멀 레이어 색을 기준으로 밝은색을 선택합니다.

반사광 넣기

도구 창
보조 도구 창
컬러써클 창
도구 속성 창
레이어 창

그림자 부분에 반사광을 넣습니다. 반사광은 주로 그림자 부분에 들어갑니다. 여기서는 파란색 반사광을 넣어보겠습니다.

01 반사광 작업을 할 신규 레이어를 만듭니다.

02 '합성 모드(合成モード)'를 '스크린(スクリーン)'으로 설정합니다.

스크린으로 설정하면 아래 레이어의 색에 따라서 채색한 색이 밝아집니다(p.340).

1 신규 레이어를 만듭니다.

POINT ▶ 반사광

반사광은 빛이 물체에 닿아 반사된 빛입니다. 아래의 그림은 분홍색의 천이나 벽 등에 반사된 빛의 영향을 표현한 것입니다.

반사광

SECTION 9.5 ● 반사광·하이라이트 넣기

03 '에어브러시(エアブラシ)'⇨'부드러움(柔らか)' 도구를 사용합니다.

2 '부드러움' 도구를 선택·설정합니다.

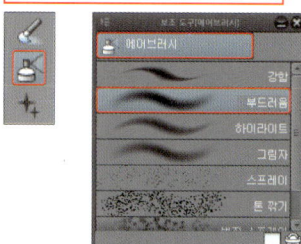
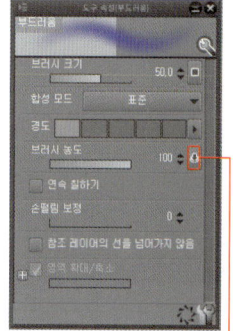

04 색을 선택합니다.

3 색을 선택합니다.

브러시 농도에 필압을 설정했습니다.

4 채색합니다.

05 적절한 색으로 바꿉니다. 필압으로 농도를 조절합니다. 지나치게 진하다면 '투명'으로 조금씩 지워줍니다.

작업하기 쉽도록 선화와 반사광 레이어만 표시한 상태입니다.

06 색의 덩어리들이 자연스럽게 섞이도록 '색 혼합(色まぜ)'⇨'흐림(ぼかし)' 도구를 사용하면 편리합니다.

5 '흐림' 도구를 선택·설정합니다.

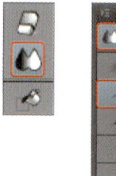
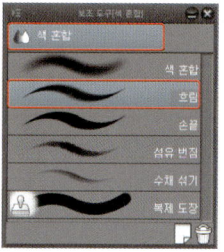

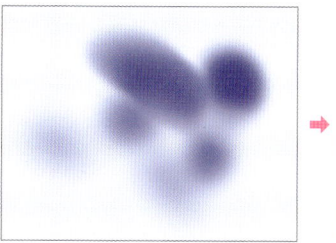 ➡  ➡

07 반사광 작업을 마쳤습니다. 합성 모드를 '스크린(スクリーン)'으로 설정합니다.

● 합성 모드: 표준   ● 합성 모드: 스크린

파란색이 명확하게 보입니다.

파란색의 휘도가 올라가 밝게 보입니다. 밑에 색이 하얀색인 부분은 파란색이 보이지 않습니다.

하이라이트 넣기

밝은 부분에 색을 넣습니다. 작업하기 쉽도록 그림자 색을 숨깁니다.

SECTION 9.5 ● 반사광·하이라이트 넣기

01 하이라이트 작업을 할 신규 레이어를 만듭니다.

02 '펜(ペン)'➪'G펜(Gペン)' 도구에 '시작점(入り)'과 '끝점(抜き)'을 설정하고 사용합니다.

1 신규 레이어를 만듭니다.

2 '펜' 도구를 선택·설정합니다.

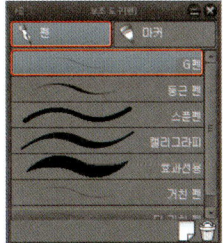
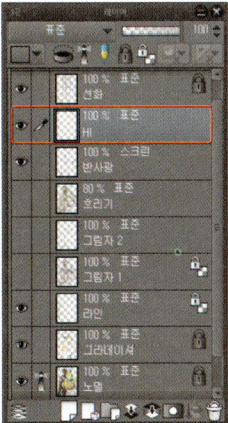

POINT ▶ 그 외의 도구

'시작점'과 '끝점' 설정이 있어 선을 비교적 명확하게 그릴 수 있는 도구로 '연필(鉛筆)', '에어브러시(エアブラシ)' 등도 하이라이트를 그리기 적절합니다.

POINT ▶ 도구 속성

각각 다음을 참고하세요.
안티에일리어싱(p.330)
시작점/끝점(p.56)
레이어에서 색 취득(p.336)

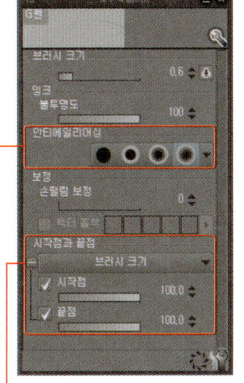

안티에일리어싱: 안티에일리어싱은 취향에 따라 다르지만 여기서는 강하게 설정합니다.

시작점과 끝점: '시작점'과 '끝점'을 설정해야 합니다.

03 색은 노멀 레이어 색을 기준으로 밝은색을 선택합니다.

3 Alt 키를 누른 채 머리카락색을 선택합니다.

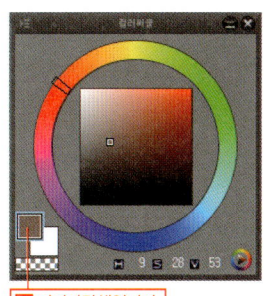

4 머리카락색입니다.

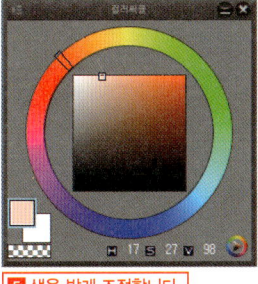

5 색을 밝게 조절합니다.

6 머리카락색에 하이라이트를 그려 넣습니다.

PART 9

341

04 하이라이트 작업을 완료했습니다.

● '하이라이트' 레이어만 표시한 상태

● 모든 레이어를 표시한 상태

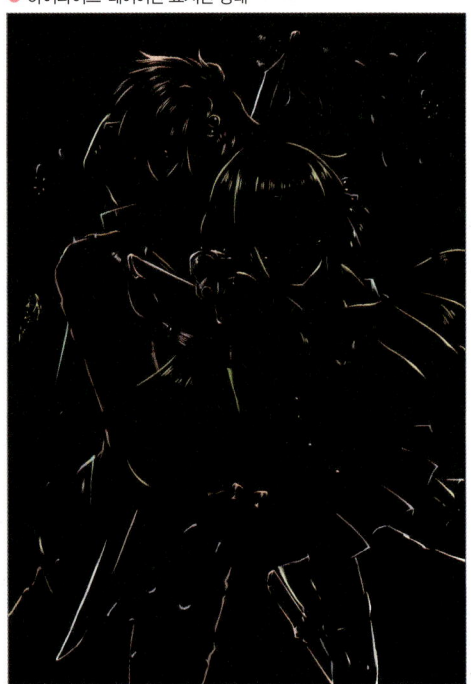

투명 부분이 검은색으로 표시됩니다.

눈동자와 금속에도 하이라이트를 넣습니다.

SECTION 9.6
선화의 색 조절하기

선화의 색은 자유롭게 바꿀 수 있습니다. 전체를 어두운 갈색으로 선택해도 되고 피부나 머리카락 등 각 부분의 색을 적절하게 조합하면 인상이 부드러워집니다.

선화의 색 바꾸기

도구 창 / 보조 도구 창 / 컬러써클 창 / 도구 속성 창 / 레이어 창

01 선화 레이어의 설정을 변경합니다.

합성 모드: 곱하기(乗算)
투명 픽셀: 잠금 설정

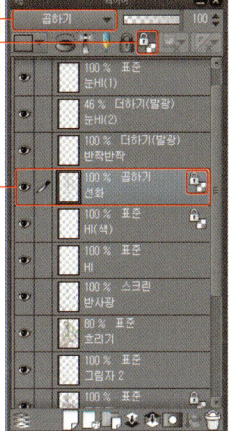

1 선화 레이어를 선택·설정합니다.

02 투명 픽셀 잠금을 설정한 상태이므로 '마커(マーカー)' 도구 등으로 칠해도 반투명인 색이 칠해집니다. 색의 경계 등은 그라데이션이 되기 때문에 '에어브러시(エアブラシ)' 도구로 칠합니다.

● 선에 적당한 색을 칠한 상태

● '선화' 레이어만 표시한 상태

03 선의 색을 다 칠했다면 선화 레이어를 복제합니다. 레이어 이름은 '선화(가우시안)'로 정합니다.

2 선화 레이어를 복제합니다.

04 복제한 선화 레이어를 흐리게 합니다.

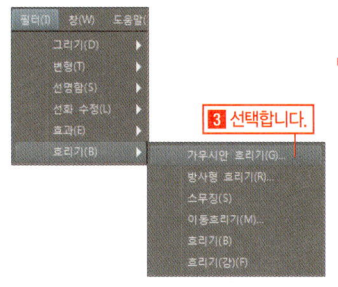

3 선택합니다.

4 설정합니다.

5 클릭합니다.

● 흐리게 한 '선화' 레이어만 표시한 상태

불투명도를 30~35 정도로 설정하면 선화가 부드러워집니다.

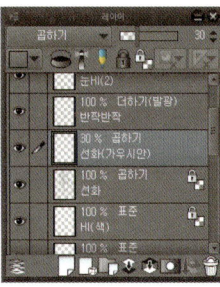

● 흐리기: 전

● 흐리기: 후

SECTION 9.6 ● 선화의 색 조절하기

05 완성입니다.

Appendix
ComicStudio 소재 변환하기

ComicStudio, IllustStudio의 소재를 CLIP STUDIO의 소재 변환 기능을 이용해 CLIP STUDIO PAINT에서도 사용할 수 있습니다. ※일본판에서만 사용할 수 있는 기능입니다.

01 CLIP STUDIO PAINT가 가동 중일 때는 종료시킨 다음 CLIP STUDIO만 가동합니다.

02 오른쪽 위 ⚙에서 'ComicStudio 4.0 소재 변환(素材のコンバート)'을 선택합니다.

03 ComicStudio 4.0 설정 파일이 있는 폴더를 지정하고 OK를 클릭하면 변환이 시작됩니다.

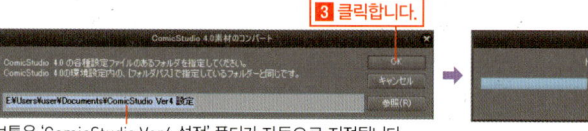

보통은 'ComicStudio Ver4 설정' 폴더가 자동으로 지정됩니다.

04 소재가 변환되면 소재 창에서 'ComicStudio 4.0 소재'가 표시됩니다.

용지 템플릿도 변환할 수 있습니다.

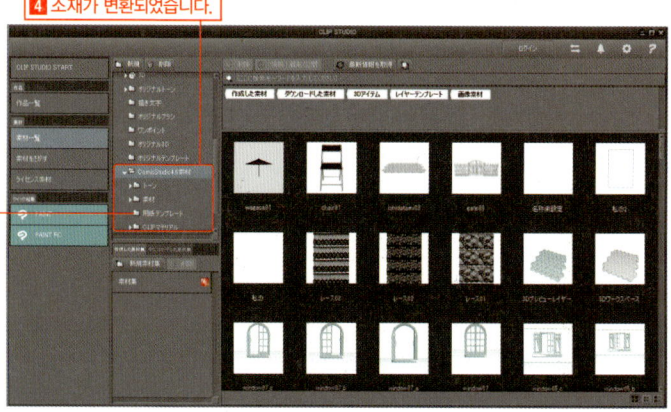

✥ TIPS 기본 소재 변환하기

ComicStudio 소재 창에서 '디폴트(デフォルト)'에 있는 소재는 변환되지 않습니다.
'디폴트'에 있는 소재를 '유저(ユーザー)'에 복사하면 CLIP STUDIO PAINT로 가져올 수 있습니다.

'유저' 폴더 하부에 있는 소재를 변환할 수 있습니다.

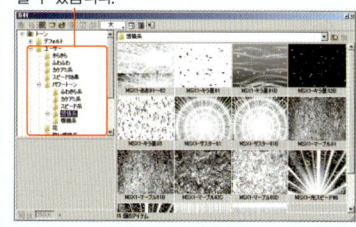

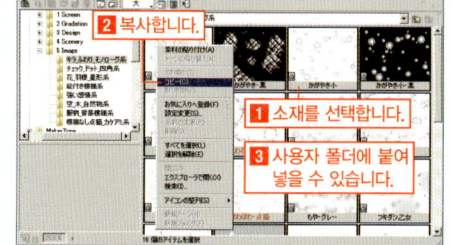

왼쪽 그림은 '디폴트'에 있는 'キラ_ふわり_モノクロ系'의 여러 소재를 선택한 상태입니다.
오른쪽 클릭 메뉴로 복사하고 '유저'로 붙여 넣을 수 있습니다.

※오른쪽 클릭 메뉴로 복사할 수 없는 소재도 있습니다.

CLIP STUDIO PAINT digital comic lecture

INDEX

INDEX

도구·설정·활성화/비활성화

3D·LT 변환

- 3D 오브젝트 배치 ······ 260
- 3D 오브젝트 조작 ······ 261
- 레이어 LT 변환 ······ 281
- 리터치 ······ 284
- 여러 개의 오브젝트를 같은 공간으로 가져오기 ······ 270
- LT 변환 ······ 281
- LT 변환 재실행 ······ 282

그리기색

- 그리기색 ······ 57
- 배경색 ······ 57
- 투명 ······ 57

대사

- 글꼴 ······ 94
- 문자 방향 ······ 96
- 윗주 ······ 95
- 크기 ······ 93
- 텍스트 도구 ······ 92

레이어

- 래스터 레이어 ······ 58
- 레이어 ······ 58
- 레이어 마스크 ······ 256
- 레이어 마스크 활성화·비활성화 ······ 72
- 레이어 컬러 ······ 155
- 밑그림 레이어 ······ 64
- 벡터 레이어 ······ 58
- 불투명도(레이어) ······ 65
- 신규 레이어 만들기 ······ 62
- 신규 레이어의 표현색 ······ 61
- 자 레이어 다루기 ······ 189
- 참조 레이어 ······ 103
- 클리핑 ······ 296
- 팔레트 컬러 ······ 158
- 폴더에 정리하기 ······ 98
- 표현색 ······ 59
- 화상 소재 레이어 ······ 182, 192

레이어 속성

- 톤으로 변경 ······ 203
- 화상 휘도(밝기) 사용 ······ 203
- 흰 테두리 만들기 ······ 97

사진 소재 트레이싱

- 레벨 보정 ······ 226
- 벡터용 지우개(교점까지) ······ 228
- 변형 ······ 225
- 선폭 수정 ······ 235
- 화상 데이터 가져오기 ······ 191
- 화상 데이터 열기 ······ 193
- 확대/축소 ······ 255

색·해상도

- 2계조화(2치화) ······ 248
- 계조 ······ 58, 279, 283
- 래스터화 ······ 247
- 픽셀 ······ 104
- 해상도 ······ 22

선택 범위

- 꺾은선 선택 ······ 123
- 레이어에서 선택 범위 지정 ······ 288
- 선택 범위 스톡 ······ 334
- 선택 범위 편집 ······ 166
- 슈링크 선택 ······ 172
- 자 데이터에서 선택 범위 지정 ······ 117
- 자동 선택 ······ 181
- 직사각형 선택 ······ 256
- 퀵 마스크 ······ 166

선화

- '시작점', '끝점' 설정 ······ 55
- 마커 도구 ······ 52
- 브러시 끝 ······ 219
- 선화의 색 바꾸기 ······ 343
- 연필 도구 ······ 52
- 펜 도구 ······ 53
- 필압 설정 ······ 54

스캔

- 래스터화 ······ 247
- 스캐너 설정 ······ 246
- 잡티 지우기 ······ 251

인쇄·저장

- 모든 페이지 한 번에 내보내기 ······ 300
- 인쇄 설정 ······ 298
- 파일 형식 ······ 304
- 표지 ······ 306
- 한 페이지만 내보내기 ······ 304

ebook	310
ePub	311
Kindle	310

인터페이스

그리드
| 그리드/눈금자 설정 | 225 |
| 표시·비표시 | 225 |

창
내비게이터	14
배색 테마	21
워크스페이스	21
창	12
커맨드 바	18

자
곡선자	128
자 선택과 자에 스냅	125
자 조작	126
자 활성화·비활성화	116
자에 스냅	117, 124
특수 자 방사선	121
특수 자 평행선	126
특수 자에 스냅	124, 241
퍼스자 설정하기	239

작품
신규 작성 시에 템플릿 설정	44
작품 시작하기	42
작품 정보 설정	49
템플릿 작성·등록	51
페이지 번호	49

채우기
복수 참조	103
색의 오차	104
선택 범위 스톡	334
에워싸고 칠하기	105
영역 확대	100
인접 픽셀 선택	104
틈 닫기	105

컷 나누기
컷 테두리 폴더	71
컷 폴더 분할	82
컷선 분할	73
컷선 움직이기	75

톤

그라데이션 톤
그라데이션 톤 붙이기	167
그라데이션 톤을 벗기기(깎기)	168
시작 지점/방향/폭 조절하기	169
하나의 레이어상에 여러 개의 그라데이션 톤 붙이기	177

기본 톤
가우시안 흐리기	222
겹쳐 붙이기	157
그물 설정/톤 선 수/각도	154
그물, 선, 노이즈 톤 붙이기	148
래스터 레이어의 기본 톤 붙이기	163
벡터 플래시 만들기	134
컬러 톤	155
톤 영역 활성화/비활성화	158

무늬/효과 톤
무늬 소재 등록	195
무늬 톤 붙이기	181
무늬 톤 지우기(깎기)	185
효과 톤 붙이기	186

페이지 조작
좌우 양면 페이지	48
좌우 양면을 단면 페이지로	49
페이지 삭제하기	48
페이지 순서 바꾸기	48
페이지 추가하기	47

표시
이동	46
좌우 반전	36
축소	46
확대	46
회전	46

INDEX

ComicStudio 사용자를 위한 정보

간이 톤 설정	148
그레이의 벡터 레이어	59
닫힌 영역 채우기	105
레이어 명칭	58
레이어 컬러	65
마스킹 레이어	258
마커 도구	52
말풍선 만들기	84
방사선자 만들기	121
붓 도구	53
사용자 데이터	221
선택 범위 런처의 활성화/비활성화	123
에어브러시	205
에어브러시 변환	221
자 레이어	189
잡티 지우기 필터	253
좌우 반전	19
컷 테두리 폴더	71
컷 테두리/선택 중인 폴더에 추가	80
퀵 마스크/다른 레이어 만들기	167
템플릿	44
톤 영역 표시와 팔레트 컬러	158
평행선/수치 입력	127
프리셋과 완성 사이즈	43

사용자 설정 일람

보조 도구

등록 방법	69
사용자 설정 방법	82

그라데이션 도구

검은색에서 투명	179

조작 도구

3D 소재만	261
그라데이션만	169
말풍선/텍스트만	85
자&벡터만	111
집중선/유선만	130
컷선만	75
화상 소재만	184

채우기 도구

그라데이션/무늬/효과 톤용	185

펜 도구

광택용	107
더 거친 펜	70

커맨드 바·창

창 사용자 설정	12
커맨드 바 사용자 설정	18

환경 설정

레이어/컷

레이어	22
컷 테두리	22, 73

인터페이스

컬러	21

자/단위

자/그리드	22, 225, 244
단위	22

파일

페이지 관리	22

퍼포먼스

가상 메모리 작성위치	22
애플리케이션으로의 할당	22

■ 오다카 미치루(小高みちる)

유한회사 디지털 노이즈 대표이사
만화가
ComicStudio 공인강사 개발 어드바이저
대학은 물론 전문학교 만화 코스 어드바이저이자 강사

국립 이바라기 대학교 교육학부 졸업
1991년 《별책소녀 코믹스》(소학관)로 만화가로 데뷔.
가쿠슈주쿠 강사로 근무하면서 프로 만화가, 어시스턴트로 만화 기술을 익힘.
1997년부터 만화 전문학교 강사로 근무. 디지털 코믹스, 작품 제작 등을 담당.
2003년부터 디지털 노이즈 주최 프로 만화가, 동인 작가를 위한 디지털 코믹스 강좌의 주임 강사로 근무.
많은 주간·월간지에 작품을 연재하면서, 디지털 코믹스 작업 환경 도입 지원, 강의를 하고 있다.
2013년부터 문부과학성 '성장 분야에 있어 핵심적인 인재 양성의 전력 추진 사업 만화 분야' 위원으로 활동.
2014년부터 경제산업성 '만화의 디지털 제작 행정 준비에 대한 조사위원회' 위원으로 활동.

● 디지털코믹 마스터즈·디지털코믹

'CLIP STUDIO PAINT', 'LightWave3D', 'PhotoShop', 'ComicStudio' 그 외 사용자 요구에 따라 여러 형태로 강좌를 개최하고 있습니다.
www.digicomimasters.com/mainsite/lectureinformation/

● 강의 스케줄

www.digicmomimasters.com/mainsite/schedule/

■ 유한회사 디지털코믹 마스터즈

2000년 8월 설립

● 사업 내용

디지털 코믹스·일러스트레이션·3D그래픽 제작용 컴퓨터 어플리케이션·기타 주변 기기 판매
디지털 코믹스와 관련된 컴퓨터의 커스텀 셋업·퍼스널 리커버리 DVD 제작 판매
디지털 코믹스와 관련된 사무 공간 네트워크 구축
디지털 코믹스 관련 기술 연구 개발·판매
디지털 코믹스와 관련된 강의·강좌 운영, 강사 육성
SNS 사이트 운영을 중심으로 디지털 코믹스에 관련된 사용자 지원 사업
만화 소재 기획·개발·판매
만화·일러스트레이션·튜토리얼 서적, 기타 원고 집필
애니메이션용 캐릭터·메카 세트 디자인
상품 패키지·WEB 사이트 등의 디자인
인쇄물 편집·DTP 제작
3D·영상 등 컴퓨터그래픽 영상 제작
애니메이션 제작, 연출

● 소재 제작 지원
아라이 시오리

● 컬러 일러스트 & 만화 제작
미즈노 카가리(표지 일러스트)
사라크 로크
키쿠츠키 렌
이나가키 아유미
이카 호디루
우로

● 사진 소재 협력
다카나미 신

● 배경 소재 협력
미나미 아유미

● 협력
주식회사 셀시스
코레사와 시게유키

● YouTube 영상 해설

중고생을 대상으로 CLIP STUDIO PAINT 사용법을 YouTube로 저자의 설명을 직접 들으실 수 있습니다(협력:주식회사 와콤). 이 책의 설명을 보충할 수 있는 내용이므로 꼭 보시기 바랍니다.

https://www.youtube.com/playlist?list=PLT7YzLSE2IDj5SrPvYca1Qj7lOo0Mr4JM

PURO GA OSHIERU! CLIP STUDIO PAINT SAIKYO DEJIKOMI SEISAKU KOZA by Michiru Odaka
Copyright © Michiru Odaka 2015
All rights reserved.
First published in Japan by Sotechsha Co., Ltd., Tokyo
This Korean language edition published by arrangement with Sotechsha Co., Ltd.,
Tokyo in care of Tuttle-Mori Agency, Inc., Tokyo through Botong Agency, Seoul

이 책의 한국어판 저작권은 Botong Agency를 통한 저작권자와의
독점 계약으로 한스미디어가 소유합니다. 저작권법에 의하여
한국 내에서 보호를 받는 저작물이므로 무단전재와 복제를 금합니다.

CLIP STUDIO PAINT
최강 디지털 만화 제작 강좌

1판 1쇄 인쇄 | 2016년 11월 7일
1판 2쇄 발행 | 2017년 10월 20일

지은이 오다카 미치루
옮긴이 김재훈
펴낸이 김기옥

실용본부장 박재성
편집 류인경, 이나리
영업 김선주
커뮤니케이션 플래너 손혜인
지원 고광현, 김형식, 김주현

디자인 제이알컴
인쇄·제본 현문

펴낸곳 한스미디어(한즈미디어(주))
주소 121-839 서울시 마포구 양화로 11길 13(서교동, 강원빌딩 5층)
전화 02-707-0337 | **팩스** 02-707-0198 | **홈페이지** www.hansmedia.com
출판신고번호 제 313-2003-227호 | **신고일자** 2003년 6월 25일

ISBN 979-11-6007-060-6 13000

책값은 뒤표지에 있습니다.
잘못 만들어진 책은 구입하신 서점에서 교환해 드립니다.